"十三五"普通高等教育规划教材

资产评估学

主　编　刘春慧
副主编　孙　凡　王晓燕

中国财经出版传媒集团
中国财政经济出版社

图书在版编目（CIP）数据

资产评估学/刘春慧主编. －－北京：中国财政经济出版社，2019.12
"十三五"普通高等教育规划教材
ISBN 978－7－5095－9534－3

Ⅰ.①资… Ⅱ.①刘… Ⅲ.①资产评估－高等学校－教材 Ⅳ.①F20

中国版本图书馆 CIP 数据核字（2019）第 287428 号

责任编辑：葛　新　　　　　责任校对：徐艳丽
封面设计：陈宇琰

中国财政经济出版社 出版

URL: http://www.cfeph.cn
E－mail: cfeph@cfeph.cn
（版权所有　翻印必究）
社址：北京市海淀区阜成路甲 28 号　邮政编码：100142
营销中心电话：010－88191522　编辑部门电话：010－88190640
北京中兴印刷有限公司印刷　各地新华书店经销
787×1092 毫米　16 开　22.75 印张　557 000 字
2020 年 1 月第 1 版　2021 年 7 月北京第 2 次印刷
定价：55.00 元
ISBN 978－7－5095－9534－3
（图书出现印装问题，本社负责调换）
本社质量投诉电话：010－88190744
打击盗版举报热线：010－88191661　　QQ：2242791300

前　言

资产评估是为适应我国社会主义市场经济的需要，维护产权交易各方权益，保证资产运营机制有效进行而建立的一门新兴应用性学科。随着我国市场经济体制改革的不断深入，生产要素市场、产权市场对资产评估这一中介服务的要求日益提高。立足于资产评估实践，不断地探究和完善我国资产评估理论是评估理论和实务工作者的责任。我们本着"以我为主，博采众长"的原则，借鉴古今中外资产评估理论和实践探索的先进成果，为我所用、为我所学，编写了《资产评估学》这本书。

本书有以下特点：

第一，体系的完整性。针对资产评估专业人才培养目标和资产评估学课程性质，本书共由三部分构成。第一部分为：基础理论方法；第二部分为：基本业务评估；第三部分为：经典案例分析。本书体系结构充分体现了资产评估学学科体系上的完整性。

第二，内容的前瞻性。本书吸收当代资产评估理论与实务的最新研究和发展成果，依据中国资产评估相关法律、法规和准则阐述资产评估职业行为规范和基本业务的评估要求。

第三，论述的生动性。用案例诠释资产评估基础理论方法，在一定程度上实现了理论与实践的结合。每一案例都对评估对象的基本情况、评估目的、评估依据、评估方法、评估过程和评估结论等作了详细描述。脉络清晰，内容完整，既有实际的"面"，即案例评估的情况，又有理论的"点"，即评估知识的运用。

第四，应用的广泛性。本书既有较强的理论性，又具备适用的实践性。本书可用于高校资产评估专业、审计专业、财务管理专业、会计学专业、投资专业等经济类专业学生学习使用，也可作为资产评估实务操作者学习的参考书。

本书由山西财经大学会计学院刘春慧教授担任主编，并负责设计编写大纲、总纂和定稿。具体编写分工为：第一、二、三、四、六章由刘春慧编写；第七章由王志芳编写；第五、九章由李颖编写；第八、十五章由张英明编写；第十章由田岗编写；第十一、十四章由孙凡编写；第十二、十三、十六章由王晓燕编写。

本书在编写过程中得到了山西财经大学会计学院各位领导的支持与指导，在此表示衷心的感谢。本书编写中吸收和引用了许多国内外同类教材的相关内容，在此我们也向有关作者表示衷心的感谢。

鉴于我们理论水平和专业阅历所限，书中不足之处在所难免，恳请读者批评指正。

编者

2019 年 11 月

目 录

第一部分 基础理论方法

第一章 资产评估概论 ... 3
第一节 资产评估的产生和发展 ... 3
第二节 资产评估及其特征 ... 8
第三节 资产评估的目的和价值类型 ... 13
第四节 资产评估假设和原则 ... 20
第五节 资产评估管理体制 ... 24

第二章 资产评估方法 ... 29
第一节 市场法 ... 29
第二节 收益法 ... 37
第三节 成本法 ... 44
第四节 资产评估方法的比较和选择 ... 53

第三章 资产评估规范 ... 57
第一节 资产评估规范体系 ... 57
第二节 我国资产评估法律规范 ... 59
第三节 我国资产评估准则 ... 62
第四节 我国资产评估职业道德准则 ... 66

第四章 资产评估程序 ... 70
第一节 资产评估程序概述 ... 70
第二节 资产评估基本程序 ... 72

第五章 资产评估报告 ... 84
第一节 资产评估报告概述 ... 84
第二节 资产评估报告的编制 ... 86
第三节 资产评估报告的内容 ... 88
第四节 资产评估报告的使用 ... 93

第二部分 基本业务评估

第六章 流动资产评估 ... 99
第一节 流动资产评估概述 ... 99
第二节 实物类流动资产评估 ... 104

第三节　货币及债权类流动资产评估 …… 112

第七章　机器设备评估 …… 117
　第一节　机器设备评估概述 …… 117
　第二节　机器设备评估的成本法 …… 124
　第三节　机器设备评估的市场法和收益法 …… 144

第八章　房地产评估 …… 149
　第一节　房地产评估概述 …… 149
　第二节　房地产价格及其影响因素 …… 156
　第三节　房地产评估的市场法 …… 161
　第四节　房地产评估的收益法 …… 169
　第五节　房地产评估的成本法 …… 174
　第六节　房地产评估的假设开发法 …… 180
　第七节　房地产评估的基准地价修正系数法 …… 183

第九章　长期投资评估 …… 187
　第一节　长期投资评估概述 …… 187
　第二节　长期债券投资评估 …… 189
　第三节　股票投资的评估 …… 192
　第四节　其他长期投资的评估 …… 196

第十章　无形资产评估 …… 199
　第一节　无形资产评估概述 …… 199
　第二节　无形资产评估的收益法 …… 205
　第三节　无形资产评估的成本法和市场法 …… 212

第十一章　资源资产评估 …… 221
　第一节　资源资产评估概述 …… 221
　第二节　森林资源资产评估 …… 225
　第三节　矿产资源资产评估 …… 235

第十二章　以财务报告为目的的评估 …… 256
　第一节　以财务报告为目的的评估概述 …… 256
　第二节　以财务报告为目的的评估实务 …… 260
　第三节　以财务报告为目的的评估报告 …… 273

第十三章　企业价值评估 …… 277
　第一节　企业价值评估概述 …… 277
　第二节　企业价值评估的收益法 …… 283
　第三节　企业价值评估的成本法 …… 291
　第四节　企业价值评估的市场法 …… 294

第三部分　经典案例分析

第十四章　成本法评估案例 …… 301
　案例一　进口机器设备研磨机评估 …… 301

案例二　重庆某工业园区房屋建筑物评估……………………………………304
第十五章　市场法评估案例………………………………………………………311
　　案例一　土地转让宗地地价评估…………………………………………311
　　案例二　土地使用权抵押价格评估………………………………………319
　　案例三　沃森生物制药企业价值评估……………………………………329
第十六章　收益法评估案例………………………………………………………334
　　案例一　"相关商标"所有权价值评估……………………………………334
　　案例二　固定资产组减值测试……………………………………………342
　　案例三　房地产抵押贷款评估……………………………………………348
参考文献……………………………………………………………………………354

第一部分

基础理论方法

随着我国社会主义市场经济的产生和发展,资产交易活动日益增多,交易目的也日趋复杂多样,迫切需要资产评估理论的指导,科学、合理的评估方法又是实现评估目的和达成资产交易的手段。本部分主要阐述资产评估所涉及的基础理论、基本概念、基本方法、基本依据和基本程序等内容。

本部分要点：资产评估的基础理论

资产评估的主体和客体

资产评估的依据和方法

资产评估的目的和价值类型

资产评估的假设和原则

资产评估的程序和报告

第一章 资产评估概论

引言

资产评估是市场经济的产物，其业务涉及企业间的产权转让、资产重组、破产清算、资产抵押，以及财产保险、财产纳税等经济行为。资产评估已成为现代市场经济中不可缺少的专业服务行业之一。本章是资产评估基础理论的总括说明。了解资产评估的产生和发展过程，才能深刻认识和理解资产评估的本质、评估的目的和价值类型以及评估假设和原则。

第一节 资产评估的产生和发展

一、资产评估产生和发展的三个阶段

综观资产评估产生和发展的历史，资产评估是商品经济发展到一定阶段的必然产物。随着人类社会中商品交易的产生和发展，生产商品的资产交易也随之产生并得到发展，这就产生了资产评估的需要。因此，资产评估作为对资产价值的评定和估算，与人类的交易行为密切相关。尤其是随着社会经济的日益繁荣，市场经济体制的产生、发展和完善，资产交易活动日趋繁多，交易的科学性和合理性也在逐渐提高，资产评估行业在不断发展和完善。总体来看，资产评估的产生和发展大体经历了三个阶段，即原始评估阶段、经验评估阶段和科学评估阶段。

（一）原始评估阶段

在原始社会后期，生产力的进一步发展导致剩余财产的出现，为私有制的产生提供了物质基础。随着私有制的产生，出现了商品生产和商品交易，与此同时生产商品的资产交易也随之产生并得到发展，因此，客观上需要资产评估。实务中，在房屋、土地、牲畜及珠宝等贵重财产的交易过程中，由于这些财产的价值具有不确定性的特点，交易双方往往对价格难以达成一致的意见，这时，双方就需要找一个略有经验并共同信得过的第三者进行评判，从而达成一个公平价格以使买卖成交。这个第三者在协调过程中需要用各种理由和方法给出一个双方都能接受的价格，实际上扮演了类似于现在评估人员的角色。

原始评估阶段资产评估的基本特点是：①直观性。评估仅仅依靠评估人员的直观感觉和主观偏好进行，没有借助于其他测评手段，方法简单。②非专业性。评估人员并不具备专业评估手段和技能，没有受过专门训练，而往往是由资产交易双方或一方指定的人员来进行评

估,甚至由那些并不懂得多少评估知识,但在一定范围内德高望重的人员来进行评判。③无偿性。资产交易双方无须支付评估人员的报酬,评估人员也无需对评估结果负法律责任。

(二) 经验评估阶段

随着社会经济的进一步发展以及商品、资产交易活动的日益繁荣,资产评估业务也逐步向专业化和经常化方向发展,从而也就产生了一批具有一定评估经验的评估人员。这些评估人员由于积累了较丰富的评估经验,因而专业水平更高,接受的委托评估业务也较频繁,成为专门提供评估服务的执业者,他们实行有偿服务,并逐步向职业化方向发展。

与原始评估阶段相比,经验评估阶段的评估结果更为可靠,但还未能实现评估工作的规范化和评估方法的科学化。从时间上看,前资本主义阶段的资产评估基本上处于经验评估阶段。一般认为,这一阶段以16世纪的安特卫普(现比利时)成立了世界上第一个商品和证券交易所为标志。在15世纪末16世纪初,地理大发现推动了封建主义向资本主义的过渡。由于地理大发现,世界市场的领域骤然扩大,进入实际对外贸易的商品种类和数量都急剧增加,为资本主义手工业工厂发展创造了市场和资本积累等条件,极大地刺激了商业资本的发展。也就是这个时期,成立了世界上第一个商品和证券交易所,因此,这个交易所也可以看作是资本主义初始时期商品与资本市场的开始。资产评估也开始了对资本价值进行评估,这时才赋予了资产评估本质的活力和灵魂,使资产评估成为市场上不可缺少的、独立的、有特色的中介行业。

然而,这个阶段的资产评估毕竟是个体的、无组织约束的、凭个人经验的估价行为。经验评估阶段资产评估的基本特点是:①评估人员具有一定评估经验和专业水平,评估业务活动也比较频繁。②评估人员所进行的资产评估业务是一种有偿服务。③评估结果的准确性主要取决于评估人员积累的评估经验和思想素质。④评估人员或评估机构对评估结果负有法律上的责任,特别是对欺诈行为和其他违法行为的后果负有责任。

(三) 科学评估阶段

蒸汽机的轰鸣声宣告了产业革命的到来。产业革命促使资本主义经济飞速发展,生产要素市场日臻发达。因此,社会对资产评估的需要越来越迫切,要求也越来越高,从而推动资产评估逐渐发展成为一种职业。在现代资产评估行业中,评估机构通过为资产交易双方提供评估业务积累了大量的资产评估资料和丰富评估经验的评估人员,具备了这些方面的条件后,公司化的资产评估机构就应运而生,由此资产评估进入了科学评估阶段。美国最大的资产评估公司——美国资产评值联合公司已有100多年的历史。这类评估机构依靠其强大的评估实力和现代化管理方式为资产业务双方提供优质的评估服务,通过这些业务使自身得到发展。通常,资产评估公司集中了许多具有相当专业化水平的评估人员,这些人员既可以是评估公司的员工,也可以是评估公司的兼职人员。

在专业的评估机构和评估人员出现的同时,资产评估工作也开始走向规范化。各国资产评估管理机构或行业自律协会开始制定统一的评估准则,对资产评估师的职业道德规范和评估工作程序做出明确、具体的规定。对于资产评估师的资格认定也有了严格的规定和要求。在科学评估阶段,资产评估业务的范围极其广泛,包括有形资产评估和无形资产评估,甚至可以细分为机械评估、自然资源评估、房地产评估、金融资产评估等。与此同时,在这一阶段,资产评估的理论研究也得到了很大发展,新古典经济学派的阿尔弗莱德·马歇尔率先将价值理论引入估价工作中，并对销售对比、成本、收益法这三种主要的评估技术进行了研究。其后，美国颇有影响的经济学家伊文·费雪对马歇尔提出的这三种评估技术作了进一步的探讨，并着重研究了收益的价值理论，发展并完善了收益法。这些理论准备促使资产评估方法走向科学化，提高了资产评估的准确性和科学性。

科学评估阶段资产评估的基本特点是：①评估机构公司化，即评估机构是自负盈亏的独立企业法人。②评估手段和方法科学化，即把大量现代科学技术和方法应用到资产评估中来，提高了资产评估的准确性和科学性。③资产评估的范围大大拓展，资产评估的内容极其丰富。④评估人员专业化，即资产评估人员以资产评估作为自己的职业去从事，他们对资产评估的业务知识有相当程度的了解和掌握。⑤评估结果法律化，即资产评估的结果通常经过法律部门的公证，评估机构和评估人员对反映评估结果的资产评估报告要负法律责任，甚至负连带法律责任。

总之，科学评估阶段的资产评估已成为市场经济体系中一个不可或缺的社会中介行业，对于维持市场经济秩序具有重要作用。我们所讨论的资产评估，就是科学评估阶段的资产评估，它是指由专门的机构和人员，根据特定的目的，遵循公认的评估原则和程序，运用科学的方法，对资产的现时价格进行评定和估算的过程。

二、我国资产评估行业产生和发展历程

资产评估行业作为一个独立的社会中介行业在国外有着上百年的发展历史。我国资产评估行业起步于20世纪80年代末90年代初，虽然时间不长，但发展迅猛，经过二十多年的发展，目前已经成为我国社会主义市场经济体制建设中一个不可缺少的社会中介行业。

我国资产评估行业的发展具有鲜明的中国特色，其产生首先是基于维护国有资产权益，加强国有资产管理的需要。根据当时经济体制改革和国有资产管理体制改革的需要，为确定合理的国有资产转让价格，维护国有资产所有者合法权益、防止国有资产流失，资产评估作为管理国有资产、维护国有资产权益的一种重要手段被引入我国，并迅速发挥了重要作用。

1989年，原国家体改委、原国家计委、财政部、原国家国有资产管理局共同发布了《关于出售国有小型企业产权的暂行办法》和《关于企业兼并的暂行办法》。同年，原国家国有资产管理局发布了《关于在国有资产产权变化时必须进行资产评估的若干暂行规定》。1990年7月，原国家国有资产管理局成立了资产评估中心，负责资产评估项目和评估行业的管理工作。这些早期资产评估管理文件的发布和资产评估管理机构的成立，标志着我国资产评估工作的起步。

20世纪90年代初，原国家国有资产管理局代表政府直接管理资产评估行业的立法、机构管理、项目管理等。由于政府的高度重视，在较短的时间内即完成了《国有资产评估管理办法》的起草工作，并于1991年以国务院第91号令发布了该办法。《资产评估机构管理暂行办法》、《资产评估收费管理办法》等评估行业基本法规、制度的起草和发布工作也陆续完成。

1993年12月，中国资产评估协会成立，并于1995年代表我国资产评估行业加入国际评估准则委员会。中国资产评估协会的成立标志着中国资产评估行业经过几年的快速发展，已经开始成为一个独立的中介行业，我国评估行业管理体制也开始走向政府直接管理与行业自律管理相结合的道路。

1993年以后，我国资产评估行业得到空前发展，评估机构和评估从业人员的数量迅速增加，建立了注册资产评估师制度，完善了资产评估行业准入制度，发布了资产评估操作规范意见等技术性规范。

1998年，根据政府体制改革方案，中国资产评估协会划归财政部，相应的资产评估管理工作移交到财政部，由财政部对资产评估行业进行行政管理，中国资产评估协会对资产评估进行行业自律管理。

2000年，国务院办公厅转发了财政部《关于改革国有资产评估行政管理方式加强资产评估监督管理工作意见的通知》（国办发［2001］102号），之后财政部相继制定了《国有资产评估违法行为处罚办法》等六个配套改革文件。这些改革措施是国有资产评估管理方式上的重大变革，评估项目的立项确认制度改为备案、核准制，将机构管理、准则制定等原先划归政府部门的行业管理职能移交给行业协会。这次重大改革标志着我国资产评估行业发展进入到一个强化行业自律管理的新阶段。

2003年，国务院设立国有资产监督管理委员会（简称国资委）。国资委作为国务院特设机构，以出资人的身份管理国有资产，包括负责监管所属企业资产评估项目的核准和备案。财政部则作为政府管理部门负责资产评估行业管理工作。

2003年12月，国务院办公厅转发财政部《关于加强和规范评估行业管理的意见》（国办发［2003］101号），对加强和规范资产评估行业的管理提出了全面要求。根据国务院文件的精神，2004年2月，财政部决定中国资产评估协会继续单独设立，并以财政部名义发布了《资产评估准则——基本准则》和《资产评估职业道德准则——基本准则》。

2003年12月31日，国务院国有资产监督管理委员会和财政部联合发布《企业国有产权转让管理暂行办法》，对企业国有产权转让行为进行规范，其中明确规定在企业国有产权转让时，应当委托具有相关资质的资产评估机构依照国家有关规定进行资产评估。2005年8月25日，国务院国有资产监督管理委员会发布了《企业国有资产评估管理暂行办法》，对企业国有资产评估行为进行了进一步的规范。

2005年5月11日，财政部发布《资产评估机构审批管理办法》（财政部令第22号），这是新时期政府部门制定的资产评估行业的重要部门规章，对资产评估机构及其分支机构的设立、变更和终止等行为进行规范。

2007年11月28日，中国资产评估协会颁布了《资产评估准则——业务约定书》、《资产评估准则——评估程序》、《资产评估准则——评估工作底稿》、《资产评估准则——评估报告》、《资产评估准则——机器设备》、《资产评估准则——不动产》等业务准则。

2008年4月29日，根据《中华人民共和国行政许可法》、新修订的《中华人民共和国证券法》、《国务院对确需保留的行政审批项目设定行政许可的决定》（国务院令第412号），财政部和证监会联合印发了《关于从事证券期货相关业务的资产评估机构有关管理问题的通知》（财企［2008］81号），继续对资产评估机构从事证券业务实施行政许可（自1993年开始实施），对资产评估机构申请证券评估资格应当满足的条件、具有证券评估资格的资产评估机构后续监管等问题作了明确规定，不仅规范和加强了证券业资产评估机构资格的准入管理，还建立了机构"优胜劣汰"的退出机制。

2009年11月17日，国家发改委、财政部联合印发《资产评估收费管理办法》（发改价格［2009］2914号），对资产评估收费制度进行了重大改革和调整。其是资产评估行业健康、有序发展的重要制度保障。同年12月，财政部发布《财政部关于推动评估机构做大做强做优的指导意见》（财企〔2009〕453号），明确提出了要加快培养一批与我国经济发展水平相适应、具有较大规模、较强实力和较高水平的评估机构，推动评估行业科学发展。

2010年11月，财政部发布《关于评估机构母子公司试点有关问题的通知》，鼓励证券评估机构集团化发展，采用母子公司经营模式。

2011年8月11日，财政部颁布了《资产评估机构审批和监督管理办法》（财政部令第64号），进一步规范了资产评估机构审批行为，对于加强资产评估机构监督管理，促进资产评估行业健康发展具有重要意义。

2012年，财政部发布《中国资产评估行业发展规划》（财企〔2012〕330号），为评估行业未来科学发展勾画了蓝图，指明了方向，提出了要求。该规划提出力争用5年左右的时间，力争实现资产评估传统业务收入年递增20%以上，全部收入300亿元的目标。

2014年8月12日，国务院发布《关于取消和调整一批行政审批项目等事项的决定》（国发〔2014〕27号），取消了注册资产评估师等11项职业资格许可和认定事项。2014年8月13日，人力资源和社会保障部印发《关于做好国务院取消部分准入类职业资格相关后续工作的通知》（人社部函〔2014〕144号），将资产评估师职业资格调整为水平评价类职业资格。

2015年4月27日，财政部、人社部联合发布《资产评估师职业资格制度暂行规定》和《资产评估师职业资格考试实施办法》，为尽快恢复资产评估师考试、加强行业人才队伍建设奠定了制度基础。

2015年11月3日，《中国资产评估协会内部控制规程（修订版）》正式实施。

2015年12月31日，中国资产评估协会发布《知识产权资产评估指南》。该指南的发布有利于指导和规范知识产权资产评估行为，提高知识产权资产评估业务质量，促进知识产权战略的贯彻落实。

2016年1月21日，中国资产评估协会发布《中国资产评估协会执业会员继续教育管理办法》，对继续教育的组织管理、继续教育的内容、继续教育的考核等进行了修改和完善。

2016年2月3日，中国资产评估协会发布《资产评估师职业资格证书登记管理办法（试行）》、《中国资产评估协会执业会员管理办法（试行）》，为资产评估师注册管理向登记管理转型，奠定了良好的制度基础。

2016年3月30日，中国资产评估协会发布《文化企业无形资产评估指导意见》，对文化企业无形资产评估做出规定。该指导意见突出强调了社会效益对文化企业无形资产价值的影响，较好地解决了文化企业无形资产识别难、评估难的问题，有利于推动文化企业改革和文化市场建设。

2016年7月2日，《中华人民共和国资产评估法》经中华人民共和国第十二届全国人大常委会第二十一次会议审议通过，国家主席习近平同日签署第46号主席令予以公布，自2016年12月1日起施行。这是我国社会主义市场经济法律体系建设的一项重要成果，是资产评估行业发展的一个重要里程碑，标志着我国资产评估行业进入了依法治理的新时代。

2016年10月27日，中国资产评估协会发布《关于对26项资产评估执业准则和职业道德准则（修订征求意见稿）征求意见的通知》。准则修订工作实现了评估准则与资产评估法、行业行政管理制度、相关监管政策、资产评估基本准则、评估理论实践发展和评估报告使用人需求的进一步协调。

2016年12月22日，《中国资产评估协会章程》在经中国资产评估协会第五次全国会员代表大会审议通过后，经报财政部审查同意、民政部核准正式生效。

2017年4月21日，财政部出台《资产评估行业财政监督管理办法》（财政部第86号令），对资产评估专业人员、资产评估机构和资产评估协会做出了系统的管理规定。2017年8月23日，财政部发布了新修订后的《资产评估基本准则》；2017年9月8日，中国资产评估协会发布了新修订后的25项资产评估执业准则和《资产评估职业道德准则》。

2018年10月30日，中国资产评估协会发布了新修订后的资产评估程序、资产评估报告、资产评估档案、企业价值四项资产评估执业准则。

2019年5月7日，中国资产评估协会制定了《人民法院委托司法执行财产处置资产评估指导意见》，自2019年7月1日起施行。

此外，2004年中国资产评估协会分设以来，更加重视并加强国际交流与合作，国际地位和影响力日益提升。中国资产评估协会时任副会长、秘书长刘萍于1995年代表我国资产评估行业加入国际评估准则委员会，1999年成为常务理事，2008年成为国际评估准则理事会管理委员会委员，2012年再次当选新一届管委会委员。2005年中国资产评估协会加入世界评估组织联合会。2012年、2013年刘萍当选世界评估组织联合会副主席和国际企业价值评估分析师协会董事会副主席。2014年10月，现任中国资产评协会副会长、秘书长张国春出任世界评估组织联合会副主席，2014年12月又当选国际评估准则理事会管委会委员，2015年3月当选国际评估准则理事会会员委员会委员，2015年4月又当选国际机器设备评估大会筹备委员会委员。这标志着中国资产评估协会和我国评估行业国际地位和影响力在日益提升，为中国资产评估协会在更深层次上参与国际评估事务和增强话语权奠定了更加坚实的基础。

第二节 资产评估及其特征

一、资产评估

资产评估是市场经济的产物，其业务涉及企业间的产权转让、资产重组、破产清算、资产抵押以及财产保险、财产纳税等经济行为。经过一百多年的发展，资产评估已成为在现代市场经济中发挥基础性作用的专业服务行业之一。

（一）资产评估的定义

资产评估经历了上百年的发展，评估理论和实践在不断的发展和完善，伴随着市场经济的日益繁荣，资产评估范围也在不断扩展，现在资产评估不仅已经成为一个独立的行业，同时，资产评估也成为了一个约定俗成的概念和专业术语。就目前学术界和执业界的普遍共识，资产评估可以表述为：资产评估是专业机构和人员，按照国家法律、法规和资产评估准则，根据特定目的，遵循评估原则，依照相关程序，选择适当的价值类型，运用科学方法，对资产价值进行分析、估算并发表专业意见的行为和过程。

理解上述资产评估的定义必须把握相关基本的评估要素。

1. 评估主体

评估主体，即从事资产评估的机构和人员，他们是资产评估行为的执行者。资产评估机构是指资产评估业务工作的具体执行操作机构。在我国，其是指持有国务院或省、自治区、直辖市人民政府国有资产行政管理部门颁发的资产评估资格证书，正式登记注册，并领有工商营业执照的资产评估事务所（公司）、会计师事务所、审计事务所等。这些资产评估机构从组织形式上可分为三种：

（1）专业性的资产评估机构，如房地产评估事务所。这类机构专门从事某一方面的资产评估业务，具有精通该方面业务的专门人才，这些人员需要通过资产评估的专业培训，取得资产评估资格证书后，才能承担本专业资产评估业务。

（2）兼营性的资产评估机构，如会计师事务所、审计事务所，财务咨询公司等。这些兼营机构必须取得评估营业资格，有关专业技术人员要经过一定资产评估知识培训和考试考核，在取得资产评估资格证书后，方可开展资产评估业务工作。

（3）综合性的资产评估机构，如资产评估公司、资产评估事务所。其特点是实行独立核算的企业化经营，遵循独立性、职业性和专业性原则，承担各行业、各部门的资产评估业务。这种类型的机构必须拥有各类与评估业务相关的专业人员，具有雄厚的资产评估力量。

在我国，资产评估机构的主要形式为合伙制和有限责任公司制。合伙设立的资产评估机构，由注册资产评估师共同出资，合伙经营，共享收益，共担风险，以各自的财产对资产评估机构的债务承担无限连带责任。有限责任公司形式的资产评估机构，出资人以其出资额为限对资产评估机构承担责任，资产评估机构以其全部资产对机构的债务承担有限责任。

2. 评估客体

评估客体，即被评估的资产，它是资产评估的具体对象，也称为评估对象。资产评估的对象是指被评估的资产，资产是一个多角度、多层面的概念，既有经济学中的资产概念，也有其他学科的资产概念。这些关于资产的概念是评估人员理解资产评估中的资产或评估对象的基础。经济学中的资产是泛指特定经济主体拥有或控制的，能够给特定经济主体带来经济利益的经济来源。会计学中的资产是指过去的交易或事项形成并由企业拥有或控制的资源，该资源预期会给企业带来经济利益。资产评估中的资产或作为资产评估对象的资产，其内涵更接近于经济学中的资产，比会计学上所称的资产具有更广泛的含义。

（1）作为资产评估对象的资产的基本特征。①资产必须是经济主体拥有或控制的。依法取得财产权利是经济主体拥有并支配资产的前提条件。由于市场经济的深化，财产所有权的基本权能形成不同的排列与组合不仅成为必要，而且成为可能。如果将这些排列与组合称为产权，那么，在资产评估中应了解被评估资产的产权构成。例如，对于一些以特殊方式形成的资产，经济主体虽然对其不拥有完全的所有权，但依据合法程序能够实际控制的，如融资租入固定资产、土地使用权等，按照实质重于形式原则的要求，也应当将其作为经济主体资产予以确认。②资产是能够给经济主体带来经济利益的资源。也就是说，资产具有能够带来未来经济利益的潜在能力。如果被恰当使用，资产的获利潜力就能够实现，进而使资产具有使用价值和交换价值。具有使用价值和交换价值，并能给经济主体带来未来效益的经济资源，才能作为资产确认。③资产必须能以货币计量。也就是说，资产价值能够运用货币进行计量，否则就不能作为资产确认。

（2）作为资产评估对象的资产的分类。①按资产的存在形态分类，可以分为有形资产和无形资产。有形资产是指那些具有实物形态的资产，包括机器设备、房屋建筑物、流动资产等。这类资产具有不同的功能和特性，在评估时应分别进行。无形资产是指那些没有实物形态，但在很大程度上制约着企业物质产品生产能力和生产质量，直接影响企业经济效益的资产，主要包括专利权、商标权、非专利技术、土地使用权、商誉等。②按资产的构成和是否具有综合获利能力分类，可以分为单项资产和整体资产。单项资产是指单台、单件的资产；整体资产是指由一组单项资产组成的具有整体获利能力的资产综合体。③按资产能否独立存在分类，可以分为可确指的资产和不可确指的资产。可确指的资产是指能独立存在的资产，除商誉以外的有形资产和无形资产都是可确指的资产；不可确指的资产是指不能脱离企业有形资产而单独存在的资产，如商誉。商誉是指企业基于地理位置优越、信誉卓著、生产经营出色、劳动效率高、历史悠久、经验丰富、技术先进等原因，所获得的投资收益率高于一般正常投资收益率所形成的超额收益资本化的结果。④按资产与生产经营过程的关系分类，可以分为经营性资产和非经营性资产。经营性资产是指处于生产经营过程中的资产，如企业中机器设备、生产用厂房、交通工具等。经营性资产又可按是否对盈利产生贡献分为有效资产和无效资产。非经营性资产是指处于生产经营过程以外的资产。⑤按现行企业会计制度及其资产的流动性分类，可以分为流动资产和非流动资产。非流动资产主要包括长期投资、固定资产和无形资产等。

3. 评估依据

评估依据，也就是资产评估工作所遵循的规范和标准。其具体包括与评估机构和人员有关的法律、法规和专业标准，例如，1991年国务院第91号令发布的《国有资产评估管理办法》，2004年2月，财政部发布的《资产评估准则——基本准则》、《资产评估职业道德准则——基本准则》等。也包括与评估对象有关的法律、法规和专业标准，例如，2003年12月31日，国务院国有资产监督管理委员会和财政部联合发布《企业国有产权转让管理暂行办法》、《城市房地产管理办法》、《专利法》，经济行为文件、重大合同协议以及取费标准等。

4. 评估目的和价值类型

评估目的，即资产业务引发的经济行为对资产评估结果的要求，或资产评估结果的具体用途。它直接或间接地决定和制约资产评估的条件以及价值类型的选择。评估价值类型，即对评估价值的质的规定，它对资产评估参数和评估方法的选择具有约束性。评估目的和价值类型两个要素具有十分密切的关系，详细内容将在本章第三节阐述。

5. 评估假设和原则

评估假设，即资产评估得以进行的前提条件、假设等。评估原则，即资产评估的行为规范，是调节评估当事人各方关系、处理评估业务的行为准则。评估假设和原则的详细内容将在本章第四节阐述。

6. 评估程序与方法

评估程序，即资产评估工作从开始准备到最后结束的工作步骤，其中，评估方法的选择和运用是评估程序中最重要的环节之一。评估方法，即资产评估所运用的特定技术，是分析和判断资产评估价值的手段和途径。评估程序的详细内容将在第五章阐述，评估方法的详细内容将在第三章阐述。

7. 评估价值

资产评估中的价值是专业人士根据特定的价值定义在特定时间内对商品、服务价值的估计。它不同于价格的概念，价格是指在特定的交易行为中，特定的买方或卖方对商品服务的交换价值的认可，以及提供或支付的货币数额，价格是一个历史数据或事实，是特定的交易行为中特定买方和卖方对商品或服务实际支付或收到的货币数额。而价值是一个交换价值范畴，它反映了可供交易的商品、服务与其买方、卖方之间的货币数量关系。资产评估中的价值不是一个历史数据或事实。资产评估的目标是判断评估对象的价值而不是评估对象的实际成交价格。

8. 评估基准日

评估基准日，即资产评估价值对应的时点。在进行资产评估时，必须假设市场条件固定在某一时点，这一时点就是评估基准日，或称估价日期。

以上要素构成了资产评估活动的有机整体。

（二）资产评估的种类

由于资产种类的多样化、资产业务的多样性，以及资产评估委托方和相关当事人对资产评估内容及其报告需求的多样性，资产评估也相应出现了多种类型。

1. 按资产评估对象的构成和获利能力划分

资产评估可具体划分为单项资产评估和整体资产评估。对以单项可确指的资产为对象的评估称为单项资产评估，例如，机器设备评估、土地使用权评估、建筑物评估、无形资产评估等。对若干单项资产组成的资产综合体所具有的整体生产能力或获利能力的评估称为整体资产评估。最为典型的整体资产评估就是企业价值评估。

单项资产评估和整体资产评估在评估的复杂程度和需考虑的相关因素等方面有较大差别的，整体资产评估更为复杂，需考虑的因素更为全面。

2. 按引起资产评估的经济行为划分

资产评估可具体划分为资产转让评估、企业兼并评估、企业出售评估、企业改制评估、股权重组评估、中外合资、合作资产评估、企业清算评估、税基评估、抵押评估、资产担保评估、债务重组评估等。

3. 按资产评估服务的对象、评估的内容和评估者承担的责任等方面划分

资产评估可以分为评估、评估复核和评估咨询。评估是指正常情况下的资产评估，类似于我国目前广泛进行的为产权变动和交易服务的资产评估。它一般服务于产权变动主体，对评估对象的价值进行评估，评估人员及其机构要对其评估结果的真实性和合理性负责。评估复核是指评估机构（资产评估师）对其他评估机构（资产评估师）出具的评估报告进行的评判分析和再评估。它服务于特定的当事人，对某个评估报告的真实性和合理性做出判断和评价，并对自己所提出的意见负责。评估咨询是一个较为宽泛的术语。它既可以是评估人员对特定资产的价值提出咨询意见，也可以是评估人员对评估标的物的利用价值、利用方式、利用效果的分析和研究，以及与此相关的市场分析、可行性研究等。评估咨询要求的主要是评估主体的信誉、专业水准和职业道德，评估咨询主体也要对其出具的咨询意见承担相应的责任。

4. 按资产评估面临的条件、资产评估执业过程中遵循资产评估准则的程度及其对评估披露的要求的角度划分

资产评估可分为完全资产评估和限制性资产评估。完全资产评估一般是指严格遵守资产

评估准则，按照资产评估准则各个条款的要求，在执业过程中没有违背资产评估准则的规定所进行的资产评估。限制性资产评估一般是指评估机构及其人员由于评估条件的限制不能完全按照评估准则的要求进行执业，或在允许的前提下未完全按照评估准则的规定进行的资产评估。

完全资产评估和限制性资产评估对评估结果披露的程度和要求是不同的，限制性资产评估需要做更为详尽的说明和披露。

二、资产评估的特点

理解和把握资产评估的特点，有利于进一步认识资产评估的实质，对于做好资产评估工作，提高资产评估质量具有重要意义。一般来说，资产评估具有市场性、公正性、专业性和咨询性等特点。

（一）市场性

资产评估是适应市场经济要求的专业中介服务活动，其基本目标就是根据资产业务的不同性质，通过模拟市场条件对资产价值做出经得起市场检验的评定估算和报告。

（二）公正性

公正性是指资产评估行为服务于资产业务的需要，而不是服务于资产业务当事人任何一方的需要。公正性体现在两个方面：一是资产评估按公允、法定的准则和规程进行，公允的行为规范和业务规范是公正性的技术基础；二是评估人员是与资产业务没有利害关系的第三者，这是公正性的组织基础。

（三）专业性

资产评估是一种专业人员活动，从事资产评估业务的机构应由一定数量和不同类型的专家及专业人士组成。一方面，这些资产评估机构形成专业化分工，使得评估活动专业化；另一方面，评估机构及其评估人员对资产价值的估计判断也都是建立在专业技术知识和经验的基础之上的。

（四）咨询性

咨询性是指资产评估结论是为资产业务提供专业化评估意见，该意见本身并无强制执行的效力，评估师只对结论本身合乎职业规范要求负责，而不对资产业务定价决策负责。事实上，资产评估为资产交易提供的估价往往由当事人作为要价和出价的参考，最终的成交价取决于当事人的决策动机、谈判地位和谈判技巧等综合因素。

三、资产评估的功能和作用

（一）资产评估的功能

评价和评值是资产评估具有的最基本的内在功效和能力。资产评估源于人们希望了解和掌握一定条件下资产的价值的需求。随着人们对在各种条件下了解资产价值的需求不断增加，资产评估也在不断发展，其评价和评估的功能亦得到不断完善。当然，在不同的历史条件下，人们在充分利用资产评估的评价及评值功能的基础上，也曾赋予资产评估一些辅助性和过渡性功能，例如，管理的功能等。

(二) 资产评估的作用

在不同的历史时期和不同的社会经济条件下，资产评估可能会发挥着不同的作用。结合我国当前的社会经济条件，资产评估主要发挥着咨询和管理作用。

1. 咨询的作用

资产评估的咨询作用是指资产评估结论是为资产业务提供专业化估价意见，该意见本身并无强制执行的效力，它只是给相关当事人提供的有关资产交换价值方面的专业判断或专家意见，资产评估不能也不应该取代资产交易当事人的交易决策。

2. 管理的作用

资产评估的管理作用是指在以公有制为基础的社会主义市场经济初级阶段，国家或政府在利用资产评估过程中所发挥出的特殊作用。在社会主义市场经济初级阶段的某一历史时期，作为国有资产所有者代表的国家，不仅把资产评估视为提供专业服务的中介行业，而且将其作为维护国有资产、促使国有资产保值增值的工具和手段。在资产评估开展初期，国家通过制定申请立项、资产清查、评定估算和验证确认的国有资产评估管理程序，使得资产评估具有了管理的作用。但是，资产评估的管理作用并不是资产评估与生俱有的，它只是国有资产评估在特定历史时期的特定作用。它会随着国家在国有资产评估管理体制方面的变化而加强或弱化。2001年12月31日，国务院办公厅转发了《财政部关于改革国有资产评估行政管理方式 加强资产评估监督管理工作意见的通知》。该通知指出：①取消政府部门对国有资产评估项目的立项确认审批制度，实行核准制和备案制；②加强资产评估活动的监管力度；③完善制度建设，规范评估秩序。随着国有资产评估项目的立项确认审批制度的取消和核准制及备案制的确立，资产评估的管理作用也将随之发生改变。

第三节 资产评估的目的和价值类型

一、资产评估的目的

资产评估的目的，即资产业务引发的经济行为对资产评估结果的要求，或资产评估结果的具体用途。它直接或间接地决定和制约着资产评估的条件以及价值类型的选择。因此，资产评估的目的既是资产评估的起点，也是资产评估活动所要实现的最终目标。资产评估的目的是资产评估业务的基础，决定着资产价值类型的采用，并且也在一定程度上制约着评估方法的选择。资产评估的目的有一般目的和特定目的之分。资产评估一般目的包含着特定目的，而资产评估特定目的则是一般目的的具体化。

(一) 资产评估的一般目的

1. 资产评估的一般目的或资产评估的基本目标是由资产评估的性质及其基本功能决定的

资产评估作为一种专业人士对特定时点及特定条件约束下资产价值的估计和判断的社会中介活动，它一经产生就具有了为委托人以及资产交易当事人提供合理的资产价值咨询意见的功能。不论是资产评估的委托人,还是与资产交易有关的当事人,他们所需要的无非是资产评估师对资产在一定时间及一定条件约束下资产公允价值的判断。如果我们暂且不考虑资产交易或引起资产评估的特殊需求,资产评估所要实现的一般目的只能是资产在评估时点的公允价值。

2. 资产评估的一般目的或资产评估的基本目标是评估资产在评估时点的公允价值

公允价值是会计、资产评估等行业广泛使用的专业术语。从资产评估的角度看,公允价值是一种相对合理的评估价值,它是一种相对于当事人各方的地位、资产的状况及资产面临的市场条件的合理的评估价值,是评估人员根据被评估资产自身的条件及其所面临的市场条件,对被评估资产客观交换价值的合理估计值。公允价值的一个显著特点是,它与相关当事人的地位、资产的状况及资产所面临的市场条件相吻合,且并没有损害各当事人的合法权益,亦没有损害他人的利益。

(二) 资产评估的特定目的

资产评估作为一种资产价值的判断活动,总是为满足特定资产业务的需要而进行的。资产业务是指引起资产评估的经济行为。我们通常把资产业务对评估结果用途的具体要求称为资产评估的特定目的。因此,资产业务引发的特定经济行为决定着资产评估的特定目的。

1. 资产业务的类型

我国资产评估实践表明,资产评估的特定目的主要有:

(1) 资产转让。资产转让是指资产拥有单位有偿转让其拥有的资产,通常是指转让非整体性资产的经济行为。

(2) 企业兼并。企业兼并是指一个企业以承担债务、购买、股份化和控股等形式有偿接收其他企业的产权,使被兼并方丧失法人资格或改变法人实体的经济行为。

(3) 企业出售。企业出售是指独立核算的企业或企业内部的分厂、车间及其他整体资产产权出售行为。

(4) 企业联营。企业联营是指国内企业、单位之间以固定资产、流动资产、无形资产及其他资产投入组成各种形式的联合经营实体的行为。

(5) 股份经营。股份经营是指资产占有单位实行股份制经营方式的行为,包括法人持股、内部职工持股、向社会发行不上市股票和上市股票。

(6) 中外合资、合作。中外合资、合作是指我国的企业和其他经济组织与外国企业和其他经济组织或个人在我国境内举办合资或合作经营企业的行为。

(7) 企业清算。企业清算包括破产清算、终止清算和结业清算。

(8) 担保。担保是指资产占有单位以本企业的资产为其他单位的经济行为担保,并承担连带责任的行为。担保通常包括抵押、质押和保证等。

(9) 企业租赁。企业租赁是指资产占有单位在一定期限内,以收取租金的形式,将企业全部或部分资产的经营使用权转让给其他经营使用者的行为。

(10) 债务重组。债务重组是指债权人按照其与债务人达成的协议或法院的裁决同意债务人修改债务条件的事项。

(11) 引起资产评估的其他合法经济行为。

2. 资产业务的分类

随着商品经济的发展,资产业务的种类日益增多,资产评估的特定目的也呈现出多样化。为了系统地探讨资产评估的目的,也可以对资产评估的特定目的进行分类。

(1) 按具体经济业务的特定目的划分。①资产保全。如企业在商品和劳务收入中通过计提固定资产折旧和计算其他资产损耗来实现资产保全。目前,会计上普遍采用历史成本对资产进行计价,它在物价稳定的情况下能够较好地满足资产保全的需要,但在通货膨胀条件下,就不能满足资产保全的目的,需要对资产进行评估。社会保险系统在核收保险费用的前提下,对投保资产的损失通过理赔给予补偿,也需要通过对资产进行评估来完成。②产权变动。产权变动包括单项资产的买卖和企业产权变动。企业产权变动包括合资经营、合作经营、企业联营;企业合并、分设和兼并;发行股票、企业出售、企业租赁等。③融资业务。即融通资金,包括抵押贷款、融资租赁和发行债券等。④房地产业务。在我国,随着土地使用权有偿转让和房地产转让制度的逐步完善,房地产评估业务也越来越繁荣。需要评估的房地产业务主要有:土地成片出租、土地开发经营、房地产买卖、房地产出租等。⑤资源纳税。税收计算的正确与否,关系到国家的财政收入能否得到保证,纳税人的税收负担是否合理。我国开征的房产税、土地增值税、资源税等需要在对征税对象价值评估的基础上合理计税。另外,随着我国市场经济的发展和个人财产的增加,进一步发挥财产税调节功能,改善财产税的评估工作也势在必行。⑥咨询服务业务。这里所说的咨询服务,并不是直接为上述资产业务进行服务,而是对其他业已发生或即将发生的资产业务进行评估,为所有者、债权人、经营者提供咨询服务。这种情况有:对经营业绩提供评估业务;为财务报表提供辅助记录;涉及法律诉讼需要等业务。⑦资产清算。当企业进行结业清算或破产清算时,有关权益人有权要求以清偿形式得到补偿,从而对资产进行变现或拍卖。这时就需要资产评估机构评估企业资产的清偿价格,以作为资产变现的依据。

(2) 按资产业务是否涉及产权变动划分。①产权变动类。产权变动类资产业务主要表现为:企业出售、企业兼并、资产重组、企业合并、企业分设、企业发行股票、企业合资、合作经营、企业联营、企业租赁、企业及个人资产买卖等。由于产权变动,涉及不同的权益主体的资产权益,为维护各权益主体的正当权益,产权变动各当事人通常有对产权变动所涉及的资产进行评估的内在要求。②非产权变动类。其具体包括财产担保、资产抵押、财产纳税、财产保险、法律诉讼、财务报告、经营业绩评价等。由于上述经济活动或者对经济活动当事人的预期权益有潜在的影响,或者对社会或公众的利益有现实及潜在的影响,为维护经济活动当事人和社会公众的正当权益,有关部门及当事人有对非产权变动类的经济活动涉及的资产进行评估的要求。

我们把引起资产评估的资产业务或资产评估结果按在评估时点是否发生产权变动,将其分为两个大类的目的,在于提醒资产评估人员注意两类不同性质的资产评估在确定评估对象、选择评估的价值类型、应用评估基本假设,以及选用评估途径和方法的过程中的差别,以便有的放矢地提供合理可信的评估结果。

(三) 资产评估的特定目的在评估中的地位和作用

1. 资产评估的特定目的是界定评估对象的基础

资产评估的特定目的是由引起资产评估的特定经济行为(资产业务)所决定的,它对评估结果的性质、价值类型等有重要的影响。资产评估的特定目的不仅是某项具体资产评估活动的起点,同时又是资产评估活动所要达到的目标。资产评估的特定目的贯穿于资产评估的全过程,影响着评估人员对评估对象的界定,它是评估人员在进行具体资产评估时必须首先明确的基本事项。

资产评估的特定目的是界定评估对象的基础。任何一项资产业务,无论产权是否发生变动,它所涉及的资产范围必须接受资产业务本身的制约。资产评估委托方正是根据资产业务的需要确定资产评估的范围。评估人员不仅要对该范围内的资产权属予以说明,而且要对其价值做出判断。

2. 资产评估的特定目的是选择价值类型的依据

资产评估的特定目的对于资产评估的价值类型选择具有约束作用。特定资产业务决定了资产的存续条件,资产价值受制于这些条件及其可能发生的变化。资产评估人员在进行具体资产评估时一定要根据具体的资产业务的特征选择与之相匹配的评估价值类型。按照资产业务的特征与评估结果的价值属性一致的原则进行评估,是保证资产评估科学、合理的基本前提。

需要指出的是,在不同时期、地点及市场条件下,同一资产业务对资产评估结果的价值类型的要求也会有差别。这表明,引起资产评估的资产业务对评估结果的价值类型要求不是抽象的和绝对的。每一类资产业务在不同时间、地点和市场环境中的发生,对资产评估结果的价值类型要求不是一成不变的。也就是说,资产业务本身的属性因时间、地点及市场环境的变化而确定。所以,把资产业务的属性绝对化,或是把资产业务与评估结果的价值类型关系固定化都是不可取的。

资产评估结果的价值类型与评估的特定目的相匹配、相适应指的是在具体评估操作过程中,评估结果价值类型要与已经确定了的时间、地点、市场条件下的资产业务相匹配、相适应。任何事先划定的资产业务类型与评估结果的价值类型相匹配的固定关系或模型都可能偏离或违背客观存在的具体业务对评估结果价值类型的内在要求。换句话说,资产的业务类型是影响甚至是决定评估结果价值类型的一个重要因素,但是,它绝不是决定资产评估结果价值类型的唯一因素。评估的时间、地点、评估时的市场条件、资产业务各当事人的状况以及资产自身的状态等,都可能对资产评估结果的价值类型起影响作用。

二、资产评估价值类型

资产评估价值类型的形成,不仅与引起资产评估的特定经济行为,即资产评估的特定目的有关,而且与被评估对象的功能、状态、评估时的市场条件等因素有着密切的关系。根据资产评估的特定目的、被评估资产的功能状态,以及评估时的各种条件,合理地选择和确定资产评估的价值类型是资产评估人员必须做好的工作。

(一) 价值类型的含义

资产评估中的价值类型是指资产评估结果的价值属性及其表现形式。不同的价值类型从不同的角度反映资产评估价值的属性和特征。不同属性的价值类型所代表的资产评估价值不仅在性质上是不同的,而且在数量上往往也存在较大差异。因此,理解价值类型应把握以下几点:

(1) 价值类型是对资产评估价值的质的规定。价值类型指的是评估价值的类别,是每一项评估价值的具体价值尺度,是影响和决定资产评估价值的重要因素。

(2) 评估目的是决定价值类型的重要依据,是判断确定资产评估价值的基础。因为资产发生的经济行为不同,其使用价值实现的市场环境和条件也不一样,如一台机器设备,用于投资行为的评估和用于销售行为的评估，其价值含义不同，评估值也不一样。

（3）价值类型制约资产评估方法的选择。资产评估价值类型是资产评估价值的内涵，是资产评估价值质的规定，具有排他性，对资产评估方法的选择具有约束性。资产评估方法则是资产评估价值量化的过程，其量化的结果便是该项资产的评估值。资产评估方法具有多样性和替代性，国际上通用的方法主要有三类：市场法、成本法和收益法。价值类型确定后直接制约着方法应用中各种指标、参数的判断和选择。因此，资产的评估结果是评估价值质的规定和量化过程共同作用的结果。

（4）每一种价值类型必须予以明确的定义。《国际评估准则》指出：专业资产评估师应避免使用未经限定的"价值"概念，而应对所涉及的特定价值类型进行详细描述。每一个资产评估价值都是有条件的特定价值，而非资产本身的客观价值和内在价值，资产评估过程开始就应确定价值类型，价值类型指导资产评估过程始终。

（5）明确评估价值类型，可以更清楚地表达评估结果，可以避免报告使用者误用评估结果。任何评估结果都是有条件的，不同的评估目的、市场条件决定其价值含义是不同的，评估值也不相同。资产评估师在评估报告中明确其提出的评估价值的类型，可以使委托方更清楚地使用评估价值，同时，这样做也可以规避资产评估师的责任。

资产评估中的价值类型问题，不仅是一个理论问题，也是资产评估操作的实际问题，价值类型研究的进展直接影响我国资产评估理论体系的建立和完善，价值类型的研究引起了理论界和实务界的广泛关注。

（二）价值类型的分类

由于所处的角度不同以及对资产评估价值类型理解方面的差异，人们对资产评估的价值类型划分也有不同的标准。

1. 按资产评估的估价标准形式划分

以资产评估的估价标准形式划分价值类型，具体包括重置成本、收益现值、现行市价（或变现价值）和清算价格四种。这是我国理论界关于价值类型比较早的具有代表性的观点。这种划分标准基本上是承袭了现代会计理论中关于资产计价标准的划分方法和标准，将资产评估与会计的资产计价紧密地联系在一起。

2. 按资产评估假设的角度划分

从资产评估假设的角度划分价值类型，具体包括继续使用价值、公开市场价值和清算价值三种。这种划分方法有利于人们了解资产评估结果的假设前提条件，同时也强化了评估人员对评估假设前提条件的运用。

3. 按资产业务性质划分

从资产业务性质划分价值类型，具体包括抵押价值、保险价值、课税价值、投资价值、清算价值、转让价值、保全价值、交易价值、兼并价值、拍卖价值、租赁价值和补偿价值等。这种划分方法强调资产业务的重要性，认为有什么样的资产业务就应有什么样的资产价值类型。

4. 按资产评估时所依据的市场条件以及被评估资产的使用状态来划分

以资产评估时所依据的市场条件以及被评估资产的使用状态来划分资产评估结果的价值类型，具体包括市场价值和非市场价值。这种划分是根据《国际评估准则》总结的市场价值和非市场价值。这种观点已成为目前评估理论界的主流观点。这种划分方法不仅注重资产评估结果适用范围与评估所依据的市场条件及资产使用状态的匹配，而且通过资产市场价值概念的提出，树立了一个资产公允价值的坐标。资产的市场价值是资产公允价值的基本表现形式，非市场价值则是资产公允价值的特殊表现形式。

对资产价值进行合理分类主要有两个层面的目的：①为评估人员科学合理地进行资产评估提供指引；②使资产评估报告使用者能正确理解和恰当使用资产评估结果。从这个意义上讲，将资产评估价值划分为市场价值和非市场价值更有利于实现划分资产评估价值类型的目的。

（三）《国际评估准则》中市场价值与非市场价值的概念

1. 市场价值

《国际评估准则》中关于市场价值的定义是：市场价值是自愿买方与自愿卖方在评估基准日进行正常的市场营销之后所达成的公平交易中，某项资产应当进行交易的价值估计数额，当事人双方应各自理性、谨慎行事，不受任何强迫压制。

市场价值在某些国家称为公开市场价值，是资产评估业务中最常使用的价值类型。资产的市场价值反映了市场作为一个整体对其效用的认可，而并不仅仅反映其物理实体状况。某项资产对于某特定市场主体所具有的价值可能不同于市场或特定行业对该资产价值的认同。市场价值反映了各市场主体组成的市场整体对被评估资产效用和价值的综合判断，不同于特定市场主体的判断。

2. 非市场价值

《国际评估准则》中并没有给出非市场价值的定义。非市场价值又称市场价值以外的价值或其他价值，指所有不满足市场价值定义的价值类型。因此，非市场价值不是个体概念，而是一个集合概念，指不满足市场价值定义的一系列价值类型的集合，主要包括在用价值、持续使用价值、投资价值、保险价值、课税价值、剩余价值、清算价值或强制变卖价值、特殊价值等。

在用价值是指作为企业组成部分的特定资产为其所属企业能够带来的价值，而并不考虑该资产的最佳用途或资产变现所能实现的价值量。在用价值是特定资产在特定用途下对特定使用者的价值，因而是非市场性的。

投资价值是指资产对于具有明确投资目标的特定投资者或某一类投资者所具有的价值。这一主观概念将特定的资产与具有明确投资目标、标准的特定投资者或某一类投资者结合起来。

持续经营价值是指企业作为一个整体的价值。这一概念涉及对一个持续经营企业进行的评估，由于企业的各个组成部分对该企业的整体价值都有相应的贡献，可以将企业总的持续经营价值分配给企业的各个组成部分，即构成企业持续经营的各局部资产的在用价值，但所有这些组成部分本身的价值并不构成市场价值。

保险价值是指根据保险合同或协议中规定的定义所确定的价值。

课税价值是指根据有关资产计税、课税和征税法律中规定的定义所确定的价值。有的司法管辖当局可能会引用市场价值作为征税的基础，但所要求的评估方法可能会产生不同于市场价值定义的结果。

剩余价值是指假设在未进行特别修理或改进的情况下，将资产中所包含的各组成部分进行变卖处置的价值。剩余价值不是继续使用时的价值，且不包括土地价值在内。该价值中可能还需考虑总的处置成本或净处置成本,在后一种情况下可能等同于可变现净值。

清算价值或强制变卖价值是指在销售时间过短,达不到市场价值定义所要求的市场营销时间要求的情况下,变卖资产所能合理收到的价值数额。在某些国家,强制变卖价值还可能涉及非自愿买方和非自愿卖方,或买方在购买时知晓卖方不利处境的情况。

特殊价值是指资产价值量超出和高于其市场价值的部分。特殊价值是由于该资产与其他资产存在物理性、功能性或经济性组合而产生的,如相邻资产。特殊价值是针对特定的资产所有者或使用者、未来特定所有者或使用者的资产价值升值,而不是针对整个市场,即这种价值升值是针对具有特殊兴趣的购买者。

(四) 明确市场价值与非市场价值的意义和作用

在众多资产价值类型中,选择资产的市场价值与非市场价值作为资产评估中最基本的资产价值类型具有重要意义。

资产评估作为一种专业中介服务性活动,它对客户和社会提供的服务是一种专家意见及专业咨询。无论是专家意见还是专业咨询,最重要的是这种意见或咨询能对客户的某些行为起指导作用,应防止和杜绝提交可能造成客户误解、误用或误导的资产评估报告。就一般情况而言,资产评估机构和评估人员主观上并不愿意提交可能会对客户及社会造成误解、误用或误导的资产评估报告。但是,在资产评估实践中,经常出现评估人员并不十分清楚自己所出具的资产评估结果的性质和适用范围等,以致在资产评估报告中未给予充分说明及使用限定的问题。客户或评估报告使用者绝大部分都是非专业人员,他们对评估结果的理解和认识基本上来源于评估报告的内容。资产评估报告中任何概念的模糊或不合理,都会造成客户及社会对评估结果的误解,所以资产评估结果价值类型的科学分类和解释具有重要的作用。资产的市场价值和非市场价值的概念及分类,正是从资产评估结果的适用范围和使用范围限定方面对资产评估结果进行分类。因此,这种分类方法符合资产评估服务于客户和服务于社会的内在要求。其意义和作用具体体现在以下几个方面:

(1) 有利于评估人员对其评估结果性质的认识。这种分类方法和概念界定有利于评估人员对其评估结果性质的认识,便于评估人员在撰写评估报告时更清楚明了地说明其评估结果的确切含义。只有评估人员自己充分认清了自己出具的评估结果的性质,才可能在评估报告中充分说明这个评估结果。当然,一份阐述明确的评估报告才能使客户受益。

(2) 便于评估人员划定其评估结果的适用范围和使用范围。这种分类方法及概念界定便于评估人员划定其评估结果的适用范围和使用范围。资产评估结果的适用范围与评估目的所要求的评估结果用途的匹配和适应,是检验资产评估科学性、合理性的首要问题。把评估结果按资产的市场价值和非市场价值分类,可以从大的方面决定评估的适用范围,便于评估人员将其与评估的特定目的进行对照。资产评估结果的使用范围关系到评估结果能否被正确使用的问题。对于大多数评估报告使用者来说,他们未必都十分了解不同价值类型的评估结果都有其使用范围的限定。限定评估结果的使用范围的责任应由评估人员承担,评估人员应在评估报告中将评估结果的使用范围进行明确的限定。

一般而言,属于市场价值性质的资产评估结果主要适用于产权变动类资产业务。在特定评估时点的公开市场上,资产的市场价值对于潜在的买者或卖者来说都是相对公平合理的。属于非市场价值性质的评估结果,既适用于产权变动类资产业务,同时也适用于非产权变动类资产业务。在评估时点,资产的非市场价值只对特定的资产业务当事人来说是公平合理的。资产评估结果的公平合理性所能涵盖的范围基本上就限定了评估结果的适用范围和使用范围。

总之,按市场价值和非市场价值将评估结果分为两大类,旨在合理和有效地限定评估结果的适用范围和使用范围。因此,把评估结果分为市场价值和非市场价值两大类是相对合理和便于操作的。

第四节 资产评估假设和原则

一、资产评估假设

由于认识客体的无限变化与认识主体有限能力的矛盾,人们不得不依据已掌握的数据资料对某一事物的某些特征或全部事实做出合乎逻辑的推断。这种依据有限事实,通过一系列推理,对于所研究的事物做出合乎逻辑的假定说明就叫假设。假设必须依据充分的事实,运用已有的科学知识,通过推理(包括演绎、归纳和类比)而形成。当然,无论如何严密的假设都带有推测,甚至是主观猜想的成分。但是,只要假设是合乎逻辑、合乎情理的,它对科学研究就是有重大意义的。任何学科都需要假设,相应的理论观念和方法都是建立在一定的假设基础上的,即假设是理论、方法的出发点。没有出发点,我们就无法进行推理或思维。亚里士多德说过:"每一可论证的科学多半是从未经论证的公理开始的,否则论证的阶段就永无止境。"从这简短的论述中,我们能认识到假设存在的理由。资产评估与其他学科一样,其理论体系和方法体系的确立也是建立在一系列假设基础之上的,其中,交易假设、公开市场假设、持续使用假设和清算假设是资产评估中的基本前提假设。

(一)交易假设

交易假设是评估得以进行的一个最基本的前提假设。交易假设是假定所有待评资产已经处在交易过程中,评估人员根据待评估资产的交易条件等模拟市场进行估价。众所周知,大量的资产评估其实是在资产实施交易之前进行的一项专业服务活动,而资产评估的最终结果又属于资产的交换价值范畴。为了发挥资产评估在资产实际交易之前为委托人提供资产交易底价的专家判断的作用,同时又能够使资产评估得以进行,利用交易假设将被评估资产置于"交易"当中,模拟市场进行评估就是十分必要的。

交易假设一方面为资产评估得以进行"创造"了条件;另一方面它明确限定了资产评估的外部环境,即资产是被置于市场交易之中,资产评估不能脱离市场条件而孤立地进行。

(二)公开市场假设

公开市场假设是对资产拟进入的市场条件,以及资产在这样的市场条件下接受何种影响的一种假定说明或限定。公开市场假设的关键在于认识和把握公开市场的实质和内涵。就资产评估而言,公开市场是指充分发达与完善的市场条件,是一个有自愿的买者和卖者的竞争性市场,在这个市场上,买者和卖者的地位是平等的,彼此都有获取足够市场信息的机会和时间,买卖双方的交易行为都是在自愿的、理智的,而非强制的条件下进行的。事实上现实中的市场条件未必真能达到上述公开市场的完善程度。公开市场假设就是假定那种较为完善的公开市场存在,被评估资产将要在这样一种公开市场中进行交易。当然公开市场假设也是以市场客观存在的现实,即资产在市场上可以公开买卖这样一种客观事实为基础的。

由于公开市场假设假定的市场是一个充分竞争的市场,资产在公开市场上实现的交换价值隐含着市场对该资产在当时条件下的有效使用的社会认同。当然在资产评估中,市场是有范围的,它可以是地区性市场,也可以是国内市场,还可以是国际市场。关于资产在公开市场上实现的交换价值所隐含的对资产效用有效发挥的社会认同也是有范围的,它可以是区域性的、全国性的或国际性的。

公开市场假设旨在说明一种充分竞争的市场条件,在这种条件下,资产的交换价值受市场机制的制约并由市场行情决定,而不是由个别交易决定。

公开市场假设是资产评估中的一个重要假设,其他假设都是以公开市场假设为基本参照。公开市场假设也是资产评估中使用频率较高的一种假设,凡是能在公开市场上交易、用途较为广泛或通用性较强的资产,都可以考虑按公开市场假设前提进行评估。

(三) 持续使用假设

持续使用假设也是对资产拟进入的市场条件,以及在这样的市场条件下的资产状态的一种假定性描述或说明。首先,该假设设定被评估资产正处于使用状态,包括正在使用中的资产和备用的资产;其次,根据有关数据和信息,推断这些处于使用状态的资产还将继续使用下去。持续使用假设既说明了被评估资产面临的市场条件或市场环境,同时又着重说明了资产的存续状态。

按照通行的说法,持续使用假设又细分为三种具体情况:一是在用续用;二是转用续用;三是移地续用。在用续用是指处于使用中的被评估资产在产权发生变动或资产业务发生后,将按其现行正在使用的用途及方式继续使用下去。转用续用是指处于使用中的被评估资产在产权发生变动或资产业务发生后,改变资产现行使用用途,调换新的用途继续使用下去。移地续用是指被评估资产将在产权发生变动后或资产业务发生后,改变资产现在的空间位置,转移到其他空间位置上继续使用。

由于持续使用假设是在一定市场条件下对被评估资产使用状态的一种假定说明,在持续使用假设前提下的资产评估及其结果的适用范围常常是有限制的。在许多场合,评估结果并没有充分考察资产用途替换,它只对特定的买者和卖者是公平合理的。

持续使用假设也是资产评估中的一个非常重要的假设,尤其是在我国,经济体制处于转轨时期,市场发育尚未完善,资产评估活动大多与企业的存量资产产权变动有关。因此,被评估对象经常处于或被推定在持续使用的假设前提之下。充分认识和掌握持续使用假设的内涵和实质,对于我国的资产评估来说有着重要意义。特别是资产评估的持续使用假设有多种情况,这些情况可能都可以用持续使用假设来概括。但是,不同情况下的持续使用假设对评估参数以及对评估结果的影响是不同的。

(四) 清算假设

清算假设是对资产拟进入的市场条件的一种假设说明或限定。具体而言,清算假设首先是基于被评估资产面临清算或具有潜在的被清算的事实或可能性,再根据相应数据资料推定被评估资产处于被迫出售或快速变现的状态。由于清算假设是假定被评估资产处于被迫出售或快速变现条件之下，被评估资产的评估值通常要低于在公开市场假设前提下或持续使用假设前提下相同资产的评估值。因此，在清算假设前提下的资产评估结果的适用范围是非常有限的。当然，清算假设本身的使用也是较为特殊的。

（五）不同假设对资产评估的影响

资产评估假设在资产评估中具有举足轻重的作用。如果说资产评估的特定目的是资产评估的起点，以及规定着资产评估结果的具体用途，那么资产评估假设则是创造或构筑了资产评估得以顺利进行的技术和条件。资产评估的特定目的可以理解为资产业务价值属性的一种抽象，要把资产业务价值属性抽象的范畴体现到资产评估结果的价值类型中，必须借助于资产评估中的基本假设。资产评估人员借助于评估假设，才能够在资产评估中将资产业务对评估结果的价值类型要求体现到资产评估结果中。没有资产评估假设，资产评估的特定目的就无法科学合理地实施。

资产评估假设将被评估资产置身于一个相对固定的市场环境中，以及将被评估资产设定到某一种状态下。这样，评估人员就可以根据评估假设限定的市场条件及评估对象的作用空间和作用方式，评定估算出符合资产评估特定目的的评估结果。

资产评估假设是由于资产的未来效用不同而形成的。在不同假设条件下，评估方法不同，评估结果各不相同。资产评估假设与资产评估价值类型也有密切的联系。资产评估价值类型是由特定目的决定的，而特定业务又是以一定假设为前提的。即对同一评估对象，如果假设前提不同，其业务性质不同，从而所使用的价值类型也不同，其结果也会不同。因此，我们要充分注意不同假设对资产评估的影响。

1. 同一资产在不同假设前提下的评估价值可能是不同的

同一资产在不同假设前提下的评估价值可能不同的原因有两个：第一，资产所有者利用资产从中获益的方式不同。在继续使用假设下，资产所有者期盼得到的是其本身通过资产再生产过程中创造的新价值。在公开市场假设条件下，资产所有者主要希望通过市场将资产转让出去，从而得到货币收入。在清偿假设条件下，资产所有者主要希望脱离困窘局面，结束强制状态，这时对从资产清偿得到的收益不可能有过高的期望。因此，同一资产在不同假设前提下的评估价值可能不同。第二，不同假设前提下的价值构成因素不同。例如，一台设备的价值，在继续使用假设前提下，一般由其重置成本的价值、该设备的运输费用以及安装费用构成；而公开市场假设前提下，考虑该设备的价值，就不应该包括运输费用和安装费用，相反还应适当考虑扣减一些未来转让时预计会发生的费用；在清偿假设条件下，其价格与重置成本相差就更多了。由此可见，在不同的假设前提下，资产的价值是不同的。

2. 一定的评估假设前提与该前提下资产价值是相对应的

一般来讲，持续使用假设前提下要求评估资产的继续使用价值；公开市场假设前提下要求评估资产的市场价值；清偿假设条件下要求评估资产的清偿价值。

由此可见，资产评估假设是使资产评估工作得以顺利进行的基础条件，在资产评估中具有举足轻重的地位和作用。

二、资产评估原则

资产评估工作涉及国家及社会各方面的经济利益，必须要有一定的原则对其进行规范。资产评估原则是调节资产评估委托者、评估业务承担者以及资产业务有关利益各方在资产评估中的相互关系，规范评估行业和业务的准则。资产评估原则包括两个层次的内容，即资产评估的工作原则和资产评估的技术原则。

（一）资产评估工作原则

资产评估工作的性质决定了资产评估机构和注册资产评估师在评估执业过程中必须遵循独立性，客观、公正性，科学性和可行性等基本原则。

1. 独立性原则

独立性是资产评估工作的灵魂。资产评估中的独立性原则包含有两层含义：一是评估机构本身应该是一个独立的、不依附于他人的社会公正性中介组织，在利益及利害关系上与资产业务各当事人没有任何联系。二是评估机构及其评估人员在执业过程中应当始终坚持独立的第三者地位，评估工作不受委托人和外界的意图及压力的影响，进行独立公正的评估。

2. 客观、公正性原则

客观性原则要求资产评估工作实事求是，尊重客观实际。资产评估机构及其评估人员在评估工作中必须以实际材料为基础，以确凿的事实和事物发展的内在规律为依据，以求实的态度为指针，实事求是地得出评估结果，而不是以自己的好恶或其他个人的情感进行评估。公正性原则要求资产评估机构及其评估人员在评估工作中，要做到不偏不倚，不能为了偏袒一方的利益而损害他方的利益。资产评估结果是评估人员认真调查研究，通过合乎逻辑的分析、推理得出的，具有客观公正性的评估结论。

3. 科学性原则

科学性原则要求资产评估机构和评估人员必须遵循科学的评估标准，以科学的态度制定评估方案，并采用科学的评估方法进行资产评估。在整个评估工作中必须把主观评价与客观测算、静态分析与动态分析、定性分析与定量分析有机结合起来，使评估工作做到科学合理、真实可信。

4. 可行性原则

可行性原则要求评估机构和评估人员根据评估对象的特点和性质以及当时所具备的条件，制定切实可行的评估方案并采用合适的评估方法进行评估。所谓切实可行，是指在现实条件下能够办得到的。在可以满足评估目的和评估精度要求的前提下，尽量使评估工作简便易行，以节约人力、物力和财力，提高资产评估工作的效率。

（二）资产评估技术原则

技术原则是指在资产评估执业过程中的一些技术规范和业务准则。它们为评估人员在执业过程中的专业判断提供技术依据和保证。这些技术原则主要包括：预期收益原则、供求原则、贡献原则、替代原则、估价日期原则等。

1. 预期收益原则

预期收益原则是以技术原则的形式概括出资产及其资产价值的最基本的决定因素。资产之所以有价值，是因为它能为其拥有者或控制者带来未来经济利益，资产价值的高低取决于它能为其所有者或控制者带来多少预期收益。预期收益原则是评估人员判断资产价值的一个最基本的依据。

2. 供求原则

供求原则是经济学中关于供求关系影响商品价值原理的概括。假定在其他条件不变的前提下，商品的价值随着需求的增长而上升，随着供给的增加而下降。尽管商品价格随供求变化并不成固定比例变化，但变化的方向都带有规律性。供求规律对商品价格形成的作用力同样适用于资产价值的评估，评估人员在判断资产价值时也应充分考虑和依据供求原则。

3. 贡献原则

从一定意义上讲，贡献原则是预期收益原则的一种具体化原则。它也要求资产价值的高低要由该资产的贡献来决定。贡献原则主要适用于构成某整体资产的各组成要素资产的贡献，或者是当整体资产缺少该项要素资产将蒙受的损失。

4. 替代原则

作为一种市场规律，在同一市场上具有相同使用价值和质量的商品应有大致相同的交换价值。如果具有相同使用价值和质量的商品，具有不同的交换价值或价值，买者会选择价值较低者。当然，作为卖者，如果可以将商品卖到更高的价值水平上，他会在较高的价位上出售商品。在资产评估中确实存在着评估数据、评估方法等的合理替代问题，正确运用替代原则是公正进行资产评估的重要保证。

5. 估价日期原则

市场是变化的，资产的价值会随着市场条件的变化而不断改变。为了使资产评估得以实施，同时，又能保证资产评估结果可以被市场检验，在资产评估时，必须假设市场条件固定在某一时点，这一时点就是评估基准日，或称估价日期。它为资产评估提供了一个时间基准。资产评估的估价日期原则要求资产评估必须有评估基准日，而且评估值就是评估基准日的资产价值。

第五节　资产评估管理体制

资产评估是一项政策性和专业性很强的工作，必须由专门的机构来管理。资产评估的管理体制是对资产评估行业进行管理所形成的管理体系和管理制度的总称。科学、合理的资产评估管理体制有利于资产评估事业的发展，能使注册资产评估师独立、客观、公正地执行资产评估业务，不断提高业务素质和业务水平。

一、资产评估行业管理模式

资产评估行业发展过程中，如何加强管理是评估理论界和实务界一直研究和亟待解决的问题。资产评估行业的发展过程，也是不断强化资产评估行业管理的过程。比较和研究我国和西方主要资产评估行业发达国家的管理制度，资产评估行业的管理模式主要有三种：政府管理模式、行业自律管理模式、政府监管下的行业自律管理模式。

资产评估政府管理模式是指资产评估业务活动，包括人员资格、机构、项目均由政府行政管理部门进行。政府行政管理在我国资产评估行业发展初期的作用非常明显。我国长期以来实行计划经济，我国资产评估行业的建立与发展，虽然产生于市场经济，但是由政府推动而建立起来的。在资产评估发展初期，资产评估管理是纯粹的政府管理，国有资产管理局是资产评估的行政主管部门。政府管理模式适合于由计划经济向市场经济转换过程中的国家。

在法律不完善、行业准则未建立的情况下，这种管理模式有其客观必要性。但政府管理模式在资产评估日益发展后，其局限性和弊端就显露出来了。它容易造成政府部门直接干预评估业务，使评估行业有失公正、公允；政府部门出于本位利益设立本部门的评估体系导致多头管理、评估市场条块分割等。

行业自律管理模式是指资产评估行业置于社会自发形成的行业协会管理之下，资产评估行业的发展依赖于评估行业内形成的准则和规范进行。行业自律管理适合于资产评估行业依市场需求自发形成的国家和资产评估行业日益发展成熟的阶段。市场经济发达国家如美国、英国等在行业自律管理方面积累了丰富的经验，我国资产评估行业也将行业自律管理作为其发展方向。行业自律管理有利于行业业务水平提高，但行业自律管理有时会因与政府缺乏沟通，缺乏政府制约，从而对社会经济产生不利影响。

政府监管下的行业自律模式是资产评估管理较为理想的模式。

二、国外资产评估管理体制

发达国家资产评估行业是随着资本市场发展而自发出现的，开始只有单个的评估执业者，后来逐渐形成规模，成立了自律性的行业协会，评估管理由行业协会承担。近些年来，资产评估行业不断发展，对社会经济各方面的影响越来越大，政府为了实现对经济的宏观管理，开始对资产评估进行管理。但发达国家资产评估管理一般采取政府管理与行业自律管理相结合的方式。政府管理一般偏重于宏观管理，主要是制定行业政策法规、规范市场等，而行业自律管理主要是具体制定执业准则，对评估师进行考试、培训，规范职业道德，研究、交流评估方法等。

由于各国所处的政治经济环境不同，各国资产评估行业管理体制也存在差异。

（一）美国资产评估管理体制

美国国会在联邦金融机构监察委员会下设评估分会，其主要职责是：监督各州制定的有关注册评估师和许可评估资格的条件；监督联邦金融管理部门与联邦信托公司在其各自管理范围内制定的涉及联邦交易的评估准则；监督评估促进会的活动及组织机构。

美国资产评估行业自律性组织主要有美国注册评估协会（AACA）、美国评估师协会（ASA）、美国评估学会（AI）及专业性评估师协会，如机器设备、房地产等。这些组织成立很早，都有自己的章程和执业标准，并颁发会员证书。随着行业的发展，各协会认识到需要统一规范资产评估执业标准。在美国评估师协会的倡导下，联合其他协会于1987年成立了评估促进会（AF）。评估促进会下设制定评估师资格标准的部门和制定专业评估执业统一准则的部门。

（二）英国资产评估管理体制

英国资产评估管理基本上可分为两大体系，即政府管理体系和民间自律性管理体系。

政府管理下的资产评估体系主要服务于征税目的，在组织上分为三个层次，即中央、大区和区评估办公室。中央级评估办公室设在税务局下，主要职能是制定有关政策，管理大区和区的评估工作；大区级评估办公室的主要职能是协调其所辖区内评估办公室的评估工作；区级资产评估办公室具体承担其所辖区内的评估工作。

民间评估机构在发展过程中，逐渐建立了行业协会组织。据了解，协会组织目前有三家，其中影响最大的是英国皇家特许测量师协会，另外两家分别是估价师与拍卖师联合协会和税收评估协会。目前三家协会正在寻求合并统一之路。英国皇家特许测量师协会的主要职能是：制定行业操作规范和行为准则，教育和培训，对评估人员进行监管，保持和政府部门的联系，为会员提供服务。

（三）澳大利亚资产评估管理体制

澳大利亚资产评估管理工作也分为两个层次：一是政府管理。澳大利亚土地为皇家所有，私人占有土地都要按价值向政府交税。土地评估法规由评估署确定，土地价值由各州评估署确定。二是社会管理。澳大利亚主要的评估管理机构是评估协会。评估协会的主要职责有：制定和选择资产评估准则；考核会员，对申请入会者进行严格审查；对会员进行定期培训；负责出版评估期刊和专业书籍；承担资产评估争议的仲裁等。

通过发达国家资产评估管理模式和发展史我们可以看出，发达国家政府管理和行业自律管理既相区别，又相联系。政府管理主要是进行宏观方面的指导，制定和发布方针、政策。而行业自律管理则是以行业协会章程为依据，按照会员的约定而实施管理，其任务是制定行业技术标准、组织考试、审核会员资格等。发达国家政府主要是通过制定法规、监督行业协会来实现间接宏观管理，而大量的具体管理事务都交给行业自律组织进行。同时，我们还可以预见，随着评估行业的不断发展，各行业协会必须统一执业规范，走合并之路。如美国，在美国评估师协会的倡导下，联合其他协会成立了美国评估促进会。再如，新西兰估价师协会是由奥克兰不动产估价师协会、北岛土地估价师协会和新西兰政府估价师协会合并而成的。英国皇家特许测量师协会是由许多测量师协会和测量师俱乐部联合而成的。

三、我国资产评估管理体制

我国资产评估管理存在着多个政府部门介入的现象。按《国有资产评估管理办法》的规定，国有资产管理部门为资产评估行政主管部门，以此为主线，我国资产评估管理体制变革经历了三个阶段。

（一）纯粹的政府行政管理阶段

我国资产评估行业的建立与发展，虽然也产生于社会主义市场经济的环境中，但主要是由政府推动而发展起来的。在资产评估发展初期，资产评估管理是纯粹的政府管理。国家国有资产管理局是资产评估的行政主管部门。1989年，国家国有资产管理局资产评估中心成立，国家国有资产管理局将资产评估的行政管理职能授予资产评估中心，对全国资产评估行业进行管理。其主要任务是：草拟全国性的资产评估法规，组织审查资产评估机构的执业资格，审核中央企业和地方重大项目的资产评估立项，对资产评估结果进行确认等。毫无疑问，在资产评估行业刚刚起步时，需要借助政府的力量来发展壮大。政府行政管理在规范评估行为、加速评估行业发展方面起到了巨大的推动作用。但是，资产评估行业作为中介性的行业，必然由政府的直接管理向政府监督指导下的行业自律管理过渡。

（二）政府行政管理和行业自律管理集于一体阶段

1993年12月，中国资产评估协会成立。它的成立标志着我国资产评估行业由政府直接管理开始向政府指导下的行业自律管理过渡。但是，我国的协会组织大部分独立性都较差，为了把中国资产评估协会办成全国最具权威性的行业组织，国家国有资产管理局于1994年

7月作出决定,将国家国有资产管理局资产评估中心并入中国资产评估协会,作为中国资产评估协会常设办事机构,以充实和加强协会的工作职能和工作力量。这种模式将政府行政管理和行业自律管理集于一体,它虽然解决了职能重叠问题,但把行政职能与行业自律职能混于一体,以致行政干预太深,不利于行业的健康发展。

(三)政府行政管理与行业自律管理在分离基础上相结合阶段

由于资产评估作为中介行业所具有的客观、公正、独立及服务性等特点的本质要求,为了适应我国政府机构调整及转变政府观念的要求,1998年政府机构调整时,国务院决定将国家国有资产管理局并入财政部,同时将资产评估的行政管理职能和行业管理职能分离,在财政部成立财产评估司,担负资产评估行政管理职能,中国资产评估协会作为社团组织,担负资产评估行业管理职能。至此,我国资产评估管理进入了行政管理和行业自律管理在分离基础上相结合的阶段。

(四)行业行政监管、行业自律与机构自主管理相结合

根据国务院有关文件规定,目前我国的资产评估行业包括资产评估、房地产估价、土地估价、机动车评估、矿业权评估和保险公估六个专业,分别由财政部、自然资源部、住房和城乡建设部、商务部、中国银行保险监督管理委员会五个部门负责监督管理。其中财政部门监管资产评估领域,具有较强的综合性。2017年4月21日,财政部出台《资产评估行业财政监督管理办法》,构建了资产评估行业行政监管、行业自律与机构自主管理相结合的管理体系,对资产评估专业人员、资产评估机构和资产评估协会做出了系统的管理规定。该办法根据资产评估领域的监管要求,明确了财政部门进行行政监管的范围、职责和具体内容;对中国资产评估协会及其自律管理的内容做出了明确的规定;对资产评估机构自主管理的主要内容也做出了具体要求。总之,《资产评估行业财政监督管理办法》界定了对监管对象的监管内容和监管要求,划分了各级财政部门的行政监管分工和职能,细化了资产评估法律责任的相关规定。

本章小结

资产评估是商品经济发展到一定阶段的必然产物。它经历了原始评估、经验评估和科学评估三个阶段。只有到了科学评估阶段,资产评估才形成专业化,才走向规范化,成为市场经济运行秩序必不可少的维护者。从20世纪80年代末至今,我国资产评估行业发展迅速。

资产评估是指由专门机构和专业人员,依据国家有关法律、法规和资产评估准则,按照特定的目的,遵循一定的评价原则和程序,选择适当的价值类型,运用科学的方法,对资产价值进行评定估算的过程。从其定义可知,资产评估包含主体、客体、评估目的、价值类型、评估程序和方法、评估假设、评估原则和评估估价日等要素。资产评估具有市场性、专业性、预测性、公正性和咨询性等特点。

资产评估的目的,即资产业务引发的经济行为对资产评估结果的要求,或资产评估结果的具体用途。资产评估中的价值类型是指资产评估结果的价值属性及其表现形式。评估的目的直接或间接地决定和制约着价值类型的选择。

资产评估的理论与方法体系是建立在交易假设、持续使用假设、公开市场假设和清算假设基础上的。资产评估的原则有工作原则和技术原则两个层次。工作原则主要有独立性原则，客观、公正原则，科学性原则和可行性原则，它们是规范资产评估主体行为的准则，也是调节资产评估主体与委托人及资产业务有关权益各当事人在资产评估中的相互关系的准则。资产评估的技术原则主要有贡献原则、替代原则、预期原则、供求原则和估价日期原则等，这些原则为评估师在执业过程中的专业判断提供指南。

比较和研究我国和西方主要资产评估业发达国家的管理制度，资产评估业的管理模式主要有三种：政府管理模式、行业自律管理模式和政府监管下的行业自律管理模式。

评估基准日　　价值类型　　　市场价值　　非市场价值　　交易假设　　公开市场假设
持续使用假设　　清算假设

1. 资产评估的基本要素有哪些？
2. 资产评估的目的决定着资产评估价值类型和评估方法的选择，对此你是如何理解的？
3. 资产评估假设有哪些？为什么需要这些假设？
4. 如何理解替代原则和预期收益原则？
5. 资产评估管理的模式主要有哪三种？它们的利与弊如何？

第二章　资产评估方法

资产评估方法是确定资产评估价值、完成评估任务的重要手段。《资产评估准则——基本准则》要求：注册资产评估师应当熟知、理解并恰当运用市场法、收益法和成本法等三种基本方法。在执行资产评估业务时，应当根据评估对象、价值类型、资料收集情况等相关条件，分析三种资产评估方法的适用性，恰当选择评估方法，形成合理的评估结论。在资产评估理论和实践中，资产评估的方法具有重要的作用。评估中，注册资产评估师应根据具体情况判断，选择与具体评估项目相适应的一种或多种评估方法；对同一项目而言，在评估目的既定的情况下，注册资产评估师首先应当考虑尽可能使用三种基本方法；如果选择一种以上评估方法，应当对分别得出的结论进行综合分析，合理确定评估结论。资产评估方法的选择和运用是否科学、合理，直接影响资产评估结论的准确性、合理性。本章主要介绍资产评估的三种基本方法。

第一节　市　场　法

一、市场法的含义

（一）市场法的概念

市场法，也称现行市价法或市场比较法，它是根据目前公开市场上相同或相似参照物的交易价格，通过直接比较或类比分析来确定被评估资产价值的各种评估技术方法的总称。市场法的应用离不开参照物，所谓参照物，是指应用市场法评估资产时，如不能直接取得该资产的现行市价，就应在市场上选择相同或相似资产用来与被评估资产进行比较，以其现行市价或交易价格为基础，再进行必要的调整，以此为依据来确定被评估资产的价格，这种在市场上寻找到的可与被评估资产相比较的资产称之为市场参照物。市场法是资产评估若干评估思路中的一种，也是实现该评估技术思路的若干技术方法的集合。

（二）市场法的基本原理

市场法是根据替代原则，采用比较和类比的思路及其方法判断资产价值的评估技术规程。它是将被评估资产置于资产市场中，通过和参照物的比较来考察资产的现时价值。因为根据替代原则，任何一个正常的投资者在购置某项资产时，他所愿意支付的价格都不会高于市场上具有相同用途的替代品的现行市价。这样就避免了由主观因素决定的资产价值与实际中的市场价格相脱节。市场供求决定资产价值规律，在资产评估工作中应用的必然推论是：应充分尊重资产交易双方对资产的评价，只要双方能按照一定的市场价格有效地达成交易，则这样的交易就应该被认为是有效率的，即资产的定价是合理的。

（三）决定现行市价的因素

市场法所反映资产价值的价值类型是现行市价。资产的现行价格虽然千差万别，但决定其价格高低的基本因素大体是相同的，这是由资产的商品属性决定的。

1. 基础价格

基础价格，即资产的生产价格。大多数资产都是由产品转化而成的，按照马克思劳动价值原理，其价值量是在生产过程中所耗费的物化劳动和活劳动的凝结，因此，决定资产现行市价的基础是其生产成本。

2. 供求关系

一项商品或劳务的价格与需求量成正比例关系，与供应量成反比例关系。即当需求量大于供应量时价格就高，反之价格就低。评估时，应充分考虑市场供求关系对资产现行市价的影响。当一项资产有多个买主购买而处于竞买状态时，这种买方的竞争可以导致资产价格的上涨；反之，多个卖主向同一个买主竞卖同类资产时，这种卖方的竞争可以导致资产价格的下跌。

3. 质量因素

它是指资产本身功能、性能、耐用度等状况。一般来说，商品价格是优质优价，同类商品质量好的价格高，质量差的价格低。在资产评估中，质量因素对资产价格的影响也必须予以充分考虑。

二、市场法的基本前提和适用范围

（一）市场法的基本前提

1. 要有一个活跃的公开市场

这一前提条件为市场法的应用提供了寻找参照物的场所。所谓公开市场，是指充分发达与完善的市场条件，是一个有自愿的买者和卖者的竞争性市场，在这个市场上买者和卖者的地位是平等的，彼此都有获取足够市场信息的机会和时间，买卖双方的交易行为都是在自愿的、理智的、而非强制的条件下进行的。这就排除了个别交易的偶然性，市场成交价格基本上可以反映市场行情。按市场行情估测被评估资产价值，评估结果会更贴近市场，更容易被资产交易各方接受。这样因资产评估值不恰当而导致资产无法交易的现象就可以得到避免。

2. 公开市场上要有可比的资产及其交易活动

这一前提条件是指选择的可比资产及其交易活动在近期公开市场上已经发生过，且与被评估资产及资产业务相同或相似。这些已经完成交易的资产就可以作为被评估资产的参照物，其交易数据是进行比较分析的主要依据。相似性是指评估对象和参照物之间在物理特征、交易特征、市场特征等方面是相似的。可比性是指评估对象和参照物之间有共同的特征可以比较，对评估对象和参照物之间的比较是通过比较因素（对比指标）来进行的。

资产及其交易活动的可比性具体表现为：①参照物与评估对象的功能具有可比性，包括用途、性能上的相同或相似；②参照物与被评估资产面临的市场条件具有可比性，包括市场供求关系、竞争状况和交易条件等；③参照物成交时间与评估基准日间隔时间不能过长，应在一个适度的时间范围内，同时，时间对资产价值的影响是可以调整的。

参照物与评估对象的可比性是运用市场法评估资产价值的重要前提。把握参照物与评估对象功能上的一致性，可以避免张冠李戴；把握参照物与评估对象所面临的市场条件，可以明确评估结果的价值类型；选择近期交易的参照物，可以减少调整时间因素对资产价值影响的难度。

（二）市场法的适用范围

市场法是资产评估中最为直接、最具说服力的评估方法之一，因为它运用已被市场检验了的结论来评估被评估对象，很容易被资产业务各当事人所接受。实务中，主要用于产权交易活跃的单项资产的评估，如对汽车、计算机、飞机、原材料等的评估以及投资参股、合作经营、确定遗产税、财产税的税基时的评估等。在对企业进行整体资产评估时，一般不用市场法，因为不可能或不容易找到一个相同或相似的企业整体资产作为参照物。

三、市场法的基本程序

市场法的评估思路是在遵循公平市场交易和市场参照物对象可比原则指导下，通过对市场参照物资产与被评估资产的对比分析，模拟现行市场条件借以确定被评估资产的价值。运用市场法一般应通过五个步骤。

（一）选择充分和适当的参照物

在采用市场法评估资产的价值时，评估师应根据评估目的、被评估资产的特征等进行市场调查，收集相同或相类似资产的信息资料，以便寻找参照物。在选择参照物时，应注意对参照物数量和质量的要求：对于参照物的数量至少要三个；对于参照物的质量必须具备一定的可比性，包括功能、市场条件及成交时间等。因为运用市场法评估资产价值，被评估资产评估值的高低在很大程度上取决于参照物交易价格水平，而参照物交易价又不仅仅是参照物功能自身的市场体现，它还受买卖双方交易地位、交易动机、交易时限等因素的影响。为了避免某个参照物个别交易中的特殊因素和偶然因素对交易价及评估值的影响，运用市场法评估资产时应尽可能选择多个参照物。

（二）分析与确定可比较因素

市场法是对评估对象和参照物之间进行比较，通过比较因素来调整参照物交易价格，最终得出被评估资产价值的。因此，在评估对象与参照物之间选择比较因素是很重要的一个环节。不同种类的资产，影响资产价值的因素各有侧重。例如，地理位置是影响房地产价值的主要因素，而技术水平则是影响机器设备价值的主要因素。因此，评估人员应根据不同种类资产价值形成的特点，选择对资产价值形成影响较大的因素作为对比指标。可比较因素主要包括：时间因素、地域因素、功能因素、市场条件、交易条件等。

（三）量化可比指标之间的差异

根据选定的对比指标将参照物与评估对象进行比较，并量化二者的差异。对比指标之间差异的量化是运用市场法的重要环节。例如，资产的功能指标，尽管参照物与评估对象功能相同或相似，但在生产能力、产品质量，以及在资产运营过程中的能耗、物耗和工耗等方面都可能有不同程度的差异。

(四) 修正参照物交易价格

市场法是以参照物的成交价格作为评定估算评估对象价值的基础。在这个基础上将已经量化的参照物评估对象指标差异进行调增或调减，就可以得到以每个参照物为基础的评估对象的初步评估结果。事先所选择的参照物有几个，初步评估结果就有几个。

(五) 综合分析确定评估结果

为了保证评估结果的可靠性，运用市场法通常应选用三个以上参照物。所以，在一般情况下，运用市场法评估的结果也在三个以上。根据资产评估的一般惯例的要求，正式的评估结果只能是一个，这就需要评估人员对若干评估初步结果进行综合分析，以确定最终的评估值。确定最终的评估值主要取决于评估人员对参照物的把握和对评估对象的认识。当然，如果参照物与评估对象可比性都很好，评估过程中没有明显的遗漏或疏忽，采用算术平均法或加权平均法等方法将初步结果转换成最终评估结果即可。

四、市场法中的具体评估方法

市场法实际上是指在一种评估思路下的若干具体评估方法的集合。一般来说，按照参照物与被评估资产的相似程度可分为两大类：直接比较法和类比调整法。

(一) 直接比较法

直接比较法是指在市场上能够找到与被评估资产完全相同或基本相同的参照物的情况下，直接利用参照物的交易价格或将参照物的某一特征直接与评估对象的某一特征进行比较，经修正参照物交易价格后，来判断和确定被评估资产价值的一类方法。其基本计算公式为：

评估对象价值 = 参照物成交价格 ± 基本特征差异额

或：

$$\text{评估对象价值} = \text{参照物成交价格} \times \frac{\text{评估对象某特征}}{\text{参照物某特征}}$$

直接比较法简单直观，但有时不易找到完全相同或基本相同的参照物，因而其使用有一定的局限性。在具体操作过程中，主要包括但不限于以下几种技术方法：现行市价法、功能价值法、价格指数法、成新率价格法和市价折扣法等。

1. 现行市价法

现行市价法适用于当在市场上能够找到与被评估资产完全相同的参照物时，可以直接利用被评估对象或参照物在评估基准日的现行市场价格作为评估对象的评估值。例如，可上市流通的股票和债券可按其在评估基准日的收盘价作为评估价值；批量生产的设备、汽车等可按同品牌、同型号、同规格、同厂家、同批量的设备、汽车等的现行市价作为评估价值。

2. 功能价值法

功能价值法是以参照物的成交价格为基础，对参照物与评估对象之间的功能差异进行调整来估算评估对象价值的方法。功能差异主要表现在资产的生产能力这一指标上，而生产能力是影响价格的重要因素，必须对此做出调整。其计算公式为：

$$\text{资产评估值} = \text{参照物成交价格} \times \frac{\text{评估对象生产能力}}{\text{参照物生产能力}}$$

【例 2-1】 某参照物资产目前市价为 5 万元,年产量 500 件,被评估资产的年产量为 400 件,则被评估资产的评估值为:

$$资产评估值 = 5 \times \frac{400}{500} = 4（万元）$$

3. 价格指数法

价格指数法是以参照物的成交价格为基础,考虑参照物的成交时间与评估对象的评估基准日之间的时间间隔对资产价值的影响,利用价格指数调整估算评估对象价值的方法。其基本计算公式为:

被评估资产价值 = 参照物成交价格 × 价格调整系数

根据所获得的物价信息具体计算有以下三种方法:

(1) 当取得的物价指数是定基物价指数时,其计算公式为:

$$被评估资产价值 = 参照物成交价格 \times \frac{评估基准日物价指数}{参照物交易日物价指数}$$

(2) 当取得的物价指数是环比物价指数时,其计算公式为:

被评估资产价值 = 参照物成交价格 × $(1 \pm a_1)(1 \pm a_2) \cdots (1 \pm a_n)$ × 100%

式中:a_n 为第 n 年环比价格变动指数。

(3) 当能够直接取得参照物成交日到评估基准日物价的升降幅度时,其计算公式为:

被评估资产价值 = 参照物成交价格 × (1 ± 物价变动指数)

【例 2-2】 某与评估对象相同的参照资产 6 个月前的成交价格为 20 万元,半年间该类资产的价格上涨了 2%,则:

$$资产评估值 = 20 \times (1 + 2\%) = 20.4（万元）$$

该方法较适合于评估那些只受物价水平影响的资产,如原材料等。另外,该方法稍做调整可作为市场售价类比调整法中估测时间差异系数或时间差异值的方法。该方法通常采用定基物价指数。

4. 成新率价格法

成新率价格法是以参照物资产的市价为基础,根据参照物与被评估资产的新旧差异比较确定被评估资产价格的一种方法。其计算公式为:

$$被评估资产的评估值 = 参照物资产的市价 \times \frac{被评估资产的成新率}{参照物资产的成新率}$$

$$成新率 = \frac{资产尚可使用年限}{资产实际已使用年限 + 资产尚可使用年限}$$

【例 2-3】 参照物资产的市价为 10 万元,成新率为 100%,而被评估资产的成新率为 60%,则:

被评估资产的评估值 = 10 × (60%/100%) = 6（万元）

由于该方法只注重资产成新率的差异,因此较适合于评估那些与参照物资产功能、性能、技术指标等完全相同的资产。

5. 市价折扣法

市价折扣法是以参照物的成交价格为基础,考虑到评估对象在销售条件、销售时限等方面的不利因素,凭评估人员的经验或有关部门的规定,设定一个价格折扣率来估算评估对象价值的方法。其计算公式为:

资产评估价值 = 参照物成交价格 × (1 - 价格折扣率)

这种方法一般只运用于评估对象与参照物之间仅存在交易条件方面差异的情况。

在上述各种具体评估方法中,许多方法既适用于直接评估单项资产的价值,也适用于市场法中估测评估对象与参照物之间某一种差异的调整系数或调整值。如果参照物与被评估对象只是相似,则需要根据被评估对象与参照物之间多个因素差异的修正来确定被评估对象的价值。

(二) 类比调整法

类比调整法是指在公开市场上找不到与被评估资产完全相同或基本相同的资产,但可找到类似资产作为参照物,以类似资产的成交价格为基础,再对差异因素做必要调整,从而确定被评估资产的现行市价。类比调整法是市场法中最基本的评估方法,因为只要参照资产与评估对象在大的方面基本相同或相似,就符合了相似性或可比性的要求。因此,类比调整法具有适用性强、应用广泛的特点。但由于类比调整法要对参照资产与评估对象的若干可比因素进行对比分析和差异调整,这就要求评估人员要有丰富的评估经验、市场阅历、评估技巧,若没有足够的数据资料,以及对资产功能、市场行情的充分了解和把握,很难准确评定估算出评估对象的价值。

类比调整法在具体应用过程中,主要有三种技术方法。

1. 市场售价类比法

市场售价类比法是以参照物的成交价格为基础,考虑参照物与评估对象在功能、市场条件和销售时间等方面的差异,通过对比分析和量化差异,调整估算出评估对象价值的方法。其计算公式为:

被评估资产价值 = 参照物售价 ± 功能差异值 ± 时间差异值 ± …… ± 交易情况差异值

或:

被评估资产价值 = 参照物售价 × 功能差异修正系数 × …… × 时间差异修正系数

【例 2-4】 待估房产为太原市晋阳街一小区内的某一住宅 A,参照物为该待估房产同一小区附近的相关房产,相关资料如下:

(1) 估价对象概况。待估住宅 A 是位于太原市高新区南中环街 200 号的国际大都会小区内的一套普通住宅,面积为 86 平方米,套内住宅为 80 平方米。该住宅在一栋共 6 层高的多层住宅的 3 层,该栋建筑建于 2000 年。待评估住宅的户型为 3 室 2 厅 1 卫,房屋内部精装修。关于住宅的产权,物主持有房产证。小区内部环境条件较好,拥有停车位。该区位离山大附小、山大附中、财大、火车南站较近,周围路网发达、交通便利。

(2) 评估要求。评估该地块 2015 年 4 月 30 日的公平市场交易价格。

(3) 评估过程及结果。其具体评估过程和结果如下:

①选择评估方法。该类住宅有较多的交易实例,故采用市场法评估。

②搜集有关评估资料。待估住宅及交易实例资料如表 2-1 所示。

表 2-1　　　　　　　　　待估住宅及交易实例资料

	交易实例 B	交易实例 C	交易实例 D	交易实例 E	估价对象 A
名称	裕丰花园	国际大都会	国际大都会	国际大都会	国际大都会

续表

		交易实例 B	交易实例 C	交易实例 D	交易实例 E	估价对象 A
位置		太原市小店体育南路200号	太原市高新区南中环街200号	太原市高新区南中环街200号	太原市高新区南中环街200号	太原市高新区南中环街200号
所处地区		太原市小店区	太原市小店区	太原市小店区	太原市小店区	太原市小店区
房屋类型		商品房	商品房	商品房	商品房	商品房
住宅类别		普通住宅	普通住宅	普通住宅	普通住宅	普通住宅
交易日期		2015.4.9	2014.12.12	2015.1.3	2015.3.5	2015.4.30
价格	总价	74万元	68万元	65万元	72万元	
	单价	7 708元/平方米	6 538元/平方米	7 592元/平方米	8 372元/平方米	待估
面积		95平方米	104平方米	85.61平方米	86平方米	86平方米
户型		3室2厅1卫	3室2厅1卫	3室1厅1卫	3室2厅1卫	3室2厅1卫
地势		平坦	平坦	平坦	平坦	平坦
地质		普通	普通	普通	普通	普通
装修程度		毛坯	精装修	简单装修	精装修	精装修
自然条件		优	优	优	优	优
社会环境		优	优	优	优	优
地区性不动产销售状况		优	优	优	优	优
环境卫生及景观		好	好	好	好	好
市政设施		七通一平	七通一平	七通一平	七通一平	七通一平
物业管理		好	好	好	好	好
剩余使用年限		62年	55年	55年	55年	55年

③进行交易价格修正。经分析交易实例 B、D 为正常买卖，无需进行交易情况修正；交易实例 C 较正常买卖价格偏低14.54%；交易实例 E 较正常买卖价格偏高9.44%。则各交易实例的交易情况修正率为：交易实例 B：0%；交易实例 C：14.54%；交易实例 D：0%；交易实例 E：9.44%。

④进行交易日期修正。根据调查，1996年10月以来土地价格平均每月上涨1%，则各参照物交易实例的交易日期修正率为：交易实例 B：0%；交易实例 C：4%；交易实例 D：3%；交易实例 E：1%。

⑤进行区域因素修正。交易实例 C、D、E 与待估土地处于同一地区，无需作区域因素修正。交易实例 B 的区域因素修正情况可参照表2-2判断。本次评估设定待估地块的区域因素值为100，则根据表2-2各种区域因素的对比分析，经综合判定打分，交易实例 B 所属地区为90，交易实例 C 所属地区为100，交易实例 D 所属地区为100，交易实例 E 所属地区为100。

表2-2　　　　　　　　　　交易实例区域因素对比分析表

类似地区区域因素	交易实例B	交易实例C	交易实例D	交易实例E
自然条件	（相同）10	（相同）10	（相同）10	（相同）10
社会环境	（稍差）8	（相同）10	（相同）10	（相同）10
街道条件	（相同）10	（相同）10	（相同）10	（相同）10
交通便捷度	（稍差）8	（相同）10	（相同）10	（相同）10
离交通车站点距离	（稍差）8	（相同）10	（相同）10	（相同）10
离市中心距离	（相同）10	（相同）10	（相同）10	（相同）10
基础设施状况	（稍差）8	（相同）10	（相同）10	（相同）10
公共设施完备状况	（相同）10	（相同）10	（相同）10	（相同）10
水、大气、噪声污染状况	（相同）10	（相同）10	（相同）10	（相同）10
周围环境及景观	（稍差）8	（相同）10	（相同）10	（相同）10
综合打分	90	100	100	100

⑥进行个别因素修正。

A. 经比较分析，待估住宅的楼层较好，方便住户出行，另外房屋的装修较为精美，故判定比各交易实例土地价格高3%。

B. 土地使用年限因素的修正。交易实例C、D、E与待估土地的剩余使用年限相同无需修正。交易实例B需进行使用年限因素的调整，其调整系数测算如下（假定折现率为8%）：

年限修正系数 $= [1-1/(1+8\%)^{55}]/[1-1/(1+8\%)^{62}]$

$= 0.9557/0.9915$

$= 0.9639$

⑦计算待估土地的初步价格。

交易实例B修正后的单价 $= 7\,708 \times (100/100) \times (100/100) \times (100/90) \times (100/97) \times 0.9639$

$= 8\,502.92$（元/平方米）

交易实例C修正后的单价 $= 6\,538 \times (100/96) \times (100/85.46) \times (100/100) \times (100/97) \times 1$

$= 8\,198.86$（元/平方米）

交易实例D修正后的单价 $= 7\,592 \times (100/97) \times (100/100) \times (100/100) \times (100/97) \times 1$

$= 8\,056.71$（元/平方米）

交易实例E修正后的单价 $= 8\,372 \times (100/99) \times (100/109.44) \times (100/100) \times (100/97) \times 1$

$= 7\,957.77$（元/平方米）

⑧采用简单算术平均法求取评估结果。

该住宅评估单价 $= (8\,502.92 + 8\,198.86 + 8\,056.71 + 7\,957.77) \div 4$

= 8 179.01（元/平方米）

该套住宅评估总价 = 86 × 8 179.01 = 703 399.59（元）

2. 成本市价法

成本市价法是以评估对象的现行合理成本为基础，利用参照物的成本市价比率来估算评估对象价值的方法。其基本计算公式为：

$$被评估资产价值 = 评估对象现行合理成本 \times \frac{参照物成交价格}{参照物现行合理成本}$$

【例 2 – 5】 对某一全新住宅评估时，该市商品住宅的成本市价率为150%，已知被评估全新住宅的现行合理成本为 20 万元，则其价值为：

资产评估值 = 20 × 150% = 30（万元）

3. 市盈率乘数法

市盈率乘数法主要适用于整体企业价值的评估。其是根据被评估资产的收益额和参照物的市盈率来估算评估对象价值的方法，其计算公式为：

被评估资产的评估值 = 被评估资产的收益额 × 参照物资产的市盈率

$$市盈率 = \frac{参照物资产的市场价格}{参照物年净收益额}$$

【例 2 – 6】 某被评估企业的年净收益200万元，评估基准日该行业同类企业的平均市盈率为20倍，则：

被评估资产的评估值 = 200 × 20 = 4 000（万元）

五、市场法的优缺点

市场法的优点：

（1）市场法是资产评估中最简单、最有效的方法。

（2）市场法的基本数据来源于市场，所以能较好地反映资产的公平市场价值，并且能够较充分地反映资产的各种贬值。

（3）评估结果易于被各方面理解和接受。

市场法的缺点：

（1）需要有公开活跃的市场作为前提，有时因缺少可对比数据难以应用。

（2）不适用于专用机器设备和大部分的无形资产，以及受到地区、环境等严格限制的一些资产的评估。

第二节 收 益 法

一、收益法的含义

（一）收益法的概念

收益法，又称收益现值法或收益还原法，它是指通过估测被评估资产未来预期收益的现值，借以确定被评估资产价值的各种评估方法的总称。所谓收益现值，是指被评估资产在未来特定时期内的预期收益按照资产购买者所要求的必要报酬率折算成评估基准日价值的总金额。收益法是资产评估若干评估思路中的一种，也是实现该评估技术思路的若干技术方法的集合。

（二）收益法的基本原理

收益法的理论基础是效用价值论。资产的效用越大，获利能力越强，它的价值也就越大。收益法的立足点是站在资产购买者的角度，去分析、判断被评估资产的价值，资产购买者购置资产是为了获得预期收益。显然，投资者投资购买资产时一般要进行可行性分析，其预计的内部报酬率只有超过评估时的折现率时才肯支付货币以取得该项资产。也就是说，投资者为购置资产所支付的货币量不会超过该项资产的期望收益折现值。这是资产售价的最高限价，同时也是买主购买资产预期获利的最低要求。因此，与资产售价相等的未来收益折现值，是资产购买者投资的盈亏平衡点。如果是这样的话，这项资产的价值就相当于是这样的一个货币额。

但是，资产购买者不仅要求资本增值，而且还要补偿由于投资带来的其他方面的损失。这些损失主要有：①机会成本，即由于投资使资金失去了另做他用的机会，在这些其他用途中所能获得的最高收益就是该项投资的机会成本；②灵活偏好成本，即由于投资使资金丧失因持有现金而可以自由使用的机会；③交易成本，即投资所增加的有关投资业务处理成本，如谈判、申请登记、产权转让等；④风险成本，即投资增加了投资者的风险，因为资本可能亏损甚至完全丧失。因此，在用收益法评估资产价值时，必须认真考虑上述有关因素，并将这些因素在未来收益的折现率和资本化率等指标中体现出来，否则会导致对资产价值的高估或低估。

二、收益法的基本前提和适用范围

（一）收益法的基本前提

收益法是指依据资产未来预期收益经折现或本金化处理来估测资产价值的方法，它涉及三个基本要素：一是被评估资产的预期收益；二是折现率或本金化率；三是被评估资产取得预期收益的持续时间。因此，能否清晰地把握上述三个要素就成为能否运用收益法的基本前提。运用收益法必须具备相应的前提条件。

1. 评估对象的预期收益能够预测并且可以用货币计量

这一前提条件是指评估对象的预期收益必须能被较为合理地估测。这就要求被评估资产与其经营收益之间存在较为稳定的比例关系。同时，影响资产预期收益的主要因素（包括主观因素和客观因素）也应是比较明确的，评估人员可以据此分析和测算出被评估资产的预期收益。由于被评估资产的价值是通过估算评估对象的未来预期收益现值决定的，可见对未来预期收益预测的质量高低直接影响到被评估资产价值的高低。

2. 评估对象拥有者获得预期收益所承担的风险能够预测并且可以用货币衡量

这一前提条件是指被评估对象所具有的行业风险、地区风险及企业风险是可以比较和测算的，这是测算折现率或资本化率的基本参数之一。评估对象所处的行业不同、地区不同和企业差别都会不同程度地体现在资产拥有者的获利风险上。对于投资者来说，投资风险大，要求的回报率就高；投资风险小，其回报率也可以相应降低。这就要求评估人员根据社会、行业、企业和评估对象的资产收益水平综合分析确定。还需要强调的是，测定风险报酬率时应注意与预期收益额的口径一致。

3. 评估对象预期获利年限可以预测

这一前提条件是指评估对象预期获利年限的长短，即评估对象的剩余寿命，它也是影响其价值和评估值的重要因素之一。

（二）收益法的适用范围

从总体上讲，收益法评估的对象是具有持续经营能力并能不断获得收益的经营性资产。如涉及企业股权变动的企业整体资产评估、收益性房地产的评估、资源性资产评估、无形资产和长期投资的评估较适宜于选择收益法来估价。而一些非经营性资产，如附属学校、医院的资产，职工的福利住房、寺庙等则不便采用收益法评估。

三、收益法的基本程序

采用收益法进行评估，其基本步骤包括：

（1）搜集并验证与评估对象未来预期收益有关的数据资料，包括经营前景、财务状况、市场形势以及经营风险等。

（2）分析测算被评估对象的未来预期收益。

（3）确定折现率或资本化率。

（4）用折现率或资本化率将评估对象的未来预期收益折算成现值。

（5）分析确定评估结果。

运用收益法进行评估涉及许多经济技术参数，但最终要确定出收益额、折现率或资本化率和收益期限这三个参数，收益法才能得以实施。

（一）收益额的确定

收益额的确定必须明确两点：一是收益额所包含的内容；二是收益额的预测方法。

在资产评估中，收益额是指根据投资回报原理，资产在具备持续经营的条件下所能得到的应当归属于资产权益主体的合理、正常的所得额。其具备的特点是：

（1）收益额是指被评估资产的未来预期收益额，而不是资产的历史收益额或现实收益额。

（2）收益额是指被评估资产未来预期的客观性收益额，而不一定是资产的实际收益额。

关于收益额的表达方式可以有多种选择。实务中，如以企业为例，常用的有税后利润、利润总额和净现金流量等。理论上，在利用收益法对资产进行评估时，其收益额应选择净现金流量而非税后利润或利润总额。这是因为税后利润或利润总额是根据权责发生制确定的，而资产评估中确认的收益额应以收付实现制确认的现金流量较为合理。因为在整个投资有效年限内，利润总计与现金流量总计是相等的，而对一项资产的评估不一定是其整个有效年限的估价，而且利润在各年的分布受折旧方法等人为因素的影响，在资产评估分析中，现金流动状况比盈亏更重要。有利润的年份不一定能产生多余的现金用于其他项目的再投资。而现金流量能科学地反映货币的时间价值，因此，评估各种资产价值时不但要考虑投资成本和投资报酬的数额，更要考虑每笔预期收入与支出所发生的时间，才能得出正确的评估价值。

由于资产种类较多，不同种类资产的收益额表现形式也不完全相同，因此，其收益额的预测方法也不尽相同。收益额具体预测方法将在相关章节具体阐述。

（二）折现率或资本化率的确定

所谓折现率，是指将未来资金或收益换算为现值的比率，一般用于一系列有限时间内的现金流量的折现。所谓资本化率，是指应用于永续现金流量（即没有期限）的折现。资本化率与折现率在本质上是相同的，都是一种期望投资报酬率，是投资者在投资风险一定的情况下，对投资所期望的回报率。收益率越高，资产评估值越低。因为在收益一定的情况下，收益率越高，意味着单位资产增值率高，所有者拥有资产价值就越低。

折现率或资本化率就其构成而言，包括无风险利率、风险报酬率和通货膨胀率。无风险利率是指相当于货币时间价值的获利水平；风险报酬率则是指冒风险取得的报酬与资产的比率；通货膨胀率则是对通货膨胀条件下货币购买力下降的补偿。

折现率或资本化率的确定是运用收益法评估资产时比较棘手的问题，必须谨慎确定。折现率或资本化率的微小差异会带来评估值数以万计的差异。确定折现率或资本化率不仅应有定性分析，还应寻求定量分析方法。折现率或资本化率与利率不完全相同，利率是资金的报酬。折现率或资本化率是管理的报酬。利率只表示资产（资金）本身的获利能力，而与使用条件、占用者和使用用途没有直接联系，折现率则与资产以及所有者使用效果有关。确定折现率或资本化率还应明确折现的内涵。折现作为一个时间优先的概念，认为将来的收益或利益低于现在的同样收益或利益，并且随着收益时间向将来推迟的程度而有序地降低价值。选择折现率或资本化率时还要注意与所选收益的计算口径保持一致。资本化率一般比折现率高，这是因为资本化风险比一般情况下的风险要大。

（三）收益期限的确定

收益期限是指资产具有获利能力持续的时间，通常以年为时间单位。它由评估师根据被评估资产的自身效能及相关条件，以及有关法律、法规、契约、合同等加以测定。

四、收益法中的具体评估方法

收益法实际上是指在一种评估思路下的若干具体评估方法的集合。一般来说，按照预期收益额的不同和收益是否有期限可分为多种类型：依据被评估对象预期收益额的情况可分为等额收益评估方法和非等额收益评估方法；依据被评估对象预期收益有无期限可分为有期限评估方法和无期限评估方法。

为便于掌握收益法的具体公式，先对公式中所用的字符含义作统一的定义如下：

P——评估值；t——年序号；P_t——未来第t年的价格或预期变现值；R_t——未来第t年的预期收益；r——折现率或资本化率；n——有确定收益的预期年期；N——收益总年期；A——年金。

1. 每年纯收益不等，且收益年期有限

每年纯收益不等，且收益年期有限时，其计算公式为：

$$P = \sum_{t=1}^{n} \frac{R_t}{(1+r)^t}$$

2. 每年纯收益不变，且收益年期有限

每年纯收益不变，且收益年期有限时，其计算公式为：

评估值 = 每年收益 × 普通年金现值系数

$$= A \cdot \frac{1-(1+r)^{-n}}{r}$$

$$= A \cdot (P/A, r, n)$$

【例 2-7】 待估地产年总收入 18 万元，年总费用 10 万元，剩余使用年限 10 年，折现率为 10%，则其评估价值为：

$$P = (18-10) \times (P/A, 10\%, 10)$$

$$= 8 \times 6.1446$$

$$\approx 49 （万元）$$

3. 每年纯收益不变，且收益年期无限

每年纯收益不变，且收益年期无限时，其计算公式为：

$$评估值 = \frac{每年收益}{资本化率} = \frac{A}{r}$$

4. 年收益在 n 年后（不含第 n 年）保持不变，且收益年期无限

年收益在 n 年后（不含第 n 年）保持不变，且收益年期无限时，其计算公式为：

$$P = \sum_{t=1}^{n} \frac{R_t}{(1+r)^t} + \frac{A}{r} \cdot \frac{1}{(1+r)^n}$$

$$= \sum_{t=1}^{n} [R_t(P/F, r, t)] + \frac{A}{r}(P/F, r, n)$$

【例 2-8】 某评估机构对一企业进行整体评估，经预测该企业未来第一年的收益为 100 万元，第二年、第三年的收益连续在前一年的基础上递增 10%，从第四年起将稳定在第三年的收益水平上，若折现率（资本化率）为 15%，则该企业的评估值为：

$$P = \frac{100}{1+15\%} + \frac{100 \times (1+10\%)}{(1+15\%)^2} + \frac{100 \times (1+10\%)^2}{(1+15\%)^3}$$

$$+ \frac{100 \times (1+10\%)^2}{15\%} \times \frac{1}{(1+15\%)^3}$$

$$= 100 \times (P/F, 15\%, 1) + 100 \times 1.1 \times (P/F, 15\%, 2) + 100 \times 1.21$$

$$\times (P/F, 15\%, 3) + 100 \times 1.21/15\% \times (P/F, 15\%, 3)$$

$$= 100 \times 0.8696 + 110 \times 0.7561 + 121 \times 0.6575 + 806.67 \times 0.6575$$

$$\approx 780 （万元）$$

5. 年收益在 n 年后（不含第 n 年）保持不变，且收益年期有限

年收益在 n 年后（不含第 n 年）保持不变，且收益年期有限（N 年）时，其计算公式为：

$$P = \sum_{t=1}^{n} \frac{R_t}{(1+r)^t} + A \cdot \frac{1-(1+r)^{-(N-n)}}{r} \cdot \frac{1}{(1+r)^n}$$

$$= \sum_{t=1}^{n} [R_t(P/F, r, t)] + A(P/A, r, N-n)(P/F, r, n)$$

6. 年收益按等差级数变化

设第一年收益额为 A，B 为以后逐年递增或递减的收益额。

(1) 年收益按等差级数递增，且收益年限无限时，其计算公式为：

$$P = \frac{A}{r} + \frac{B}{r^2}$$

【例2-9】 某地产未来第一年纯收益为30万元，假设该地产的使用年限为无限年限，预计未来每年土地纯收益将在上一年的基础上增加1万元，资本化率为7%，则该地产的评估值为：

$$P = \frac{30}{7\%} + \frac{1}{7\%^2}$$

$$= 428.57 + 204.08$$

$$\approx 633(万元)$$

(2) 年收益按等差级数递增，且收益年期有限时，其计算公式为：

$$P = \left(\frac{A}{r} + \frac{B}{r^2}\right) \cdot \left[1 - \frac{1}{(1+r)^n}\right] - \frac{B}{r} \times \frac{n}{(1+r)^n}$$

(3) 年收益按等差级数递减，且收益年期无限时，其计算公式为：

$$P = \frac{A}{r} - \frac{B}{r^2}$$

(4) 年收益按等差级数递减，且收益年期有限时，其计算公式为：

$$P = \left(\frac{A}{r} - \frac{B}{r^2}\right) \cdot \left[1 - \frac{1}{(1+r)^n}\right] + \frac{B}{r} \times \frac{n}{(1+r)^n}$$

7. 年收益按等比级数变化

设第一年收益额为 A，s 为以后逐年递增或递减的比率。

(1) 年收益按等比级数递增，且收益年期无限时，其计算公式为：

$$P = \frac{A}{r-s}$$

(2) 年收益按等比级数递增，且收益年期有限时，其计算公式为：

$$P = \frac{A}{r-s}\left[1 - \left(\frac{1+s}{1+r}\right)^n\right]$$

【例2-10】 被估房产预计在未来5年中，其纯收益将以3%的比率递增，预计第一年的收益为5万元，折现率为8%，该房产5年的收益价值为：

$$P = \frac{5}{8\% - 3\%} \times \left[1 - \left(\frac{1+3\%}{1+8\%}\right)^5\right]$$

$$= 21(万元)$$

(3) 年收益按等比级数递减，且收益年期无限时，其计算公式为：

$$P = \frac{A}{r+s}$$

(4) 年收益按等比级数递减，且收益年期有限时，其计算公式为：

$$P = \frac{A}{r+s}\left[1 - \left(\frac{1-s}{1+r}\right)^n\right]$$

【例2-11】 某地产未来第一年的纯收益为18万元，预计以后各年的纯收益按1%的比率递减，该地产剩余使用年限为10年，折现率为8%，则：

$$P = \frac{18}{8\% + 1\%} \times \left[1 - \left(\frac{1-1\%}{1+8\%}\right)^{10}\right]$$

$$= 116(万元)$$

8. 已知未来若干年后（t 年）或预计变现时的资产价格（P_t）

（1）未来若干年收益额相等时，其计算公式为：

$$P = \frac{A}{r}\left[1 - \frac{1}{(1+r)^t}\right] + \frac{P_t}{(1+r)^t}$$

（2）未来若干年收益额不等时，其计算公式为：

$$P = \sum_{t=1}^{n} \frac{R_t}{(1+r)^t} + \frac{P_t}{(1+r)^t}$$

【例 2 – 12】 某商业用房地产，按国家规定其土地使用权最高年限为 40 年，现该房地产拟出租，出租期为 10 年，按租赁双方的租赁合同规定，前 5 年租金是以第 1 年租金 8 万元为基础，每年按等比级数递增，每年递增比率为 2%，后 5 年租金按每年 15 万元固定不变。假定折现率为 10%，如按上述租赁合同条件为依据，该房地产 10 年租期内的收益现值是多少？

方法一：$P = \dfrac{A_1}{r-s}\left[1 - \left(\dfrac{1+s}{1+r}\right)^t\right] + \dfrac{A_2}{r}\left[1 - \dfrac{1}{(1+r)^{n-t}}\right] \times \dfrac{1}{(1+r)^t}$

$= \dfrac{8}{10\% - 2\%} \times \left[1 - \left(\dfrac{1+2\%}{1+10\%}\right)^5\right] + 15 \times (P/A, 10\%, 10-5) \times (P/F, 10\%, 5)$

$= 100 \times [1 - (0.9273)^5] + 15 \times 3.7908 \times 0.620$

$= 66.76(万元)$

方法二：$P = \sum_{i=1}^{t} \dfrac{R_i}{(1+r)^i} + \dfrac{R_{t+1}}{r(1+r)^t}\left[1 - \dfrac{1}{(1+r)^{n-t}}\right]$

$= \dfrac{8}{1+10\%} + \dfrac{8 \times (1+2\%)}{(1+10\%)^2} + \dfrac{8 \times (1+2\%)^2}{(1+10\%)^3} + \dfrac{8 \times (1+2\%)^3}{(1+10\%)^4} +$

$\dfrac{8 \times (1+2\%)^4}{(1+10\%)^5} + 15 \times (P/A, 10\%, 10-5) \times (P/F, 10\%, 5)$

$= 7.27 + 6.74 + 6.25 + 5.8 + 5.38 + 15 \times 3.7908 \times 0.6209$

$= 66.75(万元)$

五、收益法的优缺点

收益法的优点：

（1）收益法着眼于未来看资产的价值，考虑资产的未来收益和货币的时间价值，科学性、合理性较强。

（2）能够较真实、准确地反映资产本金化的价值。

（3）在投资决策时，应用收益法得出的资产价值较容易被买卖双方所接受。

收益法的缺点：

（1）预期收益额的预测难度较大，受较强的主观判断和未来收益不可预见因素的影响。

（2）在评估中适用范围较窄，一般适用于企业整体资产和可预测未来收益的单项资产的评估。

第三节 成 本 法

一、成本法的含义

(一) 成本法的概念

成本法，也称重置成本法，是指首先估测被评估资产的重置成本，然后估测被评估资产业已存在的各种贬值因素，确定其贬值额，并将其从重置成本中予以扣除而得到被评估资产评估值的各种评估方法的总称。所谓重置成本即评估基准日被评估资产的取得成本。各种贬值指的是被评估资产的实体性贬值、功能性贬值和经济性贬值。根据替代原则，在进行资产交易时，购买者所愿意支付的价格不会超过按市场标准重新购置或购建该项资产所付出的成本。如果被评估资产已经使用过，则应该从重置成本中扣减掉在使用过程中由于自然磨损、技术进步或外部经济环境导致的各种贬值。成本法是资产评估若干评估思路中的一种，也是实现该评估技术思路的若干技术方法的集合。

(二) 成本法的理论依据

1. 资产的价值取决于资产的成本

资产的原始成本越高，其原始价值越大；反之则越小。二者在质和量的内涵上是一致的。根据这一原理，采用成本法对资产进行评估，必须首先确定资产的重置成本。重置成本是按在现行市场条件下重新购建一项全新资产所支付的全部货币总额，重置成本与原始成本的内容构成是相同的，但二者反映的物价水平是不相同的，前者反映的是资产评估基准日的市场物价水平，后者反映的是当初购建资产时的物价水平。资产的重置成本越高，其重置价值越大。

2. 资产的价值是一个变量，随资产本身的运动和其他因素的变化而相应变化

影响资产价值量变化的因素，除了市场价格以外还存在以下因素：①资产投入使用后，由于使用磨损和自然力的作用，其物理性能会不断下降，价值会逐渐减少。这种损耗一般称为资产的物理损耗或有形损耗，也称实体性贬值；②由于新技术和新工艺的推广和运用，使企业原有资产与社会上普遍推广和运用的资产相比较技术明显落后、性能降低，其价值也就相应减少，这种损耗称为资产的功能性损耗，也称功能性贬值；③由于使用资产的外部环境因素变化导致资产价值降低。这些因素包括政治因素、宏观经济因素等。例如，政府实施新的经济政策或发布新的法规限制了某些资产的使用，使得资产价值下降，这种损耗一般称为资产的经济性损耗，也称经济性贬值。

二、成本法的基本前提和适用范围

(一) 成本法的基本前提

第一，被评估资产处于继续使用状态或被假定处于继续使用状态。

第二，应当具备可利用的历史资料。成本法的应用是建立在历史资料基础上的，许多信

息资料、指标需要通过历史资料获得。同时，现行资产与历史资产具有相同性或可比性。

第三，形成资产价值的耗费是必需的。耗费是形成资产价值的基础，但耗费包括有效耗费和无效耗费。采用成本法评估资产，先要确定这些耗费是必须的，而且应体现社会或行业平均水平。

（二）成本法的适用范围

成本法既全面考虑资产的重置全价，又充分考虑了各种损耗，因而具有广泛的适用性，一般来说，成本法适用于：以资产重置、补偿为目的的资产业务；企业整体转让需要提供单项资产的重估价值；由于企业管理混乱，造成被评估资产的账面历史成本失实，又缺乏现行市场可比资料的资产评估；具有非经营性、专用性等特性的资产，如学校、社会公共设施以及为特殊用途设计的专用设备等。由于这些资产在市场上难以找到可比较的参照对象，并且不用于经营，难以确定其盈利能力，因而既不能用现行市价法，同时又不能用收益法来评估。

三、成本法的基本程序

采用成本法进行评估一般应包括四个基本步骤。

（一）确定被评估资产，估算重置成本

重置成本作为对投入过程的资产计价，反映的是资产作为生产资料在再生产条件下的价值。从投入过程看，包括资产购置价值、采购费用、安装调试费用等。运用成本法评估资产价值时应首先估算全新资产的重置成本。

（二）确定被评估资产的使用年限

根据资产的有形损耗和无形损耗等因素预计资产的继续使用年限。

（三）估算被评估资产的损耗或贬值

如果被评估资产已经使用过，就应估算被评估资产由于使用或因自然磨损、技术进步和外部经济环境导致的各种贬值。

（四）计算确定被评估资产的价值

重置成本扣除了各项损耗、贬值后的差额即为被评估资产的价值。

运用成本法进行评估主要是确定重置成本、实体性贬值、功能性贬值和经济性贬值等各项技术经济指标，操作步骤将在下述的具体方法中详细阐述。

四、成本法中的具体评估方法

根据成本法的定义，其基本计算公式可以表述为：

被评估资产评估值 = 重置成本 − 实体性贬值 − 功能性贬值 − 经济性贬值

或：

被评估资产评估值 = 重置成本 × 成新率

（一）重置成本的估算

1. 重置成本的概念

资产的重置成本就是资产的现行再取得成本，即按现行市场条件下重新购置或建造一项

全新资产所支付的全部货币总额。重置成本又可分为复原重置成本和更新重置成本两种。

（1）复原重置成本。复原重置成本是指采用与评估对象相同的材料、建筑或制造标准、设计、规格及技术等，以现时价格水平重新购建与评估对象相同的全新资产所发生的费用。

（2）更新重置成本。更新重置成本是指采用新型材料、现代建筑或制造标准、新型设计、规格和技术等，以现行价格水平购建与评估对象具有同等功能的全新资产所需的费用。

复原重置成本与更新重置成本之所以不同是由于技术进步，新技术、新材料、新工艺不断出现使得相同功能的新设备的制造成本比过去降低。因此，更新重置成本低于复原重置成本，其差额称为超额投资成本（复原重置成本 – 更新重置成本 = 超额投资成本），它是资产功能性贬值的一部分。

2. 重置成本的估算方法

（1）重置核算法。重置核算法，也称为直接估算法或细分加和法，它是利用成本核算的原理，根据重新取得资产所需的费用项目，逐项计算然后累加得到资产重置成本的一种方法。按资产成本项目的构成，总成本可区分为直接成本、间接成本和资本成本等。

直接成本是指直接可以构成某项资产成本的支出部分，如机器设备的买价、运杂费、安装调试费以及其他必要的费用支出等。

间接成本是指为某项资产而发生的管理费、设计费、工程监理费和保险费用等。有时由于间接成本服务于多个或多项资产，就需要采用一定的方法进行分摊。

资本成本通常是指资产的资金占用费或机会成本。

【例 2 – 13】 重置设备一台，设备的现行市场价为 80 000 元；运杂费 3 000 元；直接安装所耗材料 200 千克，现行市价为每千克 10 元，所耗工时为 250 小时，每小时现行工时费 10 元，并且得知该企业当期总人工成本 8 000 元，总间接成本 5 000 元。间接成本按人工成本比例法分摊。该设备的重置成本为：

直接成本：
其中：买价　　　　　　　　　　80 000 元
　　　运杂费　　　　　　　　　 3 000 元
　　　原材料　　　　　　　　　 2 000 元
　　　人工成本　　　　　　　　 2 500 元
间接成本：　　　　　　　　　　 1 562.5 元（5 000 ÷ 8 000 × 2 500）
重置成本：　　　　　　　　　　 89 062.5 元

（2）价格指数法。价格指数法，也称物价指数调整法，该法是在被评估资产历史成本的基础上，根据被评估资产购建日至评估基准日的价格变动指数进行成本调整，计算得出被评估资产重置成本的一种方法。物价指数可以是定基物价指数或环比物价指数。

①当取得的物价指数是定基物价指数时，其计算公式为：

$$资产重置成本 = 资产历史成本 \times \frac{资产评估时定基物价指数}{资产购建时定基物价指数}$$

②当取得的物价指数是环比物价指数时，其计算公式为：

$$资产重置成本 = 资产历史成本 \times (1 \pm a_1)(1 \pm a_2)\cdots(1 \pm a_n) \times 100\%$$

式中：a_n 为第 n 年环比价格变动指数。

③当能够直接取得资产形成日到评估基准日物价的升降幅度时，其计算公式为：

资产重置成本 = 资产历史成本 × (1 ± 物价变动指数)

上述公式中,资产历史成本要求真实、准确并符合社会平均的合理成本。资产评估时物价指数应是资产的个别或类别物价指数。

【例 2-14】 某被评估设备 3 年前购置,据了解该设备尚无替代产品。该设备账面原值 12 万元,其中买价 10 万元,运输费 0.4 万元,安装费用(包括材料)1 万元,调试费用 0.6 万元。经调查该设备现行购买价格为 11 万元,运输费、安装费、调试费分别比 3 年前上涨 40%、30%、20%。根据以上资料设备的重置成本为:

重置成本 = 11 + 0.4 × (1 + 40%) + 1 × (1 + 30%) + 0.6 × (1 + 20%)
     = 11 + 0.56 + 1.3 + 0.72
     = 13.58(万元)

【例 2-15】 某被评估资产建于 2010 年,账面原值 200 000 元,该资产建造当年的价格指数为 100%,至评估基准日 2015 年价格指数为 191%,则被评估资产的重置成本为:

$$重置成本 = 200\,000 \times \frac{191\%}{100\%}$$
$$= 382\,000(元)$$

或者,经调查得知相同资产的环比价格变动指数为:2011 年 11.7%,2012 年 17%,2013 年 30.5%,2014 年 6.9%,2015 年 4.8%,则:

重置成本 = 200 000 × (1 + 11.7%) × (1 + 17%) × (1 + 30.5%) × (1 + 6.9%) × (1 + 4.8%) × 100%
     = 200 000 × 191%
     = 382 000(元)

(3) 功能价值类比法。功能价值类比法,也称指数估价法,它是根据某些资产的功能的变化与其价格或重置成本的变化呈某种指数关系或线性关系,通过参照物的价格或重置成本,以及功能价值关系估测评估对象价格或重置成本的技术方法。其估算步骤为:首先确定参照物资产的重置成本,也就是选择与被评估资产具有功能相同或类似的全新状态下参照物资产重置成本;然后通过功能的调整确定被评估资产的重置成本。其基本计算公式为:

$$\frac{被评估资产}{的重置成本} = \frac{参照物资产}{重\ 置\ 成\ 本} \times \left(\frac{被评估资产的产量}{参照物资产的产量}\right)^x$$

根据资产的功能变化与价格或重置成本变化之间的关系,可以把功能价值类比法分成以下两种具体的方法:

① 生产能力比例法。这种方法是寻找一个与被评估资产相同或相似的资产为参照物,根据参照物资产的重置成本及参照物与被评估资产生产能力的比例,估算被评估资产的重置成本。这种方法运用的前提条件和假设是生产能力越大所需成本也越大,而且二者成正比例变化,即资产成本与生产能力之间呈线性关系,公式中的 x 指数等于 1。其具体计算公式为:

$$\frac{被评估资产}{的重置成本} = \frac{参照物资产}{重置成本} \times \frac{被评估资产年产量}{参照物资产年产量}$$

【例 2-16】 假定某参照物资产的重置成本为 18 000 元,年产量为 6 000 件。调查得知被评估资产现年产量 4 000 件。则被评估资产的重置成本为:

$$被评估资产的重置成本 = 18\,000 \times \frac{4\,000}{6\,000} = 12\,000(元)$$

②规模经济效益指数法。通过不同资产的生产能力与其成本之间关系的分析可以发现,由于规模经济效益作用的结果,许多资产的成本与其生产能力之间不存在线性关系,公式中的 x 指数不等于1,即资产生产能力和成本只是同方向变化,而不是等比例变化。这种情况下,可用规模经济效益指数法确定被评估资产的重置成本。规模经济效益指数法,就是用指数函数来描述资产的成本与功能之间的关系,进而确定被评估资产重置成本的一种方法。其具体计算公式为:

$$\text{被评估资产的重置成本} = \text{参照物资产重置成本} \times \left(\frac{\text{被评估资产的产量}}{\text{参照物资产的产量}}\right)^x$$

公式中规模经济效益指数 x 的取得是靠统计分析得到的。在国外,经过大量数据测算,该指数一般在 0.4~1.2 之间,如加工工业一般在 0.6~0.7 之间,房地产行业一般为 0.9。我国到目前为止规模经济效益指数尚无统一的经验数据。

【例 2-17】 假定某被评估资产的年生产能力为 8 000 件,选择的参照物资产的年生产能力为 20 000 件,重置成本 80 000 元,经统计测算得到规模效益指数为 0.6,则被评估资产的重置成本为:

$$\begin{aligned}\text{评估资产的重置成本} &= 80\ 000 \times (8\ 000/20\ 000)^{0.6} \\ &= 80\ 000 \times 0.577 \\ &= 46\ 160\ (\text{元})\end{aligned}$$

该方法比较适合于那些成本与生产能力高度相关,但又不成线性关系的资产评估。在评估时,如何确定规模效益指数 x,对评估结果影响重大,因此,必须尽可能多地进行样本统计分析,合理确定 x 值。

(4) 统计分析法。在实务中,为简化评估业务,节省评估时间,还可以采用统计分析法确定资产的重置成本。统计分析法主要运用于对企业整体资产及同一类被评估资产数量较多的情况。其具体步骤是:

第一步,在核实资产数量的基础上,把全部资产按照适当标准划分为若干类别,如房屋建筑物按结构可划分为钢结构、钢筋混凝土结构等;机器设备按有关规定划分为专用设备、通用设备、运输设备、仪器、仪表;材料按其金额大小可划分为 A、B、C 等。

第二步,在各类资产中抽样选择适量具有代表性的资产,应用重置核算法、物价指数法、功能价值法或规模经济效益法估算其重置成本。

第三步,依据分类抽样估算资产的重置成本与账面历史成本相比,计算出分类资产的调整系数,其计算公式为:

$$K = R'/R$$

式中:K——资产重置成本与历史成本的调整系数;R'——某类抽样资产的重置成本;R——某类抽样资产的历史成本。

第四步,根据调整系数 K 估算被评估资产的重置成本,其计算公式为:

$$\text{被评估资产重置成本} = \sum \text{某类资产账面历史成本} \times K$$

式中:某类资产账面历史成本可从会计记录中取得。

【例 2-18】 评估某企业某类通用设备,经抽样选择具有代表性的通用设备 10 台,估算其重置成本之和为 60 万元,而该 10 台具有代表性通用设备历史成本之和为 40 万元,该类通用设备账面历史成本之和为 500 万元。则:

$K = 60/40 = 1.5$

该类通用设备重置成本 $= 1.5 \times 500 = 750$（万元）

【例 2-19】 某评估机构采用统计分析法对一企业的固定资产进行评估，其中：砖混结构建筑物 10 栋，账面原值 500 万元；设备 100 台，账面原值 1 000 万元。评估中对 3 栋具有代表性的建筑物进行估算，其重置成本为 180 万元，而该 3 栋建筑物的账面原值为 165 万元。同时选择 10 台具有代表性的设备进行了评估，其重置成本为 150 万元，而该 10 台设备的账面原值为 120 万元。则：

建筑物的调整系数 $K = 180/165 = 1.09$

设备的调整系数 $K = 150/120 = 1.25$

该类建筑物的重置成本 $= 500 \times 1.09 = 545$（万元）

该类设备的重置成本 $= 1\,000 \times 1.25 = 1\,250$（万元）

固定资产的重置成本 $= 545 + 1\,250 = 1\,795$（万元）

成本法中，上述四种方法均可用于确定被评估资产的重置成本。至于选用何种方法，应根据具体的评估对象和可以收集到的资料确定。有时一项资产的评估也可能同时采用多种方法，运用时应注意分析方法的适用性，也可用多种方法相互印证。

物价指数法与重置核算法是估算重置成本较常用的方法。但二者具有明显的区别：第一，物价指数法估算的重置成本，仅考虑了价格变动因素，因而确定的是复原重置成本；而重置核算法既考虑了价格因素，也考虑了生产技术进步和劳动生产率的变化因素，因而可以估算复原重置成本和更新重置成本。第二，物价指数法建立在不同时期的某一种或某类甚至全部资产的物价变动水平上；而重置核算法建立在现行价格水平与购建成本费用核算的基础上。明确物价指数法和重置核算法的区别有助于重置成本估算中方法的判断和选择。一项科学技术进步较快的资产，采用物价指数法估算的重置成本往往会偏高。当然，物价指数法和重置核算法也有其相同点，它们都是建立在利用历史资料基础上的。因此，应注意判断、分析资产评估时重置成本的计算口径与委托方提供历史资料（如财务资料）的口径差异。

（二）实体性贬值的估算

1. 实体性贬值的概念

实体性贬值，也称有形损耗，它是指资产由于使用和自然力作用导致的资产的物理性能的损耗或下降而引起的资产价值损失。影响资产实体性贬值的因素主要有使用时间、使用强度（使用率）、资产本身的质量和维修保养程度等。

2. 实体性贬值的估算方法

估算实体性贬值，一般可采用以下两种方法：

（1）观察法。观察法，也称成新率法，它是由具有专业知识和丰富经验的工程技术人员直接观察或对被评估资产各主要部位进行技术鉴定，并综合分析资产的设计、制造、使用、磨损、维护、修理、大修理、改造情况和物理寿命等因素，将评估对象与其全新状态相比较，考察由于使用磨损和自然损耗对资产的功能、使用效率带来的影响，判断被评估资产的成新率，从而估算实体性贬值。其具体计算公式为：

资产实体性贬值 = 重置成本 × (1 − 成新率)

或：

资产实体性贬值 = 重置成本 × 实体性贬值率

(2) 使用年限法。使用年限法，也称年限法或工作量法，它是利用被评估资产的实际已使用年限（实际已完成的工作量）与其总使用年限（总工作量）的比值来判断其实体性贬值率，进而估测资产的实体性贬值的一种方法。其具体计算公式为：

$$资产的实体性贬值 = \frac{重置成本 - 预计残值}{总使用年限} \times 实际已使用年限$$

①重置成本。重置成本是指评估时资产的现行再取得成本。其估测方法前已述及。

②预计残值。预计残值是指被评估资产在清理报废时净收回的金额。评估中，通常只考虑数额较大的残值，如残值数额较小可以忽略不计。

③总使用年限。总使用年限指的是实际已使用年限与尚可使用年限之和。其计算公式为：

总使用年限 = 实际已使用年限 + 尚可使用年限

④实际已使用年限。实际已使用年限是指资产在使用中实际损耗的年限。其计算公式为：

实际已使用年限 = 名义已使用年限 × 资产利用率

由于资产在使用中负荷程度的影响，必须将资产的名义已使用年限调整为实际已使用年限。名义已使用年限是指资产从购入使用到评估时的年限。名义已使用年限可以通过会计记录、资产登记簿、登记卡查询确定。实际已使用年限与名义已使用年限的差异可以通过资产利用率来调整。资产利用率的计算公式为：

$$资产利用率 = \frac{截止评估日资产累计实际利用时间}{截止评估日资产累计法定利用时间} \times 100\%$$

当资产利用率 > 1 时，表示资产超负荷运转，资产实际已使用年限比名义已使用年限要长；当资产利用率 = 1 时，表示资产满负荷运转，资产实际已使用年限等于名义已使用年限；当资产利用率 < 1 时，表示开工不足，资产实际已使用年限比名义已使用年限要短。

实际评估过程中，由于企业基础管理工作较差，再加上资产运转中的复杂性，资产利用率指标往往很难确定。资产评估师应综合分析资产的运转状态，诸如资产开工情况、大修间隔期、原材料供应情况、电力供应情况、是否季节性生产等各方面因素分析确定。

⑤尚可使用年限。尚可使用年限是指评估时根据资产的有形损耗因素预计资产的继续使用年限。尚可使用年限可通过表 2-3 测算。

表 2-3　　　　　　　　　　尚可使用年限测算表

	影响因素	标准分	实得分
1	资产完好程度	30	
2	资产开工率	20	
3	主要部件磨损情况	15	
4	主要零部件更换情况	15	
5	资产维护保养情况	15	
6	开工时间	5	
	合计	100	

尚可使用年限 = 规定使用年限 × 实得分/100

【例2-20】 某被评估设备2006年购进已投入使用10年，按设计标准，在10年内累计使用时间应为28 800小时。但由于生产任务不足，该设备一直未被充分利用，查有关资料记录，在此期间该设备平均每天工作4小时。经评估人员鉴定，若正常使用，则该设备尚可使用15年，则该设备的成新率为：

资产利用率 = 360 × 4 × 10/28 800 × 100% = 50%

实际已使用年限 = 10 × 50% = 5（年）

成新率 = 15/(5 + 15) = 75%

（三）功能性贬值的估算

1. 功能性贬值的概念

功能性贬值是由于技术进步引起的资产功能相对落后而造成的资产价值损失。资产的功能性贬值主要体现在超额投资成本和超额运营成本两个方面。

（1）超额投资成本。超额投资成本是指由于新技术、新工艺和新材料的采用，而使原有资产的建造成本超过现行建造成本的超支额。即更新重置成本与复原重置成本的差额。

（2）超额运营成本。超额运营成本是指原有资产超过体现技术进步的同类资产的营运成本的超支额。

分析研究设备的超额运营成本应考虑下列因素：新设备与老设备相比生产效率是否提高；维修保养费用是否降低；材料消耗是否降低；能源消耗是否降低；操作工人数量是否减少等。

2. 功能性贬值的估算方法

由于资产的功能性贬值主要体现在超额投资成本和超额运营成本两个方面。因此，在功能性贬值的估算中应注意：如果重置成本使用的是复原重置成本，则应该考虑两种功能性贬值是否都存在；如果重置成本使用的是更新重置成本，则超额投资成本导致的功能性贬值已包含在重置成本中，这时只需要考虑超额运营成本导致的功能性贬值。

（1）超额投资成本导致的功能性贬值。其计算公式为：

功能性贬值 = 复原重置成本 - 更新重置成本

（2）超额运营成本导致的功能性贬值。估算功能性贬值时，主要根据资产的效用、生产加工能力、工耗、物耗、能耗水平等方面的差异造成的成本增加或效益降低来确定功能性贬值额。同时，还要重视替代设备、替代技术、替代产品的影响，重视行业技术装备水平现状和资产更新换代速度。

通常情况下，超额运营成本导致的功能性贬值可按下列步骤估算：

第一步，将被评估资产的年营运成本与功能相同但性能更好的新资产的年营运成本进行比较。

第二步，计算二者的差异，确定净超额营运成本。由于企业支付的营运成本是在税前扣除的，企业支付的超额营运成本导致税前利润额下降，所得税额降低，使得企业负担的营运成本远低于其实际支付额。因此，净超额营运成本是超额营运成本扣除所得税以后的余额。

第三步，估测被评估资产的剩余寿命。

第四步，以适当的折现率将被评估资产在剩余寿命内每年的净超额营运成本折现，这些折现值之和就是被评估资产的功能性贬值（损耗），其计算公式为：

被评估资产的功能性贬值 = $\sum$（尚可使用年限内各年净超额营运成本 × 折现系数）

或:

被评估资产的功能性贬值 = 尚可使用年限内每年净超额营运成本 × 年金现值系数

【例 2 - 21】 评估某机器设备功能性贬值,具体资料和计算如表 2 - 4 所示。

表 2 - 4

项 目	技术先进设备	被评估设备
月产量	5 000 件	5 000 件
单件工资	1.2 元	1.8 元
单件原材料等消耗	12 元	13.5 元
月工资和原材料等消耗成本	66 000 元	76 500 元
月差异额		10 500 元(76 500 - 66 000)
年成本超支额		126 000 元(10 500 × 12)
扣除所得税后年净超支额(所得税税率 25%)		94 500 元 [126 000 × (1 - 25%)]
被评估资产的尚可使用年限		3 年
行业平均收益率 10%,3 年的年金现值系数		2.4869
功能性贬值额		235 012 元(94 500 × 2.4869)

(四) 经济性贬值的估算

1. 经济性贬值的概念

经济性贬值是指由于外部条件的变化引起资产闲置、收益下降等而造成的资产价值损失。当资产使用基本正常时,一般不计算经济性贬值;当有确凿证据表明资产已经存在经济性贬值时,可采用间接或直接计算法估算经济性贬值额。

2. 经济性贬值的估算方法

(1) 间接计算法。其计算公式为:

经济性贬值率 = $[1 - (资产预计可被利用的生产能力/资产原设计生产能力)^x] \times 100\%$

式中:x 为功能价值指数,评估中多采用经验数据,取值一般在 0.6 ~ 0.7 之间。

则:

经济性贬值额 = 被评估资产重置成本 × 经济性贬值率

(2) 直接计算法。其计算公式为:

经济性贬值额 = 资产年收益损失额 × (1 - 所得税税率) × $(P/A, r, n)$

式中:$(P/A, r, n)$ 为年金现值系数。

【例 2 - 22】 被评估资产为某专用生产线,重置成本 20 万元,生产能力 2 000 件/日。因市场出现替代产品,目前及今后 1 200 件/日。如 x 取 0.6,则该生产线的经济性贬值为:

经济性贬值 = $200 000 \times [1 - (1 200/2 000)^{0.6}] = 52 800$(元)

【例 2 - 23】 假定某企业商品年产量为 10 000 台,售价为 2 200 元/台,由于市场竞争加剧,要使每年 10 000 台商品能够销售出去,售价需降至 2 100 元/台,假设成本等其他因素不变,经估测该生产线还可以继续使用 3 年,企业所在行业的投资报酬率为 10%,试估算该生产线的经济性贬值额。

经济性贬值额 = $(10 000 \times 100) \times (1 - 25\%) \times (P/A, 10\%, 5)$

= $750 000 \times 3.7908$

= $2 843 100$(元)

五、成本法的优缺点

成本法的优点:

(1) 成本法较充分考虑了被评估资产的实体性损耗、功能性损耗和经济性损耗,使评估结果趋于公平合理。

(2) 在不易测算资产未来收益或难以找到市场参照物时,可广泛应用成本法,特别适用对单项资产和特定用途资产的评估。

(3) 由于它比较充分地考虑了资产的重置全价和应计损耗,因而成本法对于一切以资产重置、补偿为目的的资产评估业务都是适用的,有利于资产的保值。

成本法的缺点:

(1) 成本法涉及的经济参数多,工作量较大。

(2) 重置成本及各种贬值的估测涉及物价变动指数、成新率、功能系数等,其具体运用和操作难度较大,经济参数的可靠性和合理性较难把握。

(3) 经济性损耗难以全面准确计算,因而评估结果往往较高。

(4) 由于运用成本法评估资产价值时没有与资产的使用效益相联系,因而容易将无形资产漏评。

第四节 资产评估方法的比较和选择

一、资产评估方法之间的关系

资产评估的市场法、收益法和成本法以及由此衍生出来的其他评估思路共同构成了资产评估的方法体系。各种评估方法独立存在说明它们各有特点,而资产评估的专业性质又决定了各种评估方法之间存在着内在联系。

(一) 资产评估方法之间的联系

评估方法是实现评估目的的手段。对于特定经济行为,在相同的市场条件下,对处在相同状态下的同一资产进行评估,其评估值应该是客观的。这个客观的评估值不会因评估人员所选用的评估方法的不同而出现截然不同的结果。可以认为正是评估基本目的决定了评估方法间的内在联系。而这种内在联系为评估人员运用多种评估方法评估同一条件下的同一资产相互验证提供了理论根据。但需要指出的是,运用不同的评估方法评估同一资产,必须保证评估目的、评估前提、被评估对象状态的一致,以及运用不同评估方法所选择的经济技术参数合理。

(二) 资产评估方法之间的区别

各种评估方法的独立存在本身就说明各种评估方法之间存在差异。各种评估方法都是从不同的角度去表现资产价值的。不论是通过与市场参照物比较获得评估对象的价值,或是根据评估对象预期收益折现获得其评估价值,或是按照资产的再取得途径寻求评估对象的价值，都是对评估对象在一定条件下价值的描述，它们之间是有内在联系并可相互替代的。但是，每一种评估方法都有其自成一体的运用过程，都要求具备相应的信息基础，评估结论也都是从某一角度反映资产的价值。因此，各种评估方法又是有区别的。

如市场法与成本法在评估过程中，往往容易混淆。这两种方法的区别表现在：其一，成本法是按现行市场价格确定重新购买该项资产的价值；而市场法则是按市场上该项资产的交易价格确定的。前者主要从买者角度，即以购建某项资产的耗费来确定的；后者则是从卖者角度，即市场上的销售价格确定的。其二，市场法中的现行市价指的是资产的独立的价格，是交易过程中采用的；而成本法中的重置成本不仅包括该资产的自身价格（购建价格），而且还包括该项资产的运杂费、安装调试费等。其三，市场法的运用与原始成本没有直接联系；而成本法中的某些计算则要利用被评估资产的原始成本和原始资料。其四，成本法是按全新资产的购建成本扣除被评估资产的各项损耗（或价值）后确定评估价值的；市场法则是按参照物价格，并考虑被评估资产与参照物的各项差异因素并进行调整来确定评估值的。两种方法具有不同的操作程序，资料的获得和指标确定也有着不同的思路。

由于评估的特定目的不同，评估时市场条件上的差别，以及评估时对评估对象使用状态设定的差异，需要评估的资产价值类型也是有区别的。评估方法由于自身的特点在评估不同类型的资产价值时，就有了效率上和直接程度上的差别，评估人员应具备选择最直接且最有效率的评估方法完成评估任务的能力。

二、资产评估方法的选择

就评估方法选择本身，实际上包含了不同层面的资产评估方法的选择过程，即三个层面的选择。①关于资产评估技术思路层面的选择，即分析三种资产评估基本方法所依据的资产评估技术思路的适用性；②在各种资产评估技术思路已经确定的基础上，选择实现各种评估技术思路的具体评估技术方法；③在确定了资产评估具体技术方法的前提下，对运用各种具体技术评估方法所涉及的经济技术参数的选择。恰当选择评估方法，既包含了对恰当选择评估技术思路，以及实现该技术思路的具体评估技术方法的要求，也包括了在运用各种评估方法时对所涉及的经济技术参数的恰当选择。选择恰当的评估技术思路与实现评估技术思路的具体方法同恰当选择经济技术参数共同构成了恰当选择资产评估方法的内容。片面地强调某一个方面而忽略另一个方面，都有可能导致评估结果的失实和偏颇。

资产评估方法的多样性为评估人员选择适当的评估方法以有效完成评估任务提供了现实可能。为高效、简捷、相对合理地估测资产的价值，在评估方法的选择过程中应注意考虑以下因素：

第一，评估方法的选择要与评估目的、评估时的市场条件、被评估对象在评估过程中所处的状态，以及由此所决定的资产评估价值类型相适应。根据上述条件，当资产评估的价值类型为市场价值时，可考虑按市场法、收益法和成本法的顺序进行选择。

第二，评估方法的选择受评估对象的类型、理化状态等因素制约，对于既无市场参照物，又无经营记录的资产，只能选择成本法进行评估；对于工艺比较特别且处在经营中的企业，可以优先考虑选择收益法。

第三，评估方法的选择受各种评估方法运用所需的数据资料及主要技术参数能否搜集的制约。每种评估方法的运用都需要有充分的数据资料作依据。在一个相对较短的时间内，搜集某种方法所需的数据资料可能会很困难,在这种情况下,评估人员应考虑采用替代的评估方法进行评估。

第四,资产评估人员在选择和运用评估方法时,如果条件允许,应当考虑三种基本评估方法在具体评估项目中的适用性,如果可采用多种评估方法时,不仅要确保满足各种方法使用的条件要求和程序要求,还应当对各种评估方法取得的各种价值结论进行分析比较,分析可能存在的问题并做出相应的调整,确定最终评估结果。

资产评估方法的选择和使用,实际上是专业评估人员根据实际条件约束下的资产或模拟条件约束下的资产的价值进行理性的分析、论证和比较的过程,通过这个过程做出有足够理由支持的价值判断。总之,在评估方法的选择过程中,应注意因地制宜和因事制宜,不可机械地按某种模式或某种顺序进行选择。但是,不论选择哪种方法进行评估,都应保证评估目的、评估时所依据的各种假设和条件与评估所使用的各种参数数据,以及评估结果在性质和逻辑上一致。尤其是在运用多种方法评估同一评估对象时,更要保证每种评估方法运用中所依据的各种假设、前提条件、数据参数的可比性,以便能够确保运用不同评估方法所得到的评估结果的可比性和相互可验证性。

本章小结

资产评估的基本方法有三种:市场法、收益法和成本法。

市场法是指比照与被评估对象相同或相似的参照物资产的市场价格,来确定被评估资产价值的评估方法。运用市场法的关键是选择合适的参照物,并将其与被评估资产对比,进行差异分析并调整差异额,进而确定被评估资产价值。

收益法是指通过估算被评估资产的未来预期收益并折算成现值,借以确定被评估资产价值的评估方法。运用收益法的关键是要科学地确定预期收益、折现率和收益期限。

成本法是指在评估资产时按被评估资产的现时完全重置成本减去应扣除的损耗或贬值来确定被评估资产价值的评估方法。其基本评估公式为:资产评估价值=重置成本-实体性贬值-功能性贬值-经济性贬值。运用成本法的关键是科学合理地估测重置成本和各项贬值。

评估人员必须注意区分各类评估方法的含义、适用范围、适用的前提条件,选择合理的评估方法。

关键术语

现行市价　　收益现值　　折现率　　资本化率　　重置成本　　实体性贬值
功能性贬值　　经济性贬值

思考题

1. 市场法的适用范围和前提条件各是什么？运用市场法评估资产价值的关键环节在哪里？
2. 成本法的适用范围和前提条件各是什么？运用成本法应考虑哪些因素？
3. 收益法的适用范围和前提条件各是什么？运用收益法如何确定未来收益和折现率？
4. 市场法一般需要调整哪些因素？如何进行调整？
5. 专业资产评估人员应如何选择合适的评估方法？

第三章 资产评估规范

  资产评估规范是评估主体在评估工作中应当遵循的业务标准和行为准则。在资产评估工作中，需要规范的内容很多。从资产评估人员的职业行为上来说，应制定职业道德准则来明确资产评估人员对被委托人、对国家、对社会和对同行等的责任；从资产评估人员的职业技术上来说，应制定资产评估准则来指导资产评估人员在评估过程中如何编制资产评估计划，如何选择和运用各种评估方法，如何编制与出具资产评估报告等；从资产评估机构内部管理上来说，应制定质量控制准则来规范资产评估机构，提高资产评估人员的业务能力和素质，保证评估质量、降低评估风险；从资产评估的内容上来说，应制定各种具体的评估准则、规范指南和指导意见等，要求资产评估人员遵照执行，以很好地发挥其评价和评值的功能与作用。

第一节 资产评估规范体系

  资产评估人员在执行评估业务工作中，必须遵循其职业规范。资产评估规范体系是指由各项评估规范组成的有机整体。资产评估规范由不同的机构或部门制定，其权威性不同，因此，其执行的强制性也不同。不同的评估主体，不论是专业的评估机构还是兼营评估的会计师事务所，在执行评估业务时适用的评估规范应是相同的。建立、健全与完善资产评估规范，有利于指导和提高评估机构和评估人员的执业水平。资产评估人员只有遵循评估规范去执业，才能保证评估工作质量及评估结果的可信程度，才能赢得社会公众的信任。

一、资产评估规范体系的构成

  正如本章引言中所述，在资产评估工作中，需要规范的内容很多。资产评估规范应从资产评估人员的职业行为、评估人员的职业技术、评估机构内部管理和评估业务的内容上来加以规范，以合理保证评估工作满足使用者的需求。一般来讲，评估规范体系应包括六个方面的内容。

（一）资产评估法规

  资产评估法规通常是指对资产评估机构的设置、职权、评估范围、评估行为、评估责任等作出的原则性规定，应由国家权力机构和行政机构制定。这些与资产评估机构和资产评估专业人员有关的法规将在本章第二节详细介绍。

（二）资产评估职业道德准则

职业道德主要规范评估主体的职业道德行为，为资产评估人员履行职业责任提供进一步的指导。职业道德准则通常由资产评估主管部门或职业团体制定。早在2004年2月，中国资产评估协会以财政部名义发布了《资产评估职业道德准则——基本准则》。为了贯彻落实《资产评估法》，中国资产评估协会又于2017年9月8日发布了修订后的《资产评估职业道德准则》，自2017年10月1日起施行。

（三）资产评估执业准则

资产评估执业准则主要规范资产评估人员在具体评估工作中应遵守的操作规范，为资产评估人员如何进行评估提供指导。资产评估执业准则通常由职业团体制定，中国资产评估协会从1996年起，在总结资产评估理论研究和实践经验的基础上，开始启动制定资产评估执业准则工作，现已建立起了资产评估执业准则体系，包括具体准则、指南和指导意见三个层面的内容。

（四）资产评估质量控制准则

资产评估质量控制准则主要规范评估机构的质量控制行为，为保证评估工作的质量提供指导性意见并采取相应的具体措施。评估质量控制准则通常也是由评估主管部门或职业团体制定。中国资产评估协会在总结评估机构内部质量管理基础上，借鉴国际上全面质量控制的思路，准则规范的内容已扩展到了质量控制方面，并于2017年9月13日发布了修订后的《评估机构业务质量控制指南》。

（五）其他评估规范

其他评估规范是指上述评估规范以外的评估规范。其他评估规范的内容比较杂，主要是对上述评估规范没有涉及或涉及不深、需要进一步明确规范的事项，或者虽然规范已经涉及，但尚不成熟，有待今后进一步强化、提高的事项做出的规定。其他评估规范一般由资产评估主管部门或职业团体制定。其他评估规范最常见的是财政部和中国资产评估协会发布的有关"实施办法"或"暂行规定"等。

二、资产评估规范体系的特点

（一）实践性

资产评估规范是用来规范评估主体行为的，而评估主体行为主要体现在资产评估工作中，因此，资产评估规范与资产评估工作密切相关。资产评估规范应来源于评估实践的需要。如果评估实践已经产生，而并未形成或制定相关的评估规范，则这种评估实践很可能是盲目的，因没有相应的规范来约束而易产生评估失误或舞弊等。近几年财政部和中国资产评估协会连续发布资产评估执业准则、职业道德准则、指导意见等，这是在总结国际和国内多年评估实践的基础上制定出来的评估规范，它使注册资产评估师在工作中更好地履行其职责有了遵循的依据，也对规范注册资产评估师的行为，明确其责任有了评判的标准。可以相信，这些评估规范的出台使注册资产评估师的责任感更强、执业的技能更高。

资产评估规范的实践性，还要求规范能切实地指导实务，而不仅仅是一套虚空的规章制度。要使评估规范真正地发挥作用，一定要有可操作性，能使评估人员具体遵守，否则，仍可能形同虚设。

（二）完整性

在评估实践中，要规范的内容很多，因此，资产评估规范的内容也有很多。从广义上说，所有对资产评估进行规范的内容，均可列入评估规范的范畴，但从逻辑严密上讲，属评估规范的内容应注意两个方面：第一，资产评估规范应只与评估工作有关，即只规范评估工作。例如，原国家国有资产管理局颁布的《国有资产评估管理办法》、《资产评估操作规范意见》，财政部颁发的《资产评估准则——无形资产》等。第二，资产评估规范应主要与评估主体有关，即只是规范评估主体的。但是，也有某些法规主要规范其他主体，兼带规范评估主体，例如，《中华人民共和国证券法》、《中华人民共和国公司法》等。

（三）层次性

资产评估规范根据其制定的机构和权威性不同，其层次也不同。第一层次的资产评估规范由国家最高权力机构制定，即通常所说的"法"。第二层次的资产评估规范是由国家最高行政机构制定，在我国即由国务院制定。第三层次的资产评估规范由评估主体的中央主管部门或职业团体制定，在我国是由财政部或中国资产评估师协会制定。这一层次的资产评估规范内容最多，最常见的有资产评估准则、职业道德准则，以及各种针对具体事项制定的"实施办法"和"暂行规定"等。第四层次的资产评估规范由评估主体的地方主管部门和职业团体制定，在我国由各省、市、自治区的财政局（厅）或地方评估协会规定。这一层次的资产评估规范内容不多，一般是由各地方财政局（厅）或评估协会根据财政部或中国资产评估协会有关规范的精神，结合本地区具体情况所作的更加具体的规定。

需要说明的是，以上各个层次的资产评估规范仅是从制定的主体角度分类的，而与评估规范的内容无关。从资产评估规范的内容上来说，同样的内容可能分布在各个层次的规范之中。而且，上述各层次的评估规范也不可能是一成不变的，其会随制定层次的提高而不断提高其权威性。

（四）规范性

资产评估规范的规范性是指其内容具有相对的稳定性、长期性，并且以正规的文件形式予以发布。因此，有些资产评估主管部门或职业团体针对特殊情况做出的"解释"、发出的"通知"等，因不具备正式文件的条款，不应属于评估规范。此外，有关领导同志针对资产评估工作做出的指示或在资产评估工作会议上发表的讲话等，尽管其对资产评估工作的开展有很大的指导意义，但由于不是正规的文件，也不属于评估规范。

第二节 我国资产评估法律规范

随着资产评估行业的迅速发展，我国资产评估法律规范体系建设工作也在不断完善，目前已初步形成了一套以国务院颁布的《国有资产评估管理办法》为主干，以财政部、原国家国有资产管理局等政府主管部门颁布的一系列关于资产评估的规章制度为主体，以全国人大及其常委会、司法机关和其他政府部门颁布的其他相关法律、司法解释和规章制度为补充的资产评估法律规范体系。这些法律法规既有专门关于资产评估的行政法规、规章和规范性文件，也有从不同方面对资产评估进行规范的其他法律、法规和规章制度；从法规层次看，既有全国人大及其常委会颁布的法律，国务院颁布的行政法规，也有政府部门颁布的部门规章和规范性文件；从法规内容看，既有综合性的管理法规，也有单项的专门规定。这些法律法规内容涵盖资产评估综合管理、考试、培训、注册、机构审批、执业规范、项目管理、涉外管理、财务管理、收费管理、业务监管、违规处罚、清理整顿、体制改革等各个方面。

一、《中华人民共和国资产评估法》和《国有资产评估管理办法》

（一）《中华人民共和国资产评估法》

2016年7月2日，《中华人民共和国资产评估法》经中华人民共和国十二届全国人大常委会第二十一次会议审议通过，国家主席习近平同日签署第46号主席令予以公布，自2016年12月1日起施行。《中华人民共和国资产评估法》是我国资产评估行业发展近30年来的首部基本大法，标志着我国资产评估行业进入依法治理新时代。该法解决了资产评估行业发展中的一系列重大理论和实践问题，着眼完善社会主义经济体制机制和行业未来健康发展，将为资产评估行业创造良好的法治环境。该法共8章55条，主要包括评估专业人员、评估机构、评估程序、行业协会、监督管理和法律责任等内容。

（1）从评估的主体对评估专业人员和评估机构作出了明确的法律规定。明确资产评估当事人的权利义务，规范资产评估行业基本制度。明确注册资产评估师、评估机构、委托人的权利义务和他们之间的法律关系。

（2）从评估的客体对评估业务的类型做出了明确的界定和划分。

（3）从评估的程序对评估业务的专业性、操作性问题做出了原则性规定。

（4）从评估的监管对评估准则的建设、资格考试制度、执业注册制度、行业监管制度、行业自律制度等作了相应的规范。同时，也对评估涉及的法律责任相关问题作出了法律规范。

（二）《国有资产评估管理办法》

1991年11月16日，国务院发布《国有资产评估管理办法》（国务院第91号令）。该办法是我国第一个关于资产评估管理的行政法规，也是迄今为止我国法律效力较高的资产评估专门法规。《国有资产评估管理办法》共6章39条，主要内容包括：

（1）规定了必须进行国有资产评估的情形，包括资产拍卖、转让；企业兼并、出售、联营、股份经营；设立中外合资、合作经营企业；企业清算以及依照国家有关规定需要进行资产评估的其他情形。

（2）规定了国有资产评估的范围，包括固定资产、流动资产、无形资产和其他资产。

（3）规定了国有资产评估的组织管理，包括国有资产评估项目的管理和资产评估机构的管理等。

（4）规定了评估程序，包括申请立项、资产清查、评定估算和验证确认等国有资产评估和管理程序。

（5）规定了评估方法。包括收益现值法、重置成本法、现行市价法、清算价格法、国有资产管理部门规定的其他评估方法。

(6) 规定了违反本《办法》的法律责任。

《国有资产评估管理办法》不仅建立了国有资产评估管理制度，同时也推动了我国资产评估行业的产生。该办法既包括国有资产评估项目管理的内容，如资产评估的立项和评估结果的确认，也包括了资产评估行业管理的内容，如资产评估机构的管理、评估办法的确定等。《国有资产评估管理办法》的颁布，确立了我国资产评估的基本依据，是我国资产评估法制建设的重要里程碑。

二、财政部、原国家国有资产管理局等资产评估行政主管部门制定的资产评估规章制度

近20年来，作为资产评估行业的主管部门，财政部和原国家国有资产管理局等相关部门陆续制定了120多个有关资产评估管理的规章制度，其中有一部分文件是以部长令的形式发布的，属于部门规章，具有较强的约束力。这些规章制度构成了我国资产评估法律规范体系的最主要内容。这些规章制度主要体现在以下几个方面：

(1) 资产评估综合管理方面，如原国家国有资产管理局颁布的《国有资产评估管理办法施行细则》(国资办发[1992]36号)。

(2) 资格管理与考试方面，如原人事部与原国家国有资产管理局联合颁布的《注册资产评估师执业资格制度暂行规定》(人职发[1995]54号)，原人事部与财政部联合颁布的《关于调整注册资产评估师执业资格考试有关规定的通知》(人发[1999]23号)。

(3) 注册管理方面，如原国家国有资产管理局颁布的《注册资产评估师执业资格注册管理暂行办法》(国资办发[1996]35号)。

(4) 机构管理方面，如财政部颁布的《资产评估机构审批管理办法》(财政部令第22号)。

(5) 评估项目管理方面，如财政部颁布的《关于改进资产评估确认工作的通知》(财评字[1998]136号)。

(6) 后续教育方面，如财政部颁布的《注册资产评估师后续培训制度（试行）》(财评协字[1998]2号)。

(7) 执业规范方面，如原国家国有资产管理局颁布的《资产评估操作规范意见》(国资办发[1996]23号)。

(8) 体制改革方面，如财政部颁布的《关于资产评估机构脱钩改制的通知》(财评字[1999]119号)。

(9) 评估收费和财务管理方面，如国家物价局与原国家国有资产管理局联合颁布的《关于资产评估收费管理暂行办法》(价费字[1992]625号)。

三、资产评估相关法律、法规和规章制度

近20年来，我国立法、司法和行政管理部门陆续制定了许多涉及资产评估的法律、法规和规章制度。这些法律、法规和规章制度虽然不是关于资产评估的专门法律、法规和规章制度，但其内容也包括有关资产评估的规定，分别从不同的角度规范评估行业。因此也成为资产评估法律规范体系的重要组成部分。这些法律、法规和规章制度主要包括三个方面的

内容。

(一) 全国人大或人大常委会颁布的法律

如《中华人民共和国公司法》、《中华人民共和国证券法》、《中华人民共和国合伙企业法》、《中华人民共和国拍卖法》、《中华人民共和国刑法》等，这些法律主要从两个方面涉及资产评估行业：一是对何时需要进行资产评估做出了规定；二是对评估机构、专业人员违反法律规定的罚则做出了规定。其中，最为重要的是《中华人民共和国公司法》，该法将资产评估作为组建有限责任公司和股份有限公司过程中的重要一环予以明确规定。

(二) 司法机关颁布的司法解释

如最高人民法院颁布的《关于审理证券市场因虚假陈述引发的民事赔偿案件的若干规定》(法释〔2003〕2号)，《关于冻结、拍卖上市公司国有股和社会法人股若干问题的规定》(法释〔2001〕28号)，《最高人民法院关于人民法院民事执行中拍卖、变卖财产的规定》(法释〔2004〕16号)，最高人民检察院、公安部《关于经济犯罪案件追诉标准的规定》等。

(三) 相关政府部门颁布的规章制度

如国家工商行政管理局颁布的《关于年检工作若干问题的意见》(工商企字〔1995〕258号)、《公司注册资本登记管理暂行规定》(工商〔1995〕44号)，中国证监会颁布的《公开发行股票公司信息披露实施细则(试行)》(证监会〔1993〕43号)、《证券市场禁入暂行规定》(证监〔1997〕7号)等。

第三节 我国资产评估准则

资产评估工作具有很强的专业性，世界各国和地区在资产评估行业发展过程中，大都根据需要制定了本国、本地区的资产评估准则，用于指导注册资产评估师执业。资产评估准则的完善和成熟程度在一定程度上反映了一个国家或地区评估业发展的综合水平。自1996年以来，在总结资产评估理论研究和实践经验的基础上，中国资产评估协会开始启动制定资产评估准则的工作。

一、我国资产评估准则及其发展

(一) 资产评估准则的定义

随着社会主义市场经济体制的不断发展和完善，我国资产评估行业也在快速发展，与此同时，行业对评估准则建设和完善也提出了更加迫切的要求。2016年颁布的《中华人民共和国资产评估法》规定，评估机构及其评估专业人员开展业务应当遵守法律、行政法规和评估准则，评估机构和评估专业人员违反评估准则需要承担相应的法律责任。《中华人民共和国资产评估法》的颁布和实施进一步明确了评估准则在评估业务的履行、监管和使用中的基础地位，为我国资产评估准则建设提供了坚实的法律保障。

资产评估准则是资产评估机构和资产评估专业人员开展资产评估业务的行为标准，是监管部门评价资产评估业务质量的重要尺度，是评估报告使用人理解资产评估结论的重要依据。我国资产评估准则具体是指财政部制定的资产评估基本准则和中国资产评估协会根据资产评估基本准则制定的资产评估执业准则和资产评估职业道德准则。

（二）我国资产评估准则的发展历程

在我国资产评估行业起步初期，财政部、原国有资产管理局、中国资产评估协会等先后制定并发布的一些资产评估管理方面的制度、规定和办法，对推动我国资产评估行业的健康发展起到了重要作用。顺应行业发展规范和国际标准接轨的要求，近20多年来，财政部和中国资产评估协会借鉴国际评估行业经验，积极推动我国资产评估准则建设。截至目前，已构建成较为完善的资产评估准则体系。这些准则在提升行业公信力、规范执业行为、加强行业监管、促进评估结论使用、增进行业国际交流等方面发挥着重要作用。

2001年，财政部发布《资产评估准则——无形资产》，这是我国资产评估行业最早的一项准则，它标志着我国资产评估准则建设的开始。

2004年，财政部发布《资产评估准则——基本准则》和《资产评估职业道德准则——基本准则》。两项基本准则确立了我国资产评估准则的基本理念和基本要求，奠定了整个资产评估准则体系的基础。

至2007年，涉及主要评估程序和主要执业领域的资产评估准则基本建成，初步形成了资产评估准则体系。2007年11月，财政部发布了中国资产评估准则体系。此后，在资产评估准则体系规划下，我国资产评估准则建设继续紧跟市场和执业需求，有序、协调发展。截至2016年，资产评估准则体系包括业务准则和职业道德准则两部分，共计28项准则。

2016年，《中华人民共和国资产评估法》规定了评估准则的制定和实施方式，并对资产评估准则的规范主体、重要术语、评估程序、评估方法以及评估报告等内容做出了规定。

为贯彻落实《中华人民共和国资产评估法》，财政部和中国资产评估协会于2017年对资产评估准则进行了全面修订，并陆续重新发布，构建了现行的包括1项基本准则、1项职业道德准则和26项执业准则在内的新的资产评估准则体系。

2018年，中国资产评估协会又对资产评估报告、资产评估程序、资产评估档案及企业价值四项执业准则进行了进一步的修订和完善，并与2018年10月30日重新发布。

2019年，中国资产评估协会制定了《人民法院委托司法执行财产处置资产评估指导意见》，并于2019年5月7日发布，自2019年7月1日起施行。

目前，我国资产评估准则体系已进一步得到了完善，适应了资产评估执业、监管和使用需求，与国际主要评估准则体系实现了趋同。

二、我国资产评估准则体系框架结构

我国资产评估准则体系规定了资产评估执业行为和职业道德行为的要求，覆盖了行业的主要市场领域和主要执业流程，该体系的内容包括：

（一）资产评估基本准则

资产评估基本准则是财政部依据《中华人民共和国资产评估法》、《资产评估行业财政监督管理办法》等制定的资产评估机构及其资产评估专业人员执行各种资产类型、各种评估目的资产评估业务应当共同遵循的基本规范。

资产评估基本准则是中国资产评估协会制定资产评估执业准则和资产评估职业道德准则的依据。

(二) 资产评估执业准则

资产评估执业准则是中国资产评估协会依据《资产评估基本准则》制定的资产评估机构及其资产评估专业人员在执行资产评估业务过程中应当遵循的程序规范和技术规范，包括具体准则、评估指南和指导意见三个层次。

第一层次为资产评估具体准则。资产评估具体准则分为程序性准则和实体性准则两个部分。程序性准则是关于资产评估机构及其资产评估专业人员通过履行一定的专业程序完成评估业务、保证评估质量的规范。实体性准则是针对不同资产类别的特点，分别对不同类别资产评估业务中的资产评估机构及其资产评估专业人员的技术操作所做出的规范。

第二层次为资产评估指南。资产评估指南是针对出资、抵押、财务报告、保险等特定评估目的的评估业务，以及某些重要事项制定的规范。

第三层次为资产评估指导意见。它是指对已在具体准则层次设置了准则的资产，其细类资产的评估规范采用指导意见形式；资产评估业务中某些具体问题的指导性文件，亦采用指导意见形式。该类规范较为灵活。

(三) 资产评估职业道德准则

资产评估职业道德准则是对资产评估机构及其资产评估专业人员职业道德方面的基本遵循、专业能力、独立性、与委托人和其他相关当事人的关系、与其他资产评估机构及资产评估专业人员的关系等方面所进行的规范。它体现了对资产评估机构及其资产评估专业人员应具备的道德品质和道德行为的要求。具体内容详见本章第四节。

我国资产评估准则体系框架如图3-1所示。

三、《资产评估基本准则》

为规范资产评估行为，保证执业质量，明确执业责任，保护资产评估当事人合法权益和公共利益，财政部根据《中华人民共和国资产评估法》、《资产评估行业财政监督管理办法》等制定了《资产评估基本准则》，于2017年8月23日发布。准则共6章35条，包括总则、基本遵循、资产评估程序、资产评估报告、资产评估档案和附则等内容。

(一) 资产评估的主体

《资产评估基本准则》所规范的资产评估主体，包括资产评估机构、资产评估师和其他资产评估专业人员。资产评估机构是指在财政部门备案的评估机构。资产评估师是指通过中国资产评估协会组织实施的资产评估师资格全国统一考试，取得《资产评估师职业资格证书》的资产评估专业人员。其他资产评估专业人员是指未取得《资产评估师职业资格证书》的其他具有评估专业知识及实践经验的资产评估从业人员。

(二) 准则的适用范围

《资产评估基本准则》第2条明确指出，资产评估机构及其资产评估专业人员开展资产评估业务应当遵守本准则。法律、行政法规和国务院规定由其他评估行政管理部门管理，应当执行其他准则的，从其规定。

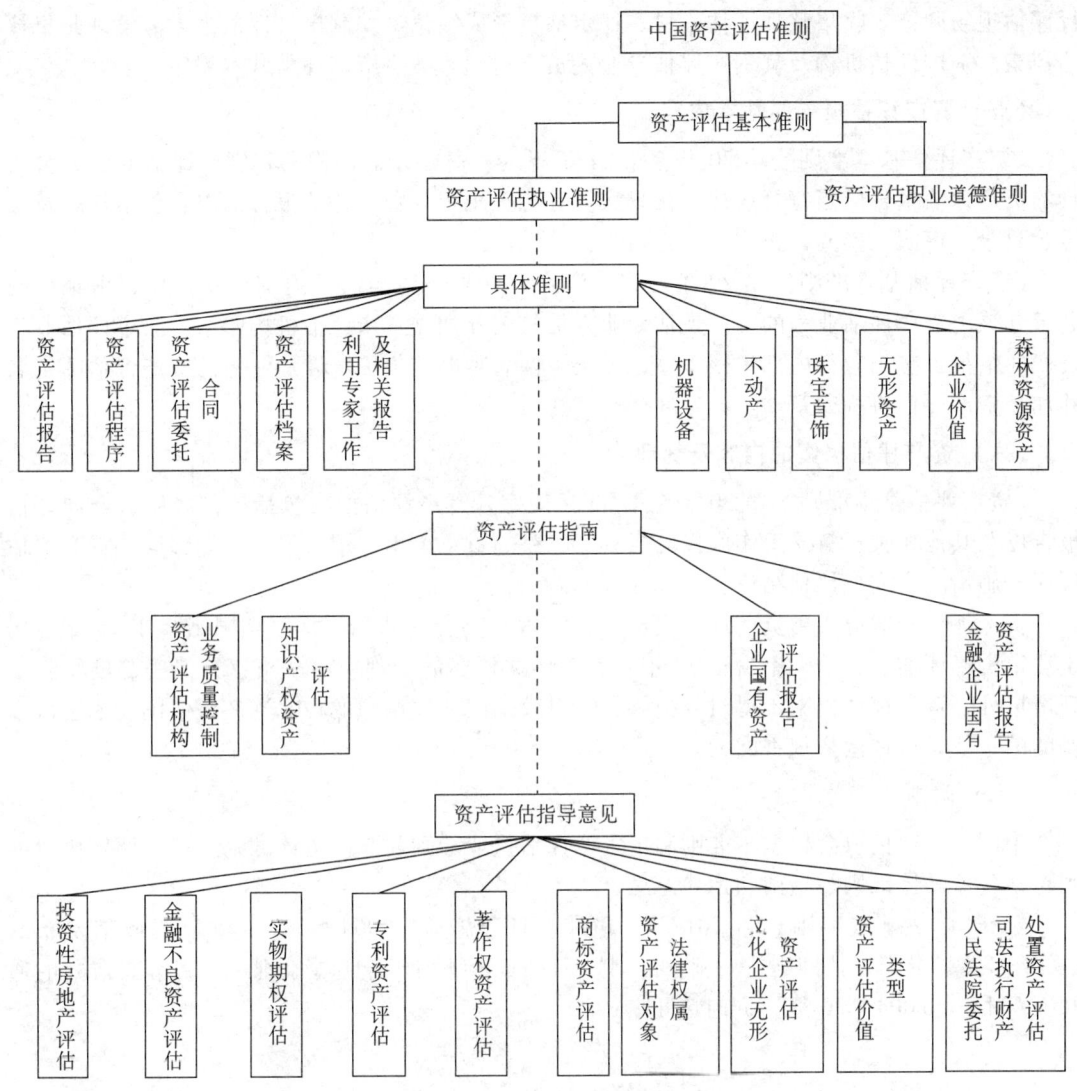

图 3-1 我国资产评估准则体系框架结构图

(三) 资产评估业务的基本遵循

《资产评估基本准则》第 4 条至第 7 条规定，资产评估机构及其资产评估专业人员开展资产评估业务时，应当遵守法律、行政法规的规定，坚持独立、客观、公正的原则；应当诚实守信，勤勉尽责，谨慎从业，遵守职业道德规范，自觉维护职业形象，不得从事损害职业形象的活动；应当独立进行分析和估算并形成专业意见，拒绝委托人或者其他相关当事人的干预，不得直接以预先设定的价值作为评估结论。

资产评估专业人员应当具备相应的资产评估专业知识和实践经验，能够胜任所执行的资产评估业务，保持和提高专业能力。

(四) 资产评估基本程序

《资产评估基本准则》第 8 条规定，资产评估机构及其资产评估专业人员开展资产评估业务，履行下列基本程序：明确业务基本事项、订立业务委托合同、编制资产评估计划、进行评估现场调查、收集整理评估资料、评定估算形成结论、编制出具评估报告、整理归集评估档案。资产评估机构及其资产评估专业人员不得随意减少资产评估基本程序。

(五) 资产评估报告的基本内容

《资产评估基本准则》第20条至第21条规定，资产评估机构及其资产评估专业人员出具的资产评估报告应当符合法律、行政法规等相关规定。资产评估报告的内容包括标题及文号、目录、声明、摘要、正文、附件。

《资产评估基本准则》第29条规定，资产评估报告应当履行内部审核程序，由至少两名承办该项资产评估业务的资产评估专业人员签名并加盖资产评估机构印章。法定评估业务资产评估报告应当履行内部审核程序，由至少两名承办该项资产评估业务的资产评估师签名并加盖资产评估机构印章。

(六) 资产评估档案的内容及管理

《资产评估基本准则》第30条至第33条规定，资产评估档案包括工作底稿、资产评估报告以及其他相关资料。工作底稿应当真实完整、重点突出、记录清晰，能够反映资产评估程序实施情况、支持评估结论。

资产评估档案应当由资产评估机构妥善管理。资产评估档案保存期限不少于15年。属于法定资产评估业务的，不少于30年。资产评估档案的管理应当严格执行保密制度。除下列情形外，资产评估档案不得对外提供：①财政部门依法调阅的；②资产评估协会依法依规调阅的；③其他依法依规查阅的。

(七) 附则

中国资产评估协会根据本准则制定资产评估执业准则和职业道德准则。资产评估执业准则包括各项具体准则、指南和指导意见。

《资产评估基本准则》自2017年10月1日起施行。2004年2月25日财政部发布的《关于印发〈资产评估准则——基本准则〉和〈资产评估职业道德准则——基本准则〉的通知》（财企〔2004〕20号）同时废止。

第四节 我国资产评估职业道德准则

职业道德准则是指与人们的职业活动紧密联系的并具有自身职业特征的道德准则和规范。资产评估职业道德准则是指人们在从事资产评估职业时应当遵循的道德准则和规范。为规范资产评估机构及其资产评估专业人员职业道德行为，提高职业素质，维护职业形象，在财政部指导下，中国资产评估协会根据《资产评估基本准则》制定了《资产评估职业道德准则》。该准则共7章23条，包括总则、基本遵循、专业能力、独立性、与委托人和其他相关当事人的关系、与其他资产评估机构及资产评估专业人员的关系、附则。资产评估机构及其资产评估专业人员开展资产评估业务，应当遵守本准则。

一、资产评估职业道德

本准则所称职业道德是指资产评估机构及其资产评估专业人员开展资产评估业务应当具

备的道德品质和体现的道德行为。

二、职业道德基本遵循

《资产评估职业道德准则》第4条至第6条规定，资产评估机构及其资产评估专业人员应当诚实守信，勤勉尽责，谨慎从业，坚持独立、客观、公正的原则，不得出具或者签署虚假资产评估报告或者有重大遗漏的资产评估报告。

资产评估机构及其资产评估专业人员开展资产评估业务，应当遵守法律、行政法规和资产评估准则，履行资产评估委托合同规定的义务。资产评估机构应当对本机构的资产评估专业人员遵守法律、行政法规和资产评估准则的情况进行监督。

资产评估机构及其资产评估专业人员应当自觉维护职业形象，不得从事损害职业形象的活动。

三、对专业能力的要求

《资产评估职业道德准则》第7条至第10条规定，资产评估专业人员应当具备相应的评估专业知识和实践经验，能够胜任所执行的资产评估业务。资产评估专业人员应当完成规定的继续教育，保持和提高专业能力。

资产评估机构及其资产评估专业人员应当如实声明其具有的专业能力和执业经验，不得对其专业能力和执业经验进行夸张、虚假和误导性宣传。资产评估机构执行某项特定业务缺乏特定的专业知识和经验时，应当采取弥补措施，包括利用专家工作及相关报告等。

四、关于独立性的界定

《资产评估职业道德准则》第11条规定，资产评估机构及其资产评估专业人员开展资产评估业务，应当采取恰当措施保持独立性。资产评估机构不得受理与自身有利害关系的资产评估业务。资产评估专业人员与委托人、其他相关当事人和评估对象有利害关系的，应当回避。

《资产评估职业道德准则》第12条规定，资产评估机构及其资产评估专业人员开展资产评估业务，应当识别可能影响独立性的情形，合理判断其对独立性的影响。可能影响独立性的情形通常包括资产评估机构及其资产评估专业人员或者其亲属与委托人或者其他相关当事人之间存在经济利益关联、人员关联或者业务关联。包括：

（1）亲属是指配偶、父母、子女及其配偶。

（2）经济利益关联是指资产评估机构及其资产评估专业人员或者其亲属拥有委托人或者其他相关当事人的股权、债权、有价证券、债务，或者存在担保等可能影响独立性的经济利益关系。

（3）人员关联是指资产评估专业人员或者其亲属在委托人或者其他相关当事人担任董事、监事、高级管理人员或者其他可能对评估结论施加重大影响的特定职务。

（4）业务关联是指资产评估机构从事的不同业务之间可能存在利益输送或者利益冲突关系。

《资产评估职业道德准则》第13条规定，资产评估机构不得分别接受利益冲突双方的委托，对同一评估对象进行评估。

五、与委托人和其他相关当事人的关系

《资产评估职业道德准则》第 14 条规定，资产评估机构及其资产评估专业人员不得以恶性压价、支付回扣、虚假宣传，或者采用欺骗、利诱、胁迫等不正当手段招揽业务。资产评估专业人员不得私自接受委托从事资产评估业务并收取费用。

《资产评估职业道德准则》第 15 条规定，资产评估机构及其资产评估专业人员不得利用开展业务之便，为自己或者他人谋取不正当利益，不得向委托人或者其他相关当事人索要、收受或者变相索要、收受资产评估委托合同约定以外的酬金、财物等。

《资产评估职业道德准则》第 16 条规定，资产评估机构及其资产评估专业人员执行资产评估业务，应当保持公正的态度，以客观事实为依据，实事求是地进行分析和判断，拒绝委托人或者其他相关当事人的非法干预，不得直接以预先设定的价值作为评估结论。

《资产评估职业道德准则》第 17 条规定，资产评估机构及其资产评估专业人员执行资产评估业务，应当与委托人进行必要沟通，提醒资产评估报告使用人正确理解评估结论。

《资产评估职业道德准则》第 18 条规定，资产评估机构及其资产评估专业人员应当遵守保密原则，对评估活动中知悉的国家秘密、商业秘密和个人隐私予以保密，不得在保密期限内向委托人以外的第三方提供保密信息，除非得到委托人的同意或者属于法律、行政法规允许的范围。

六、与其他资产评估机构及资产评估专业人员的关系

《资产评估职业道德准则》第 19 条规定，资产评估机构不得允许其他资产评估机构以本机构名义开展资产评估业务，或者冒用其他资产评估机构名义开展资产评估业务。资产评估专业人员不得签署本人未承办业务的资产评估报告，也不得允许他人以本人名义从事资产评估业务，或者冒用他人名义从事资产评估业务。

《资产评估职业道德准则》第 20 条规定，资产评估机构及其资产评估专业人员在开展资产评估业务过程中，应当与其他资产评估专业人员保持良好的工作关系。

《资产评估职业道德准则》第 21 条规定，资产评估机构及其资产评估专业人员不得贬损或者诋毁其他资产评估机构及资产评估专业人员。

七、附则

资产评估机构及其资产评估专业人员在执行资产评估业务过程中，应当指导专家和相关业务助理人员遵守本准则相关条款。

《资产评估职业道德准则》自 2017 年 10 月 1 日起施行。中国资产评估协会于 2012 年 12 月 28 日发布的《关于印发〈资产评估职业道德准则——独立性〉的通知》（中评协 [2012] 248 号）同时废止。

资产评估规范是评估主体在评估工作中应当遵循的业务标准和行为准则。资产评估规范体系是指由各项评估规范的内容组成的有机整体。一般应包括：资产评估法规、资产评估准

则、资产评估执业准则、资产评估质量控制和其他评估规范等。它应当具有实践性、完整性、层次性和规范性等特点。

我国资产评估法律规范体系已基本形成了一套以国务院颁布的《国有资产评估管理办法》为主干，以财政部、原国家国有资产管理局等政府主管部门颁布的一系列关于资产评估的规章制度为主体，以全国人大及其常委会、司法机关和其他政府部门颁布的其他相关法律、司法解释和规章制度为补充的资产评估法律规范体系。

我国资产评估准则体系包括不同层次的内容。第一层次有资产评估基本准则；第二层次有资产评估执业准则和职业道德准则。资产评估执业准则又分具体准则、评估指南和指导意见。

资产评估规范体系　　资产评估执业准则　　资产评估职业道德准则

1. 构建我国资产评估规范体系应考虑哪些因素？
2. 我国资产评估规范体系现状如何？
3. 课外参阅《国际评估准则》的基本内容。
4. 构建我国资产评估规范体系应借鉴国际评估准则中的哪些经验？

第四章 资产评估程序

引 言

资产评估程序作为资产评估机构和资产评估人员执行评估业务的具体工作规程，是资产评估理论的重要组成部分。了解资产评估的基本程序以及每一环节中资产评估人员的具体责任和任务，是本章学习的主要内容。通过本章的学习，达到熟悉资产评估具体程序、基本要求，认识资产评估程序重要性的目的。

第一节 资产评估程序概述

一、资产评估程序的概念和分类

（一）资产评估程序的概念

为贯彻落实《资产评估法》，规范资产评估执业行为，保证资产评估执业质量，保护资产评估当事人合法权益和公共利益，在财政部指导下，中国资产评估协会根据《资产评估基本准则》对《资产评估执业准则——资产评估程序》进行了修订，并于 2018 年 10 月 30 日发布，自 2019 年 1 月 1 日起施行。该准则共 4 章 27 条，包括总则、基本遵循、实施要求和附则。资产评估机构及其资产评估专业人员执行资产评估业务，应当遵守本准则。本准则所称资产评估程序是指执行资产评估业务所履行的系统性工作步骤。资产评估程序由具体的工作步骤组成，不同的资产评估业务，由于评估对象、评估目的、评估资料收集情况等条件的差异，可能需要执行不同的资产评估具体程序或工作步骤，但由于资产评估业务的共性，各种资产类型、各种评估目的资产评估业务的基本程序是相同或相通的，因此，通过对资产评估基本程序的总结和规范，可以有效地指导评估人员开展各种类型的资产评估业务。

（二）资产评估程序的分类

我国评估实务界从不同角度对资产评估程序有着不同的理解。具体来说分为广义资产评估程序和狭义资产评估程序。狭义的资产评估程序被认为是从资产评估机构和人员接受委托开始，直到向委托人或相关当事人提交资产评估报告书为止的执业过程。这一理解是基于资产评估是一项建立在委托合同基础上的专业服务活动而言的。但是，作为一种专业性、风险性很强的中介服务，为保证资产评估业务质量、控制评估风险、提高评估服务水平，更好地服务于委托人，维护资产评估行为各方当事人合法利益和社会公共利益，从广义角度认识资产评估程序就显得非常必要。广义的资产评估程序开始于承接资产评估业务前的明确资产评估基本事项环节，终止于资产评估报告书提交后的资产评估文件归档管理。这一认识在狭义的资产评估程序基础上作了前沿和后续，使资产评估程序更加完整、全面。

二、资产评估程序的重要性

（一）资产评估程序是规范资产评估行为、提高资产评估业服务质量的重要保证

资产评估机构和人员接受委托，不论执行何种资产类型、何种评估目的的资产评估业务，都应当履行必要的资产评估程序。这样做不仅有利于规范资产评估机构和人员的执业行为，而且能够有效地避免由于资产评估机构和人员水平不同而导致的在执行具体资产评估业务中可能出现的程序上的重要疏漏，保证资产评估业务质量。同时，恰当地履行资产评估程序对于提高资产评估机构业务水平乃至整个资产评估行业的执业水平都具有重要意义。

（二）资产评估程序是相关当事方评价资产评估服务的重要依据

资产评估的结论是相关当事方进行决策的重要参考依据，因此，资产评估服务必然引起许多相关当事方的关注。如委托方、资产占有方、报告使用人、潜在投资者、司法部门、证券监督部门及其他行政管理部门、资产评估行业协会等。所有这些相关当事方都会通过资产评估机构所执行的评估程序借以评价评估服务的质量，并对评估报告的可信性作出判断。

（三）恰当执行资产评估程序是资产评估机构和人员防范执业风险，保护自身合法权益、合理抗辩的重要手段之一

随着资产评估行业的发展，资产评估机构和人员与当事方之间就评估服务引起的纠纷和法律诉讼越来越多。从各国的实践来看，由于资产评估工作的专业性，无论是当事人还是司法部门，由于在举证、鉴定方面存在较大难度等原因，都倾向于追究评估程序方面的疏漏和责任，而避免在专业判断方面下结论。因此，恰当履行资产评估程序是资产评估机构和人员防范执业风险的重要手段，同时也是在产生纠纷或诉讼后维护自身权益、合理抗辩的重要理由之一。

三、资产评估程序基本遵循

《资产评估执业准则——资产评估程序》第2章规定了如下内容：

（1）资产评估机构及其资产评估专业人员执行资产评估业务，应当遵守法律、行政法规和资产评估准则，坚持独立、客观、公正的原则，履行适当的资产评估程序。

（2）资产评估基本程序包括：明确业务基本事项；订立业务委托合同；编制资产评估计划；进行评估现场调查；收集整理评估资料；评定估算形成结论；编制出具评估报告；整理归集评估档案。资产评估机构及其资产评估专业人员应当根据资产评估业务的具体情况以及重要性原则确定所履行各基本程序的繁简程度。不得随意减少资产评估基本程序。

（3）执行资产评估业务，因法律法规规定、客观条件限制，无法或者不能完全履行资产评估基本程序，经采取措施弥补程序缺失，且未对评估结论产生重大影响时，资产评估机构及其资产评估专业人员可以继续开展业务，对评估结论产生重大影响或者无法判断其影响程度的，不得出具资产评估报告。

（4）资产评估专业人员应当记录评估程序履行情况，形成工作底稿。

第二节 资产评估基本程序

《资产评估执业准则——资产评估程序》第5条规定，资产评估基本程序包括：明确业务基本事项；订立业务委托合同；编制资产评估计划；进行评估现场调查；收集整理评估资料；评定估算形成结论；编制出具评估报告；整理归集评估档案。

一、明确业务基本事项

资产评估机构受理资产评估业务前，应当明确资产评估业务基本事项。其目的是对评估业务的背景、基本情况、委托要求、可能的工作条件等进行必要的了解，为确定是否承接相关业务提供依据。

（一）明确委托人、产权持有人和委托人以外的其他评估报告使用人

1. 明确委托人及产权持有人的基本情况

一般包括：委托人及产权持有人全称；委托人及产权持有人类型、所属行业、注册地址和注册资本；委托人和产权持有人所属行业、经营范围等。

2. 明确评估报告使用人

由于资产评估报告具有特定的使用群体。在可能的情况下，评估机构洽谈人员应当要求委托人明确资产评估报告的使用人或使用人范围以及资产评估报告的使用方式。评估机构应当了解除了委托人和国家法律、法规规定的评估报告使用人，是否还存在其他的评估报告使用人等情况。

3. 了解委托人与相关当事人之间的关系

一般情况下，委托人与产权持有人存在某种关系，比如，委托人为被评估企业或被评估资产的股东、投资方、融资银行、债权人、管理层等。评估机构洽谈人员应当清晰了解委托人与产权持有人、委托人与其他评估报告使用人、产权持有人与评估报告使用人之间的关系。

（二）评估目的

了解与评估业务相关的经济行为，并明确评估目的和报告用途，是项目洽谈双方需要沟通确定的重要内容。评估机构洽谈人员应当详细了解委托人具体的评估目的及与评估目的相关的事项。

（三）评估对象和评估范围

评估机构洽谈人员应当与委托人沟通，了解委托人拟委托评估的评估对象和评估范围，并结合评估目的理解评估对象和评估范围，同时考虑评估对象和评估范围与经济行为的匹配性，对评估对象和评估范围予以界定。通过了解和确认，为判断资产评估可能的工作量、复杂程度和评估机构及人员的胜任能力，进行评估服务报价和风险评价提供必要的参考。

（四）价值类型

评估机构洽谈人员应当根据对评估目的的理解，结合资产评估基本准则，选择恰当的价

值类型，并就价值类型的选择、定义及对应的假设与委托人达成一致。目的是让委托人认识到资产评估专业人员拟出具的资产评估报告是在双方已明确的评估目的下，按照何种标准体现资产价值的，以利于委托人合理理解评估结论。

（五）评估基准日

委托人需要确定一个评估基准日。评估机构洽谈人员洽商业务时应当了解委托人选择的评估基准日，并从有效服务评估目的和满足其对资产评估报告使用要求的角度，对评估基准日的确定提供专业建议。评估基准日确定后，应当作为委托条件之一，反映在资产评估委托合同中。

（六）资产评估项目所涉及的需要批准的经济行为的审批情况

评估机构洽谈人员应当了解委托事项将要发生经济行为所涉及的审批文件名称、文号、内容、审批单位、审批时间等，以明确委托事项评估目的的可靠性。

（七）资产评估报告的使用范围

资产评估报告的使用范围包括评估报告使用人、目的及用途、使用时效、报告的摘抄引用或披露等事项。评估机构洽谈人员在前期洽商时，应与委托人就评估报告的使用范围加以明确。

（八）评估报告提交期限和方式

资产评估报告提交时间受多方面因素的限制与约束，例如，预计的评估工作量、委托人和相关当事人的配合力度、评估所依据和引用的专业或单项资产评估报告的出具时间等。评估机构洽谈人员应了解委托人实现评估所服务经济行为的时间计划，根据对上述限制与约束因素的预计和把握，与委托人约定提交报告的时间和方式，并在资产评估委托合同中加以明确。资产评估报告的提交时间不宜确定具体日期，一般确定为开始现场工作、委托人提供必要资料后的一定期限内。

（九）评估服务费及支付方式

评估机构洽谈人员根据对委托事项了解的情况提出评估收费标准及报价，并与委托人就评估费用、支付时间和方式进行沟通。委托人需要了解评估机构报价确定的依据和口径，除专业服务费以外，差旅及食宿费用、现场办公费用等是否也在预计数额以及如何负担等，应在双方达成一致后，体现在资产评估委托合同中。

（十）委托人、其他相关当事人、资产评估机构、资产评估专业人员工作配合和协助等其他需要明确的重要事项

评估机构洽谈人员应当根据评估业务具体情况与委托人沟通，明确委托人与资产评估专业人员工作配合和协助等其他需要明确的重要事项。其具体包括落实资产清查申报、提供资料、配合现场及市场调查，协调与相关中介机构的对接和交流等。当委托人不是评估对象的产权持有人时，需约定委托人协调产权持有人协助配合评估工作的责任。其目的是在资产评估委托合同签订之前将一切可能需委托人尽责的事项沟通明确，为在资产评估委托合同中形成约束性条款做好准备。

《资产评估执业准则——资产评估程序》第 9 条规定，资产评估机构应当对专业能力、独立性和业务风险进行综合分析和评价。受理资产评估业务应当满足专业能力、独立性和业

务风险控制要求,否则不得受理。因此,资产评估机构应当根据所了解的评估业务基本事项,做好以下三个方面的分析与评价:

(1) 专业能力分析与评价。资产评估机构一般应从两个方面分析和评价是否具有执行拟承接业务的专业能力,以决定是否承接业务。一方面,评估机构及评估专业人员是否具有与拟承接业务相应的专业能力及相关经验,特别关注拟承接业务是否存在新型或特殊的业务、专业领域和资产。另一方面,对于缺乏专业能力的业务,是否有弥补评估经验和专业能力不足的可行措施。比如,聘请专家协助工作、利用或引用专业机构的工作成果;是否有保证相关工作成果合理的制度安排和技术措施。

(2) 独立性分析与评价。按照《资产评估法》的规定和《资产评估职业道德准则》的有关要求,对资产评估机构和评估专业人员的独立性进行分析与评价。一是判断独立性是否受到影响,进而决定是否承接业务;二是判断在独立性受到影响时有无拟采取的应对措施。

(3) 业务风险分析与评价。资产评估的业务风险从来源角度可以划分为来自委托人和产权持有人的风险、来自被评估对象的风险、来自资产评估报告使用的风险等。资产评估机构和评估专业人员应当结合评估业务风险形成要素,分析与评价评估业务风险的高低,判断评估业务风险是否超出资产评估机构可接受的范围,进而决定是否受理该评估业务以及在决定受理时拟采取的风险应对措施。

资产评估机构和评估专业人员在对自身专业能力、独立性、业务风险分别进行分析与评价后,应对评价结果予以综合考虑,决定是否受理评估业务。一般在自身专业能力、独立性均满足要求,并且业务风险可承受时,资产评估机构可以受理该业务。

二、订立业务委托合同

资产评估机构在决定承接评估业务之后,应当与委托人订立资产评估委托合同。《资产评估执业准则——资产评估程序》第10条规定,资产评估机构受理资产评估业务应当与委托人依法订立资产评估委托合同,约定资产评估机构和委托人权利、义务、违约责任和争议解决等内容。

(一) 资产评估委托合同的定义

为贯彻落实《资产评估法》,规范资产评估执业行为,保证资产评估执业质量,保护资产评估当事人合法权益和公共利益,在财政部指导下,中国资产评估协会根据《资产评估基本准则》,对《资产评估准则——业务约定书》进行了修订,制定了《资产评估执业准则——资产评估委托合同》,自2017年10月1日起施行。该准则共4章21条,包括总则、资产评估委托合同的订立、资产评估委托合同的内容和附则。本准则所称资产评估委托合同是指评估机构与委托人订立的,明确评估业务基本事项,约定评估机构和委托人权利、义务、违约责任和争议解决等内容的书面合同。

(二) 资产评估委托合同的订立

《资产评估执业准则——资产评估委托合同》规定资产评估机构受理评估业务应当要求委托人依法订立评估委托合同。评估委托合同应当由资产评估机构的法定代表人(或者执行合伙事务合伙人)签字并加盖资产评估机构印章。资产评估机构和资产评估专业人员应关注未及时订立资产评估委托合同开展资产评估业务可能产生的风险。如果因委托人等原因导致无法及时订立资产评估委托合同，资产评估机构和资产评估专业人员应当采取措施保护自身的合法权益。

（三）资产评估委托合同的内容

《资产评估执业准则——资产评估委托合同》第6条规定，资产评估委托合同通常应包括下列内容：

(1) 资产评估机构和委托人的名称、住所、联系人及联系方式；
(2) 评估目的；
(3) 评估对象和评估范围；
(4) 评估基准日；
(5) 资产评估报告使用范围；
(6) 资产评估报告提交期限和方式；
(7) 评估服务费总额或支付标准、支付时间及支付方式；
(8) 资产评估机构和委托人的其他权利和义务；
(9) 违约责任和争议解决；
(10) 合同当事人签字或者盖章的时间；
(11) 合同当事人签字或者盖章的地点。

订立资产评估委托合同时尚未明确的内容，资产评估委托合同当事人可以采取订立补充合同或者法律允许的其他形式做出后续约定。

（四）资产评估委托合同的补充或变更

资产评估委托合同签订后，发现相关事项存在遗漏、约定不明确，或者合同履行中约定内容发生变化的，如评估目的、评估对象、评估基准日发生变化等，资产评估机构可以要求与委托人订立补充委托合同或者重新订立资产评估委托合同，或者以法律允许的其他方式，如传真、电子邮件等形式，对资产评估委托合同的相关条款进行变更。

（五）资产评估委托合同提前终止及解除

由于人为或客观原因，可能会导致提前终止、解除资产评估委托合同的情形。

为保证资产评估机构和资产评估专业人员独立、客观、公正开展资产评估业务，《资产评估法》第18条和第19条分别赋予了资产评估机构在法定情形下可以拒绝履行或单方解除资产评估委托合同的权利。资产评估机构可以在洽商、订立资产评估委托合同时依法要求体现相关约定。

三、编制资产评估计划

《资产评估执业准则——资产评估程序》第11条规定，资产评估专业人员应当根据资产评估业务具体情况编制资产评估计划，并合理确定资产评估计划的繁简程度。

（一）资产评估计划及内容

资产评估计划是资产评估机构和资产评估专业人员为执行资产评估业务，拟订的资产评估工作思路和实施方案。它对于合理安排工作量、工作进度、人员调配、按时按质完成资产评估业务具有重要的意义。资产评估专业人员在了解资产评估业务基本事项的基础上，依据委托合同相关内容，即可安排编制评估计划，为正式实施评估工作做准备。计划编制应当根据资产评估业务具体情况合理确定繁简程度。

资产评估计划包括资产评估业务实施的主要过程及时间进度、人员安排等。资产评估业务实施的主要过程计划安排应当涵盖现场调查、收集评估资料、评定估算、编制和提交资产评估报告等各环节具体内容。其进度应当结合资产评估报告提交期限、评估业务实施主要过程的具体步骤、业务实施的重点和难点等来制订评估业务实施的进度安排。资产评估计划的人员安排应当根据评估项目的资产规模、资产分布、资产专业结构、业务风险因素等情况以及评估方法、评估业务实施过程的主要步骤、业务实施的时间安排、费用预算等，综合考虑评估业务实施对评估专业人员的工作经验、技术水平、专业分工、人员数量等配置要求组建项目团队。

资产评估项目的执行是一个复杂、动态的过程，如果原编制的资产评估计划不能适应项目要求，资产评估机构应当对资产评估计划进行必要的调整。一般资产评估机构通常会通过内部控制制度和流程对资产评估计划的编制、审核、批准及调整进行规范。

（二）编制资产评估计划需考虑的主要因素

资产评估专业人员在编制资产评估计划的过程中，应当同委托人及相关当事人就评估事项相关问题进行充分沟通，以保证资产评估计划的可操作性。编制资产评估计划时，应当考虑以下因素：

（1）资产评估目的以及相关管理部门对资产评估开展过程中的管理规定；

（2）评估业务风险、评估项目的规模和复杂程度；

（3）评估对象及其法律、经济、技术、物理等因素；

（4）评估项目所涉及资产的结构、类别、数量及分布状况；

（5）委托人及相关当事人的配合程度；

（6）相关资料收集状况；

（7）委托人、评估对象产权持有人（或被评估单位）过去委托资产评估的情况、诚信状况及其提供资料的可靠性、完整性和相关性；

（8）资产评估专业人员的专业能力、经验及人员配备情况；

（9）与其他中介机构的合作、配合情况。

四、进行评估现场调查

《资产评估执业准则——资产评估程序》第12条规定，执行资产评估业务，应当对评估对象进行现场调查，获取评估业务需要的资料。

（一）进行评估现场调查的内容

1. 了解评估对象现状

一是核实评估对象的存在性和完整性。所谓存在性是指委托人委托评估的评估对象是否真实存在；所谓完整性要求评估对象符合相关经济行为对资产范围的要求，能够有效实现其预定功能。资产评估专业人员核实资产完整性时，既要关注资产物理意义上的完整性，也要关注资产功能上的完整性。二是了解评估对象的现实状况，对于不同的资产，其价值的影响因素是不同的。因此资产评估专业人员要根据评估对象的类型和特点，判断资产价值的影响因素，进而确定资产状况现场调查的具体内容。

2. 关注评估对象的法律权属

资产的法律权属，包括所有权、使用权及其他财产权利。资产之所以能为其产权持有人带来价值，是因为资产产权持有人拥有对资产占有、使用、收益、处分的权利，从某种意义上讲，对资产的评估也就是对资产权利的评估。资产的权属状态会影响资产的价值，资产的权属状态不同，资产的价值通常也不相同。资产评估专业人员在现场调查时，应当针对不同类别的评估对象，取得评估对象的权属证明，并根据《资产评估法》的相关规定，对取得的权属证明进行核查验证，包括但不限于采用与原件核对、向有关登记管理部门查阅登记记录等方式。

（二）进行评估现场调查的手段和方式

1. 现场调查的手段

现场调查的手段通常包括询问、访谈、核对、监盘、勘查等。

询问通常是指资产评估专业人员在阅读、分析评估申报资料的基础上，与评估对象的相关人员进行沟通，以全面了解评估对象的有关具体信息。

访谈通常是针对无法通过书面资料说明或证明的，涉及多个专业或部门、具有较大不确定性的综合项目或事项，通过对特定人员或者相关人员访谈，以及时获得全面的、综合性的信息，从而对评估对象的状况做出合理判断。

核对通常是对委托人申报评估的资产进行账表核对、账实核实以及将申报内容与相关权证、文件载明的信息核对等，了解资产的存在及法律权属，如果存在盘盈、盘亏等现象，还需要调查原因。

监盘是运用较多的核实方法，即参与企业组织的现金、存货等资产的清查核对工作，主要对清查实施方案、人员安排、清查方式、清查结果等进行了解，判断清查结果能否反映实际状况，并根据清查结果对资产数量、质量、金额等做出恰当的判断。

勘查主要是指对实物资产的数量、质量、分布、运行和利用情况（经营情况）等进行的调查，对相关技术检测结果的收集、观察，对其运行记录和定期专业检测报告的收集和分析等工作。在评估实务中，对特殊资产实施勘查可以聘请行业专家协助开展工作，但应当采取必要措施确信专家工作的合理性。

2. 现场调查的方式

资产评估专业人员可以根据重要性原则采用逐项或者抽样的方式进行现场调查。

逐项调查是指对纳入评估范围的所有资产及负债进行逐项核实，并进行相应的勘查和法律权属资料核实。当存在下述两种情形之一时，资产评估专业人员应当考虑进行逐项调查：①评估范围内资产数量少、单项资产的价值量大；②资产存在管理不善等风险，产权持有人或被评估单位提供的相关资料无法反映资产的实际状况，并且从其他途径也无法获取充分、恰当的评估证据。

抽样调查是指对于无法或不宜对评估范围内所有资产、负债等有关内容进行逐项调查的，采用抽样调查方式进行的现场调查。它是按一定程序从评估对象的全体（总体）中抽取一部分单位（样本）进行调查或观察获取数据，并以此对总体的一定目标做出推断。抽样调查的基本方法包括简单随机抽样、分层抽样、系统抽样、整群抽样、不等概率抽样、多阶段抽样、重点项目抽样等。如果采用抽样调查方式，在制定评估计划时，应考虑抽样风险，要保证由抽样调查形成的调查结论合理，能够基本反映资产的实际状况，抽样误差要适度。另外，选择抽样调查方式的理由要形成评估工作底稿。

（三）现场调查工作受限及其处理

现场调查评估受限是指因客观原因无法进行实地勘查的情形，也就是现场调查程序受到了限制。当遇到评估受限无法履行现场调查程序时，资产评估专业人员应当重点考虑以下因素，判断是否继续执行或中止评估业务：一是所受限制是否对评估结论造成重大影响或者无法判断其影响程度；二是能否采取必要措施弥补不能实施调查程序的缺失。

如果无法采取替代措施对评估对象进行现场调查，或者即使履行替代程序，也无法消除其对评估结论产生重大影响的事实，资产评估机构应当终止执行评估业务。如果通过实施替代程序之后，受限事项并不会对评估结论产生重大影响，资产评估机构可以继续执行评估业务，但是资产评估专业人员应当在工作底稿中予以说明，分析其对评估结论的影响程度，并在资产评估报告中以恰当方式说明所受限制情况、所采取的替代程序的合理性及其对评估结论合理性的影响。

五、收集整理评估资料

《资产评估执业准则——资产评估程序》第13条规定，资产评估专业人员应当根据资产评估业务具体情况收集资产评估业务需要的资料。

（一）收集评估资料

收集评估资料是指资产评估专业人员根据评估项目的具体情况收集评定估算所需要的相关资料的过程。其具体包括：委托人或者其他相关当事人提供的涉及评估对象和评估范围等资料；从政府部门、各类专业机构以及市场等渠道获取的其他资料。

1. 从委托人、产权持有人等相关当事人获取资料

资产评估专业人员在评估资料收集程序，从委托人、产权持有人等相关当事人获取的资料，主要是用于对资产价值进行评定估算的资料，例如，评估对象和评估范围涉及的资产评估明细资料、资产最可能的持续使用方式、企业经营模式、收益预测等。而来源于委托人、产权持有人等相关当事人的与资产状况相关的资料，例如，资产权属证明、反映资产现状的资料等，通常是评估专业人员通过现场调查程序取得的。

资产评估专业人员应当要求委托人、产权持有人等相关当事人对其提供的评估资料以签字、盖章及法律允许的其他方式等进行确认。

2. 从政府部门、各类专业机构和其他相关部门获取资料

（1）政府部门。政府部门的资料包括宏观经济信息、产业统计数据等，这些数据对资产评估中宏观经济分析、行业及产业状况分析非常重要。许多与企业相关的信息也可通过查看各级政府部门的资料来获取，如各级市场监督管理部门都存有注册公司的基本登记信息。政府部门的资料一般比较正式，具有较高的权威性和可信度，但在时效性方面可能存在一定的问题。

（2）证券交易机构。有关上市公司的资料可在证券交易所查询。例如，上市公司对外公告的财务信息（年度报告和中期报告）一般要接受注册会计师审计，反映的情况相对而言较为可靠，资产评估专业人员查询收集这些信息也较为方便。利用这些信息，资产评估专业人员不仅可以了解资产所有者的状况，也可以了解其竞争对手状况及其所处行业的情况。

对于未上市公司,也可以从上市公司中挑选可比的对象作为参照物,进行类比分析。

(3) 金融信息服务提供商。准确、便捷地应用收益法、市场法,需要借助金融信息服务商提供的上市公司或者交易案例的相关信息。随着金融信息服务行业的快速发展,一批信息质量高、时效性强、数据详实的信息服务商或数据提供商得以涌现,已经成为获取评估资料的重要来源。例如,汤森路透、彭博资讯、道琼斯等国际财经资讯服务商,以及 Wind 资讯、大智慧、清科研究中心等国内金融数据提供商。

(4) 媒体。媒体一般包括报纸、网站、杂志等。媒体的信息不仅包含原始信息,并且通常有一些分析信息,有助于资产评估专业人员加深对所需信息的理解,还能节约分析时间。但应注意,媒体对一些产业、公司和政府机构的报道是否具有倾向性,引用相关信息时需进行甄别。

(5) 行业协会或管理机构及其出版物。资产评估专业人员通常可从行业协会得到有关产业结构与发展情况、市场竞争情况等信息,有时也能咨询到有关专家的意见。行业协会或管理机构出版的该行业的专业刊物和书籍等,也是了解该行业情况的重要资料来源。

(6) 学术出版物。已出版的有关国内外资产评估和经济分析的学术文章和书籍,可以通过标准索引进行 查询评估需要参考的资料和信息。

3. 直接从公开市场独立获取资料

公开市场是资产评估专业人员获取评估资料的主要来源,市场信息具有公开性、直接性、易获得性等特点。其具体包括证券交易所公布的股票交易信息、上市公司公开披露的财务信息、各类资产交易所公布的交易信息、各类资产买卖市场的成交信息等。资产评估专业人员应当积极掌握必要的市场信息渠道,在日常工作中注意收集必要的市场信息,并积累形成市场信息库。这样,在具体开展评估业务时,可根据评估对象的特征查询信息库或者直接通过市场渠道获取相关的信息,以便于使用。但是,直接获得的市场信息往往缺乏一定的完整性,资产评估专业人员应当尽可能全面收集市场信息,并进行必要的分析和调整。

(二) 核查验证评估资料

根据《资产评估法》的规定,资产评估专业人员应当对收集的权属证明、财务会计信息和其他资料进行核查和验证,并应当根据各类资料的特点,确定核查验证的重点和方式。

1. 各类资料的核查验证

对评估资料进行核查验证的方式通常包括观察、询问、书面审查、实地调查、查询、函证、复核等。

(1) 权属证明的核查验证。由于资产类别不同,权属证明也不同,资产评估专业人员对不同类别的资产可通过书面审查、查询、函证、复核等适用的方式进行不同权属证明的核查验证。

(2) 财务会计信息的核查验证。财务会计信息通常由委托人、产权持有人及其他相关当事人提供。对此类资料,主要采用询问、书面审查、实地调查、查询、函证、复核等方式进行核查验证。

(3) 其他相关资料的核查验证。例如,通过公开市场获取的询价资料、交易案例等资料;检查记录、鉴定报告等资料;行业资讯、政府文件等资料;来自专业中介机构的专业报告等。对于这些不同类型资料,可通过各自适用的实地调查、询问、书面审查、查询、复核等方式进行核查验证。

资产评估专业人员对评估资料进行核查验证，可以在其力所能及的条件下，剔除不具有可靠来源和不合理的资料，有助于形成合理的评估结论。

2. 评估报告的引用和核实

由于我国资产评估行业（资产评估、房地产估价、保险公估、机动车评估等）按专业领域实行分类管理体制，为满足监管要求，评估实务中会发生引用其他专业领域评估报告的情形，在这种情形下，就要求资产评估专业人员在引用其他专业领域评估报告之前，也需要对相关的专业评估报告履行书面审查、查询、复核等核查验证程序。

3. 核查验证程序受限的处理

对于超出资产评估专业人员专业能力范畴的核查验证事项，资产评估专业人员应当委托或要求委托人委托其他专业机构或者专家出具意见。资产评估专业人员对引用意见经过核查验证后，在资产评估报告中进行披露。

对于因法律法规规定、客观条件限制无法实施核查和验证的事项，资产评估专业人员应当在工作底稿中予以说明，分析其对评估结果的影响程度。如果无法核查验证的资料是评估结论的重要依据，该资料的不确定性将较大程度影响评估结论的合理性或者无法判断其影响程度，资产评估机构不得出具资产评估报告。如果无法验证的资料对评估结论的影响不重大，资产评估机构可以出具资产评估报告，但需要在评估报告中予以披露，并提请报告使用人关注。

（三）分析整理评估资料

在履行了核查验证程序后，资产评估专业人员需要对从各个渠道收集的评估资料进行必要的分析、归纳和整理，形成评定估算的依据。

对评估资料的分析，就是根据资产价值评定估算、评估报告编制及信息披露对资料的使用要求，对已收集资料的相关性、逻辑性进行分析和甄别。相关性，就是分析资料与评估需要解决问题的相关性和适用性；逻辑性，就是梳理评估资料之间所存在的相互支持、印证等关系的逻辑关联性。对评估资料的整理，就是在分析基础上，通过归集、加工和分类使评估资料成为支持评定估算和信息披露的基础信息和支持依据，以便后续评估流程的最后使用。

六、评定估算形成结论

资产评估专业人员在收集整理评估资料的基础上，进入评定估算形成结论程序，该程序主要包括恰当选择评估方法、形成初步评估结论、综合分析确定资产评估结论等具体工作。

（一）评定估算方法的选择

根据《资产评估基本准则》，资产评估方法包括收益法、市场法和成本法三种基本方法及其衍生方法。资产评估专业人员应当根据评估目的、评估对象、价值类型、资料收集等情况恰当选择评定估算的具体方法。

（二）评定估算形成结论

在选定好具体的评定估算方法后，资产评估专业人员还需要合理选择技术参数，应用评估模型等，以形成初步评估结论，并判断采用该种评估方法形成的评估结论的合理性。一是应当对评估资料的充分性、有效性、客观性以及评估参数的合理性、评估模型推算和应用的正确性进行判断；二是对评估结论与评估目的、价值类型、评估方法的适应性进行分析；三是对评估增减值进行分析，确定资产评估增值或者减值的原因，并判断其合理性；四是通过对类似资产交易案例的分析，对评估结论的合理性做出判断。

当采用两种或两种以上评估方法时，资产评估专业人员应当对采用各种方法评估形成的初步结论进行分析比较，对所使用评估资料、数据、参数的数量和质量等进行分析。在此基础上，分析不同方法评估结论的合理性以及不同方法评估结论差异的原因，综合考虑评估目的、价值类型、评估对象现实状况等因素，确定最终的评估结论。

七、编制出具评估报告

资产评估机构及评估专业人员在评定估算形成评估结论后，应当编制、审核和出具资产评估报告。

（一）编制资产评估报告

资产评估专业人员在履行评定估算程序后，应当按照法律、行政法规以及资产评估准则规定，编制评估报告。《资产评估执业准则——资产评估报告》、《企业国有资产评估报告指南》和《金融企业国有资产评估报告指南》等对资产评估报告的内容和编制都有具体的规范要求。

有关资产评估报告的内容及编制要求详见本书第五章有关内容。

（二）资产评估报告的内部审核

资产评估专业人员完成初步评估报告编制后，资产评估机构应当根据相关法律、行政法规、资产评估基本准则的规定和资产评估机构内部质量控制制度的要求，对资产评估报告进行必要的内部审核。资产评估机构应当根据内部制度安排，合理设计评估项目的质量审核制度。质量审核体系通常包括项目团队内部相关层级的审核以及独立于项目团队之外的质量控制部门或其他审核人员的审核。必要时，也可引入外部审核资源。

资产评估机构的内部审核，一般采取两级或三级审核制度。

（三）与委托人或者相关当事人沟通

资产评估机构及其资产评估专业人员提交正式评估报告前，就评估的初步结果，可以在不影响对最终评估结论进行独立判断的前提下，与委托人或者委托人许可的相关当事人就资产评估报告有关内容进行必要沟通。沟通内容主要包括：

（1）是否存在与评估对象实际情况不一致的情形；

（2）是否履行了资产评估委托合同约定的内容；

（3）评估方法的适用性，参数选取的合理性，模型计算的正确性，评估目的、价值类型和评估方法的匹配性等；

（4）资产评估报告披露信息的正确性和恰当性。

在沟通过程中，如果发现差错或疏漏，资产评估专业人员可以同意对相关内容进行查证、核实。沟通如果导致资产评估专业人员修改评估结论或者评估报告的，需要详细说明理由，并履行必要的报告内部审核程序。

（四）提交资产评估报告

按照约定的时间和方式向委托人提交资产评估报告，是资产评估机构履行资产评估委托合同约定责任的要求。资产评估机构应当以资产评估委托合同约定的方式向委托人提交资产评估报告。

对于涉及企业国有资产管理部门、金融企业国有资产管理部门和文化企业国有资产管理部门等管理的国有资产评估项目，在资产评估机构提交资产评估报告后，相关管理部门按国家有关规定需要组织专家对资产评估报告进行外部审核。资产评估机构及其资产评估专业人员应当对外部审核意见进行分析，形成意见回复，并根据需要对资产评估报告的相关内容进行补充或修改。资产评估报告如有修改，应按资产评估机构内部的审核要求履行审核程序，重新出具资产评估报告，并按规定提交给资产评估报告委托人。

八、整理归集评估档案

为贯彻落实《资产评估法》，规范资产评估执业行为，保证资产评估执业质量，保护资产评估当事人合法权益和公共利益，在财政部指导下，中国资产评估协会根据《资产评估基本准则》，对《资产评估执业准则——资产评估档案》进行了修订，自2019年1月1日起施行。该准则共4章20条，包括总则、工作底稿编制、资产评估档案的归集和管理和附则。

（一）资产评估档案及内容

《资产评估执业准则——资产评估档案》所称资产评估档案，是指资产评估机构开展资产评估业务形成的，反映资产评估程序实施情况、支持评估结论的工作底稿、资产评估报告及其他相关资料。

工作底稿可以是纸质文档、电子文档或者其他介质形式的文档，资产评估机构及其资产评估专业人员应当根据资产评估业务具体情况和工作底稿介质的理化特性谨慎选择工作底稿的介质形式。工作底稿通常分为管理类工作底稿和操作类工作底稿。资产评估专业人员应当根据资产评估业务特点和工作底稿类别，编制工作底稿目录，建立必要的索引号，以反映工作底稿间的勾稽关系。另外，纳入资产评估档案的资产评估报告应当包括初步资产评估报告和正式资产评估报告。

（二）整理归集评估档案的规定及要求

评估档案是评价、考核资产评估专业人员专业能力和工作业绩的依据，是判断资产评估机构和承办评估业务的资产评估专业人员执业责任的重要证据，也是维护资产评估机构及其资产评估专业人员合法权益的重要依据。评估档案的整理归集是资产评估程序的重要组成部分。《资产评估执业准则——资产评估档案》第3条规定，资产评估机构应当按照法律、行政法规和本准则的规定建立健全资产评估档案管理制度并妥善管理资产评估档案。

根据《资产评估执业准则——资产评估档案》第15条规定，资产评估专业人员通常应当在资产评估报告日后90日内将工作底稿、资产评估报告及其他相关资料归集形成资产评估档案，并在归档目录中注明文档介质形式。重大或者特殊项目的归档时限为评估结论使用有效期届满后30日内。

《资产评估执业准则——资产评估档案》第17条规定，资产评估机构应当在法定保存期内妥善保存资产评估档案，保证资产评估档案安全和持续使用。资产评估档案自资产评估报告日起保存期限不少于15年；属于法定资产评估业务的，不少于30年。资产评估档案应当由资产评估机构集中统一管理，不得由原制作人单独分散保存。

《资产评估执业准则——资产评估档案》第 19 条规定，资产评估档案的管理应当严格执行保密制度。除下列情形外，资产评估档案不得对外提供：①国家机关依法调阅的；②资产评估协会依法依规调阅的；③其他依法依规查阅的。

本章小结

资产评估程序是资产评估机构和人员执行资产评估业务、形成资产评估结论所履行的系统性工作步骤。本章主要介绍了广义的资产评估程序及其内容。目前我国资产评估业务的基本程序包括：明确业务基本事项；订立业务委托合同；编制资产评估计划；进行评估现场调查；收集整理评估资料；评定估算形成结论；编制出具评估报告；整理归集评估档案。在执行资产评估程序中还应该遵循评估程序的基本要求。

关键术语

资产评估程序　　　资产评估委托合同　　　资产评估计划　　　资产评估报告

思考题

1. 资产评估程序在资产评估中的重要性如何？
2. 一般的资产评估程序应该包括哪些环节和步骤？
3. 在执行资产评估程序时应遵循哪些要求？

第五章 资产评估报告

资产评估报告是注册资产评估师在完成评估主体程序后所做出的反映评估结果的书面文件。资产评估报告的格式和内容有具体的规定。了解和熟悉资产评估报告的制作过程将有助于注册资产评估师顺利完成评估业务。本章主要介绍资产评估报告的基本概念及其基本制度,重点阐述资产评估报告的具体内容,资产评估报告的使用在本章也有所涉及。

第一节 资产评估报告概述

一、资产评估报告的基本概念

(一)资产评估报告

为贯彻落实《资产评估法》,规范资产评估执业行为,保证资产评估执业质量,保护资产评估当事人合法权益和公共利益,在财政部指导下,中国资产评估协会根据《资产评估基本准则》,对《资产评估执业准则——资产评估报告》进行了修订,自2019年1月1日起施行。该准则共4章29条,包括总则、基本遵循、资产评估报告的内容、附则。要求资产评估机构及其资产评估专业人员以"资产评估报告"名义出具书面专业报告,应当遵守本准则。该准则所称资产评估报告是指资产评估机构及其资产评估专业人员遵守法律、行政法规和资产评估准则,根据委托履行必要的资产评估程序后,由资产评估机构对评估对象在评估基准日特定目的下的价值出具的专业报告。

(二)资产评估报告的作用

1. 对委托评估的资产提供价值意见

资产评估报告是经具有资产评估资格的机构根据委托评估资产的特点和要求组织注册资产评估师及相应的专业人员组成的评估队伍,遵循评估原则和标准,依照法定的程序、运用科学方法对被评估资产价值进行评定和估算后,通过报告的形式提出价值意见,该价值意见不代表任何当事人一方的利益,是一种独立专家估价的意见,具有较强的公正性与客观性,因而成为被委托评估资产作价的重要依据。

2. 资产评估报告是反映和体现资产评估工作情况,明确委托方、受托方及有关方面责任的依据资产评估报告用文字的形式,对受托评估业务的目的、背景、范围、依据、程序、方法等方面和评定的结果进行说明和总结,体现了评估机构的工作成果。同时,资产评估报告也反映和体现了受托的资产评估机构与执业人员的权利与义务,并以此来明确委托方、受托方有关方面的举证责任。在资产评估现场工作完成后,评估机构和评估人员就要根据现场工作取得的有关资料和估算数据,撰写评估结果报告,向委托方报告。负责评估项目的评估师也同时在报告上行使签字的权利,并提出报告适用的范围和评估结果实现的前提等具体条款。当然,资产评估报告也是评估机构履行评估协议和向委托方或有关方面收取评估费用的依据。

3. 资产评估报告是管理部门完善资产评估管理的重要依据

对资产评估报告进行审核是有关管理部门对评估机构进行管理的主要手段。资产评估报告是反映评估机构和评估人员的职业道德、执业能力水平以及评估质量高低和机构内部管理机制完善程度的重要依据。有关部门通过审核资产评估报告,可以有效对评估机构的业务开展情况进行监督和管理。

4. 资产评估报告是建立评估档案、归集评估档案资料的重要信息来源

评估机构和评估人员在完成资产评估任务之后,都必须按照档案管理的有关规定,将评估过程收集的资料、工作记录以及资产评估过程的有关工作底稿进行归档,以便进行评估档案的管理和使用。由于资产评估报告是对整个评估过程的工作总结,其内容包括了评估过程的各个具体环节和各有关资料的收集和记录,因此,资产评估报告的底稿不仅是评估档案归集的主要内容,而且撰写资产评估报告过程采用的各种数据、各个依据、工作底稿和资产评估报告制度中形成有关的文字记录等也都是资产评估档案的重要信息来源。

二、资产评估报告的种类

国际上对资产评估报告有不同的分类,如将资产评估报告分为完整性评估报告、简明性评估报告、限制性评估报告等。目前我国的资产评估报告主要有两种类型的分类。

(一) 按资产评估的范围分为整体资产评估报告与单项资产评估报告

对整体资产进行评估所出具的资产评估报告称为整体资产评估报告。凡是仅对某一部分、某一项资产进行评估所出具的资产评估报告称为单项资产评估报告。尽管资产评估报告的基本格式是一样的,但因整体资产评估与单项资产的评估在具体业务上存在一些差别,二者在内容上也必然会存在一些差别。一般情况下,整体资产评估报告的内容不仅包括资产,也包括负债和所有者权益方面。而单项资产评估报告除在建工程外,一般不考虑负债和以整体资产为依托的无形资产等。

(二) 按资产评估报告提供的信息内容和详细程度不同分为完整型资产评估报告、简明型资产评估报告和限制型资产评估报告

按照国际惯例,资产评估报告在内容的表述上有很大的区别。注册资产评估师应当在资产评估报告中明确说明评估报告的类型。

完整型评估报告中,注册资产评估师应当重点说明以下内容:被评估资产的委托方、占有方、使用方的名称或类型及其相互关系;评估目的及与评估业务相关的经济行为;价值类型及定义;评估基准日;评估假设、限制条件及对评估结论的影响;评估依据;评估结论;评估报告日等。同时还应当详细说明评估范围和评估对象的基本情况以及评估程序实施过程

和情况，包括业务承接、资产勘查、资料收集、分析、整理、评估方法选择和运用、计算、分析和判断过程等。

简明型资产评估报告相对于完整型评估报告，除重点说明的问题外，仅需简要说明评估范围和评估对象的基本情况，以及评估程序实施过程和情况即可。

限制型评估报告是当评估报告的预定使用者不包括除评估委托方之外的人员时所出具的报告形式。限制型评估报告包含了对解决评估问题具有重要意义的信息的简短陈述，但限制型评估报告的阅读者不应期望所有的重要数据都被报告。

（三）根据评估基准日的不同选择，资产评估报告可以分为现时性评估报告、预测性评估报告和追溯性评估报告

按照评估基准日的不同选择，资产评估报告可以分为：评估基准日为现在时点的现时性评估报告；评估基准日为未来时点的预测性评估报告；评估基准日为过去时点的追溯性评估报告。现时性评估报告，实务中比较常见。例如，某银行发放抵押贷款，银行欲了解抵押物在2年后某一时点的市场价值，委托资产评估机构进行评估，此时出具的评估报告即是预测性评估报告。又如，某法院委托进行司法诉讼评估，法院欲了解诉讼标的在3年前某一时点的市场价值，委托资产评估机构进行评估，此时出具的评估报告即是追溯性评估报告。

第二节 资产评估报告的编制

一、资产评估报告的制作步骤

资产评估报告的制作是评估机构完成评估工作的最后一道工序，也是资产评估工作中的一个重要环节。其主要包括五个步骤。

（一）评估资料的整理和归集

资产评估现场工作结束后，有关评估人员对现场工作的工作底稿进行分类整理。同时对有关询证函、被评估资产的背景材料、技术鉴定情况和价格取证等有关资料进行归集和登记。对现场未予确定的事项，还需进一步落实和查核，并编制资料分类明细表。

（二）评估明细表的数字汇总

在完成现场工作底稿和有关资料的归集任务后，评估人员应进行评估明细表的数据汇总。其具体做法是：先根据明细表的不同级次先进行明细表汇总，然后分类汇总，再进行资产负债表式的汇总。在数字汇总过程中应反复核对有关表格数字的关联性和表格栏目之间数字的钩稽关系，防止发生错误和遗漏。

（三）评估数据的分析、计算与讨论

完成评估明细表的数字汇总后，将得出初步的评估数据。此时应对评估报告的初步数据进行集体分析和讨论，比较各有关数据并复核记录估算结果的工作底稿。存在不同意见或者对作价不合理的部分评估数据进行适当调整。

（四）撰写资产评估报告

首先由具体参加评估各组负责人员草拟出各自负责评估部分资产的评估说明，然后提交全面负责、熟悉本项目评估具体情况的人员草拟出资产评估报告。然后将评估基本情况和资产评估报告初稿的初步结论与委托方交换意见，听取委托方的反馈意见后，在独立、客观、公正的前提下，认真分析委托方提出的问题和建议，考虑是否应该修改评估报告，对资产评估报告存在的疏忽、遗漏和错误之处进行修正，之后即可撰写正式的资产评估报告。

（五）资产评估报告的签发与送交

评估机构撰写完资产评估正式报告后，经审核无误，由负责该项目的注册资产评估师签字盖章（两名或两名以上），再送复核人审核签章，最后送评估机构负责人审定签章并加盖机构公章后即可连同评估说明及评估明细表送交委托单位。

二、出具资产评估报告的基本遵循

根据《资产评估执业准则——资产评估报告》的相关规定，资产评估人员在出具资产评估报告时应当遵循一定的规范要求。

（一）资产评估报告陈述的内容应当清晰、准确，不得有误导性的表述

由于资产评估报告将提供给委托人、评估委托合同中约定的其他评估报告使用人和法律、行政法规规定的使用人使用。除委托人以外，其他评估报告使用人可能没有机会与资产评估专业人员进行充分沟通，而仅能依赖资产评估报告中的文字性表述来理解和使用评估结论，所以资产评估专业人员必须特别注意资产评估报告的表述方式，不应引起使用者的误解。同时，资产评估报告作为一个具有法律意义的文件，用语必须清晰、准确，不应有意或无意地使用存在歧义或误导性的表述。

（二）资产评估报告应当提供必要信息，使资产评估报告使用人能够正确理解和使用评估结论

资产评估专业人员应当根据每个评估项目的具体情况和委托方的合理要求，确定资产评估报告中所提供信息的范围和繁简程度，使资产评估报告使用人能够正确理解和使用报告的结论。判定一份资产评估报告是否提供了必要的信息，就要看资产评估报告使用人在阅读资产评估报告后能否对评估结论有正确的理解。这虽然是一个原则性的外部标准，但对于资产评估报告是一个合理的要求。只有这样才能体现资产评估专业人员是否尽到了勤勉尽责的义务。

（三）根据评估对象的复杂程度、委托人的要求合理确定资产评估报告的详略程度

资产评估报告的详略程度是以资产评估报告中提供的必要信息为前提的。随着市场主体对评估专业服务需求的日趋多样化，作为理性的资产评估报告使用人，可能会要求资产评估专业人员在资产评估报告中不仅提供评估结论，还要提供形成评估结论的详细过程，或者要求在资产评估报告中对某些方面提供更为详细的说明。因此，资产评估报告的详略程度应当根据评估对象的复杂程度、委托人的合理需求来确定。

（四）评估程序受限对出具资产评估报告的影响

资产评估报告是在履行必要的评估程序基础上完成的。现实工作中，由于资产的特殊性、客观条件限制等原因，使得评估程序的履行可能存在障碍，需要资产评估专业人员采取相关的替代程序。因法律法规规定、客观条件限制，无法或者不能完全履行资产评估基本程序，经采取措施弥补程序缺失，且未对评估结论产生重大影响的，可以出具资产评估报告，但应当在资产评估报告中说明资产评估程序受限情况、处理方式及其对评估结论的影响。如果程序受限对评估结论产生重大影响或者无法判断其影响程度的，则不应出具资产评估报告。

（五）签字印章要求

资产评估报告应当由至少两名承办该项业务的资产评估专业人员签名并加盖资产评估机构印章。法定评估业务的资产评估报告应当由至少两名承办该项业务的注册资产评估师签名并加盖资产评估机构印章。

（六）语言及汇率要求

资产评估报告应当使用中文撰写。需要同时出具中外文资产评估报告的，以中文资产评估报告为准。

资产评估报告一般以人民币为计量币种，使用其他币种计量的，应当注明该币种在评估基准日与人民币的汇率。

（七）评估结论的使用有效期

资产评估报告应当明确评估结论的使用有效期。通常只有当评估基准日与经济行为实现日相距不超过一年时，才可以使用该资产评估报告。超过有效期限，评估基准日的评估结论很可能不能反映经济行为发生日的评估结论。

在基准日后的某个时期经济行为发生时，市场环境或资产状况未发生较大变化，评估结论在此期间有效，一旦市场价格标准或资产状况出现较大变动，则评估结论失效。对于现时性资产评估业务，通常只有当评估基准日与经济行为实现日相距不超过一年时，才可以使用该资产评估报告。当然，有时评估基准日至经济行为发生日即便不到一年，但市场条件或资产状况发生了重大变化，评估报告的结论不能反映经济行为实现日价值，这时也应该重新评估。

第三节 资产评估报告的内容

一、资产评估报告

根据《资产评估执业准则——资产评估报告》规定，资产评估报告的内容包括标题及文号、目录、声明、摘要、正文、附件。

（一）标题及文号、目录、声明、摘要

1. 标题及文号、目录

只有符合《资产评估执业准则——资产评估报告》所指资产评估报告定义的，才能以"评估报告"为标题出具资产评估报告。资产评估报告必须列明完整的标题。例如，北汽福

田汽车股份有限公司债权转股权资产评估报告。标题要求明确：评估对象、经济行为和资产评估报告文本名称字样。

文号要求写明：资产评估机构特征字、种类特征字、年份、报告序号。

目录要求列明：每一部分的各级标题和相对应的页码。

2. 资产评估报告声明

资产评估报告声明通常包括以下内容：

（1）资产评估报告依据财政部发布的《资产评估基本准则》和中国资产评估协会发布的《资产评估执业准则》和《资产评估职业道德准则》编制。

（2）委托人或者其他资产评估报告使用人应当按照法律、行政法规规定和资产评估报告载明的使用范围使用资产评估报告；委托人或者其他资产评估报告使用人违反相关规定使用资产评估报告的，资产评估机构及其专业人员不承担责任。

（3）资产评估报告仅供委托人、资产评估委托合同中约定的其他资产评估报告使用人和法律、行政法规规定的资产评估报告使用人使用；除此之外，其他任何机构和个人不能成为资产评估报告的使用人。

（4）资产评估报告使用人应当正确理解和使用评估结论，评估结论不等同于评估对象可实现价格，评估结论不应当被认为是对评估对象可实现价格的保证。

（5）资产评估报告使用人应当关注评估结论成立的假设前提、资产评估报告特别事项说明和使用限制。

（6）资产评估机构及其资产评估专业人员遵守法律、行政法规和资产评估准则，坚持独立、客观和公正的原则，并对所出具的资产评估报告依法承担责任。

（7）其他需要声明的内容。

需要注意的是，《资产评估执业准则——资产评估报告》要求的仅是一般性声明内容，资产评估专业人员在执行具体评估业务时，还应根据评估项目的具体情况，调整或细化声明内容。

3. 资产评估报告摘要

资产评估报告摘要通常提供资产评估业务的主要信息及评估结论。摘要应当与资产评估报告揭示的结果一致，不得有误导性内容。一般摘要需要简要阐明的内容有：评估目的、评估对象和评估范围、价值类型、评估基准日、评估方法和评估结论。

资产评估专业人员还可以根据评估业务的性质、评估对象的复杂程度、委托人要求等，合理确定摘要中需要披露的其他信息。

（二）资产评估报告正文

资产评估报告正文通常包括以下内容：

1. 委托人及其他资产评估报告使用人

资产评估报告使用人包括委托人、资产评估委托合同中约定的其他资产评估报告使用人和法律、行政法规规定的资产评估报告使用人。在资产评估报告中应当阐明委托人和其他评估报告使用人的身份，包括名称或类型。

2. 评估目的

资产评估目的是指评估委托人要求对评估对象的价值进行评估后所要从事的经济行为。资产评估特定目的贯穿资产评估的全过程，影响着资产评估专业人员对评估对象的界定、价值类型的选择等,它是资产评估专业人员进行具体资产评估时必须首先明确的基本事项。资产评估报告载明的评估目的应当唯一,其结论是服务于该特定评估目的的。

3. 评估对象和评估范围

资产评估报告中应当载明评估对象和评估范围,并描述评估对象的基本情况。针对具体的评估对象和评估范围,相关各具体准则、指南和指导意见中均进行了规范。例如,《金融不良资产评估指导意见》第16条规定,金融不良资产评估业务中,根据项目具体情况和委托人的要求,评估对象可能是债权资产,也可能是用以实现债权清偿权利的实物类资产、股权类资产和其他资产。

4. 价值类型

资产评估报告应当说明选择价值类型的理由,并明确其定义。一般情况下,可供选择的价值类型包括市场价值、投资价值、在用价值、清算价值和残余价值等。对于价值类型的选择、定义,可以参考《资产评估价值类型指导意见》。

5. 评估基准日

资产评估报告载明的评估基准日应当与资产评估委托合同约定的评估基准日保持一致,可以是过去、现在或者未来的时点。

6. 评估依据

资产评估报告应当说明资产评估采用的法律法规依据、准则依据、权属依据及取价依据等。

(1) 法律法规和准则依据。法律法规依据应包括资产评估的有关法律、法规等,如《资产评估法》、《公司法》、《拍卖法》、《国有资产评估管理办法》、《资产评估行业财政监督管理办法》等。准则依据主要包括财政部及中国资产评估协会发布的《资产评估基本准则》、《资产评估职业道德准则》、《资产评估执业准则——资产评估报告》等。资产评估专业人员应当根据与评估项目相关的原则,在资产评估报告中说明执行资产评估业务所采用的具体法律和准则依据。

(2) 权属依据。由于资产的价值与其法律权属状况有着密切关系,《资产评估基本准则》要求资产评估专业人员在执业过程中应当关注评估对象法律权属,并对核查验证情况予以披露。因此,资产评估专业人员应当根据与评估项目相关的原则,在资产评估报告中说明执行资产评估业务所依托的评估对象的权属依据。权属依据通常包括国有资产产权登记证书,投资人出资权益的证明文件,与不动产、知识产权资产、资源性资产、运输设备等相关的权属证书或其他证明文件,债权持有证明文件,从业资质或经营许可证书等。

(3) 取价依据。取价依据应包括资产评估中直接或间接使用的、企业提供的财务会计经营方面的资料,国家有关部门发布的统计资料和技术标准资料,以及资产评估机构收集的有关询价资料和参数资料等。

由于统计口径不同等原因,不同部门发布同一指标的统计资料其结果可能存在差异,国家有关部门发布的政策文件,也可能存在多次调整标准的情况,因此评估取价依据应当列示相关资料的名称、提供或发布的单位及时间等信息。

评估依据的披露应掌握的原则:一是评估依据的表述方式应当明确、具体,具有可验证性。要使任何资产评估报告阅读者可以根据报告中披露的评估依据的名称、发布时间或文号找到相应的评估依据。二是评估依据要具有代表性,且在评估基准日是有效的。评估依据应满足相关、合理、可靠和有效的要求。

7. 评估方法

资产评估报告应当说明所选用的评估方法及其理由。因适用性受限或者操作条件受限等原因而选择一种评估方法的,应当在资产评估报告中披露并说明原因。根据《资产评估基本准则》,确定资产价值的评估方法包括市场法、收益法和成本法三种基本方法及其衍生方法。资产评估专业人员应当根据评估目的、评估对象、价值类型、资料收集等情况,分析上述各类方法的适用性,合理选择评估方法。

8. 评估程序实施过程和情况

资产评估报告应当说明资产评估程序实施过程中现场调查、收集整理评估资料、评定估算等主要内容。通常包括:接受项目委托,确定评估目的、评估对象与评估范围、评估基准日,拟定评估计划等过程;指导被评估单位清查资产、准备评估资料,核实资产与验证资料等过程;选择评估方法、收集市场信息和估算等过程;评估结论汇总、评估结论分析、撰写报告和内部审核等过程。

资产评估专业人员应当在遵守相关法律、法规和资产评估基本准则的基础上,根据委托人的要求,遵循各专业准则的具体规定,结合报告的繁简程度恰当考虑对评估程序实施过程和情况披露的详细程度。

9. 评估假设

资产评估报告应当披露所使用的资产评估假设。

资产评估专业人员应当合理使用评估假设,在具体的评估项目中使用的评估假设,需要与资产评估目的及其对评估市场条件的限定情况、评估对象自身的功能和在评估时点的使用方式与状态、产权变动后评估对象的可能用途及利用方式和利用效果等相联系和匹配。在资产评估报告中应科学合理使用资产评估假设,以使评估结论建立在合理的基础上,并使资产评估报告使用人能够正确理解和使用评估结论。

资产评估专业人员应当在资产评估报告中说明如果资产评估报告所披露的评估假设不成立,将对评估结论产生重大影响。

10. 评估结论

资产评估报告应当以文字和数字形式表述评估结论,并明确评估结论的使用有效期。评估结论通常是确定的数值。经与委托人沟通,评估结论可以是区间值或者其他形式的专业意见。其中,引入区间值或者其他形式专业意见的表达形式是考虑到评估行业不断发展的业务多元化需求。

11. 特别事项说明

资产评估报告应当重点提示资产评估报告使用人对特别事项予以关注。资产评估报告的特别事项说明包括:

(1) 权属等主要资料不完整或者存在瑕疵的情形;

(2) 委托人未提供的其他关键资料情况;

(3) 未决事项、法律纠纷等不确定因素;

(4) 重要的利用专家工作及相关报告情况;

(5) 重大期后事项;

(6) 评估程序受限的有关情况、评估机构采取的弥补措施及对评估结论影响的情况;

（7）其他需要说明的事项。

12. 资产评估报告使用限制说明

资产评估报告的使用限制说明应当载明：

（1）使用范围。

（2）委托人或者其他资产评估报告使用人未按照法律、行政法规规定和资产评估报告载明的使用范围使用资产评估报告的，资产评估机构及其资产评估专业人员不承担责任。

（3）除委托人、资产评估委托合同中约定的其他资产评估报告使用人和法律、行政法规规定的资产评估报告使用人之外，其他任何机构和个人不能成为资产评估报告的使用人。

（4）资产评估报告使用人应当正确理解和使用评估结论。评估结论不等同于评估对象可实现价格，评估结论不应当被认为是对评估对象可实现价格的保证。

13. 资产评估报告日

资产评估报告载明的资产评估报告日通常为评估结论形成的日期，可以不同于资产评估报告的签署日。

14. 资产评估专业人员签名和资产评估机构印章

资产评估报告编制完成后，经过对资产评估专业人员编制的评估报告实施内部审核，至少由两名承办该业务的资产评估专业人员签名，最后加盖资产评估机构的印章。对于国有资产评估等法定业务资产评估报告，资产评估报告正文应当由至少两名承办该业务的资产评估师签名，并加盖资产评估机构印章。

（三）评估报告附件

资产评估报告附件通常包括：

1. 评估对象所涉及的主要权属证明资料

评估对象所涉及的主要权属证明资料包括：房地产权证、无形资产权利（权属）证明、交通运输设备的行驶证及相关权属证明、重大机器设备的购置发票等。另外，资产评估专业人员应当收集委托人和被评估单位或产权持有人的营业执照并装订在资产评估报告的附件中。

2. 委托人和其他相关当事人的承诺函

在资产评估中，委托人和其他相关当事人的承诺是资产评估报告附件中不可缺少的部分。资产评估专业人员在撰写资产评估报告时应当收集到针对本次评估项目的委托人和其他相关当事人的承诺函。

通常情况下，委托人和被评估单位应当承诺如下内容：

（1）资产评估所对应的经济行为符合国家规定；

（2）所提供的财务会计及其他资料真实、准确、完整、合规，有关重大事项如实地充分揭示；

（3）所提供的企业生产经营管理资料客观、真实、完整、合理；

（4）纳入资产评估范围的资产与经济行为涉及的资产范围一致，不重复、不遗漏；

（5）纳入资产评估范围的资产权属明确，出具的资产权属证明文件合法、有效；

（6）纳入资产评估范围的资产在评估基准日后发生影响评估行为及结果的事项，对其披露及时、完整；

（7）不干预资产评估机构和评估专业人员独立、客观、公正地执业。

3. 资产评估机构及签名资产评估专业人员的备案文件或者资格证明文件

资产评估报告应当将资产评估机构的营业执照复印件、备案公告复印件、证券期货业务资格证书复印件（开展相关资产评估业务时适用），注册资产评估师的职业资格证书登记卡复印件作为资产评估报告附件进行装订。

4. 资产评估汇总表或明细表

为了让委托人和其他评估报告使用人能够更好地了解委托评估资产的构成及具体情况，资产评估专业人员应当以资产评估报告附件的形式提供资产评估汇总表或明细表。

5. 资产账面价值与评估结论存在较大差异的说明。

二、资产评估附表

《资产评估执业准则——资产评估报告》规定，资产评估报告的附表包括"资产评估汇总表或明细表"，但并未对相关附表的编制提出具体要求，由资产评估机构通过内部业务标准自行规范。实务中，通常参考国有资产评估业务的要求提出具体的参考式样。

第四节 资产评估报告的使用

资产评估报告由评估机构出具后，资产评估委托方、资产评估管理方和有关部门应根据需要使用资产评估报告及有关资料。

一、委托方对资产评估报告的使用

（一）委托方使用资产评估报告的主要用途

委托方在收到受托评估机构送交的正式资产评估报告及有关材料后，可以依据资产评估报告所揭示的评估目的和评估结论，合理使用资产评估结果。根据有关规定，委托方对资产评估报告可有以下几种具体的用途：

（1）根据评估目的，作为资产业务的作价基础。①整体或部分改建为有限责任公司或股份有限公司；②以非货币资产对外投资；③合并、分立、清算；④除上市公司以外的原股东股权比例变动；⑤除上市公司以外的整体或部分产权（股权）转让；⑥资产转让、置换、拍卖；⑦整体资产或者部分资产租赁给非国有单位；⑧确定涉诉资产价值；⑨国有资产占有单位收购非国有资产；⑩国有资产占有单位与非国有资产单位置换资产；⑪国有资产占有单位接受非国有资产单位以实物资产偿还债务；⑫法律、行政法规规定的其他需要进行评估的事项。

（2）作为企业进行会计记录或调整账项的依据。

（3）作为履行委托协议和支付评估费用的主要依据。当委托方受到评估机构的正式资产评估报告及有关资料后，在没有异议的情况下，应根据委托协议将评估结果作为计算支付评估费用的主要依据，履行支付评估费用的承诺及其他有关承诺。

（4）作为资产评估纠纷调处的申诉资料。资产评估报告及有关资料是有关当事人之间因资产评估发生纠纷，委托人向纠纷调处部门申请调处的申诉资料之一。

（二）委托方使用资产评估报告时需要注意的问题

（1）只能按资产评估报告所揭示的评估目的使用报告，一份资产评估报告只允许按一个用途使用。

（2）只能在资产评估报告的有效期限内使用，超过有限期的，原资产评估结果无效。

（3）在资产评估报告有效期内，资产评估数量发生较大变化时，应由原评估机构或者资产占有单位按原评估方法进行相应调整后才能使用。

（4）涉及国有资产产权变动的资产评估报告及有关资料必须经国有资产管理部门或授权部门核准或备案后方可使用。

（5）作为企业会计记录和调整企业账项使用的资产评估报告及有关资料，必须根据国家相关法规执行。

二、资产评估管理机构对资产评估报告的使用

资产评估管理机构主要包括对资产评估进行行政管理的主管机关和对资产评估行业进行自律管理的行业协会。资产评估管理机构对资产评估报告的运用主要体现在三个方面。

（一）作为了解和评价评估机构业务能力和组织管理水平的依据

对资产评估报告的运用是资产评估管理机构实现对评估机构的行政管理和行业自律管理的重要过程。在这一过程中，管理机构通过对资产评估报告及其资料的检查和分析，了解和大致判断该评估机构的业务能力和组织管理水平，做出对该评估机构的一般评价。

（二）作为管理机构对评估机构实施管理的依据

资产评估管理机构通过资产评估报告能够对评估机构的评估结果质量的好坏做出客观的评价，从而能够有效实现对评估机构和评估人员的管理。

（三）作为国有资产管理的重要数据资料

通过对国有资产评估报告的统计与分析，可以及时了解国有资产占有使用状况以及增减变动情况，能为管理机构提供国有资产的重要数据，为加强国有资产管理服务。

三、其他有关部门对资产评估报告的使用

除了资产评估管理机构可运用资产评估报告资料外，有些政府管理部门也需要运用资产评估报告，主要包括国有资产监督管理部门、证券监督管理部门、工商行政管理、保险监督管理部门、税务、金融和法院等有关部门。

国有资产监督管理部门对资产评估报告的运用主要表现在对国有产权进行管理的各个方面，通过对国有资产评估项目的核准或备案，可以加强国有产权的有效管理，规范国有产权的转让行为。

证券监督管理部门对资产评估报告的运用主要表现在对申请上市的公司有关申报材料及招股说明书的审核，对上市公司定向发行股票、公司并购、资产收购、以资抵债等重大资产重组等评估定价行为的审核。当然，证券监督管理部门还可运用资产评估报告和有关资料加强对取得证券业务评估资格的评估机构及有关人员的业务管理。

工商行政管理对资产评估报告的运用主要表现在发生公司设立、公司重组、增资扩股等经济行为时，对资产定价进行依法审核。

保险监督管理部门、税务、金融和法院等有关部门也能通过对资产评估报告的运用来达到实现其管理职能的目的。

本章主要介绍了资产评估报告的概念、分类、作用及资产评估报告的制作步骤，以及不同主体对于资产评估报告的使用等内容。重点内容是资产评估报告的格式和内容。资产评估报告包括标题及文号、目录、声明、摘要、正文、附件等。资产评估报告的每个组成部分都有相应的内容要求。

资产评估报告　　资产评估报告摘要　　资产评估报告声明　　资产评估报告附件

1. 资产评估报告的基本结构和内容如何？
2. 怎样阅读和使用资产评估报告？
3. 课外网上阅读一份完整的资产评估报告。

要求：（1）熟悉资产评估报告的具体内容；

（2）掌握资产评估报告的编写要求；

（3）学会解读和使用资产评估报告。

第二部分

基本业务评估

资产评估是一门应用性学科。不同的被评估资产以及同一资产发生不同的交易行为应采用适当的方法进行评估,即便是同一类方法由于评估对象的不同其方法的运用也有差异。研究不同类型资产各自的特点,掌握其评估的特殊性,才能最终实现评估目的。本部分联系实际,根据资产业务类型阐述了市场法、收益法和成本法在基本业务评估中的运用思路和操作原理。

本部分要点:流动资产评估实务

机器设备评估实务

不动产评估实务

长期投资评估实务

无形资产评估实务

资源资产评估实务

以财务报告为目的的评估实务

企业价值评估实务

第六章 流动资产评估

引 言

流动资产是企业生产经营活动中变现能力较强的资产,它包括货币类流动资产、实物类流动资产和债权类流动资产等,它是企业资产的重要组成部分。它与流动负债比较,反映了企业营运资金的状况。因此,实务中资产评估的内容也包括流动资产的评估。流动资产由于其形态多样化、循环与周转速度快、流动性等特点,给资产评估带来了一定的困难,在评估工作完成并出具资产评估报告时企业所拥有的流动资产的数量和质量与评估时企业所拥有的流动资产的数量和质量可能就会有差异。如何避免和解决这种差异,以及如何选择更符合流动资产特性的评估方法、程序等是流动资产评估的一项重点内容。本章从各项流动资产的特点入手,以单项资产分别展开对流动资产评估的讨论和研究。

第一节 流动资产评估概述

一、流动资产评估的范围

(一) 流动资产的概念

根据现行《企业会计制度》,流动资产是指预计在一个正常营业周期内变现、出售或者耗用,或者主要为交易目的而持有,或者预计在资产负债表日起一年内(含一年)变现的资产,以及自资产负债表日起一年内交换其他资产或清偿负债的能力不受限制的现金或现金等价物。流动资产主要包括现金及各种存款、交易性金融资产、存货、应收及预付款项等。

流动资产还可以按其所处领域分为经营性流动资产和非经营性流动资产。经营性流动资产同时存在于生产领域和流通领域,包括货币性流动资产和非货币性流动资产。生产领域和流通领域中的货币性流动资产的内涵一致,均包括债权资产和货币资产;而非货币性资产内涵却不同,生产领域非货币性资产包括储备资产、生产资产、产品资产,流通领域非货币性资产包括商品资产和非商品资产。非经营性流动资产存在于行政、事业单位和政府部门,包括财政总预算单位流动资产和行政事业单位流动资产。

(二) 流动资产的特点

1. 循环与周转速度快

流动资产的主要特点是流动性。除包装物和低值易耗品外,其他流动资产均在使用中经过一个生产经营周期就改变其实物形态,并将其全部价值转移到所形成的产品中,作为成本费用的组成部分,然后从营业收入中得到补偿,便完成了一次循环,不断的循环就是流动资产的周转。可见,循环与周转速度快是流动资产的一个显著特征,且循环与周转速度越快给企业创造的价值越大。

2. 变现能力较强

与其他非流动资产相比,各种形态的流动资产都可以在较短的时间内出售和变卖,具有较强的变现能力,它是企业对外支付和偿还债务的重要保证。流动资产按其变现速度的快慢来看,货币形态的流动资产变现最快,因为它本身就随时可用作支付和偿债;其次是可在短期内出售的存货和近期可变现的债权性资产及有价证券;再次是生产加工过程中的在产品及准备耗用的物资;最后是低值易耗品。一个企业拥有的流动资产越多,对外支付和偿还债务的能力越强,企业的风险性就越小。

3. 存在形态多样化

流动资产存在的形态多种多样,特别是实物类流动资产形态各异,十分复杂。并且流动资产在循环与周转过程中不断改变其形态,如一个工业企业的再生产过程流动资产依次经过供应、生产、销售等环节,分别表现为货币资产、储备资产、生产资产和成品资产等,并不断地从一种形态转化为另一种形态,最后又转化为货币形态。各种形态的流动资产分布于企业的各个环节且在企业中并存。这些流动资产按其存在形态可以归结为货币类流动资产、实物类流动资产、债权类流动资产和其他流动资产等。

4. 存量波动较大

由于企业的流动资产一般要不断地经历购买、供应、生产和销售等过程,受市场商品供求变化和生产、消费的季节性影响较大。另外,还受到外部经济环境和经济秩序等因素的制约,使其占用总量、占用形态以及构成比例呈现出波动性。

(三) 流动资产评估的范围

依据流动资产的概念和特点以及现行《企业会计制度》对其的分类,流动资产评估的范围包括以下项目内容:

(1) 现金。现金是指企业的库存现金,通常是存放于财会部门、由出纳人员经管的货币。

(2) 银行存款。银行存款是指企业存入银行或其他金融机构的各种款项。

(3) 应收及预付款项。应收及预付款项是指企业在日常生产经营过程中发生的各项债权,包括应收账款、应收票据、预付账款和其他应收款等。

(4) 交易性金融资产。交易性金融资产是指企业为了近期内出售而持有的金融资产。例如企业以赚取差价为目的从二级市场购入的股票、债券、基金等。

(5) 存货。存货是指企业在日常经营活动中持有以备出售的产成品或商品,处在生产过程中的在产品、在生产或提供劳务过程中耗用的材料或物品等,包括各类材料、商品、在产品、半成品、产成品以及低值易耗品、包装物和委托代销商品等。

(6) 待摊费用。待摊费用是指企业已经支出但应由以后各期分期摊销的费用。

(7) 其他。除以上资产之外的其他流动资产。

二、流动资产评估的特点

（一）流动资产属单项资产评估

由于流动资产项目繁杂，形态各异。就流动资产评估而言，不需要就其综合获利能力进行整体性评估。因此，流动资产评估是以单项资产为对象进行的。

（二）基准日一般选在会计期末

首先，流动资产与其他资产的显著不同在于其流动性和波动性，且资产的构成、形态、数量以及价值总额总是处在高速的变动之中，因此对评估时点的选择有较严格的要求，要求评估时尽可能与资产评估结论所利用的时间相一致。其次，从会计核算的角度看，每到会计期末都必须结出该时点的资产余额，并进行账目核对，在账证、账账和账实相符的基础上编报会计报表，评估基准日选择在会计期末，能在一定程度上减小评估工作量，节约评估时间。因此，流动资产评估基准日应尽可能选在会计期末。

（三）注重清查核实和重点评估

由于大多数流动资产具有实物形态，且种类繁多，数量也大，因此，流动资产评估之前必须进行认真仔细的资产清查，否则会影响评估结论的准确性。同时，债权类流动资产也有相当的比重，对其真实性的核实也不能忽视。但是，流动资产量大类多的特点，使得清查和核实的工作量很大，所以流动资产在清查和核实时，应考虑评估的时间要求和评估成本。这时，对流动资产评估往往需要根据不同企业的生产经营特点和流动资产分布的情况，将其分清主次、分清重点和一般，选择不同的方法进行清查和评估，做到突出重点，兼顾一般。清查采用的方法是抽查、重点清查和全面清查。当抽查核实中发现原始资料或清查盘点工作可靠性较差时，要扩大抽查面，直至核查全部流动资产。

（四）评估方法的应用操作简便

流动资产周转速度快、变现能力强的特点，使得被评估资产的形成日往往与资产的评估基准日相差不远。在价格变化不大的情况下，资产的账面价值基本上可以反映出流动资产评估基准日的现值，可直接用现行市价和成本法确定其评估价值。同时，与其他有形资产评估不同，评估流动资产时无需考虑资产的功能性贬值因素，而且资产的实体性损耗也很小，甚至可以忽略不计，评估价值很容易确定。

三、流动资产评估的程序

（一）明确评估业务的基本事项

明确被评估资产业务的基本事项是资产评估程序的第一个环节，包括在签订资产评估业务约定书以前的一系列基础性工作。资产评估机构和人员在接受资产评估业务委托之前，应当采取与委托人等相关当事人讨论、阅读基础资料、进行必要初步调查等方式，与委托人等相关当事人共同明确资产评估业务的基本事项。

流动资产业务评估主要需明确委托方和相关当事方基本状况；了解评估对象及其权属基本状况；评估范围、评估目的以及评估基准日；价值类型；评估限制条件和重要假设等。这个阶段的工作主要有：

(1) 明确流动资产评估目的。流动资产评估目的一般有：服务于企业产权变动，如企业合并、合作经营、联营等；企业清算和资产变卖；保险索赔；清产核资；会计核算的需要。

(2) 明确流动资产评估范围。进行流动资产评估，首先应明确被评估流动资产的范围，必须注意划清流动资产与非流动资产的界限，防止将不属于流动资产的机器设备等作为流动资产，也不得把属于流动资产的低值易耗品等作为非流动资产，以免重评和漏评。

(3) 查核待评估流动资产的产权。企业在进行资产评估前，首先应核实流动资产的产权。如存放在被评估企业的外单位委托加工材料、代为保管的材料物资以及已办理了退货手续的材料等，尽管存在于该企业中，但由于其产权不属于被评估单位，故不应将其列入流动资产的评估范围。

(4) 对被评估流动资产进行抽查核实。对被评估流动资产进行抽查核实，验证基础资料。准确的资产清单是正确评估资产价值的基础资料，被评估资产的清单应以实际核实的数量依据，而不能仅仅以账面记录为准。

（二）签订业务约定书

资产评估业务约定书是资产评估机构与委托人共同签订的，以确认资产评估业务的委托与受托关系，明确委托目的、被评估资产范围及双方的权利、义务等相关重要事项的合同。明确流动资产评估业务的上述基本事项后，就应当与委托人签订业务约定书。业务约定书的内容需明确资产评估机构和委托方的名称；资产评估目的；评估对象；评估基准日；出具资产评估报告的时间要求；报告使用范围；资产评估收费；双方的权利、义务及违约责任；签约时间；双方认为应当约定的其他重要事项。业务约定书具有法定约束力。

（三）编制评估计划

为了保质保量完成资产评估业务，资产评估机构和人员应当编制资产评估计划，对资产评估过程中的每个工作步骤以及时间和人力进行规划和安排。资产评估计划是资产评估机构和人员为执行资产评估业务拟订的工作思路和实施方案。评估计划的主要内容应包括评估单位概况、评估目的和内容、评估要求和方法、人员安排、评估基准日、评估时间和进度等。

编制流动资产评估工作计划应当重点考虑以下因素：资产评估目的、评估对象状况；评估业务风险、评估项目的规模和复杂程度；评估对象的性质、所涉及资产的结构、类别、数量及分布状况；相关资料收集状况；委托人或资产占有方过去委托资产评估的经历、诚信度及提供资料的可靠性、完整性和相关性；资产评估人员的专业能力、经验、助理人员配备情况等。

（四）清查核实流动资产

对具有实物形态的流动资产进行质量检测和技术鉴定，对债权类流动资产的债权情况进行分析是流动资产评估工作程序中的一个重要环节。

对具有实物形态的流动资产进行质量检测和技术鉴定，就是对委托需要评估的材料、半成品、产成品、库存商品等流动资产进行检测和技术鉴定，目的是为了了解这部分资产的质量状态，以便确定其是否尚有使用价值，并核对其技术情况和等级状态与被评估资产清单的记录是否一致。对被评估资产进行技术检测是正确估价资产价值的重要基础，特别是对那些有时效要求的存货，如有保鲜期要求的食品和有有效期要求的药品、化学试剂等，技术检测尤为重要。存货在存放期内质量发生变化会直接影响其市场价格，因此评估必须考虑各类存货的内在质量因素。对各类存货进行技术质量检测，可由被评估企业的有关技术人员、管理人员与评估人员合作完成，也可以参考注册会计师审计报告，再由评估人员进行专业判断。

对应收账款、应收票据、预付账款等债权类流动资产的基本情况进行了解和分析，就是要根据对被评估企业与债务人经济往来活动中的资信情况调查了解，对每项债权资产的经济内容、发生时间的长短及未清理的原因等因素综合分析，确定这部分债权回收的可能、回收的时间、回收时将要发生的坏账损失等。

（五）合理选择评估方法

流动资产评估方法的选择受其评估目的和被评估流动资产的特点等因素影响。实务中，流动资产评估适用于成本法和市场法，因为对单项流动资产而言，很难预测其未来收益及风险报酬率。当流动资产在企业持续经营条件下按在用用途继续使用时；当企业由于合营、合作经营及联营等发生了产权变动或发生清产核资、保险索赔等业务时，被评估企业不会改变生产经营方向，流动资产可按在用用途继续使用。在这种情况下采用成本法进行评估较适宜。在企业持续经营而流动资产进入公平市场出售或转移使用时，采用市场法评估较适宜。例如，在合并、联营、兼并过程中对不需要的流动资产进行产权转移，合并、联营、兼并后的企业生产经营方向和结构将进行较大调整，未来的生产经营对被评估资产的需求量大大减少或根本就不需要，这些多余和不需要的流动资产将进入市场变卖时，选用市场法较适宜。

根据流动资产的特点，不同类型的流动资产在评估时所采用的方法可做以下选择：第一，对于实物类流动资产可以采用市场法和成本法进行评估。如存货中价格变动较大的要考虑以市场价格为基础加以评估，对购入价格较低的要按现行价调整；而对购入价格较高的除考虑市场价格外，还要分析最终产品价格是否能相应提高，或存货本身是否具有按现价出售的可能性；对一些低值易耗品，因其具有递延效益，需提前支付尚未摊销的费用，账面上虽已无价值记载，但实际上它还在被使用，可采用与机器设备相同或相似的评估方法。第二，对于货币类流动资产，如库存现金和银行存款其清查核实后的账面价值本身就是现值，不需采用特殊方法进行评估；对外币存款应按评估基准日的国家外汇牌价进行折算。第三，对于债权类流动资产评估适用于按可变现值进行评估。

（六）评定估算，出具评估结论

资产评估机构和人员在掌握相关评估资料的基础上，进入评定估算环节，根据掌握的资料和技术检测结果，按选定的方法评定估算，并对评估初步意见进行适当调整，编辑整理评估明细表和评估汇总表，最后得出评估结论。

（七）编制和提交评估报告

资产评估机构和人员在执行必要的评估程序、形成资产评估结论后，应按资产评估报告的规范要求，编制资产评估报告。流动资产评估报告的内容主要包括委托方和资产评估机构情况、资产评估目的、价值类型、评估基准日、评估方法及其说明、评估结论、评估假设和限制条件等。

（八）评估工作档案的管理

资产评估机构和人员在向委托人提交资产评估报告后，应当将资产评估工作档案归档。资产评估工作中形成的与资产主体业务相关的有保存价值的各种文字、图表、声像等工作底稿和其他资料都应及时予以归档,并按国家有关规定对资产评估工作档案进行保存、使用和销毁。

第二节　实物类流动资产评估

企业中的实物类流动资产主要包括各种材料、包装物、低值易耗品、委托加工材料、在产品、产成品及库存商品等。实物类流动资产评估是流动资产评估的重要内容。

一、材料的评估

(一) 材料评估范围

企业中的材料是指企业在生产过程中经加工改变其形态或性质并构成产品主要实体的各种原料及主要材料、辅助材料、燃料、修理用备件、包装材料、外购半成品等。

材料按其存放地点可分为库存材料和在用材料。在用材料是正处于生产过程中的材料或半成品,不能单独作为材料核算,这里的材料评估特指对库存材料的评估;而对正处于生产过程中的材料或半成品作为在产品进行评估;包装物及低值易耗品在某种程度上与材料相类似,故应采用与材料类似的评估方法。

(二) 材料评估的方法

由于库存材料品种多、金额大、性质各异、计量单位、计价和购进时间、自然损耗各不相同。因此评估前应注意两点:一是验证账实是否一致。在进行材料价值评估前应组建盘点小组,对委托人所提供的实物清单采用盘点的方式对实物进行清点。对材料的总账和明细账进行核对,对各材料明细账仔细核查。在此基础上验证账实是否一致。与此同时查明有无霉烂、变质、毁损的材料,有无超储呆滞的材料等。二是运用存货管理的 ABC 分析法,将品种、规格繁杂、数量较大的被评估材料按照一定的目的和要求,进行主要和次要、重点和一般的分类,分别选择适合的评估方法,确定评估价值,应着重对重点材料进行评估。必要时,亦可采用统计分析的方法以节约评估时间。实务中,材料的评估通常选用成本法或市场法。

针对库存材料的特点,为了更好地达到评估的目的,对库存材料价值的评估,可按其购进时间的情况来选择适宜的评估思路和具体的操作方法。

1. 近期购进库存材料的评估

近期购进的材料库存时间短,在市场价格变化不大的情况下,其账面值与现行市价基本接近,评估时可以采用成本法,也可以采用市场法。另外,对于购进时发生运杂费的处理,如果是从外地购进的原材料,若运杂费发生额较大,评估时应将由被评估材料分担的运杂费计入评估值;如果是本地购进或运杂费发生额较少,评估时则可以不考虑运杂费。

【例 6-1】某企业在评估基准日前一个月购进甲材料 1 000 千克,单价 87 元/千克,运费 1 000 元。评估时,经核实尚有库存材料 300 千克,此种材料价格近期稍有变化,此时单价 88 元/千克。确定该材料的评估值。

甲材料的评估值 = 300 × (87 + 1) = 26 400（元）

或：

甲材料的评估值 = 300 × (88 + 1) = 26 700（元）

2. 购进批次间隔时间长、价格变化较大的库存材料的评估

对这类材料进行评估时，可以采用最接近市场价格的该批次材料价格或直接以市场价格作为其评估值。但是，如果近期材料价格变动很大，或者评估基准日与最近一次购进时间间隔较长，其价格变动较大时，应采用评估基准日的市价。

【例6-2】 某公司委托要求对其库存的乙材料评估，该材料分两批购进，第一批购进时间为上年4月，购进500吨，单价3 000元/吨；第二批购进时间为本年4月，数量500吨，单价3 500元/吨。本年5月1日进行价值评估，此时市场价格为单价3 600元/吨。经核实，上年购进的该材料尚存200吨，本年4月购进的尚未使用。因此，被评估乙材料的数量是700吨，则乙材料的评估值为：

直接采用评估基准日市场价格计算：

乙材料的评估值 = 700 × 3 600 = 2 520 000（元）

最接近市场价格，按本年4月购进价格计算：

乙材料的评估值 = 700 × 3 500 = 2 450 000（元）

3. 购进时间早且市场脱销，缺乏准确现行市价的库存材料的评估

企业库存的材料可能购进的时间早，市场已经脱销，目前无明确的市价可供参考或使用。对这类材料的评估，可以通过寻找替代品的价格变动资料来修正材料价格；也可以在分析市场供需的基础上，确定该项材料的供需关系，并以此修正材料价格；还可以通过市场同类商品的平均物价指数经修正后进行评估。

【例6-3】 某企业2017年6月购进丙材料200吨，单价3 000元/吨。由于当时该材料属于紧俏物资，价格较高，而且该种材料的供应有明显的季节性，2019年12月进行评估时，市场上已无大量的交易活动。经清查核实，此种材料的库存尚有20吨。分不同情况选择不同评估思路评估如下：

（1）若市场上另有一种丁材料与丙材料功能类似，可作为丙材料的替代品，丁材料的现行市价为2 500元/吨，根据历史数据可知丙、丁材料的价格之比为1:0.8。则：

丙材料的评估值 = 20 × 2 500 × 1/0.8 = 62 500（元）

（2）通过分析市场供需趋势，丙材料的价格目前基本稳定，但需求略有上升，将价格拉动上升5%左右。则：

丙材料的评估值 = 20 × 3 000 × (1 + 5%) = 63 000（元）

（3）据市场调查，同类商品的平均物价指数2017年6月为100%，2019年12月为106%。则：

丙材料的评估值 = 20 × 3 000 × 106%/100% = 63 600（元）

4. 呆滞材料价值的评估

呆滞材料是指从企业库存材料中清理出来需要进行处理的材料。由于这类材料长期积压，时间较长，可能会因为自然力作用和保管不善导致使用价值的下降。因此对这类材料，首先应对其数量和质量进行核实和鉴定，然后区别不同情况进行评估。对其中失效、变质、残损、报废、无用的资产应通过分析计算扣除相应的贬值额后，确定评估值。

在库存材料评估过程中，可能还会存在盘盈、盘亏情况，评估时应以有无实物存在为原则选用相适应的方法进行评估。

二、低值易耗品评估

（一）低值易耗品评估范围

低值易耗品是指不构成固定资产的各种用具物品，如工具、管理用具、玻璃器皿、劳动保护用品，以及在经营过程中周转使用的容器等。其特点是单位价值低，或使用期限相对于固定资产较短，在使用过程中保持其原有实物形态基本不变。

低值易耗品和固定资产都是企业的劳动资料，所不同的是固定资产是主要劳动资料。尽管财务制度规定了划分固定资产和低值易耗品的一般标准，但不同行业对二者划分却是不完全相同的。例如，作为服装行业主要劳动资料的缝纫机，在其他行业通常是作为低值易耗品处理。因此，在评估过程中判断劳动资料是否为低值易耗品，原则上视其在企业中的作用而定，一般可尊重企业原来的划分标准。同时，低值易耗品又是特殊的流动资产，与典型流动资产相比，它具有周转时间长、不构成产品实体等特点。掌握低值易耗品的特点是做好低值易耗品评估的前提。

低值易耗品可根据不同的分类标准进行划分：按低值易耗品的用途可分为一般工具、专用工具、替换设备、管理工具、劳动保护用品及其他；按低值易耗品的使用情况可分为在库低值易耗品和在用低值易耗品。

（二）低值易耗品评估的方法

在库低值易耗品评估采用与库存材料评估相同的方法。

在用低值易耗品一般采用成本法进行评估。其计算公式为：

在用低值易耗品评估值 = 全新成本价值 × 成新率

全新成本价值可以直接采用其账面价值（价格变动不大），也可以采用现行市场价格，还可以在账面价值基础上乘以其物价变动指数来确定。

低值易耗品由于其使用期限一般较短，采用成本法进行评估时一般不考虑其功能性损耗和经济性损耗。其成新率可用观察法和使用年限法加以确定。

使用年限法的计算公式为：

$$成新率 = \frac{1 - 低值易耗品实际已使用月数}{低值易耗品可使用月数} \times 100\%$$

在会计核算中，由于低值易耗品的价值是采用摊销的方式转入成本或费用，摊销的目的在于有效地计算成本、费用，但基本不反映低值易耗品的实际损耗程度。因此，评估人员在确定低值易耗品成新率时，应根据其实际损耗程度确定，而不能简单地按其摊销方式来确定。

三、在产品、半成品的评估

（一）在产品、半成品评估的范围

在产品是指企业正在制造尚未完工的生产物，包括正在各个生产工序加工的产品和已加工完毕但尚未检验或已检验但尚未办理入库手续的产品。半成品是指经过一定生产过程并已检验合格交付半成品仓库保管,但尚未制造完工成为产成品,仍需进一步加工的中间产品。

(二) 在产品、半成品评估的方法

在产品、半成品根据其特点,评估时一般可采用成本法和市场法。

1. 成本法

成本法应用于在产品、半成品的评估时,对于生产周期较长的在产品、半成品是根据技术鉴定和质量检测的结果,按评估时的相关市场价格及费用水平重置同等级在产品、半成品所需投入合理的料、工、费计算评估值的。对于生产周期较短的在产品、半成品主要是以其实际发生的成本作为价值评估的依据,在没有变现风险的情况下,可根据其账面价值进行调整。具体有三种方法可选择使用,即按价格变动系数调整原成本计算评估值;按社会平均工艺定额和现行市价计算评估值;按在产品完工程度计算评估值。

(1) 按价格变动系数调整原成本计算其评估值。其基本计算公式为:

$$\text{某项或某类在产品、半成品评估值} = \text{原合理材料成本} \times \left(1 + \text{材料价格变动系数}\right) + \text{原合理工资、费用} \times \left(1 + \text{合理工资、费用变动系数}\right)$$

这种方法适用于生产经营正常,会计核算水平较高的企业在产品、半成品的评估。具体思路可参照实际发生的原始成本,根据评估基准日的市场价格变动情况,将原始成本调整成重置成本。其步骤是:

①对被评估的在产品、半成品进行技术鉴定,将其中不合格的在产品、半成品从总成本中剔除;

②分析原成本,将非正常的不合理费用从总成本中剔除;

③分析原成本中材料费用从其生产准备开始到评估基准日止市场价格变动情况,并测算出价格变动系数;

④分析原成本中的工资、燃料、动力等制造费用从开始生产到评估基准日,有无大的变动,是否需要调整,并测算出调整系数;

⑤根据技术鉴定、原始成本的分析及价格变动系数的测算来调整成本,确定评估值,必要时还应从变现的角度修正评估值。

上述在产品成本一般包括材料、工资和制造费用三部分。对于生产周期较长的在产品,在测定其成本时还应考虑资本成本。

【例6-4】 某企业准备继续生产已入库的某系列在产品。截至评估日该系列在产品账面累计总成本为250万元,该系列中有一种在产品150件报废,账面单位成本为100元/件,估计可回收的废料价值为1 500元。该系列在产品的材料成本占总成本的60%,所有材料为有色金属材料。按其生产准备开始到评估日止有半年时间,据市场调查,同类材料在半年内价格上涨10%。费用分析表明,本期在产品的单位产品费用偏高,主要是前期漏转费用6万元计入本期成本,其他费用在半年内未变化。则用价格变动系数调整原成本法对该系列在产品进行评估的结果为:

该系列在产品总成本:250
减:　　　废品成本:　　1.5 (0.01×150)
减:　　　前期漏转成本:　6
加:材料涨价增加的成本:　14.91[(250-1.5)×60%×10%]
加:　　　废品残值:　　0.15

评估值： 257.56

(2) 按社会平均工艺定额和现行市价计算其评估值。其基本计算公式为：

$$某在产品评估值 = 在产品实有数量 \times \left(该工序单件材料工艺定额 \times 单位材料现行市价 + 该工序单件工时定额 \times 正常工资、费用 \right)$$

按社会平均工艺定额和现行市价计算在产品、半成品评估值，即按重置同类资产的社会平均成本确定被评估资产的价值。因此，用这种方法需要收集和掌握以下资料：

① 被评估在产品的完工程度；
② 被评估在产品有关工序的工艺定额；
③ 被评估在产品所耗用物料的近期市场购买价格；
④ 被评估在产品在正常生产经营情况下的合理工时及单位工时取费标准。

对于工艺定额的选取，如果有行业平均物料消耗标准的，可按行业标准计算；没有行业统一标准的，按企业现行的工艺定额计算。

如果预计市场供求情况在未来会发生变化，被评估在产品又不能在短期内投放市场，则被评估在产品有潜在变现风险，应考虑适当的调整系数。

【例6-5】 某工厂A产品的在产品经核实为50件。每件消耗甲材料定额400克，每克平均单价3元，在产品累计单位工时定额100小时，工资及福利费每小时2元，其他费用每小时定额4元（假设此种产品不存在变现风险）。则该产品的在产品的定额成本为：

原材料成本 = 50×400×3 = 60 000（元）
工资及福利费 = 100×2×50 = 10 000（元）
其他费用 = 50×100×4 = 20 000（元）
该产品的在产品的评估价值 = 60 000 + 10 000 + 20 000 = 90 000（元）

(3) 按在产品的完工程度计算其评估值。因为在产品最终要变成为产成品，所以，计算确定在产品评估值时，可以在计算产成品重置成本基础上，按在产品完工程度计算确定在产品评估值。其基本计算公式为：

在产品评估值 = 产成品重置成本 × 在产品约当量
在产品评估值 = 产成品重置成本 × 在产品完工率

在产品约当量、完工率可以根据其完成工序与全部工序比例、生产完成时间与生产周期比例确定。当然，确定时应分析完成工序、完成时间与其成本耗费之间的关系。

【例6-6】 评估时，某企业B产品的在产品20件。该在产品的材料已投入50%，完工程度25%，该产品的单位定额成本资料为：材料定额4 000元，工资定额1 000元，制造费用定额1 400元。则该在产品的评估值为：

在产品材料的约当产量 = 20×50% = 10（件）
在产品工资和制造费用的约当产量 = 20×25% = 5（件）
在产品的评估值 = 10×4 000 + 5×(1 000 + 1 400) = 52 000（元）

2. 市场法

市场法应用于在产品、半成品的评估时，是按同类在产品、半成品的市价，扣除销售过程中预计发生的费用后计算其评估值的。这种方法适用于因产品下马，在产品、半成品只能按评估时的状态向市场出售情况下的评估。

(1) 一般来说，被估资产通用性好，尚能用于产品配件更换或用于维修等，则评估的价值比较高。其基本计算公式为：

$$某在产品评估值 = \frac{该种在产品}{实有数量} \times \frac{可接受的不含税}{单位市场价格} - \frac{预计在销售过程}{中发生的费用}$$

如果在调剂过程中有一定的变现风险，还要考虑设置一个风险调整系数，计算可变现的评估值。

（2）对于不能继续生产，又无法通过市场调剂出去的专用配件只能按废料回收价格进行评估。其基本计算公式为：

某报废在产品评估值 = 可回收废料的重量 × 单位重量现行的回收价格

【例 6-7】 某企业因产品技术落后而全面停产准备并入另一家企业，现就这家企业的在产品进行评估。经核实在产品的账面成本为 250 万元，按在产品状况及通用性的好坏分为三类：

第一类：已从仓库中领出但尚未进行加工的原材料，可按实有数量、技术鉴定情况、现行市场价格计算评估值为 90 万元。

第二类：已加工成部件、可通过市场调剂、流动性较好的在产品，在半年内能直接销售的在产品可取得收入 78 万元，预计销售费用 5 万元。

第三类：加工过程中无法调剂出去，又不能继续加工，只能报废处理的在产品，按报废的在产品名称、实有数量、可回收废料数量、单位回收价格计算总回收价 36 万元。

则该在产品的评估值 = 90 +（78 - 5）+ 36 = 199（万元）

【例 6-8】 某企业因产品技术落后而全面停产准备并入甲企业，现就甲企业的在产品进行评估。有关评估资料如下：

在产品原账面记载的成本为 175 万元。按在产品的状态及通用性的好坏分为三类：

第一类：已从仓库中领出，但尚未进行加工的原料。

第二类：已加工成部件，可通过市场调剂且流动性较好的在产品。

第三类：加工成的部件无法调剂出去，又不能继续加工，只能报废处理的在产品。

对于第一类，可按实有数量、技术鉴定情况、现行市场价格计算评估值；第二类在产品可根据市场可接受现行价格、调剂过程中的费用、调剂的风险确定评估值；第三类在产品只能按废料的回收价格确定评估值。

根据评估资料可以确定评估结果，如表 6-1、表 6-2、表 6-3 所示。

表 6-1　　　　　　　　　　　车间已领用尚未加工的原材料　　　　　　　　　　单位：元

材料名称	编　号	计量单位	实有数量	现行单位市价	按市价计算的资产价格
黑色金属	A001	吨	150	1 600	240 000
有色金属	A002	千克	3 000	18	54 000
有色金属	A003	千克	7 000	12	84 000
合计					378 000

表 6-2　　　　　　　　车间已加工成部件并可直接销售的在产品　　　　　　　单位：元

部件名称	编号	计量单位	实有数量	现行单位市价	按市价计算的资产价格
A	B001	件	1 800	54	97 200
B	B002	件	600	100	60 000
C	B003	台	1 000	250	350 000
D	B004	台	130	165	21 450
合计					428 650

表 6-3　　　　　　　　　　　　　报废在产品　　　　　　　　　　　　　单位：元

材料名称	计量单位	实有数量	单件可回收废料	可回收废料数量	单件回收价格	评估值
D001	件	5 000		175 000	0.4	70 000
D002	件	6 000		60 000	0.4	24 000
D003	件	4 500		9 000	6	54 000
D004	件	3 000		33 000	5	165 000
合计						313 000

四、产成品、库存商品的评估

（一）产成品、库存商品评估范围

产成品是指工业企业已经完成全部生产过程并已验收入库，可以按照合同规定的条件送交订货单位，或者可以作为商品对外销售的产品。企业接受来料加工制造的代制品和为外单位加工修理的代修品，制造和修理完成验收入库后，应视同企业的产成品。库存商品是指商品流通企业外购或委托加工完成验收入库用于销售的各种商品。

（二）产成品、库存商品评估的方法

产成品、库存商品根据其特点，评估时一般可采用成本法和市场法。

1. 成本法

成本法应用于产成品、库存商品的评估时，主要是根据在生产和制造该产成品全过程中发生的成本费用确定其评估值的。具体方法可视以下两种情况分别选择：

（1）当评估基准日与产成品完工时间较接近，成本升降变化不大时，可以直接按产成品账面成本确定其评估值。其计算公式为：

产成品评估值 = 产成品数量 × 产成品单位成本

（2）当评估基准日与产成品完工时间相距较远，制造产成品的成本费用变化较大时，产成品评估值计算公式为：

产成品评估值 = 产成品实有数量 × (合理材料工艺定额 × 材料单位现行价格 + 合理工时定额 × 单位小时合理工时工资、费用)

或：

产成品评估值 = 产成品实际成本 × (材料成本比例 × 材料综合调整系数 + 工资、费用成本比例 × 工资、费用综合调整系数)

【例 6-9】 某企业委托资产评估机构对其资产进行评估，经核查，产成品实有数量为 15 000 件，合理材料工艺定额为 400 千克/件，合理工时定额为 30 小时，评估时材料价格从原来 60 元/千克涨到 65 元/千克，单位小时合理工时工资费用维持原状即 15 元/小时，根据上述资料确定该企业产成品评估值。

产成品评估值 = 15 000 × (400 × 65 + 30 × 15) = 39 675 000（元）

2. 市场法

市场法应用于在成品、库存商品的评估时，是按不含税的可接受市场价格扣除相关费用后计算被评估产成品评估值的。

应用市场法评估产成品、库存商品的价值，在选择市场价格时应注意考虑以下几个方面的因素：

（1）产成品及库存商品的使用价值。根据对产品本身的技术水平和内在质量的技术鉴定，确定产品是否具有使用价值以及产品的实际等级，以便选择合理的市场价格。

（2）分析市场供求关系和被评估产成品的前景。

（3）所选择的价格应是在公开市场上所形成的近期交易价格，非正常交易价格不能作为评估的依据。

（4）对于产品技术水平先进，但产成品外表存有不同程度的残缺，可根据其损坏程度，通过调整系数予以调整。

采用市场法评估产成品时，现行市价中包含了成本、税金和利润等因素，如何处理待实现的利润和税金就成为一个不可忽视的问题。对此，人们有不同的看法，一种意见认为，用市场法评估的产成品价格，应以扣除流转税、所得税和相应的销售费用后的余额作为评估价格；另一种意见认为，只应扣除流转税和相应的销售费用，不应扣除所得税；还有一种意见认为，只应扣除销售费用，不必扣除各种税。

我们认为，对这一问题应视产成品评估的特定目的，即将发生何种经济行为而定。假如以产成品出售为目的，就应直接以现行市场价格作为其评估值，而无须考虑扣除其销售费用和税金。这是因为，任何低于市场价格的评估值对于卖方来说都是不能接受的。另外，对于交纳增值税的产成品来说，其销项税额尽管向购买方收取，但并不构成产成品价格。而且，对于买方来说，支付给卖方的销项税额即为自身的进项税额，在它买进的产成品再卖出时，所支付税款是销项税款与进项税款的差额，本身意味着税款的扣除。在对企业以投资为目的的产成品进行评估时，要视产成品在企业的用途而定，如果产成品是供新企业销售的，那么将来流转税和所得税等就要流出新企业，追加的销售费用也应得到补偿，即按不含税金和销售费用的价格作为评估值。此外，产成品评估值折价后作为投资者权益，是分配收益的依据，在这种情况下，必须取投资方和被投资方均能接受的价格作为评估值。

在实际评估工作中，应用市场法评估产成品和库存商品，应根据《资产评估操作规范意见（试行）》相关条款的规定，对于十分畅销的产品，根据其出厂销售价格减去销售费用和全部税金确定评估值；对于正常销售的产品，根据其出厂销售价格减去销售费用、全部税金和适当数额的税后净利润确定评估值；对于勉强能销售出去的产品，根据其出厂销售价格减去销售费用、全部税金和税后净利润确定评估值；对于滞销、积压、降价销售的产品，应根据其可收回净收益确定评估值。

第三节 货币及债权类流动资产评估

一、货币类流动资产的评估

货币类流动资产是企业生产经营过程中处于货币形态的资产,因此其评估的范围包括库存现金、银行存款和其他货币资金。

众所周知,资产评估主要是对非货币性资产而言的,由于货币类资产不会因时间的变化而发生差异。因此,对于现金的评估值,是对库存现金进行盘点,并与现金总账和现金日记账核对,账实相符后确认的数额;对于银行各项存款的评估值,是对评估基准日银行存款总账和日记账核对,并取得评估基准日银行存款对账单,通过编制银行存款余额调节表而确认的银行存款实有数额;如有外币存款,可按评估基准日的国家外汇牌价折算成人民币值,确认其评估值。

二、债权类流动资产的评估

(一) 债权类流动资产评估的范围

企业债权类流动资产主要包括应收账款、预付账款、应收票据、交易性金融资产和其他费用(如待摊费用)等。应收账款是指企业由于销售商品、提供劳务等经营活动,应向购货单位或接受劳务单位收取的款项。预付账款是指企业按照合同规定预付的款项。应收票据是指企业由于销售商品、提供劳务等而收到的商业汇票。交易性金融资产是指企业为了近期内出售而持有的金融资产。例如,企业以赚取差价为目的从二级市场购入的股票、债券、基金等。待摊费用是指企业已经支出但应由以后各期分期摊销的费用。

(二) 应收及预付款项的评估

企业的应收及预付款项主要是指企业在经营过程中由于赊销原因而形成的尚未收回的款项以及企业根据合同规定预付给供货单位的货款等。由于这类流动资产在回收时具有一定的风险,因此,在评估时一般应从两个方面进行,如对应收账款的评估,一是清查核实应收账款的真实性,以便确认其应收数额;二是判断估计可能的坏账损失和可能收回应收款数额的多少。确定应收账款评估值的基本计算公式为:

$$\text{应收账款评估值} = \text{应收账款账面价值} - \text{已确定的坏账损失} - \text{预计的坏账损失}$$

1. 确定应收账款账面价值

确定应收账款账面价值,应进行应收账款总账和明细账的核对,应收账款与销货凭证、销货合同等相关单证的核对,应收账款和相关账目的核对,必要时还应向往来客户发函核对,以查明各项应收账款发生的时间、金额、债务人的信誉情况,以及每一笔账款是否具有合法、有效的原始凭证等。对机构内部独立核算单位之间往来账目进行双向核对,避免重计、漏计及其他不真实的债权关系。

2. 确认已确定的坏账损失

已确定的坏账损失是指评估时债务人已经死亡或破产,以及有明显证据证明确实无法收回的应收账款。对于已确定的坏账损失在评估其价值时,应从应收账款价值中扣除。

3. 确定可能发生的坏账损失

确定可能发生的坏账损失要根据应收账款回收的可能性进行判断。一般可以根据企业与债人的业务往来和债务人的信用情况将应收账款分为几类,并按不同类别估计应收账款回收的可能性,从而确定可能发生的坏账损失。对于业务往来较多,对方结算信用较好的,这类应收账款一般能够如期全部收回;对于业务往来少,对方结算信用一般的,这类应收账款收回的可能性很大,但回收时间不能完全确定;对于一次性业务往来,对方信用情况不太清楚的,这类应收账款可能只收回一部分;对于长期拖欠或对方单位已撤销的,这类应收账款可能无法收回。这种分类方法,既是对应收账款坏账损失可能性的判断过程,也是对预计坏账损失定量分析的准备过程。估计可能发生的坏账损失常采用如下方法:

(1) 坏账估计法。坏账估计法,即按坏账的比例,判断不可回收的应收账款,以确定坏账损失的数额。坏账比例的确定可以根据被评估企业前若干年(一般为3至5年)的实际坏账损失额与其应收账款发生额的比例确定。其计算公式为:

$$坏账比例 = \frac{评估前若干年发生的坏账数额}{评估前若干年应收账款发生额} \times 100\%$$

当然,一个企业的应收账款项目如果多年未清理,账面找不到处理坏账的数额,也就无法推算出坏账损失率,在这种情况下就不能采用这种方法。

确定坏账损失比率时,还应该分析其特殊原因造成的坏账损失,这部分坏账损失产生的坏账比率有其特殊性,不能直接作为未来预计损失的依据。

【例 6 – 10】 对某企业进行整体资产评估,经核实,截至评估基准日的账面应收账款实有金额为 520 万元,前 5 年的应收账款发生情况及坏账处理情况如表 6 – 4 所示。

表 6 – 4　　　　某企业前 5 年应收账款发生和坏账处理情况　　　　单位:元

	应收账款发生额	处理坏账金额	备 注
第 1 年	1 500 000	200 000	
第 2 年	2 450 000	72 000	
第 3 年	2 500 000	120 000	
第 4 年	3 050 000	83 500	
第 5 年	2 140 000	10 100	
合　　计	11 640 000	485 600	

由此计算前 5 年坏账占应收账款的百分比为:

前 5 年坏账占应收账款的百分比 = (485 600/11 640 000) × 100% = 4.17%

预计坏账损失额 = 5 200 000 × 4.17% = 216 840(万元)

(2) 账龄分析法。账龄分析法即按应收账款账龄时间的长短,分析判断可收回的金额和可能发生的坏账损失。一般来说,应收账款账龄越长,坏账损失的可能性越大。因此,可将应收账款按账龄长短分成几组,按组估计坏账损失的可能性,进而计算坏账损失的金额。

【例 6 – 11】 对某企业进行评估时,经核实该企业应收账款实有金额为 858 000 元,具体发生情况以及由此确定坏账损失情况如表6-5、表6-6所示。

表6-5　　　　　　　　　　　应收账款拖欠时间分析表　　　　　　　　　　　单位：元

应收账款项目	总金额	其中未到期	其中：过期			
			半年	一年	两年	三年及以上
甲	487 000	202 000	85 000	160 000	40 000	
乙	176 000	80 000	40 000		10 000	46 000
丙	66 000			18 400	32 000	15 600
丁	129 000	22 000	18 000	24 000	25 000	40 000
合计	858 000	304 000	143 000	202 400	107 000	101 600

表6-6　　　　　　　　　　　坏账计算分析表　　　　　　　　　　　单位：元

拖欠时间	应收金额	预计坏账率	坏账金额	备注
未到期	304 000	1%	3 040	
半年	143 000	10%	14 300	
一年	202 400	15%	30 360	
两年	107 000	25%	26 750	
三年以上	101 600	43%	43 688	
合计	858 000	—	1 181 138	

由表6-5、表6-6确定应收账款评估值为：

应收账款评估值=858 000-118 138=739 862（元）

一般来说，应收账款评估以后，账面上的"坏账准备"科目应按零值计算，评估结果中没有此项目。因为"坏账准备"科目是应收账款的备抵账户。应收账款评估时，是按照实际可收回的可能性进行的。因此，应收账款评估值就不必再考虑坏账准备数额。

（三）应收票据的评估

应收票据是由付款人或收款人签发、由付款人承兑到期无条件付款的一种书面凭证。应收票据按承兑人不同可分为商业承兑汇票和银行承兑汇票；按其是否带息分为带息商业汇票和不带息商业汇票。商业汇票可依法背书转让，也可以向银行申请贴现。由于商业汇票有带息和不带息之分，所以对不带息票据，其评估值即为票面金额。对于带息票据，应收票据的评估值包括票据面值加利息。

应收票据的评估可采用下列两种方法进行：

（1）按票据的本利和计算。应收票据的评估价值为票据的面值加上应计的利息。其计算公式为：

应收票据评估值=本金×（1+利息率×时间）

【例6-12】　某企业拥有一张期限为6个月的商业汇票，本金75万元，年利率为3%，截至评估基准日离付款期尚差 3.5 个月的时间，由此确定评估值为：

应收票据的评估值 = 750 000 × （1 + 3% × 2.5/12）

＝754 687.42（元）

（2）按应收票据的贴现值计算。应收票据的评估价值为按评估基准日到银行申请贴现的贴现值。其计算公式为：

应收票据评估值 = 票据到期价值 - 贴现息

贴现息 = 票据到期价值 × 贴现率 × 贴现期

【例 6 - 13】 乙企业向甲企业售出一批材料，价款 100 万元，商定 6 个月收款，采取商业汇票结算。该企业于 4 月 10 日签发汇票，并经甲企业承兑。汇票到期日为 10 月 10 日。现对该企业持有的汇票进行评估，评估基准日为 6 月 10 日，银行贴现率按年息 3% 计算。

贴现息 =（1 000 000 × 3%/360）× 120 = 9 996（元）

应收票据评估值 = 1 000 000 - 9 996 = 990 004（元）

与应收账款相类似，如果被评估的应收票据是在规定的时间尚未收回的票据，应按应收账款的评估方法来处理。

（四）待摊费用评估

待摊费用是指企业中已经支付或发生，但应由本月和以后各个月份负担的费用。费用本身不是资产，它是已耗用资产的反映，但它的支出可以形成一定形态的有形资产和无形资产。因此，要评估确定待摊费用的价值，实际上是确定其实体资产或某种权利的价值。对于待摊费用的评估，原则上应按形成的具体资产价值来确定。例如，某企业待摊费用中，发生的待摊修理费用 1 万元，而在机器设备评估时，由于发生大修理费用会延长机器设备寿命或增加其功能，使机器设备评估值增大，因此，待摊费用 1 万元已在机器设备价值中得以实现，这部分反映在待摊费用中的价值无需体现。

待摊费用之所以作为资产，是因为这类费用在评估日之前企业已经支出，但在评估日之后才能产生效益。如预付的报刊杂志费、待摊保险金、预付租金等。因而，可将这类待摊费用看作是未来取得服务的权利。待摊费用的评估主要依据其未来可产生效益的时间。如果待摊费用的效益已在评估日前全部体现，只因发生的数额过大而采用分期摊销的办法，则这种待摊费用不应在评估中作价。只有那些在评估日之后仍将发挥作用的待摊费用才能作为评估的对象。

（五）交易性金融资产评估

交易性金融资产是指企业为了近期内出售而持有的金融资产。例如，企业以赚取差价为目的从二级市场购入的股票、债券、基金等。其价值评估可参照长期投资评估的方法。通常，对于公开挂牌交易的有价证券可按评估基准日的收盘价计算确定其评估值；不能公开交易的有价证券可按其本金加持有期利息计算其评估值。

本章小结

流动资产评估的内容主要包括货币资金、应收及预付款项、存货等。流动资产由于其具有循环与周转速度快、变现能力强、形态多样化、存量波动大及市场价格与原始成本一般差别不大的特点,评估时,它以单项资产为评估对象,基准日尽量选在会计期末,评估方法也较简单。

实物类流动资产包括各种材料、低值易耗品、在产品、半成品、产成品及库存商品等,评估的方法主要有成本法、市价法。债权类流动资产包括应收账款、预付账款、应收票据等,其评估思路按其可收回价值估价,其评估关键在于坏账损失的估算,主要采用坏账比率法和账龄分析法。

货币类的流动资产因本身就是资产价值的等价物,一般无需采用特殊的方法进行评估。

流动资产评估的重点和难点是对债权类流动资产和实物类流动资产评估的部分,由于债权收回的不确定性和实物类流动资产流动性的特点,要求评估人员在评估过程中灵活运用评估方法,以便得出客观公正的评估结论。

关键术语

债权类流动资产 　　实物类流动资产 　　货币类流动资产

思考题

1. 流动资产评估的特点。
2. 如何评估应收款项?
3. 采用市场法评估在产品应注意什么?
4. 采用市场法评估产成品应注意什么?
5. 存货中的材料评估和产成品评估在评估方法的选用上有何异同?
6. 存货中的材料分不同情况应分别采用哪些方法进行评估?

第七章 机器设备评估

机器设备评估作为固定资产评估的主体部分，在评估实务中具有举足轻重的地位。本章在介绍机器设备的概念、特点及其分类的基础上，总结了机器设备评估的特点。根据机器设备评估的特点，本章对成本法、市场法和收益法在机器设备评估中的应用进行了详细的阐述。其中重点内容是成本法的应用。通过本章的学习，能熟练应用适合的评估方法对不同类型的机器设备价值进行估算。

第一节 机器设备评估概述

一、机器设备的概念及其特点

（一）机器设备的概念

机器设备是固定资产中的重要组成部分。不同领域和学科对机器设备的定义有所不同。自然科学领域所指的机器设备，是指将机械能或非机械能转换为便于人类利用的机械能，以及将机械能转换为某种非机械能，或利用机械能来做一定工作的装备或器具。机械为机器和机构的泛称，各种机械具有共同的自然属性特征：①由零件和部件组成；②零件、部件之间有确定的相对运动和力的传递；③有机械能的转换或机械能的利用。

在《国际评估准则》中，机器设备作为一种重要的资产，其定义如下：

设备、机器和装备是用来为所有者提供收益的、不动产以外的有形资产。设备是包括特殊性非永久性建筑物、机器和仪器在内的组合资产；机器包括单独的机器和机器的组合，是指使用或应用机械动力的器械装置，由具有特定功能的结构组成，用以完成一定的工作；装备是用以支持企业功能的附属性资产。

为贯彻落实《资产评估法》，规范资产评估执业行为，保证资产评估执业质量，保护资产评估当事人合法权益和公共利益，在财政部指导下，中国资产评估协会根据《资产评估基本准则》，对《资产评估准则——机器设备》进行了修订，制定了《资产评估执业准则——机器设备》，自2017年10月1日起施行。本准则所称机器设备，是指人类利用机械原理以及其他科学原理制造的、特定主体拥有或者控制的有形资产，包括机器、仪器、器械、装置、附属的特殊建筑物等。

(二) 机器设备的特点

企业资产评估中的机器设备具有四个特点。

1. 为生产商品、提供劳务、出租或经营管理而持有

企业持有机器设备的目的是为了生产商品、提供劳务、出租或经营管理，企业持有的机器设备是企业的劳动工具或手段，而不是用于出售的产品。这是机器设备与流动资产的最大区别，企业的某些资产也有可能价值很高，占有时间较长，但只要其购置目的为了出售，就不能作为机器设备而应列为流动资产。

2. 使用寿命超过一年或一个会计年度

机器设备的使用寿命是指企业使用机器设备的预计期间，或者该机器设备所能生产产品或提供劳务的数量。通常情况下，机器设备的使用寿命是指使用机器设备的预计期间，比如，自用房屋建筑物的使用寿命表现为企业对该建筑物的预计使用年限。对于某些机器设备及运输设备等机器设备，其使用寿命表现为以该机器设备所能生产或提供劳务的数量，例如，汽车或飞机等，按其预计行驶或飞行里程估计使用寿命。

机器设备的使用寿命超过一个会计年度意味着机器设备属于非流动资产，随着使用和磨损会造成功能的逐渐丧失，因此必须在其有效的使用年限内计提折旧，这不仅是为了使企业将来有能力重置资产，维持再生产，更主要的是为了把购置机器设备的支出分配于各个收益期，实现收入与费用的正确配比。

3. 工程技术性强，专业门类多

机器设备价格从社会劳动的角度分析，决定于社会必要劳动时间，价格与功能相联系，功能又是工程技术性能的反映，是按不同的专业门类来比较和度量的。如发电机按电压和功率来衡量功能；织布机按班台产量和规格、花色、质量来衡量功能；运输工具用载重量和运行里程来衡量其功能等。决定功能差异的都是大量的属于各专业门类的技术和工程问题。从工程技术方面来分析，机器设备有通用、专用和非标准之分。即使同一种机器设备，其型号不同、生产日期不同、制造厂家不同，都会有先进程度的差别。

4. 机器设备单位价值大，影响因素复杂

由于机器设备都是在一定限额以上的劳动资料，单位价值较大，在企业生产经营中长期发挥作用，因而在企业资产中占有很大的比重。同时机器设备在企业生产经营过程中要多次反复地使用，其实物状态和功能都在发生作用、产生变化，因而影响其价值的因素十分复杂。机器设备的价值和使用价值具有贬值和增值的同发性。机器设备在使用中会产生有形磨损和无形磨损，有形磨损一般可通过折旧来实现价值的完全补偿，而无形磨损所致的价值贬值在数量上难以测算。另外，通过技术改造会提高设备功能，实现内涵式扩大再生产，使资产增值。此外，在通货膨胀情况下，机器设备的现价又会呈现增值趋势。

二、机器设备的分类

(一) 固定资产管理中使用的国家分类标准

目前，我国机器设备管理使用的是中华人民共和国国家质量监督检验检疫总局和中国国家标准化管理委员会 2011 年 1 月 10 日批准发布的《固定资产分类与代码》国家标准（GB/T14885-2010）。该标准规定了机器设备的分类、代码及计算单位，适用的范围包括国内的

企业、事业单位、社会团体、行政机关、军队和武警部队以及各级有关管理部门的机器设备管理、清查、登记、统计等工作。

该标准按固定资产的基本属性分类，适当兼顾行业管理的需要。其包括了六个门类，土地、房屋及构筑物；通用设备；专用设备；文物和陈列品；图书、档案；家具、用具、装具及动植物，其中有两类为设备。如表7-1所示。

表7-1　　　　　　《固定资产分类与代码》（GB/T14885-2010）

门　类	代　码	固定资产与分类名称
土地、房屋及构筑物	1010000	土地、海域及无居民海岛
	1020000	房屋
	1030000	构筑物
通用设备	2010000	计算机设备及软件
	2020000	办公设备
	2030000	车辆
	2040000	图书档案设备
	2100000	机械设备
	2200000	电气设备
	2300000	雷达、无线电和卫星导航设备
	2310000	通信设备
	2320000	广播、电视、电影设备
	2400000	仪器仪表
	2410000	电子和通信测量仪器
	2420000	计量标准器具及量具、衡器
专用设备	3010000	探矿、采矿、选矿和造块设备
	3020000	石油天然气开采专用设备
	3030000	石油和化学工业专用设备
	3040000	炼焦和金属冶炼轧制设备
	3050000	电力工业专用设备
	3060000	非金属矿物制品工业专用设备
	3070000	核工业专用设备
	3080000	航空航天工业专用设备
	3100000	工程机械
	3110000	农业和林业机械
	3130000	木材采集和加工设备
	3140000	食品加工专用设备
	3150000	饮料加工设备
	3160000	烟草加工设备
	3170000	粮油作物和饲料加工设备

续表

门 类	代 码	固定资产与分类名称
专用设备	3180000	纺织设备
	3190000	缝纫、服饰、制革和毛皮加工设备
	3200000	造纸和印刷机械
	3210000	化学药品和中药专用设备
	3220000	医疗设备
	3230000	电工、电子专用生产设备
	3240000	安全生产设备
	3250000	邮政专用设备
	3260000	环境污染防治设备
	3270000	公安专用设备
	3280000	水工机械
	3390000	殡葬设备及用品
	3500000	铁路运输设备
	3510000	水上交通运输设备
	3520000	航空器及其配套设备
	3600000	专用仪器仪表
	3700000	文艺设备
	3710000	体育设备
	3720000	娱乐设备
文物和陈列品	4010000	文物
	4020000	陈列品
图书、档案	5010000	图书、档案
家具、用具、装具及动植物	6010000	家具用具
	6020000	被服装具
	6030000	特种用途动物
	6040000	特种用途植物

在我国，目前国内大部分企业的机器设备管理已采用上述分类方法，为了满足被评估企业建账和资产管理的需要，评估机构提供机器设备明细清单也必须符合上述分类要求，因此，这种分类方法是资产评估中使用的最基本的分类方法。

（二）会计核算中使用的分类

根据我国现行会计制度，机器设备按其使用性质分为六类。

1. 生产用机器设备

生产用机器设备，即直接为生产经营服务的机器设备，包括生产工艺设备、辅助生产设备、动力能源设备等。

2. 非生产用机器设备

非生产用机器设备，即在企业所属的福利部门、教育部门等使用的机器设备。

3. 租出机器设备

租出机器设备，即企业出租给其他单位使用的机器设备。

4. 未使用机器设备

未使用机器设备，即企业尚未投入使用的新设备、库存的正常周转用设备、正在修理改造尚未投入使用的机器设备等。

5. 不需用机器设备

不需用机器设备，即已不适合本单位使用，待处理的机器设备。

6. 融资租入机器设备

融资租入机器设备，即企业以融资租赁方式租入使用的机器设备。

机器设备评估实际是机器设备使用价值的评估，其使用状态如何将直接影响其评估价值。会计分类方法为评估师了解设备的使用状态提供了非常有用的信息。同样，机器设备的使用状态也必须在评估报告中进行清晰地描述。

（三）按机器设备的工程技术特点分类

按机器设备的工程技术特点分类，机器设备有通用、专用和非标准之分。

通用机器设备按工程技术特点可分为八类，即机械设备、动力设备、传导设备、运输设备、自动化控制、仪器、仪表、工业窑炉、工具及其他生产用具、非生产用设备及器具。

专用机器设备按行业不同可分为十九类，即冶金工业专用设备、电力工业专用设备、机械工业专用设备、石油化工工业专用设备、医药工业专用设备、仪表电讯工业专用设备、建材工业专用设备、纺织工业专用设备、轻工业专用设备、矿山专用设备、森林工业专用设备、煤炭工业专用设备、造船工业专用设备、港务专用设备、交通运输及邮电专用设备、建筑施工专用设备、公用事业专用设备、商业专用设备、粮油专用设备等。

非标准设备是指根据企业的需要自行制造或委托加工的机器设备，不是国家定型的设备。

（四）按机器设备来源进行分类

机器设备按来源划分，通常可分为自制设备和外购设备两种，外购设备中又有国内购置和国外购置之分。自制设备和外购设备的成本构成有所区别，决定了对其进行价值评估时所采用的具体成本计算方法也有所区别。同时，国外购置设备的成本构成中又包含关税等其他特殊成本、费用，因此会影响评估方法的具体运用。

除以上主要分类方法外，还有许多其他的分类方法，如按工作原理及功能进行分类。但值得注意的是，所有这些分类并不是独立的，分类之间可以有不同程度的关联。如外购设备中，可能是通用设备，也可能是专用设备，还可能是进口通用设备或进口专用设备；成套设备中可能部分是外购，部分是自制的。资产评估中可以根据委托单位的生产技术特点、评估目的、采用的评估操作方法、评估人员的专业特长等，按不同分类进行操作，最后按评估结果汇总要求进行统计。

三、机器设备评估及特点

《资产评估执业准则——机器设备》所称机器设备评估，是指资产评估机构及其资产评估专业人员遵守法律、行政法规和资产评估准则，根据委托对评估基准日特定目的下单独的机器设备、资产组合或者作为企业资产组成部分的机器设备价值进行评定和估算，并出具资产评估报告的专业服务行为。机器设备评估具有四个特点。

（一）评估对象是单台机器设备和机器设备组合

机器设备评估的对象可以分为单台机器设备和机器设备组合。单台机器设备是指以独立形态存在、可以单独发挥作用或者以单台的形式进行销售的机器设备。机器设备组合是指为了实现特定功能，由若干机器设备组成的有机整体。机器设备组合的价值不等同于单台机器设备价值的简单相加。因此，注册资产评估师在评估机器设备组合时应以充分考虑机器设备组合所发挥的作用及其对企业收益的贡献程度，以最终确定机器设备组合的价值大小。

（二）对机器设备的评估应以工程技术检测为基础

由于机器设备的使用周期长，加之因使用状况、维修保养及环境因素引起的差异，其磨损的程度和实际价值都可以发生较大的变化，因此必须通过工程技术手段保证评估的科学性。注册资产评估师通常可以通过现场观察，利用机器设备使用单位所提供的技术档案、检测报告、运行记录等历史资料，利用专业机构的检测结果对机器设备的技术状态作出判断。必要时可聘请专业机构对机器设备进行技术鉴定，并且要十分注意与企业设备管理和技术装备部门在评估中的密切合作。

（三）机器设备评估影响因素复杂

影响机器设备价值的因素复杂多样，其价值转移和补偿的特殊性决定了机器设备评估的影响因素十分复杂。从重置全价的影响因素来分析，物价、费用、重置成本等因素的变化均从不同角度影响到重置全价的评估。从重置净价的角度来分析，尚可使用年限、成新率等因素起决定作用，而它的测算并不是轻而易举的。在贬值额的计算中，实体性贬值、功能性贬值、经济性贬值等的度量也存在很大的难度，不仅需要专业的判断，还需要对宏观经济形势、国家相关的政策法律、技术进步等因素做出准确的分析和测度。

（四）采用不同估价标准的评估价格差异大

机器设备评估，除通常不采用收益现值标准外，其他价格类型均可采用。但不同价格类型评估数额差异很大。其主要原因在于不同估价标准下机器设备的价格构成因素不同：重置成本续用价格包括机器设备的再生产价格（主体及其附件的采购价）、运杂费、安装费、配套费、调试费以及各项间接费用；而变现净值则是固定资产的市场变现价格扣除固定资产拆迁和变现费用的余额。后者的价格明显低于前者。此外，由于机器设备专用性强，即使是通用设备，其变现能力也较差，变现风险较大。因而不同价格标准下所包含的风险因素不同，不同的风险因素也会导致价格差异。

四、机器设备评估的基本程序

（一）接受委托阶段

客户有意委托评估人员对某项机器设备进行评估时，评估人员要向客户了解被评估资产的背景、现状、评估目的和评估报告的用途以及该项评估涉及的其他因素，以备注册资产评估师做出必要的判断。

（二）评估准备阶段

评估人员及评估机构在签订资产评估委托协议后，应进一步明确评估对象、评估范围及评估假设等，着手做好评估的准备工作。具体包括：

（1）注册资产评估师应当根据机器设备的预期用途明确下列事项：机器设备是继续使用或者变现。原地使用或者移地使用，现行用途使用或者改变用途使用等；并考虑机器设备移位或者改变用途对其价值产生的影响。

（2）注册资产评估师应当明确机器设备评估的范围是否包括机器设备的安装、基础、附属设施；是否包括软件、技术服务、技术资料等无形资产；对附属于不动产的机器设备，应当合理划分评估范围，以免重评或漏评。

（3）注册资产评估师应当收集多方面资料，综合考虑机器设备所依存资源的有限性，所生产产品的市场寿命，所依附土地和房屋建筑物的使用期限，国家的法律、法规及环境保护、能源等产业政策对机器设备价值的影响。

（4）指导委托方做好机器设备评估的基础工作，如待评估机器设备清册及分类明细表的填写，被评机器设备的自查和盘盈、盘亏事项的调整，机器设备产权资料及有关经济技术资料的准备等。

（5）分析研究委托方提供的被评估资产清册及相关表格，明确评估重点和清查重点，制定评估方案，落实人员安排，设计主要机器设备的评估技术路线。

（三）现场工作阶段

现场调查是机器设备评估的一个非常重要的工作步骤。在机器设备评估的现场调查中要了解工艺过程，核实机器设备数量，明确机器设备权属，观察询问机器设备状况。

1. 逐台（件）核实评估对象，以确保评估对象真实可靠

要求委托方根据现场清查核实的结果，调整或确定其填报的被评机器设备清册及相关表格，并以清查核实后的机器设备作为评估对象，同时注意被评估设备的权属问题。

2. 按评估重点或人员安排，对设备进行分类

当被评估设备种类数量较多时，为了突出重点，以及发挥具有专长的评估人员作用，可对设备进行必要的分类。一种分类方法是按设备的重要性划分，如ABC分类法，把单位价值大的重要设备作为A类；把单位价值小且数量较多的设备作为C类；把介于A类与C类之间的设备作为B类。根据委托方对评估的时间要求，对A、B、C三类设备投入不同的精力进行评估。另一种分类方法是按设备的性质分为通用设备和专用设备，以便有效地搜集数据资料，合理地配备评估人员。

3. 设备鉴定

对设备进行鉴定是现场工作的重点。对设备进行鉴定包括对设备的技术鉴定、使用情况鉴定、质量鉴定以及磨损鉴定等。设备的生产厂家、出厂日期、设备负荷和维修情况等是进行鉴定的基本素材。

（1）对设备技术状况的鉴定，主要是对设备满足生产工艺的程度、生产精度和废品率以及各种消耗和污染情况的鉴定。判断设备是否有技术性过时和功能落后的情况存在。

（2）对设备使用情况鉴定，主要了解设备是在用状态还是闲置状态，使用中的设备运行参数，故障率，零配件保证率，设备闲置的原因和维护情况等。

（3）对设备质量进行鉴定，主要应了解设备的制造质量，设备所处环境，条件对设备质量的影响，设备现时的完整性，外观和内部结构情况等。

（4）对设备的磨损程度鉴定，主要是了解和掌握设备的物质性损耗，如锈蚀、损伤、

精度下降、疲劳损伤、材料老化等。

现场工作要有完整的工作记录，特别是设备的鉴定工作更要有详细的鉴定记录。这些记录将是评估机器设备价值的重要数据，也是工作底稿的重要组成内容。

（四）评定估算阶段

（1）根据评估目的、评估价值类型的要求以及评估时的各种条件，选择适宜的评估方法。如果可能可选择多种方法互相进行对照。

（2）阅读有关的可行性分析报告、设计报告、概预算报告、竣工报告、技术改造报告、重大设备运行和检验记录等，以扩大和深化对被评估设备的了解。估算中遇到问题和困难应及时与委托方有关人员沟通。收集资料和调查分析要贯穿于整个评估过程。

（3）查阅有关法律法规，如税法、环境保护法、车辆报废标准等，以便在评估涉及这些规定的设备中考虑法律法规的影响。

（4）对产权受到某种限制的设备，包括已抵押或作为担保品的设备、租入租出的设备要单独处理。

（5）如与房屋建筑、无形资产的界限难以分清，应及时和其他专业评估师交流，防止重评和漏评。

（6）选择合适方法估算评估值。

（7）调整评估结果。评估结果应与评估目的和用途相适应。

（五）撰写评估报告及评估说明，整理评估底稿

对资产评估报告、评估说明及评估底稿的要求见本书的专门章节。

（六）评估报告的审核和报出阶段

评估报告完成以后，要有必要的审核，包括复核人的审核、项目负责人的审核和评估机构负责人的审核。在三级审核确认评估报告无重大纰漏后，再将评估报告送达委托方及有关部门。

第二节　机器设备评估的成本法

机器设备评估中的成本法是通过估算被评估机器设备的重置成本和各种贬值，用重置成本扣减各种贬值作为资产评估价值的一种方法，是机器设备评估中最常用的方法之一。其基本原理用公式表示为：

机器设备评估值 = 重置成本 − 实体性贬值 − 功能性贬值 − 经济性贬值

用符号表示为：

$$P = RC - Dp - Df - De$$

式中：P——评估值；RC——重置成本；Dp——实体性贬值；Df——功能性贬值；De——经济性贬值。

该方法要求对机器设备的重置成本和各种贬值进行估计和测算。

一、重置成本的估算

（一）重置成本的构成

重置成本是指在评估基准日重新购置或购建与被评估对象相同或相似资产所需要的成本。机器设备的重置成本包括购置或购建设备所发生的必要的、合理的直接成本费用、间接成本费用和因资金占用所发生的资金成本。

设备的直接成本包括：①设备净价，即购买或建造设备所发生的费用；②运杂费；③安装费；④基础费及其他合理成本。

设备的间接成本一般包括：管理费、设计费、工程监理费、保险费等。

资金成本是为建造机器设备所发生的资金应计利息。是否计算资金成本取决于投入资金的多少以及资金的投入状况。

直接成本与每一台设备有直接对应关系，间接成本和资金成本有时不能对应到每一台设备上，它们是为整个项目发生的，在计算每一台设备的重置成本时一般按比例摊入。

设备重置成本构成的具体内容与设备的取得方式、渠道、组织形式、安装方式等有关。

1. 外购设备重置成本的构成

外购设备重置成本主要包括：设备自身的购置价格、运输及杂费、安装调试费三大项。但是，外购设备又包括了外购国产设备和进口设备两种，而进口设备的重置成本除包括上述三大项以外，还包括设备进口时的有关税费，如关税、银行手续费及保险费等。

2. 自制设备重置成本的构成

自制设备的重置成本主要包括：制造成本和相配比的期间费用（如应计的管理费用和财务费用）、大型设备的合理制造利润、其他必要的合理费用（如设计、论证等前期费用）、安装调试费用等。

自制设备也可分为标准设备和非标准设备。对于标准设备的重置成本应参考专业生产厂家的标准设备价格，在通盘考虑了质量因素的前提下，运用替代原则合理确定。非标准自制设备的市场价值资料一般难以获得，故经常采用核算法来计算其重置成本。如果以原来的材料、工艺重新制造同类型的设备，则计算得到的是复原重置成本；如果按新材料、新工艺重新制造同类型的设备，则计算得到的是更新重置成本。

（二）重置成本的估算

1. 直接法

直接法又称市场途径询价法，是根据市场交易数据直接确定设备价值的方法，是确定设备购置成本最简单、有效并且可信的途径。使用这种方法的关键是获得市场价格资料，对于大部分的通用设备，市场价格资料的取得是比较容易的；而非标准、专业设备的价格资料往往很难从市场直接取得。获得市场价格的渠道包括：

（1）市场询价。对于大多数有公开市场价格的机器设备，可以通过市场询价来确定设备的现行价格，即评估人员直接从市场上了解相同产品的现行市场销售价格。评估人员获取价格资料的方式可能包括生产厂家提供的产品目录或价格表、经销商提供的价格目录、报纸杂志上的广告、出版的机电产品价格目录、机电产品价格数据库等。在网络化和信息技术发达的今天，评估人员可以通过网络便捷地查询和获得价格资料。在使用上述价格资料时，数据的有效性和可靠性是至关重要的。根据替代性原则,在同等条件下,评估人员应该选择可能获得的最低售价。

(2) 参考报价。对于一些专业设备和特殊设备,一般没有公开的市场价格。这些设备往往只有少数厂家生产,市场交易很少,市场透明度较差。确定这些设备的现行市场价格,需要向生产厂家直接询价,所得到的价格称为报价。生产厂家的报价和实际成交价往往存在较大的差异。评估人员应特别慎重对待这种报价,不可以直接使用。评估人员可向近期购买该厂同类产品的其他客户了解实际成交价,也可以通过网络进行模拟和协商竞价,以最终确定设备价格。

2. 重置核算法

重置核算法又称细分加和法,是分别估算机器设备各个构成部分在评估基准日的成本,然后加和得到重置成本的方法。具体分为:

(1) 外购单台不需安装的国内设备重置成本。其计算公式为:

重置成本 = 评估基准日全新设备公开市场成交价格 + 运杂费

或:

重置成本 = 评估基准日全新设备公开市场成交价格 × (1 + 运杂费率)

(2) 外购单台需安装的国内设备重置成本。其计算公式为:

重置成本 = 评估基准日全新设备公开市场成交价格 + 运杂费 + 安装调试费 + 基础费

或:

重置成本 = 评估基准日全新设备公开市场成交价格 × (1 + 运杂费率 + 安装调试费率 + 设备基础费率)

需注意的问题是:①国产设备的运杂费是从生产厂家到安装使用地点所发生的装卸、运输、采购、保管、保险及其他有关费用。②设备的安装费是指设备安装过程中发生的所有机器设备等的装配、安装工程,锅炉等的砌筑工程,设备附属设施的安装工程如梯子等,设备附属管线的铺设、油漆、保温、防腐等工程以及进行安装工作质量测试的机器设备试运转过程中发生的所有人工费、材料费、机械费及全部费用。③设备的基础费是指为安装设备而建造的特殊构筑物所发生的人工费、材料费、机械费及全部费用。有些特殊设备的基础列入构筑物范围,不按设备基础计算。设备的基础费率按所在行业颁布的概算指标中规定的标准取值,行业标准中没有包括的特殊设备的基础费率,应自行测算。④如设备安装周期较短,设备购置或建造成本与安装费用等所占用资金的资金成本可以忽略不计。但是,如果设备安装调试周期较长,则需要考虑设备购置、建造及安装调试占用资金的资金成本。

各种费率的取值可参考表 7-2、表 7-3、表 7-4。

【例 7-1】 评估人员于 2019 年 7 月 6 日对 A 企业的复印机进行评估,经市场调查,目前该类复印机的售价为 16 000 元,运杂费为 160 元,安装费 220 元,基础费 380 元,则评估基准日复印机的重置成本为:

复印机的重置成本 = 16 000 + 160 + 220 + 380 = 16 760 (元)

表 7-2　　　　　　　　　　机械行业国产设备运杂费率表

地区类别	建设单位所在地	运杂费率（%）	备注
一类	北京、天津、河北、山西、山东、江苏、上海、浙江、安徽、辽宁	5	指标中包括建设单位仓库离车站或码头50公里以内的短途运输费。当超过50公里是按每超过50公里增加0.5%费率计算，不足50公里者，可按50公里计算
二类	湖南、湖北、福建、江西、广东、河南、山西、四川、甘肃、吉林、黑龙江、海南	7	
三类	广西、贵州、青海、宁夏、内蒙古	8	
四类	云南、新疆、西藏	10	

表 7-3　　　　　　　　　　国内设备安装调试费率表

序号	车间或项目名称	设备基础费率（%）	备注
1	机械加工车间	1~2	
2	装配车间	2~4	
3	焊接、冷作车间（金属结构车间）	1.3~1.8	
4	铸铁车间	4~6	
5	铸钢车间	3~5	
6	精密铸造车间	2.5~5	
7	有色铸造车间	1.5~4	
8	锻造车间		
8.1	大件模锻	7~9	最大压力机 125MN
8.2	小件模锻	4~6	最大压力机 25MN
8.3	锻锤≤1t	2.5~3.5	
8.4	锻锤≥1t	1.5~2.5	
9	热处理车间	1.5~2.5	
10	冲压车间	2.2~3.2	
11	电镀车间	7~9	
12	油漆车间	8~10	
13	TNT生产车间		
13.1	硝化工房	34~36	设备安装包括工艺管道
13.2	硝烟吸收工房	52~54	设备安装包括工艺管道
13.3	安全放料池酸性废水池及地下槽棚	64~67	设备安装包括工艺管道
13.4	精制工房及洪水池沉淀槽	50~52	设备安装包括工艺管道
13.5	制片包装工房	32~34	设备安装包括工艺管道
13.6	酸综合工房及废酸贮槽	24~26	设备安装包括工艺管道
13.7	甲苯转手库、甲苯泵房	43~45	设备安装包括工艺管道
14	硝铵炸药生产车间		

续表

序号	车间或项目名称	设备基础费率（%）	备注
14.1	硝铵粉碎干燥车间	25~27	气流干燥工艺
14.2	TNT粉碎工房	8~9	
14.3	混药工房	13~14	
14.4	装药包装工房	13~14	
14.5	油相配制工房	11~13	
14.6	卷纸管工房	16~18	
14.7	卷纸管输送带	17~19	
15	工具车间	2	
16	机修车间	2	
17	材料库	2~2.5	不包括立体仓库
18	汽车库	4~5	
19	木工车间	1.5~3	
20	中央实验室、计量室	0.5~1	

表7-4　　　　　　　　　国内设备基础费率

车间或项目名称	设备基础费率（%）	备注
机械加工车间	1.4~3.4	重、大型设备较多的取上限
装配车间		
（a）固定式装配	0.8~1.4	
（b）流水线装配		
地坑（沟）<1m（包括无地沟配线）	3.0~5.0	
地坑（沟）>1m	5.0~7.0	
焊接、冷作车间（金属结构车间）	1.5~2.8	重、大型设备较多的取上限
冲压车间		
小型设备为主	0.8~1.3	
大型设备为主	1.3~3.0	带形基础的取上限
油漆车间		产品等级高，有喷抛丸设备的车间取上限
大型车间	8.0~12.0	
小型车间	2.0~4.0	
热处理车间	0.7~1.1	产品等级高，车间规模大的车间取上限
电镀车间	0.8~1.2	
锻造车间		
以热模锻为主	4.0~6.0	大批量、流水线的取下限
以锻锤为主	12.0~17.0	空气锤为主的取上限
铸钢车间	2.8~4.3	机械化程度低的取上限

续表

车间或项目名称	设备基础费率（%）	备　注
铸铁车间	2.0~3.5	机械化程度低的取上限
精密铸造车间	2.5~3.5	车间规模大的，有一定机械化程度的取上限
有色铸造车间	1.5~2.5	压铸车间取下限
机修车间	1.5~2.0	
工模具车间	0.8~1.4	模具车间取上限
中央实验室	0.4~0.6	
中央计量室	0.1~0.3	

（3）外购单台不需要安装的进口机器设备重置成本。其又具体分为：

①进口非消费税机器设备。其重置成本计算公式为：

进口设备重置成本 =（FOB 价格 + 国外运杂费 + 国外运输保险费）× 评估基准日外汇汇率 + 进口关税 + 增值税 + 银行及其他手续费 + 国内运杂费

②进口消费税机器设备。其重置成本计算公式为：

进口设备重置成本 =（FOB 价格 + 国外运杂费 + 国外运输保险费）× 评估基准日外汇汇率 + 进口关税 + 消费税 + 增值税 + 银行及其他手续费 + 国内运杂费

③进口设备。其重置成本计算公式为：

进口设备重置成本 =（FOB 价格 + 国外运杂费 + 国外运输保险费）× 评估基准日外汇汇率 + 进口关税 + 消费税 + 增值税 + 银行及其他手续费 + 车辆购置附加费 + 国内运杂费

在计算过程中也可以机器设备的到岸价（CIF）为基础计算。到岸价（CIF）指离岸价加国外运杂费和国外运输保险费，即：

CIF = FOB + 国外运杂费 + 国外运输保险费

a. 国外运杂费可按设备的重量、体积及海运公司的收费标准计算，也可按一定比例计取，取费基数为设备离岸价，其计算公式为：

海运费 = 设备离岸价 × 海运费率

费率：远洋一般取 5%~8%，近洋一般取 3%~4%。

b. 国外运输保险费的取费基数为设备离岸价与海运费之和，其计算公式为：

国外运输保险费 =（设备离岸价 + 海运费）× 保险费率/（1 - 保险费率）

保险费率可根据保险公司费率表确定，一般在 0.4% 左右。

c. 关税的取费基数为设备的到岸价（CIF），其计算公式为：

关税 = 到岸价 × 关税税率

关税的税率按国家发布的进口关税税率表计算。

d. 消费税的计税基数为关税完税价与关税之和，其计算公式为：

消费税 =（关税完税价 + 关税）× 消费税税率/（1 - 消费税税率）

消费税的税率按国家发布的消费税税率表计算。

e. 增值税的取费基数为关税完税价、关税、消费税三者之和，其计算公式为：

增值税 =（关税完税价 + 关税 + 消费税）× 增值税税率

注：减免关税，同时减免增值税。

f. 银行财务费的取费基数为离岸价的人民币数，其计算公式为：

银行财务费 = 设备离岸价 × 评估基准日外汇汇率 × 银行财务费率

我国现行银行财务费率一般为 4‰ ~ 5‰。

g. 外贸手续费也称公司手续费，取费基数为到岸价人民币数，其计算公式为：

外贸手续费 = 设备到岸价 × 评估基准日外汇汇率 × 外贸手续费率

目前，我国进出口公司进出口费率一般为 1% ~ 1.5%。

h. 车辆购置附加费的取费基数为到岸价人民币数、关税、消费税三者之和，其计算公式为：

车辆购置附加费 =（到岸价人民币数 + 关税 + 消费税）× 车辆购置附加费率

（4）外购需安装进口设备重置成本。其计算公式为：

重置成本 = 单台未安装进口设备重置成本 + 安装调试费 + 人员培训费 + 其他

【例7-2】 某德国进口成套机器设备 FOB 价为 1000000 欧元，关税税率为 16%，增值税税率为 13%，银行手续费费率为 0.4%，公司代理费率为 1%，国内运杂费率为 1%，安装费率为 0.6%，基础费率为 1.7%。设备从订货到安装完毕投入使用需要 2 年时间，第一年投入的资金比例为 40%，第二年投入的资金比例为 60%，假设每年的资金投入是均匀的，银行贷款利率为 6%，试计算该设备的重置成本。

解：该设备的重置成本包括：①设备的货价；②海外运输费；③海运保险费；④关税；⑤增值税；⑥银行财务费用；⑦公司代理手续费；⑧国内运费；⑨安装费；⑩基础费；⑪资金成本。计算过程如表7-5所示。

表7-5

项目	计费基数	费率	计算公式	金额
FOB 价				1 000 000 欧元
国外海运费	FOB 价	5%	计费基数 × 海运费率	50 000 欧元
国外运输保险费	FOB价 + 海运费	0.4%	计费基数 × 保险费率	4 200 欧元
到岸价（CIF 价）外币合计				1 054 200 欧元
CIF 价人民币合计	外币额	10.1	计费基数 × 汇率	10 647 420 元
关税	CIF 价	16%	CIF 价 × 16%	1 703 587.2 元
增值税	CIF 价 + 关税	13%	（CIF 价 + 关税）× 13%	1 605 630.94 元
银行手续费	FOB 价	0.4%	FOB 价 × 0.4%	40 400 元
公司手续费	CIF 价	1%	CIF 价 × 1%	106 474.20 元
国内运杂费	CIF 价	1%	CIF 价 × 1%	106 474.20 元
安装费	CIF 价	0.6%	CIF 价 × 0.6%	63 884.52 元
基础费	CIF 价	1.7%	CIF 价 × 1.7%	181 006.14 元
合 计				14 454 877.18 元
资金成本		6%	资金合计 ×（40% × 6% × 1.5 + 60% × 6% × 0.5）	780 563.37 元
重置成本总计				15 235 440.55 元

(5) 外购成套需安装设备重置成本。其计算公式为：

重置成本 = 单台未安装进口设备重置成本总和 + 单台未安装国产设备重置成本总和 + 工器具重置成本 + 安装工程费 + 工程监理费 + 软件重置成本 + 设计费 + 贷款利息（资金成本）

3. 综合估价法

综合估价法是指根据设备的主材费用和主要外购件费用与设备成本费用之间一定的比例关系，通过确定设备的主材费用和主要外购件费用，计算出设备的完全制造成本，并考虑企业利润、税金和设计费用，最终确定设备的重置成本的方法。该方法主要用于通用非标准设备的重置成本计量。

通用非标准设备是指通用设备中不定型、不成系列，先进行单体设备设计再进行单台或小批量制造的设备。其价格构成如下：①直接材料：包括设备制造所消耗的主、辅材料，外购件；②燃料和动力：指直接用于设备制造的外购和自制的燃料和动力费；③直接人工：指设备制造所直接消耗人工的工资及福利费；④制造费用：包括生产单位（如生产车间）管理人员工资和福利费、折旧、办公费、水电费、物料消耗、劳动保护费、专用模具、专用工具费等；⑤期间费用分摊：包括管理费用、财务费用、销售费用等；⑥利润和税金；⑦非标准设备设计费；⑧对制造、安装调试周期较长的需考虑占用资金的资金成本。

通用非标准设备重置成本的计算方法是在初步设计阶段有较详细总图而无详细零件图，可得到主要材料消耗量和主要外购件消耗量时，以主要材料费为基础，根据其与成本费用的关系指标估算出相应成本，另外考虑一定的利润、税金和设计费，从而求得该设备的重置成本。其计算公式为：

$$RC = (M_{rm}/K_m + M_{PM}) \times (1 + K_p) \times (1 + K_d/n) \times (1 + r_t)$$

式中：RC——非标准设备重置成本；M_{rm}——主材费（不含主要外购件费）；K_m——不含主要外购件费的成本主材费率；M_{PM}——主要外购件费；K_p——成本利润率；r_t——综合税率；K_d——非标准设备设计费率；n——非标准设备产量。

(1) 主材费（M_{rm}）。主要材料是根据设备的具体构造、物理组成以及在设备重量或价值中的比重所确定的一种或几种材料。主材费（M_{rm}）由工艺设备专业人员提出或按设计图纸估算出各种主要材料的净消耗量（如重量、面积、体积、个数等），然后根据各种主要材料的利用率求出各种材料的总消耗量，最后按照评估基准日各材料的市场价格计算主要材料费用。其费用计算公式为：

$$M_{rm} = \sum \left[\left(\frac{某主材净消耗量}{该主材利用率} \right) \times \frac{含税市场价格}{(1 + 增值税税率)} \right]$$

(2) 主要外购件费（M_{PM}）。主要外购件主要依据其构成及在设备价格中的比重确定。价值比重很小者可综合在成本主材费率（K_m）中考虑，不再单列为主要外购件。外购件价格按不含税的市场价格计算。主要外购件费的计算公式为：

$$M_{PM} = \sum [某主要外购件数量 \times 含税市场价格 \div (1 + 增值税税率)]$$

(3) 综合税率（r_t）。综合税率（r_t）包括增值税税率及相应的城市维护建设税和教育费附加。

该方法只需依照设备的总图计算出主要材料消耗量，并根据成本主材费率即可估算设备的售价。其是机械工业概算中估算通用非标准设备时经常使用的方法。估价参数如表7-6

所示。

【例7-3】 某单位台车式热风循环炉为非标准自制设备,构建日期为2010年4月,评估基准日为2018年1月30日。计算该非标准机器设备的含税重置成本。

评估计算过程如下：

根据设计图纸,该设备主材为钢材,主材的净消耗量为14.8吨,评估基准日期钢材不含税市场价为4 221元/吨,另外,所需主要外购件（风机、电加热器、废气处理装置等）不含税费用43 200元。

主材费利用率90%,成本主材费率48%,成本利润率10%,销售税金率为18.7%,设计费率15%,产量1台。

则设备的主材费为：

$M_{rm} = 14.8 \div 90\% \times 4\ 221 = 69\ 412$（元）

成本主材费率：$K_m = 48\%$

主要外购件费：$M_{PM} = 43\ 200$（元）

成本利润率：$K = 10\%$

销售税金率：$r_t = 18.7\%$

非标设备设计费率：$K_d = 15\%$

非标设备的数量：$n = 1$ 台

则设备的重置成本为：

$RC = (69\ 412 \div 48\% + 43\ 200) \times (1 + 10\%) \times (1 + 15\% / 1) \times (1 + 18.7\%)$
$= 282\ 004.54$（元）

4. 物价指数法

物价指数法是以设备的原始购买价格为基础,根据同类设备的价格上涨指数来确定机器设备重置成本的方法。使用物价指数法的两个要素是设备的历史成本和物价指数。历史成本是指设备最初使用者的账面原值,而非当前设备使用者的购置成本。物价指数可分为定基物价指数和环比物价指数。

（1）定基物价指数。定基物价指数是指以固定时期为基期的指数,通常用百分比来表示。以基期的物价指数为100%,当物价比基期上涨时,物价指数大于100%；当物价比基期下跌时,物价指数小于100%。

采用定基物价指数计算设备重置成本的公式为：

$$设备重置成本 = 设备账面原值 \times \frac{评估基准日定基物价指数}{设备购建时定基物价指数}$$

【例7-4】 某机器设备购置时间为2014年1月,原始成本为45 000元,用定基物价指数计算2018年该设备的重置成本。各年的定基物价指数如表7-7所示。

2018年该设备的重置成本 $= 45\ 000 \times (112/103)$
$= 48\ 932.04$（元）

（2）环比物价指数。环比物价指数是指以上期为基期的指数。如果环比期以年为单位,则环比物价指数表示该类产品当年较上年的价格变动幅度。该指数通常也用百分比表示。

表 7-6 通用非标准设备估价参数表

估价编号	设备名称	单位	主要材料利用率(%)					主要购件	成本主材费用率(%)	成本利润率(%)	销售税金率(%)	设计费率(%)
			钢材	铸铁	耐火材	……	PVC					
06	炉子设备	座	85					喷嘴、风机、减速机、轴承、电缆等	37~39	9~10	3.413	8~11
0601	加热炉	座	85	90	砖 95 纤维 97			喷嘴、风机、减速机、轴承、电缆	36~39	9~10	3.413	8~11
0602	热处理炉	座										
08	槽罐设备	座	90									
0801	碳钢水罐	座							64~68	10	18.7	10~13
0802	塑料冷水槽	座							68~71	10	18.7	10~13
0803	电解去油槽(蛇形管加热)	座	板 90 管 96					阴极杆、阴极座、导电极座、尼龙极座	68~70	10	18.7	10~13
0804	电镀槽(钢材软塑)	座	90					阴极杆、阴极座、导电极座、阴极垫、钛加热管、尼龙极座装置	75~79	10	18.7	10~13
0805	钢衬玻璃时效油槽	座	90			玻璃钢 90			72	10	18.7	10~13
09	斗子、支架、平台											
0901	斗子	t	90						60~64	11~12	18.7	10~13
0902	支架	t	95						62~67	9~11	18.7	8~10
0903	平台	t	95						64~66	8~12	18.7	8~10
10	料箱、料桶											
1001	料箱、料桶	只	90						43~47	6~11	18.7	10~13
12	动力站房设备											

续表

估价编号	设备名称	单位	主要材料利用率(%) 钢材	主要材料利用率(%) 铸铁	主要材料利用率(%) 耐火材	主要材料利用率(%) ……	主要材料利用率(%) PVC	主要购件	成本主材费用率(%)	成本利润率(%)	销售税金率(%)	设计费率(%)
1201	常压容器	台	板85 管90					阀、温度计、压力表等	45~47	12~16	18.7	6~8
1202	换热器	台	板85 管90					阀、温度计、压力表等	39~43	12~15	18.7	10~13
1203	压力容器	台							41~44	15~18	18.7	10~13
13	油漆干燥设备											
1301	水旋喷室悬链通过式	台	90					泵、风机、阀	53~56	15	18.7	13~16
1302	水旋式喷室喷板	台	90					泵、风机、空调机	51~53	13~14	18.7	13~16
1303	蒸汽对流烘干室外悬链通过式	台	90					风机、泵、空调机、灯具、阀	57~59	15~16	18.7	13~16
1304	蒸汽对流烘干室悬链通过式	台	90					风机、蒸汽加热器	56~58	22~23	18.7	11
1305	远红外辐射干室悬链通过式	台	90					风机、电加热器	54~56	15~17	18.7	11
1306	电热风对流烘干室台车式	台	90					风机、电加热器、废气处理装置	46~48	13~15	18.7	11
1307	蒸汽及电加热烘干室悬链通过式	台	90					风机、电及蒸汽加热器、废气处理装置、百叶风口	47~51	15~17	18.7	11
14	清洗、磷化设备											
1401	单室三功能自动清洗机	台	90					泵、阀、卷帘门	47~49	9~11	18.7	13~16
1402	三室清洗机	台	90					泵、阀、风机	46~48	15~18	18.7	13~16

表 7-7

年　份	物价指数（%）
2013	100
2014	103
2015	106
2016	108
2017	110
2018	112

采用环比物价指数计算设备重置成本的公式为：

设备重置成本 = 设备账面原值 × $\prod_{t=t_1+1}^{t_2}$ 环比物价指数

式中：t_1——资产购建年；t_2——资产评估年。

【例 7-5】 沿用［例 7-4］，用环比物价指数计算 2018 年该设备的重置成本。各年的环比物价指数如表 7-8 所示。

表 7-8

年　份	物价指数（%）
2013	100
2014	103
2015	102.9
2016	101.9
2017	101.9
2018	101.8

2018 年该设备的重置成本 = 45 000 × 101.8% × 101.9% × 101.9% × 102.9%
　　　　　　　　　　　= 48 946.77（元）

在利用物价指数法时，评估人员应注意以下问题：

①物价指数法的基础是历史成本，评估人员应注意审查历史成本的真实性。因为在设备的使用过程中，其账面价值可能已经进行了调整，当前的账面价值已不能反映真实的历史成本。因此，要对历史成本进行鉴别，历史成本应是真实、准确，符合社会平均的合理历史成本。

②选取的物价指数应与评估对象配比，并考虑评估成本的构成情况。一般采用某一类产品的分类物价指数，而不采用综合物价指数；对于评估对象成本的各个组成部分，如果其物价变化指数与设备价格变化指数相差较大时，应分别计算。尤其是对运杂费、安装费、基础费所占比例很大的锅炉、锻压机械等设备，应分别使用各自的物价变化指数进行详细计算。如果计算的是进口设备的重置成本，则应使用进口国的分类物价指数。

③物价指数法只能用于确定设备的复原重置成本，不能用于确定更新重置成本。因为物价指数法只是按物价的变化将已知的历史成本转变成基准日的成本，没有考虑技术进步和市场变化的影响。所以在用此方法确定重置成本后，应注意考虑设备的功能性贬值。特别是对

于已经使用了很长时间的设备，由于技术进步的原因，复原重置成本和更新重置成本的差异较大。

5. 规模经济效益指数法

规模经济效益指数法也即指数估价法，又称类比估价法。对于某些特定的设备，如化工设备、石油设备等，同一系列不同生产能力设备的重置成本变化与生产能力变化成某种指数关系。此时，可以参照物的重置成本为基数对被评估设备进行调整，其具体计算公式为：

$RC = S_2 \times (A_1/A_2)^x$

式中：RC——被评估设备的重置成本；A_1——被评估设备的生产能力；A_2——参照物设备的生产能力；S_2——参照物设备的价格；x——规模经济效益指数。

规模经济效益指数（x）是规模经济效益指数法的一个重要参数。在美国，对成套设备来讲，公式中的参数 x 取值范围通常在 0.4~1.2 之间，多数为 0.6，所以也称为 0.6 因子规律。但目前，我国比较缺乏这方面的资料。实际应用中，这种方法既适用于成套设备也适用于各种单台设备，只要知道对应的规模经济效益指数的数值即可。

对公式两端取对数，则：

$x = \ln(RC/S_2)/\ln(A_1/A_2)$

评估人员根据一组与被评估资产相似或相近资产的价格与规模（生产能力）的实际资料，运用统计分析方法测算出 x 值。

应用规模经济效益指数法时，如果被评估资产与参照物的规模相差很大，结果的误差会很显著。另外处于不同生产规模区间的单台设备，其规模经济效益指数也是不同的。

应用规模经济效益指数法得到的结果不一定是完全重置成本，需要进行深入分析，并应考虑被评估对象原始数据的构成，特别是参照物价格中是否含增值税等因素，进而对费用构成进行适当调整以形成重置成本。

【例 7-6】 某企业 2016 年购建一套年产 50 万件某产品的生产线，账面原值 1 000 万元，2019 年进行评估，评估时选择了一套与被评估生产线相似的生产线，该生产线 2018 年建成，年产同类产品 75 万件，造价为 3 000 万元。经查询，该类生产线的规模效益指数为 0.6，根据被评估生产线与参照物生产能力方面的差异，调整计算 2018 年被评估生产线的重置成本为：

重置成本 = 3 000 × (50 ÷ 75)$^{0.6}$ = 2 352（万元）

以上根据生产能力调整得到的重置成本，没有考虑时间空间等因素，还需要对时间空间因素作出调整。

若评估基准日该生产线的价格指数为 104%，2018 年的价格指数为 101%，则对该重置成本再进行物价指数调整。该设备 2019 年的重置成本为：

重置成本 = 2 352 × 104% / 101% = 2 422（万元）

以上介绍的评估机器设备的重置成本的几种方法各有特点和相应的适用场合，应根据评估目的、评估要求、评估对象的具体情况加以应用。

二、实体性贬值的估算

（一）实体性贬值

实体性贬值（Dp）也称有形贬值或物理性贬值，是指机器设备因使用磨损和自然损耗造成的贬值。设备在使用过程中，由于零部件受到摩擦、冲击、振动或交变载荷的作用，会使得零件或部件产生磨损、疲劳等破坏，其结果是零部件的几何尺寸发生变化，精度降低，疲劳寿命缩短，由此造成的磨损称为第Ⅰ种有形磨损；设备在闲置过程中，由于受自然界中的有害气体、雨水、射线、高温、低温等的侵蚀，也会出现腐蚀、老化、生锈、变质等现象，由此造成的磨损称为第Ⅱ种有形磨损。两种有形磨损共同构成了实体性贬值的内容。

设备的实体性贬值从设备制造完毕后就开始发生。设备在使用过程中产生的损耗与其工作负荷、工作条件、维修保养状况有关。即使设备没有投入使用，在闲置和存放过程中也会产生损耗，这种损耗则与闲置存放的时间、存放的环境和条件有关，如闲置存放的环境潮湿则易引起机器设备生锈，长期存放在露天环境中的机器设备容易遭到风化、腐蚀等。

（二）实体性贬值的估算

设备的实体性贬值程度可以用实体性贬值率来表示，即设备的价值损失与重置成本之比。因此，全新设备的实体性贬值率为零，报废时如果没有废料价值，则实体性贬值率为100%，其余时间设备的实体性贬值率在0~100%之间。

实体性贬值的估算有观察法、年限估算法和修复费用法三种。

1. 观察法

观察法是指评估人员通过观察，凭借视觉、听觉、触觉或借助少量的监测工具，对被评估机器设备的运转状况、整体状态进行检查，并与同样全新资产进行对比，根据经验对鉴定对象的状态、磨损程度做出判断，据以确定设备实体性贬值率或实体性贬值额的方法。

采用观察法时，评估人员应注意：

（1）设备宏观症状的变化：如震动、噪声增大、温度升高、精度下降、生产能力下降、能耗增高、故障率升高等，因为设备的磨损一般都会引起上述一些宏观症状的变化。

（2）评估时可以通过现场观察、查阅机器设备的历史资料、询问相关操作人员等方式了解设备的使用情况、使用精度、故障率、磨损情况、维修保修情况、工作负荷等信息。对所获得的信息要进行分析、归纳、综合，并依据专业经验判断设备的磨损程度及贬值率。

（3）评估人员应主要观察以下指标：设备的现时技术状态，设备的实际已使用时间；设备的正常负荷率；设备的原始制造质量；设备的维修保养状况；设备重大故障（事故）经历；设备大修、技改情况；设备工作环境和条件；设备的外观和完整性等。

（4）对于大型设备，为了避免个人主观判断的误差，可采用德尔菲法或模糊综合判断法。德尔菲法是在个人判断和专家会议的基础上形成的一种直观判断方法，它是采取匿名方式征求专家的意见，并将他们的意见加以综合、归纳、整理，然后反馈给各个专家，作为下一轮分析判断的依据，直到意见趋于一致为止。模糊综合判断法是利用模糊数学原理，对各种模糊信息进行处理，量化损耗状态的方法。机械设备在整个使用寿命的过程中，每一时点都对应一种损耗状态。每一种状态和每一种宏观症状均应有相应的隶属度关系，多种状态和多种症状则应有隶属度模糊向量，两个向量之间可以用模糊关系矩阵联系，如果已知症状的隶属度模糊向量和模糊关系矩阵，可求出状态的隶属度模糊向量，从而由状态的隶属度模糊向量中各元素的大小，判断设备的损耗状态。表7-9列示的是美国评估师协会使用的实体性贬值率参考表。

表 7-9　　美国评估师协会使用的实体性贬值率参考表

设备状态		贬值率（%）
全新	全新，刚刚安装，尚未使用，资产状态极佳	0
		5
很好	很新，只轻微使用过，无需更换任何部件或进行任何修理	10
		15
		20
良好	半新资产，但经过维修或更新，处于极佳状态	25
		30
		35
		40
一般	旧资产，需要进行某些修理或更换一些零部件，如轴承之类	45
		50
		55
		60
		65
尚可使用	处于可运行状况的旧资产，需要大量维修或更换零部件，如电机等	70
		75
		80
不良	需要大修理的旧资产，如更换运动机件或主要结构件	85
		90
报废	除了基本材料的废品回收价之外，没有希望以其他方式出售	97.5
		100

表 7-9 是一般设备有形损耗率或成新率判定的经验数据，只供评估人员参考。在实际判断机器设备成新率时，还必须广泛听取设备实际操作人员、维修人员和管理人员对设备情况的介绍和评判以及专家意见。

2. 使用年限法

使用年限法是指从设备的使用寿命的角度来估算贬值的方法，也称为寿命比率法或年限估算法。这种方法假定机器设备有一定的使用寿命，并且，在整个使用寿命期间设备的价值是随设备使用寿命的消耗而同比例消耗的。因此，实体性贬值随使用时间而递增，实体性贬值率可以用已使用寿命和总使用寿命之比来表示。其计算公式为：

$$设备的实体性贬值率 = \frac{已使用寿命}{总使用寿命}$$

设备的使用寿命可以用时间单位表示，如汽油机、柴油机、机床、电子设备等，一般都用工作小时或年限来表示它们的使用寿命；有些设备的使用寿命使用次数来表示，如模具的使用寿命一般按使用模具的次数来表示；也有以行驶里程来表示的，如车辆等的使用寿命一般用行驶里程表示。如以时间为单位，则其计算公式为：

$$\text{设备的实体性贬值率} = \frac{\text{已使用年限}}{\text{总使用年限}}$$

运用年限估算法估测设备的成新率涉及三个基本参数：机器设备的总使用年限、机器设备的尚可使用年限和机器设备的已使用年限。

（1）机器设备的总使用年限。机器设备的总使用年限是指机器从投入使用到因物理磨损而不能修理使用为止所经历的时间，包括经济寿命、技术寿命和物理寿命。经济寿命是指机器设备从开始使用到因经济上不合算而被淘汰所经历的时间。技术寿命是指机器设备从开始使用到由于技术进步出现技术上更先进的同类设备而最终被淘汰所经历的时间。物理寿命是指机器设备从投入使用到因物理磨损而不能修理使用为止所经历的时间。在具体测定设备寿命时，应以经济寿命为基础，兼顾物理寿命和技术寿命来测定被评估设备总使用年限。

（2）机器设备的已使用年限。机器设备的已使用年限是指实际使用年限，即机器设备实际用于生产经营活动的年限，不包括闲置时间，因而这里的年限不一定就是资产购建到评估基准日之间的年限，也不同于会计折旧年限。根据我国会计制度规定：季节性停用和大修理停用的设备仍应计提折旧，因此会计折旧年限不能反映使用年限。

有很多因素会造成机器设备实际已使用年限与名义已使用年限数量上的差别，其中，最重要的有两个方面：一是设备利用率；二是大修理或更新改造投资。

由于设备的利用率不同，实际已使用年限与名义已使用年限存在很大差别。二者的关系为：

实际已使用年限 = 名义已使用年限 × 设备利用率

名义使用年限可从会计账目上查到（已提折旧年限），设备利用率的计算公式为：

$$\text{设备利用率} = \frac{\text{截至评估基准日设备累计实际利用时间}}{\text{截至评估基准日设备累计法定利用时间}}$$

当设备利用率 >1 时，表示机器设备处于超负荷运转状态，设备实际已使用年限比名义已使用年限要长；当设备利用率 =1 时，表示机器设备处于满负荷运转状态，设备实际已使用年限等于名义已使用年限；当设备利用率 <1 时，表示机器设备处于开工不足状态，设备实际已使用年限小于名义已使用年限。

机器设备在使用过程中，由于大修理或进行技术更新改造投资会使机器设备性能增强，延长其经济寿命或等效缩减已使用年限，这时可以各次投资的重置成本为权重，对各次投资后的"已使用年限"进行加权平均，确定加权投资年限，用加权投资年限来替代实际已使用年限。其计算公式为：

$$\text{加权投资年限} = \frac{\sum(\text{复原或更新重置成本} \times \text{投资年限})}{\sum(\text{复原或更新重置成本})}$$

相应的实体性贬值率的计算公式为：

$$\text{实体性贬值率} = \frac{\text{加权投资年限}}{\text{加权投资年限} + \text{尚可使用年限}} \times 100\%$$

【例 7 - 7】 被评估换热器设备购建于 2012 年，原始价值 35 000 元，设计使用年限为 10 年。2014 年和 2016 年进行过两次更新改造，各年投资分别为 3 000 元和 5 700 元。2019 年初对该资产进行评估，假设从 2009 ~ 2019 年每年的物价指数上升率为 10%，该设备的尚可使用年限经专家检测和鉴定为 5 年。试估算该设备的实体性贬值率。

计算过程如下:

①调整估算复原重置成本(如表7-10所示)。

表7-10 单位:元

投资日期	原始投资额	价值变动系数	复原重置成本
2012年	35 000	1.95	68 250
2014年	3 000	1.61	4 830
2016年	5 700	1.33	7 581
合计	30 500		80 661

表中:$1.95=(1+10\%)^7$;$1.61=(1+10\%)^5$;$1.33=(1+10\%)^3$。

②计算复原重置成本×投资年限(如表7-11所示)。

表7-11 单位:元

投资日期	复原重置成本	投资年限(年)	复原重置成本×投资年限
2012年	68 250	7	477 750
2014年	4 830	5	24 150
2016年	7 581	3	22 743
合计	80 661		524 643

③计算加权投资年限。

加权投资年限 = 524 643 ÷ 80 661 = 6.5(年)

④计算实体性贬值率。

实体性贬值率 = 6.5 ÷ (6.5+5) × 100% = 56.53%

因此,该换热器的实体性贬值率为56.53%。

(3) 机器设备尚可使用年限。机器设备的尚可使用年限,即机器设备的剩余使用寿命。它应该通过技术检测和专业技术鉴定来确定。但在实际评估中难以对每一台机器设备进行技术检测和专业技术鉴定。替代的方法是用设备的总使用年限减去设备的实际已使用年限来求设备的尚可使用年限。即:

尚可使用年限 = 总使用年限 - 实际已使用年限

这种替代方法具有简便易行、前后易于统一的优点,特别适合较新设备的评估。但该替代方法也有一定的局限性,对于已使用较长时间的老设备则不适用,因为有些老设备的已使用年限已经达到甚至超过了预计的设备总使用年限。此时必须直接估算其尚可使用年限。另外,对于国家明文规定限期淘汰、禁止超期使用的设备,其尚可使用年限不能超过国家规定禁止使用的日期,而不论设备的现时技术状态如何。

对那些已接近、甚至超过总使用年限的设备,可以通过专业技术人员的判断直接估算尚可使用年限。

对那些不准备通过大修理继续使用的设备,可以利用设备一个大修理周期作为设备尚可使用年限的上限减去设备上一次大修至评估基准日的时间,余下的时间便是尚可使用年限。

3. 修复费用法

修复费用法是指在假设设备所发生的实体性损耗是可以补偿的基础上，以修复机器设备的实体有形损耗，使之达到全新状态所需要支出的金额作为估测被修复机器设备有形损耗的一种方法。补偿的手段一般是通过修理或更换损坏部分。例如，某机器设备的发动机损坏，如果这台机器设备不存在其他贬值，则修理或更换发动机所需的费用即为该机器设备的实体性贬值。

这种方法通过估算机器设备恢复原有精度或全新功能所需的费用占该设备原值的百分比来确定其成新率。其计算公式为：

成新率 = [1 − (设备修复费用 ÷ 设备重置成本)] × 100%

使用修复费用法时，评估人员要注意区分可修复性损耗和不可修复性损耗。可修复性损耗是指修复这些损耗在经济上是合理的，而不是指在技术上是否可以修复。有些损耗尽管在技术上可以修复，但在经济上是不划算的，这种损耗则为不可修复性损耗。不可修复性损耗不能用修复费用法计算贬值额。然而在大多数情况下，机器设备的可修复损耗和不可修复性损耗是并存的，评估人员应分别计算它们的贬值：对于可修复性损耗通过修复费用法计算实体性贬值额，对于不可修复性损耗则采用年限法或观察法确定其实体性贬值额，这两部分之和就是被评估机器设备的全部实体性贬值额。此时，实体性贬值率的计算公式为：

$$实体性贬值率 = \frac{可修复部分实体性贬值额 + 不可修复部分实体性贬值额}{设备重置成本}$$

修复费用法有着比较广泛的使用领域。尤其适用对需定期更换易损件的机器设备（如纺织机械、机组、生产线等）的成新率评估。

【例7-8】 一台数控折边机，重置成本为10万元，已使用5年，其经济使用寿命约10年，现该机器数控系统损坏，估计修复费用约1.6万元，其他部分工作正常。计算其实体性贬值率。

据评估人员调查分析，该设备存在可修复性损耗和不可修复性损耗，数控系统损坏是可修复性损耗，用修复法计算其贬值额，贬值额等于机器的修复费用1.6万元；另外，该机器运行5年，用年限法来确定由此引起的实体性贬值额，此项贬值率为5/10。

所有实体性贬值及贬值率计算过程如下：

重置成本	10（万元）
可修复性损耗引起的贬值额	1.6（万元）
不可修复性损耗引起的贬值额	4.2（万元） [(10 − 1.6) × 5/10]
实体性贬值额	5.8（万元）
实体性贬值率	58%（5.8 ÷ 10）

三、功能性贬值的估算

（一）功能性贬值

功能性贬值（Df）主要是由于技术进步的结果导致的机器设备价值贬值。技术进步不仅使构建新设备常常比复原重置成本便宜，而且新设备的效率更高，运营费用更低，因此，设备的功能性贬值主要有两种表现形式：超额投资成本和超额运营成本。前者又称为第Ⅰ种功能性贬值，后者称为第Ⅱ种功能性贬值。

(二) 功能性贬值的估算

1. 第Ⅰ种功能性贬值

第Ⅰ种功能性贬值反映在超额投资成本上，主要是由于技术进步，新技术、新材料、新工艺不断出现，使得相同功能的新设备的制造成本比过去降低，即更新重置成本低于复原重置成本。因此，第Ⅰ种功能性贬值从数量上看即为复原重置成本与更新重置成本之差，也称为超额投资成本。其计算公式为：

超额投资成本引起的功能性贬值 = 复原重置成本 - 更新重置成本

2. 第Ⅱ种功能性贬值

超额运营成本是由于新技术的发展，使得新设备在运营费用上低于老设备。超额运营成本引起的功能性贬值也就是未来超额运营成本的折现值，称为第Ⅱ种功能性贬值。其计算公式为：

$$\text{超额运营成本引起的功能性贬值} = \sum \text{年超额净运营成本} \times (1+i)^{-n}$$

年超额净运营成本 = 年超额运营成本 × (1 - T)

式中：T——所得税税率；n——尚可使用年限；i——适当的折现率。

分析研究设备的超额运营成本应考虑下列因素：新设备与老设备相比生产效率是否提高；维修保养费用是否降低；材料消耗是否降低；能源消耗是否降低；操作工人数量是否减少等。

如果评估的机器设备已不生产，而必须用其替代产品的现行市场价格作为评估对象的更新重置成本时，评估人员也必须对评估对象和替代产品的运营成本进行比较，以分析是否存在功能性贬值。

计算超额运营成本引起的功能性贬值，通常可以按下面步骤进行：

(1) 选择参照物，并将参照物的年运营成本与被评估设备的年运营成本进行对比，找出二者之间的差别及年超额运营成本额。

(2) 估测被评估设备的剩余使用年限或工作量。

(3) 按企业适用的所得税税率计算被评估设备超额运营成本而抵减的所得税，得出被评估设备的年超额运营成本净额。

(4) 选择适当的折现率，将被评估设备在剩余使用年限中的每年超额运营成本净额折现，得出被评估机器设备的功能性贬值。

【例 7-9】 某企业一台轧钢设备与新机器设备相比，因能耗高，维修费用大，为维持一定的生产能力，一年的运营费用需4万元，而生产能力相同的同类先进设备，一年运营费用3万元，试确定该设备的功能性贬值。

据评估人员调查分析，该设备尚可使用年限为6年，行业平均收益率为12%，所得税税率为25%。该设备功能性贬值评估计算过程如下：

第一步，计算每年超额运营成本。

年超额运营成本 = 4 - 3 = 1（万元）

第二步，计算净超额运营成本。

税后年超额运营成本 = 1 × (1 - 25%) = 0.75（万元）

第三步，在确定折现率后，计算净超额运营成本的现值：折现率为12%，6年的年金现值系数为 4.112，则：

$$\text{净超额运营成本的折现值} = 0.75 \times (P/A，12\%，6)$$
$$= 0.75 \times 4.112 = 3.084 \text{（万元）}$$

该轧钢设备由于超额运营成本引起的功能性贬值为 3.084 万元。

四、经济性贬值的估算

（一）经济性贬值

经济性贬值（De）是由于外部因素引起的机器设备的贬值。这些因素包括：由于市场竞争的加剧，产品需求减少导致设备开工不足，生产能力相对过剩；原材料、能源等提价造成成本提高，而产品售价没有相应提高；国家有关能源、环境保护等限制或削弱产权的法律、法规导致产品生产成本提高，或者使用设备被提前强制报废，缩短了设备的正常使用寿命等。

机器设备经济性贬值的估算主要是以评估基准日以后机器设备是否闲置、停用或利用不足为依据。

计算机器设备经济性贬值的对象主要包括：生产线或机组、大型重要设备等。对一般中小型单台设备、季节性使用设备、辅助生产设备等，通常不单独计算其经济性贬值。对于评估基准日后不再继续使用或无继续使用价值的设备不专门估算其经济性贬值。

（二）经济性贬值的估算

1. 使用寿命缩短引起的经济性贬值

引起机器设备使用寿命缩短的外部因素，主要是国家有关能源、环境保护等方面的法律、法规。近年来，由于环境污染问题日益严重，国家对机器的环保要求越来越高，对落后的、高能耗的机电产品实行强制淘汰制度，从政策上实际缩短了设备的正常使用寿命。

【例 7-10】 某汽车已使用 10 年，按目前的技术状态还可以正常使用 10 年，按年限法，该汽车的贬值率为：

贬值率 = 10/（10+10）= 50%

但由于环保、能源政策的要求，国家新出台的汽车报废政策规定该类汽车的最长使用年限为 15 年，因此该汽车 5 年后必须强制报废。在这种情况下，该汽车的贬值率为：

贬值率 = 10/（10+5）= 66.7%

由此引起的经济性贬值率为：

经济性贬值率 = 66.7% - 50% = 16.7%

如果该汽车的重置成本为 20 万元，则经济性贬值为：

经济性贬值 = 20 × 16.7% = 3.34（万元）

2. 运营费用的增加造成的经济性贬值

引起机器设备运营成本增加的外部因素包括原材料成本增加、能源成本增加等。其中，国家对超过排放标准排污的企业要征收高额的排污费，设备能耗超过限额的，按超限额浪费的能源量加价收费，导致高污染、高能耗设备运营费用的提高，由此所造成的运营费用的增加额的现值之和，即为由于运营费用增加所造成的经济性贬值。

经济性贬值额 = 设备年运营费用增加额 × (1 - 所得税税率) × (P/A，r，n)

式中：$(P/A, r, n)$ 为年金现值系数。

【例 7-11】 某企业一台加热炉所需燃料主要为焦炭，由于国际市场焦炭价格的上涨，导致该设备所需运营费用增加 120 元/吨。设备的设计能耗为 800 吨/年，预计尚可使用 5 年。若折现率为 10%，所得税税率为 25%，则由于能源成本增加所导致的经济性贬值为：

经济性贬值 $= 120 \times 800 \times (1 - 25\%) \times (P/A, 10\%, 5) = 272\,938$（元）

3. 市场竞争加剧导致生产能力降低发生的经济性贬值

由于市场竞争的加剧会导致产品销售数量的减少，从而引起设备开工不足，生产能力相对过剩，或国家产业政策的调整引起的机器设备开工不足等，使设备的实际生产能力显著低于其额定或设计能力，由此造成的损失都属于经济性贬值。这种贬值可以用规模经济效益指数法来进行计算：

$$经济性贬值率 = \left[1 - \left(\frac{实际使用生产能力}{额定生产能力}\right)^x\right] \times 100\%$$

【例 7-12】 某家电生产企业，其生产线年生产能力为 10 万台，由于市场竞争加剧，该企业生产的家电产品销售量市场份额下降，企业不得不将生产量减至年产 7 万台（销售价格及其他条件未变）。这种局面在今后很长一段时间难以改变，若不考虑实体性磨损，试评估测算该生产线的经济性贬值率。

根据以上公式和提供的有关资料，该设备的经济性贬值率为：

$$经济性贬值率 = [1 - (70\,000/100\,000)^{0.6}] \times 100\%$$
$$= (1 - 0.81) \times 100\% = 19\%$$

在实际工作中，机器设备的经济性贬值和功能性贬值有时是可以单独估测的，有时不能单独估测。这主要取决于在设备的重置成本和成新率的测算中考虑了哪些因素。所以，在具体运用重置成本法评估机器设备时，应时刻注意这一点，避免重复扣减贬值因素以及漏评贬值因素。

第三节 机器设备评估的市场法和收益法

一、市场法

机器设备评估中的市场法是指通过分析最近市场上和被评估机器设备类似的设备的成交价格，并对被评估对象和参照物之间的差异进行调整，由此确定被评估设备价值的方法。

（一）市场法的条件和适用范围

第一，明确活跃的市场是运用市场法评估机器设备的前提条件。评估人员应当考虑市场是否能够提供足够数量的可比资产的销售数据以及数据的可靠性。如果被评机器设备有成熟的市场，用市场法估算被评估设备的价值是较为简捷的方法。这种方法直接着眼于交易行为，考虑了所有形式的贬值。明确、活跃的产品交易市场可以为机器设备评估提供充足的数据资料和条件相近的参照物及其可作比较的指标、技术参数等，使评估更为便捷、准确。汽车、卡车、计算机、飞机和其他有活跃市场的资产比较适合使用此方法。

第二，明确参照物与评估对象具有相似性和可比性是运用市场法的基础。评估人员应当使用合理的方法对参照物与评估对象的差异进行调整。市场法需要以参照物的价格为基础，通过调整被评估资产与参照物之间的差异得出被评估资产的价值。因此，应选择合理方法确定影响机器设备价值的因素，并将其逐个量化。一般来讲，设备的比较因素可分为四大类，即个别因素、交易因素、时间因素、地域因素。评估人员应根据具体情况适当调整这些差异因素。

（二）采用市场法评估设备的基本步骤

1. 鉴定被评估对象

需要鉴定的被评估对象主要包括设备类别、名称、规格型号、生产厂家、生产日期、设备性能、现时技术状况及预估尚可使用年限等。

2. 选择参照物

在市场中选择参照物应考虑的最重要因素是参照物与被评估对象要具有可比性。可比性因素具体包括：①设备的规格型号；②设备的生产厂家；③设备的制造质量；④设备的附件、配件情况；⑤设备的实际使用年限；⑥设备的实际技术状况；⑦设备的出售目的和出售方式；⑧设备的成交数量和成交时间；⑨设备交易时的市场状况；⑩设备的存放和使用地点。

要认真分析上述可比因素，确认其成交具有代表性和合理性才可以将其作为参照物。在条件允许的情况下，参照物最好能有多个。

3. 调整参照物价格及估算被评估设备的评估值

参照物通常与被评估设备是可比的，但不是相同的。所以必须按可比因素逐一调整参照物的价格。调整是对参照物而言的，而不是对被评估设备而言的。用多个参照设备调整后价格的算术平均值或加权平均值作为被评估设备的评估值。

市场法中涉及的市场有区域和国别差异，评估人员应注意被评估资产涉及的范围和特征。当被评估生产设备在发达国家已经过时而在发展中国家还可有效使用时，就需要考虑国际市场的状况。

（三）市场法的具体运用

1. 直接比较法

这种方法是直接把被评估设备和相同的设备相比较，对影响价格的因素进行简单调整从而得到评估值的一种评估方法。它的使用条件是评估人员在二手设备交易市场上能够找到与评估对象几乎一样的参照物，包括制造商、型号、出厂年代、实体状态等方面。在这种情况下，评估人员一般可以直接使用参照物的价格。直接比较法虽然简单，但是它对市场的反映最为客观，能最精确地反映设备的市场价值。

【例7-13】 在评估一辆轿车时，评估人员从市场上获得的市场参照物的型号、购置年月、行驶里程、发动机、底盘及各主要系统的状况基本相同。区别之处在于：参照物的右前大灯破损需要更换，更换费用约200元；被评估车辆后加装CD音响一套，价值1 200元；若该参照物的市场售价为72 000元，试计算评估对象的价值。

根据评估人员与市场参照物对比分析，该评估对象的价值为：

评估对象的价值 = 72 000 + 200 + 1 200 = 73 400（元）

使用直接比较法的前提是评估对象与市场参照物基本相同，需要调整的项目较少，差异不大，并且差异对价值的影响可以直接确定。如果差异较大，则无法使用直接比较法。

2. 因素调整法

因素调整法是指通过比较分析相似的市场参照物与被评估设备的可比因素，并将这些因素进行量化调整，由此确定机器设备价值的方法。这种方法是在无法获得基本相同的市场参照物情况下使用的。例如，当评估人员要评估一台由 A 厂制造的旧车床，而二手设备市场上没有 A 厂生产的这种型号车床在销售，但是有 B 和 C 厂生产的该型号车床，而 A、B、C 三个工厂生产的该型号车床的市场售价是不同的。评估人员需要对市场参照物的市场价格作出调整来确定评估对象的价值。进行差异调整的因素一般有：

（1）个别因素。设备的个别因素一般是指反映设备在结构、形状、尺寸、性能、生产能力、安装、质量、经济性等方面差异的因素。如名称、型号规格、生产能力、制造厂家、技术指标、附件、出厂日期、役龄、安装方式、实体状态等是常用的描述设备个别因素的指标。

（2）交易因素。设备的交易因素是指交易动机、背景对价格的影响。如以清偿、快速变现或带有一定优惠条件的出售，其售价往往低于正常交易价格。另外，交易方式如批量购买还是零买其价格会有很大差异。

（3）时间因素。不同交易时间的市场供求关系、物价水平等都会有所不同，应选择与评估基准日最接近的交易案例，并根据物价指数法等方法对时间影响因素进行调整。

（4）地域因素。由于不同地区经济发展水平不同、市场供求状况等因素不同，设备的交易价格也会受到影响。应尽可能选择与评估对象在同一地区或相近地区的参照物。

3. 成本比率调整法

成本比率调整法是指通过对大量市场交易数据的统计分析，掌握相似的市场参照物的交易价格与全新设备售价的比率关系，用此比率作为确定被评估机器设备价值的依据，经过调整计算得出被评估机器设备评估值的一种方法。这种方法的关键是估算设备在销售时的售价与当时重置成本的比值。评估人员需要收集足够的数据，以便能用统计的方法分析得到类似设备的使用年限、售价和成本间的关系。例如，在评估一台甲厂生产的车床时，找不到同样规格、同一厂家生产的车床的价格，但能找到类似规格不同厂家生产的车床的价格。经分析认为与被评估资产使用年限和状态相近的车床的售价是其重置成本的40%～50%，于是，有理由认为被评估设备的价值也在其重置成本的40%～50%。

二、收益法

（一）收益法的适用范围

机器设备评估中的收益法是指通过预测机器设备的获利能力，将未来资产带来的净利润或净现金流量按一定的折现率折为现值，作为被评估机器设备的价值的方法。收益法一般适用于具有独立获利能力或者获利能力可以量化的机器设备。

运用收益法评估机器设备的价值，其前提：一是能够确定被评估机器设备的获利能力、净利润或净现金流量；二是能够确定机器设备的合理折现率。就单项机器设备而言，大部分不具有独立获利能力。因此，单项设备评估通常不采用收益法评估。对于自成体系的成套设备、生产线，以及可以单独作业的车辆等设备，特别是租赁的设备等具有独立获利能力的机器设备才可以使用收益法进行评估。另外,在使用成本法评估整体企业价值时,收益法也经常作为一种补充方法用来判断机器设备是否存在功能性贬值和经济性贬值。

(二) 收益法的具体应用

收益法是把一个特定期间内的固定或固定变化的经济收益流量进行折现计算,以其收益折现值作为评估价值的方法。由于机器设备通常都只能在有限年限内获得收益,因此,运用收益法评估其价值时,应合理估测其尚可使用年限。该方法需要预测收益和收益年限,并确定合理的折现率。

对于租赁的设备,其租金就是收益,而且租金通常是不变的。为估测租金多少可以进行市场调查,分析比较可比的租赁设备的租金,经调整后得到被评估设备的预期收益,调整的因素可能包括时间、地点、规格和使用年限等。同时,根据可比的机器设备估计被评估机器设备的尚可使用年限。为了求得折现率(或资产收益率),必须调查和分析类似租赁资产的价格,并把市场调查得到的折现率调整到适用于被评估设备的水平,然后计算得出评估值。其计算公式为:

$$P = \frac{A}{r}\left[1 - \frac{1}{(1+r)^n}\right]$$

式中:P——机器设备评估值;A——被评机器设备的预测收益;r——折现率;n——机器设备的收益年限。

【例 7 – 14】 试用收益法估测某租赁设备的市场价值。

评估人员在租赁市场了解到被评估设备的三个参照物年租金信息(如表 7 – 12 所示)。

表 7 – 12

参照物	日 期	租金(元/年)
A	2016 年 5 月	8 000
B	2016 年 5 月	8 000
C	2015 年 5 月	7 750

A、B、C 三个参照物和被评估设备是相同的,A、B 两个参照物和被评估设备是同期租赁的,C 参照物是前一年同期的,由于物价上涨 3%,C 参照物数据应调至 7 983 元/年 (7 750×1.03),因此预期年收益为 8 000 元/年是合理的。根据该机器设备的当前状况,估测其尚可使用年限为 10 年,10 年后残值为零。

评估人员又了解到 D、E 两个类似于被评估设备的参照物的销售和租金信息(如表 7 – 13 所示)。

表 7 – 13

参照物	日 期	售价(元)	年收益(元)	本金化率(%)
D	上周	42 400	6 400	15.1
E	上周	58 400	9 600	16.4

其中本金化率平均值为 15.8%，由于该本金化率是根据出售的机器设备估计的，其包含的风险要高于租赁的机器设备的收益风险，因此要适当调低后再作为被评机器设备的本金化率，在本例中取 14.5%。则该机器设备的市场价值为：

$$机器设备的市场价值 = \frac{8\ 000}{14.5\%} \left[1 - \frac{1}{(1+14.5\%)^{10}} \right]$$
$$= 40\ 275\ （元）$$

本章小结

本章主要学习了运用不同评估方法确定机器设备的价值。具体内容包括：机器设备的概念、特点、分类；机器设备评估的特点、评估程序；成本法、收益法、市场法在机器设备评估中的应用等。其中，重点是如何运用成本法评估机器设备价值。在成本法中，重置成本、实体性贬值、功能性贬值、经济性贬值等参数的确定是掌握成本法的关键。

关键术语

重置成本　　实体性贬值　　功能性贬值　　经济性贬值

思考题

1. 机器设备有哪些特点，这些特点对评估有什么影响？
2. 为什么成本法是机器设备评估中最常用的方法？各参数如何确定？
3. 运用市场法确定机器设备价值时应考虑的因素有哪些？

第八章 房地产评估

本章主要介绍房地产评估概念、内容和程序,以及影响房地产价格的各种因素和房地产评估的各种方法。通过本章学习,要求掌握房地产的概念和特征以及房地产评估的原则与程序,理解房地产价格体系及影响房地产价格的各要素,重点掌握市场法、收益法、成本法、假设开发法和基准地价修正系数法的具体应用,了解路线法的基本原理。

第一节 房地产评估概述

一、房地产评估概念及其内容

为贯彻落实《资产评估法》,规范资产评估执业行为,保证资产评估执业质量,保护资产评估当事人合法权益和公共利益,在财政部指导下,中国资产评估协会根据《资产评估基本准则》,对《资产评估准则——不动产》进行了修订,制定了《资产评估执业准则——不动产》,自2017年10月1日起施行。该准则所称不动产是指土地、建筑物及其他附着于土地上的定着物,包括物质实体及其相关权益。不动产评估是指资产评估机构及其资产评估专业人员遵守法律、行政法规和资产评估准则,根据委托对评估基准日特定目的下的不动产价值进行评定和估算,并出具资产评估报告的专业服务行为。

(一) 土地

1. 土地及其分类

土地一般是指地球表面的陆地部分,包括内陆水域和滩涂。广义地看,土地是指陆地及其空间的全部环境因素,由土壤、气候、地质、地貌、生物和水文、水文地质等因素构成的自然综合体。

土地具有两重性,它既是资源,也是资产。土地的供给可以分为自然供给和经济供给两种形式。一方面,大自然提供了人类可利用的土地数量,包括已被利用的土地和未来可供利用的土地(即后备土地资源),自然供给反映了土地供人类使用的天然特性,具有数量上的相对稳定性,几乎不受任何人为的因素或社会经济因素的影响。另一方面,在土地的自然供给范围内,人类对土地进行开发、规划和整治利用,以满足人类不同需求。土地经济供给的数量受到人类社会活动的影响,因此土地的经济供给是有弹性的。

按土地的经济用途可分为工业用地、商业用地、住宅用地、交通用地、公用事业用地等；按土地的经济地理位置，城市土地分为城市中心区、一般市区、市区边沿区、近郊区、远郊区、边远区等。现实中这种分类形式通常是以土地的等级表现出来的，如城市一级地、二级地等；按土地的所有权归属划分，我国土地所有权分为国家所有和集体所有；按土地的开发程度划分，未开发的土地即"生地"，已经开发可供直接建设的土地即"熟地"，介于生地与熟地之间的为"毛地"。

2. 土地的特性

土地的特性包括自然特性和经济特性两个方面。

（1）土地的自然特性。其具体体现在四个方面。

①位置的固定性。土地是不动产，不像其他资产可以随便移动，不能随着权属、价值的变动而变动其位置。因此，土地市场是一种不完全的市场，即不是实物交易意义上的市场，而只是土地产权流动的市场。同时，土地的固定性决定了其交易必须以相关的法律制度来予以强制确认，否则就会因其权利与土地实物的空间错位，影响正常的市场交易秩序。

②质量的差异性。不同地域的土地，其地形、地质、水文、气候、植被等千差万别，并且其所处位置受周围人文环境和社会经济条件的影响各不相同，这就使得每一块土地都有别于其他的土地。土地的这种严格的个体差异性形成了土地的质量差异，并导致土地级差地租的产生，同时它不可能像其他商品一样在某种程度上具有完全可替代性。

③不可再生性。土地是自然的产物，是不可再生资源，土地资源的利用只有科学合理，才能供人类永续利用。

④效用永续性。土地虽属于不可再生资源，但却可以反复利用，它不像其他资产会随着人为的使用或自然力的作用而逐渐从实体上损耗直到灭失。只要人类注意土地的合理利用，它可以生生不息地充当人类衣食住行的源泉。但是，人类若滥用，则会导致土地质量的变化，可能会急剧缩短其为人类服役的年限。从这个意义上讲，土地的效用永续性则是相对的。

（2）土地的经济特性。其具体体现在五个方面。

①供给的稀缺性。由于土地总数量以及特定地区、不同用途的土地数量是有限的，并且是不可再生的，随着人口的增长和社会经济的发展，人们对各类用地的需求不断增长，土地供不应求，形成稀缺的经济资源。土地供给的稀缺性客观上要求人们集约用地，努力提高土地的有效利用率和单位面积生产力。

②用途的多样性。土地具有多种用途，既可作工业用地，又可作居住用地、商业用地等。由于这一特性，对一块土地的利用，常常会同时存在两个以上用途的比较，并可能从一种用途转换到另一种用途。土地用途的多样性客观上要求在房地产估价中需要确定土地的最佳用途。

③效益级差性。由于土地质量的差异性而使不同土地的生产力不同，从而在经济效益上具有级差性。

④保值增值性。一般商品的使用随着时间的推移总是不断地折旧，直到报废。土地这个特殊商品则不然，在土地上追加投资的效益具有持续性，而且随着人口的增加和社会经济的发展，对土地的投资具有显著的增值性。需要说明的是，我国土地归国家和集体所有，任何单位和个人只拥有土地的使用权，房地产中的地产价格就是有限期的土地使用权价格，随着

使用期的耗用，土地使用权价格会逐渐下降，这只是对于单位或个人而言的，对国家（土地所有者）而言，其所有权价格应该是上升的，土地的价值应该是不断增加的。

⑤政策敏感性。在我国，由于土地所有权属于国家，因此国家政策对地产价值的影响较大。政府基于公共利益，可以运用行政手段限制某些土地的使用，如城市规划对土地用途、建筑容积率、建筑覆盖率、建筑高度等的规定，又如，政府对土地使用权出让底价的限定直接对土地价格产生影响。

3. 土地权利

土地权利主要包括土地的所有权和使用权。

在我国，城市土地的所有权属于国家，农村和城市郊区的土地，除由法律规定属于国家所有的以外，属于农民集体所有。集体土地不能进入房地产市场流转，国有土地所有权也不能进入房地产市场流转。

我国实行国有土地所有权与使用权相分离的制度，土地使用权可以出让、转让、出租或抵押，因此地价一般是指土地使用权的价格。

土地使用权出让是指国家以土地所有者的身份将土地使用权在一定年限内出让给土地使用者，并由土地使用者向国家支付土地使用权出让金的行为。土地使用权出让可以采取协议、招标、拍卖和挂牌等方式。在我国，居住用地使用权出让最高年限为70年；商业、旅游、娱乐用地使用权出让最高年限为40年；工业用地和教育、科技、文化、卫生、体育用地以及综合或者其他用地使用权出让最高年限为50年。

土地使用权转让是指土地使用者将土地使用权再转移的行为，包括出售、交换和赠与。凡未按土地使用权出让合同规定的期限和条件投资开发、利用土地的，土地使用权不得转让。土地使用权转让时，土地使用权出让合同和登记文件中所载明的权利、义务随之转移。

土地使用权出租是指土地使用者作为出租人将土地使用权随同地上建筑物、其他附着物租赁给承租人使用，由承租人向出租人支付租金的行为。未按土地使用权出让合同规定的期限和条件投资开发、利用土地的，土地使用权不得出租。

土地使用权抵押时，其地上建筑物、其他附着物随之抵押。地上建筑物、其他附着物抵押时，其使用范围内的土地使用权随之抵押。

4. 土地价格

土地价格实际上是土地经济价值的反映，是为购买获取土地预期收益的权利而支付的代价，即地租的资本化。换言之，土地价格高低取决于可以获取的预期土地收益（地租）高低。对于土地来讲，购买土地实际上是购买土地的权利，不同的土地权利为购买者带来的收益不同，因此其价格也不同，如在实际中区分为所有权价格、使用权价格。土地所有权价格在我国表现为征地价格，只有在国家与农村集体发生征地关系时才产生。征地价格反映的是土地所有权和使用权一次性转移的价格，是土地市场上最具商品交换关系的价格。但由于征地由国家垄断，征地过程缺乏市场竞争，征地价格实质上是准市场价格。土地使用权价格本质是租赁价格，在现实中可进一步区分为出让地价（出让金）、转让地价（转让金）、出租地价（出租金）和抵押地价（抵押金）等价格形式。

土地价格具有以下几个方面的特征：

（1）地价是地租的资本化。地价与一般商品的价格不同，一般商品是劳动的产物，其价格围绕价值上下波动，价格由生产成本和利润构成。土地则不完全是劳动的产物，因此，地价并不是土地的购买价格,而是土地所提供的地租的购买价格,是地租的资本化。

(2) 地价是权益价格。由于地产位置不可移动,因此地产的买卖、抵押等并不能移转地产的物质实体本身,而是转移与土地有关的各种权益,如所有权、出让权、转让权、抵押权、租赁权等,因此,发生经济行为的地产转移方式不同,形成的地产权益不同,其权益价格也不相同。

(3) 地价具有增值性。由于土地价格形成的特殊性,其价值的变化也具有独特性。地价受多种因素影响,且土地可永续利用,随着地块周围环境因素的变化及经济的增长,除个别情况外,随着时间的流逝,一般情况下,土地价格往往具有自然增值的属性。

(4) 地价与用途相关。一般商品的价格由其生产成本、供给和需求等因素决定,其价格一般并不因使用状况不同而产生差别。但是,同样一宗土地,在不同的规划用途下,其使用价值是不一样的,土地价格与其用途相关性极大。

(5) 地价具有个别性。由于土地质量的差异性,每宗土地的条件都是不一样的,并且由于土地位置的固定性,其交易往往是单个进行,形成的地产市场是一个不完全竞争市场。在土地价格决定中,交易主体之间的个别因素很容易起作用。因此,地产价格形成具有个别性。

(6) 地价具有可比性。地产价格尽管具有与一般商品不同的许多特性,但并不意味着其价格之间互不联系。事实上,人们可以根据地产价格的形成规律对影响地产价格的因素进行比较,从而能够比较地产的价格。

(二) 建筑物

建筑物是指在土地之上由人工建筑而成的物质实体,包括房屋和构筑物两大类。房屋是指能够供人居住、生产、储藏物品或进行其他活动的工程建筑,一般由地基、墙、门、窗、柱和屋顶等主要构件组成。构筑物则是除房屋以外的各种工程建筑,人们一般不直接在其内部进行生产和生活活动,如桥梁、水井、隧道、水坝、烟囱、水塔、道路等。从资产评估的角度看,建筑物不仅包括了房屋和构筑物,而且还包括了与其不可分离的部分及其附带的各种权利。

建筑物按其主要承载结构所用材料一般可划分为五类:①钢结构;②钢筋混凝土结构;③砖混结构;④砖木结构;⑤简易结构。

土地是建筑物不可缺少的物质载体,任何建筑物都不能离开土地而独立存在,土地的区位决定了建筑物的位置,从而直接影响建筑物的价格。同时建筑物又是土地的主导产品,土地的用途、使用强度等都要通过建筑物表现出来。因此,它们共同形成了房地产,并形成了许多互相影响、相互制约的关系和一系列明显的特征。

二、房地产特性及评估原则

(一) 房地产特性

由于房地产是土地、建筑物和固定在土地建筑物上不可分离的部分及附带的各种权益的总称。因此,土地和建筑物所具有的一般特性决定了房地产也就具备相应的特性。比如,土地和建筑物同时具有的位置固定性、效用永续性、保值增值性、政策敏感性特征,就决定了房地产也相应具有位置固定性和区域性、用途长期性、保值增值性以及政策限制性的特性。

除此之外，房地产作为土地、建筑物的合一体，还具有关联性、价格互动性、投资大量性和投资风险性等特性。

1. 房地产的关联性

房产不能独立于地产而存在，否则就成了"空中楼阁"；地产上如果没有房产，其使用价值也会受到显著的影响。即使是质量、规格、设计风格等完全相同的房产，也会由于其所依附土地的差别而使其评估价值出现很大的差异。因此，在评估一宗房地产时，必须把房产和地产紧密结合起来，高度重视其关联性对评估价值的影响。

2. 房地产的价格互动性

由于房产和地产的关联性造成了房价影响地价，地价影响房价的必然联系。房价应是在特定地产上的房价，地价也应是在特定房产下的地价，房产和地产的这种价格互动性决定了在评估房地产时必须遵循房地分估合一的原则。

3. 房地产的投资大量性

房地产生产和经营管理要经过一系列过程：取得土地使用权、土地开发和再开发、建筑设计和施工、房地产销售等环节，要投入大量的资金。开发者一般难以依靠自身的资金进行房地产投资，因此，金融业的支持和介入是发展房地产业必不可少的条件。

4. 房地产的投资风险性

房地产投资风险比较大，投资的风险主要来自三个方面：其一，房地产无法移动，建成后又不易改变用途，如果市场销售不对路，很容易造成长期的空置、积压。其二，房地产从取得土地到房屋建成销售，生产周期较长，在生产周期尚未完成或未销售时影响房地产发展的各种因素可能已发生变化，这就会对房地产的投资效果产生影响。其三，自然灾害、战争、社会动荡等都会对房地产投资产生无法预见的影响。

（二）房地产评估原则

房地产评估除了要遵循资产评估的一般原则以外，还必须遵循符合其自身特点的一些特殊原则，这些特殊原则主要表现在五个方面。

1. 最有效使用原则

土地及其建筑物可以有多种用途，同一房地产在不同用途状况下，其收益则不相同。房地产权利人为了获得最大收益总是希望房地产达到最佳使用。在市场经济条件下，房地产用途可以通过竞争决定，使房地产达到最有效使用。因此评估房地产价值时，不能仅仅考虑房地产现时的用途和利用方式，而应结合预期原则考虑何种情况下房地产才能达到最佳使用及实现的可能，以最佳使用所能带来的收益评估房地产的价值。

2. 不完全可替代性原则

房地产商品之间存在可替代关系，同一供需圈中某宗房地产的价格必然会受到同类型具有替代关系的其他房地产价格的影响，并相互竞争，使价格在某种程度上趋于一致。市场中交易双方都可以通过对同类交易的了解把握房地产信息，从而推断房地产价格水平。但是，由于房地产商品特有的区域性和极强的个体差异性，决定了房地产商品不可能像其他商品那样具有近似完全可替代性，也就是说，房地产商品之间只存在不完全可替代性。可替代性表明运用市场法的可能，不完全可替代则为实施市场法指明了比较的方向。

3. 依法性原则

依法性原则是指房地产评估要以法律规定为依据并在法律规定的条件下进行。首先，在接受客户委托对房地产进行评估时，必须以法律规定为依据，确定估价对象是否取得了合法使用的权证，是否符合城市土地利用规划规定的用途和容积率、覆盖率、建筑密度等各项规定。测算房地产的纯收益时，不能以临时建筑或违章建筑的纯收益作为测算依据。其次，要考虑估价工作是否严格遵循了国家和所在地政府有关法律、法规和政策，以做到廉洁奉公、依法办事，将国家、地方政府有关房地产的法规、政策贯彻到实际的评估操作中，并及时掌握有关法规、政策的变动情况。

4. 房地分估合一原则

房地产评估的房地分估合一原则是指评估时要针对房产和地产的不同特征分别进行分析评估，然后把二者进行综合分析，最终确定房地产的整体价格。房产和地产的不同特征决定了在对它们进行评估时必须采取不同的方法和程序，因此实行房地分估合一有利于深入分析各自的价格影响因素，从而使评估的房产和地产的价格更为精细合理。同时，房产和地产具有价格互动性，并且在实际交易活动中，房产和地产往往是一起转让的，地价寓于房价之中并通过房价来实现，因此，进行房地综合计价又是必需的。房地综合计价必须以房地分估的结果为基础进行分析和调整。

5. 地域原则

地域原则是指在进行房地产评估时应该考虑不同地区、城市间经济地理环境、房地产经济价值以及供需关系等的不同，来合理确定符合本地区、本城市房地产的评估价格。房地产评估应在尊重被估房地产所在地现实的前提下进行估价，脱离本地区、本城市的现实的评估价格是难以实现的，也是毫无意义的。

三、房地产评估的一般程序

一般而言，房地产评估应该按照六个程序进行。

（一）明确评估基本事项

在房地产评估时，必须了解评估对象的基本情况，这是拟订房地产评估方案、选择评估方法的前提。评估基本事项包括四个方面的内容。

1. 明确评估目的

评估目的可能是土地使用权出让评估、房地产转让价值评估、房地产租赁价值评估、房地产抵押评估、房地产保险评估、房地产课税评估、征地或房屋拆迁补偿评估等；可能是对房产或地产的单一性评估，也可能是对房产和地产合为一体的评估。不同的评估目的，所评估的价值的内涵也不完全相同。因此，在受理评估业务时，必须首先明确评估目的。评估目的通常由委托方提出。

2. 了解评估对象

了解评估对象，即对待估房地产的实体和权益状态进行了解。实体状态的主要内容包括：土地面积、土地形状、临街状态、土地开发程度、地质、地形及水文状况、建筑物的类型、结构、面积、层数、朝向、平面布置、工程质量、新旧程度、装修和室内外的设施等。对房地产权益状态的了解包括：土地权利性质、权属、土地使用权的年限、建筑物的权属、评估对象设定的其他权利状况等。

3. 明确评估基准日

评估基准日就是待估对象的评估时点，通常以年、月、日表示。由于房地产价格经常处于变化之中,而且房地产价格随其价格影响因素的变化而变动,因此,必须事先确定所评估的是某一具体时点的价值。

4. 明确估价报告的交付日期

估价报告的交付日期通常由委托方提出,评估人员应尽可能满足对方的要求。但当估价工作量过大而在对方提出的交付日期前难以完成时,评估人员应向委托方说明情况,协商确定一个双方均能接受的交付日期。

(二) 签订评估合同

在明确评估基本事项的基础上,双方便可签订评估合同,用法律的形式保护各自的权益。评估合同是委托方和受理方就评估过程双方的权利和义务达成的协议,内容主要包括对评估对象、评估目的、评估时点、评估收费、双方责任、评估报告等事宜的约定。评估合同的内容要明确规定双方的权益和应尽的义务,以及对违反合同的处理办法。一旦合同签订后,任何一方未经对方同意不得随意更改合同内容,如有未尽事宜,需通过双方协商解决。

(三) 制定评估工作计划

制定工作计划就是对评估工作日程、人员组织等做出安排。在对被评估对象有基本了解之后,就可以对资料的收集、分析和价值的测算等工作程序和组织做出科学的安排。制定合理的工作计划有助于提高工作效率和评估质量。

(四) 实地勘察与收集资料

评估人员虽然已在受理评估业务时大体了解到评估对象的基本状况,但仅凭委托方提供的资料,并不能完全满足评估工作的需要,评估人员仍需亲临现场勘察。实地勘察就是评估人员亲临房地产现场,对被估房地产实地调查,以充分了解房地产的特性和所处区域环境。因为房地产评估需要的资料和数据十分广泛,委托方提供的资料不一定完整和准确;此外,房地产实物性和房地产市场地域性都很强,房地产交易都是个别交易,非经实地勘察难以对房地产进行评估。所以实地勘察是房地产评估必不可少的重要环节。

收集资料的目的是为选用评估方法和撰写评估报告提供依据,收集资料的质量直接影响评估方法的选择和运用以及评估工作的质量。房地产评估中需收集的资料主要包括:

(1) 评估对象的基本情况。

(2) 有关评估对象所在地段的环境和区域因素资料。

(3) 与评估对象有关的房地产市场资料,如市场供需状况、建造成本、租售价格等。

(4) 国家和地方涉及房地产评估的政策、法规和定额指标。

获得上述资料的途径除了委托方提供外,主要通过现场的勘测和必要的调查访问。

(五) 选择评估方法并测算被估房地产价值

在调查研究和资料分析的基础上,便可选定拟采用的评估方法对房地产进行价值测算。评估的基本方法有市场法、成本法和收益法。由这三种基本评估方法所派生的其他评估方法,如剩余法、路线价格法、长期趋势法等也是目前常用的评估方法。由于被估房地产的性质差异和资料取得的难易程度不同,并非每一种评估方法都适用于各类房地产。为求得到一个公平合理的价值,一般以一种评估方法为主,同时以另一种或几种评估方法为辅,以互相对照和检验修正。由于选用了不同的估价方法,计算出的评估值也不相同。对于计算出的多个价值结果需要综合给出一个价值,综合的方法有:算术平均法、加权平均法、中位数法、众数法或者以一种方法计算出的结果为主，其他方法计算出的结果作为参考。

无论采用何种方法，评估人员都应对收集到的数据、参数进行认真地分析检验，特别是对一些有变化幅度的参数，如市场法中的修正系数，收益法中的资本化率，成本法中的土地开发成本、房屋新旧程度等，虽然都有一些经验参数可供参考，但最终确定还要依靠评估人员职业判断和选择。此时评估人员的经验对计算结果具有重要的影响。

（六）确定评估结果并撰写评估报告

评估报告是评估过程和评估成果的综合反映，通过评估报告不仅可以得到房地产评估的最后结果，还能了解整个评估过程的技术思路、评估方法和评估依据。为了保证评估工作的质量，在撰写评估报告之前应对所选用的评估方法、资料及评估程序的各阶段做出客观的分析和检查。此时应特别注意：所选用的资料是否适当；评估原则的运用是否适当；对资料分析是否准确，特别是对影响因素权重的赋值是否恰当。

评估报告的撰写应做到客观、公正、详实、全面、准确、规范和简练。

第二节 房地产价格及其影响因素

一、房地产价格的种类

（一）根据权益不同分为所有权价格、使用权价格、其他权利价格

房地产的价格因房地产交易所针对的权益不同而不同。交易所针对的权益有所有权、使用权、抵押权、租赁权、典当权等。相应的房地产价格就有使用权价格、抵押权价格、租赁权价格等之分。房地产的使用权价格是指房地产使用权的交易价格。一般情况下，房地产所有权价格高于房地产使用权价格。抵押价格是为房地产抵押而评估的房地产价格。抵押价格由于要考虑抵押贷清偿的安全性，一般要比市场交易价格低。租赁价格是承租方为取得房地产租赁权而向出租方支付的价格。

（二）按价格形成方式不同分为市场交易价格和评估价格

市场交易价格是房地产在市场交易中实际成交的价格。它是交易双方收支价款的依据以及缴纳契税和管理费的依据。由于交易的具体环境不同，市场交易价格经常波动。在确定评估价格时，通常要参照市场上已成交的同类房地产的价格。但由于房地产的特殊性，使房地产价格不像一般商品那样具有可比性，在参照其他房地产的市场价格时常常要进行修正。

评估价格是评估人员应用一定的方法对房地产进行评定和估算所确定的价格。由于评估人员的经验以及对房地产价格影响因素理解不同，同一宗房地产可能得出不同的评估价格，但在正常的情况下，不论运用何种方法，评估结果不应有太大的差距。根据房地产评估价格使用目的及其作用，评估价格又可分为基准地价、标定地价、房屋重置价格、交易底价、课税价格等。其中，基准地价、标定地价、房屋重置价格由政府制定并定期公布。交易底价则不一定由政府制定，可由交易有关方制定。房屋重置价格是指假设在重新建造与原有房屋相仿的结构、式样、设备和装修的新房时，考虑现时的建筑技术、工艺水平、建筑材料价格、

工资水平及运输等条件所需的费用而形成的价格。课税价格是政府为课征有关房地产税而由评估人员评估的作为课税基础的价格。

（三）按实物形态不同分为土地价格、建筑物价格和房地产价格

土地价格是指房地产价格中单纯土地部分的价格。建造房屋首先要购买土地，所以房地产价格中直接包含地价因素，地价的高低对房地产价格有很大的影响。土地估价的方法有很多，其中比较简单易行的是通过对基准地价和标定地价的修正得到。基准地价是按照城市土地级别或均质地域分别评估的各类用途土地和综合土地级别的土地使用权的平均价格。基准地价评估以城市为单位进行。标定地价是市、县政府根据需要评估的正常地产市场中，具体宗地在一定使用年期内的价格。标定地价可以以基准地价为依据，根据土地使用年限、地块大小、土地形状、容积率、微观区位等条件，通过系数修正进行评估得到，也可以通过市场交易资料，直接进行评估得到。

建筑物价格是指纯建筑物部分的价格，不包含其占用的土地价格。

房地产价格是指建筑物连同其占用的土地的价格。

（四）按价格表示单位分为总价格、单位价格、楼面地价

房地产总价格是指一宗房地产的整体价格。

房地产单位价格，对土地而言是指单位土地面积的土地价格；对建筑物而言是指单位建筑面积的建筑物价格；对房地产而言是指单位建筑面积的房地产价格。房地产的单位价格能反映房地产价格水平的高低，而房地产总价格一般不能说明房地产价格水平的高低。

楼面地价又称单位建筑面积地价，是指平均到每单位建筑面积上的土地价格，即：

楼面地价 = 土地总价格 ÷ 建筑总面积

因为：

建筑总面积 ÷ 土地总面积 = 容积率

土地总价格 ÷ 土地总面积 = 土地单价

所以：

楼面地价 = 土地单价 ÷ 容积率

楼面地价是房地产投资者进行投资决策的重要依据。比如，有甲、乙两宗土地：甲地容积率为 5，单价为 1 000 元/平方米；乙地容积率为 3，单价为 800 元/平方米。那么：

甲地楼面地价 = 1 000/5 = 200（元/平方米）

乙地楼面地价 = 800/3 = 269（元/平方米）

在两宗土地的其他条件相同时，由于甲地的楼面地价小于乙地的楼面地价，所以投资者选择甲地进行投资就是更经济的选择。

（五）按政府管理手段不同地价可分为公告地价、申报地价

公告地价是政府定期公布的土地价格，它一般作为征收土地增值税和征用土地补偿的依据。

申报地价是土地所有人或使用人参照公告地价向政府申报的土地价格。

二、房地产价格的影响因素

房地产价格是众多影响房地产价格因素相互作用的结果。这些因素本身具有动态性，对

房地产价格的影响也是动态的。随着时间、地区、用途等条件的变动,本来是影响较小的因素,可能会成为主导因素;相反,主导因素也会成为次要因素。同时这些因素对房地产价格的影响程度有的可以量化,有的则难以量化,只能凭借评估人员的经验加以判断。所以,房地产评估人员必须了解影响房地产价格的各种因素,掌握各种因素如何影响和在什么程度上影响房地产价格。

(一) 影响房地产价格的一般因素

一般因素是指影响一定区域范围内所有房地产价格的一般的、普遍的、共同的因素。这些因素通常会对较广泛地区范围内的各宗房地产的价格产生全局性的影响。其主要包括经济因素、社会因素、行政因素和心理因素等。

1. 经济因素

(1) 经济发展水平。衡量经济发展水平的指标主要是国民经济增长速度、国民生产总值、居民收入水平、物价指数等,这些指标都会对房地产价格的形成产生影响。比如,在国民经济增长快,国民生产总值大、居民收入水平高、资金充裕地区,国民生产总值用于投资、消费部分加大,用于生产性、投资性或消费性等方面的房地产的支出增加,从而促进房地产业的繁荣,带动房地产价格上涨。房地产需求变动趋势与经济发展水平总体趋势基本一致,因此房地产价格总水平与地区经济发展水平成正相关关系。

(2) 财政金融状况。财政金融状况是国家综合经济实力的反映。货币供给量、存款利率、贷款利率、物价上升指数、税率、贷款比例和土地资本还原率等反映财政金融状况的指标对房地产价格的形成有着密切的关系。比如,货币供给量增加、社会游资过剩导致人们争相购买少数的货品,特别是可以保值的房地产,便会造成对房地产需求的增长,从而促使房地产价格上涨。利率和税率的变化也会对房地产的供给和需求产生影响,进而影响房地产价格。土地资本还原率与地价的关系非常明显,在地租一定的情况下,土地还原率越高,地价越低;反之,地价越高。

(3) 产业结构。产业结构主要是指第一产业、第二产业及第三产业在国民经济及国民生产总值中的比例关系以及房地产业在其中所占的比重。一般来说,第三产业的比重越大,房地产价格会相应上升。

2. 社会因素

(1) 人口状况。人口状况对房地产价格的影响表现为人口数量、人口密度和人口素质三个方面。人口数量与房地产价格的关系是正相关的。人口总量增长,对房地产的需求就会增大,房地产价格一般也就会上升;反之,房地产价格则下降。人口密度是人口数量的相对指标。人口密度高的地区,一般房地产的供给相对缺乏,供不应求,该地区的房地产价格水平则会趋高。同时人口密度高,有可能刺激商业、服务业等产业的发展,因而会提高土地价格。但是,在人口密度过高的地区,生活环境的舒适程度已受到影响,因此也有可能降低土地价格。人口素质包括社会文明、平均文化程度、居民的修养等,也能间接地影响房地产价格。人口素质较高的地区,居住环境也力求宽敞舒适,房地产价格水平一般趋高;相反,房地产价格则会低落,尤其是居住用地的地价会降低。

(2) 家庭规模。家庭规模是指社会或某一地区家庭平均人口数。即使一个地区人口总量不变,家庭人口数的变化也将影响居住面积的变化。比如,随着家庭人口平均数的下降,即家庭小型化,对总的住宅套数的需求将增加,因此,对房地产的需求会增加,房地产的价格也就会上涨。

（3）房地产投机程度。房地产投机是投资者期望并利用房地产价格的变动获得超常利润的行为。投机程度越高，当地房地产价格波动会越大。当房地产价格不断上涨时，房地产投机商纷纷抢购，哄抬价格，促使房地产价格进一步上涨；或囤积房地产的投机商纷纷抛出房地产，从而也能平抑房地产价格。当房地产价格跌落时，房地产投机商纷纷抛售，促使房地产价格进一步下跌；或预测将来房地产价格会上涨的投机商纷纷收购房地产，造成房地产需求增加，从而也能抑制房地产价格的下跌。

（4）社会治安状况。社会治安状况是指社会上刑事案件，如偷窃、抢劫、强奸、杀人等发案率的多少。若房地产所处地区刑事案件发案率低，则人们会感到安全，从而愿意投资、购物、居住，因此带动房地产价格上升。相反，房地产价格就难以上升甚至会下跌。

（5）城市化进程。近年来，我国的城市化进程十分迅速。城市化进程速度快的地区，房地产需求增长速度也就快，房地产价格涨幅和上涨速度都要高于一般地区。

3. 行政因素

影响房地产价格的行政因素是指影响房地产价格的政策、制度、法规、行政措施等方面的因素，主要包括土地制度、住房制度、城市规划、地价政策、税收与投资政策、行政隶属关系变更和交通管制等七个方面。这些因素从公益的角度对社会、经济等行为加以规范，积极扶助和促进房地产的利用，或限制其消极作用，从而提高整体房地产的效用。

（1）土地制度。土地制度包括土地所有制和土地使用制等。土地制度直接制约着土地价格的存在、上涨或下跌。过去我国土地以划拨的形式无偿无期限使用，且土地不允许转让、出租，因而就不存在地价。随着土地使用制度的改革，土地作为特殊商品开始进入流通领域，从而出现了作为让渡土地使用权的经济补偿的土地价格。同时，随着土地有偿使用制度的进一步完善，在市场经济的作用下，土地价格的涨落也会更符合市场规律。

（2）住房制度。我国实行的住房制度改革是房地产市场发育的重要条件之一。住房制度改革逐渐改变了福利型的住房制度，使住宅走向社会化、市场化和商品化，改变了人们固有的观念，从而促使房地产市场得以扩大、活跃。而我国为改善城市中低收入及住房困难户而实行的安居工程，以大大低于市场价格的成本价或微利价提供解困房、微利房，又在一定程度上对房地产价格的上涨起了降温作用。住房制度对房地产市场特别是住宅市场产生了深远的影响。

（3）城市规划。城市规划中确定的城市性质、城市发展战略，特别是城市详细规划中确定的地块规定用途、容积率、覆盖率等指标对房地产价格有很大的影响。比如，土地被规划为住宅区、商业区、工业区、农业区等不同区域，对土地价格影响极大。又如，在限制容积率的地区，容积率的高低直接影响着所限制地区地价的高低。

（4）地价政策。根据对国民经济或地区经济宏观调控的需要，政府可能推行高地价政策，引起地价上涨。某些时期也可能实行低地价政策，抑制地价上涨。

（5）税收与投资政策。房地产税收政策可以调节房地产投资者的积极性，抑制不正当的房地产投机，理顺房地产收益分配关系，稳定房地产市场。进行房地产估价时，需考虑不同税种对房地产市场中供需双方的不同影响。投资政策向某地区倾斜或对某一地区在税收、管理等方面的优惠政策，均会促进该地区房地产价格上涨。

（6）行政隶属关系变更。一个地区的行政隶属关系发生变更，也会影响其房地产价格水平。行政隶属关系变更包括级别升格和管辖权变更。例如，将非建制镇升格为建制镇，将建制镇升格为市，或将经济落后地区的地方划归经济发达地区管理，都会促进房地产价格水平上涨。

（7）交通管制。交通管制包括禁止通行，实行单行道及限制通行时间等规定。一般而言，由于交通管制，使该地区道路的通达性及便捷度受到影响，从而降低房地产价格，但在住宅区内禁止货车通行，则可以减少噪声，保持清净和行人安全，也会提高房地产价格。

4. 心理因素

心理因素对房地产价格的影响是很微妙的，也是一个不可忽视的因素。其主要表现为购买或出售心态、对居住环境的认同度、欣赏趣味、时尚风气、接近名家住宅心理、门牌号码讲究、风水讲究、价值观的变化等。

（二）影响房地产价格的区域因素

区域因素是指某一特定的区域内的自然条件与社会、经济、技术等因素相结合对该区域内的房地产的价格产生影响的区域特性。这类因素可细分为商服繁华因素、道路通达因素、交通便捷因素、城市设施因素和环境因素等。

1. 商服繁华因素

商服繁华因素是指房地产所在地区的商业、服务业繁华程度及各级商业、服务业中心的位置关系。商服繁华度较高，该地区的房地产的使用效益越高，价格相应越高。各级商业、服务业中心的位置距离越近的房地产，使用效益和价格也越高。

2. 道路通达因素

道路通达因素是指所在地区道路系统通畅程度。道路的级别（主干道、次干道、支路）越高，该区域的房地产价格也较高。

3. 交通便捷因素

交通便捷因素是指交通的便捷程度，包括公共交通系统的完善和便利程度。其便捷度越高，房地产价格水平也较高。

4. 城市设施因素

城市设施因素主要包括基础设施、生活设施和文体娱乐设施三类。这些因素一般都与房地产价格成正相关影响。

（1）基础设施。其主要包括供水、排水、供电、供气、供热和通信等设施。

（2）生活设施。其主要包括学校、医院、农贸市场、银行储蓄所、邮电局等设施。

（3）文体娱乐设施。其主要包括电影院、图书馆、博物馆、俱乐部、文化馆等设施。

5. 环境因素

环境因素是指房地产所处的自然环境和人文环境。自然环境包括地质、地势、坡度、风向、绿化、空气和噪声污染程度等各种自然条件；人文环境包括公共文化及居民职业类别、受教育程度和收入水平等条件。比如，若一个地区绿地较多、公园充足、空气质量高、人文环境良好，则该地区的房地产价格水平就高；若噪声和空气污染严重或人文环境差，房地产价格水平则会下降。

（三）影响房地产价格的个别因素

影响房地产价格的个别因素是指对房地产价格产生影响的土地或建筑物自身个别具体条

件。个别因素分为土地个别因素和建筑物个别因素。

1. 土地的个别因素

（1）区位。区位也叫宗地位置，有自然地理区位与社会经济区位之别。土地的自然地理区位是固定不变的，但是，其社会经济区位却会随着交通建设和市政设施的变化而变化。当区位由劣变优时，地价会上升；相反，则地价下跌。

（2）面积、宽度、深度。一般来说，宗地面积必须适宜，规模大或过小都会影响土地效用的充分发挥，从而降低单位地价。宗地临街宽度过窄会影响土地使用和收益，从而降低地价。宗地临街深度过浅、过深也都不适合土地最佳利用，从而影响地价水平。

（3）形状。一般来讲，形状不规则的土地，不便于利用，从而降低地价。但特殊情况，比如，在街道的交叉口、三角形等不规则土地的地价也可能反而更高。

（4）地质。土地承载力越好，越有利于建筑高层大厦，其地基开发费用也相对较小，地价就越高；地基承载力越小，建筑难度大，造价相对较高，因而其地价也越低。

（5）容积率。容积率大小意味着土地的集约度（利用强度）高低。一般来讲，容积率限额较高的地块，其单位土地面积的经济收益也较多，因此地价也越高。但随着容积率超过一定值（最佳容积率）之后，由于建筑物过高会带来采光、通风不便，并不会使地价提高。所以容积率与地价的关系一般不呈线性关系。

（6）用途。一般来讲，对于同一宗土地而言，用于商业、住宅、工业的地价是递减的。

（7）使用年期。在年地租不变的前提下，土地使用年期越长，地价越高。

2. 建筑物的个别因素

（1）面积。建筑物的建筑面积、居住面积、空间高度等不同，则建筑物的重建成本就不相同，建筑物的价格也就不同。如果建筑物的面积或高度与基地及周围环境不相协调，该建筑物的价格也会大大降低。

（2）结构、材料等。建筑物的结构及使用的建筑材料的质量也对建筑物的重建成本有影响，从而影响其价格。

（3）设计、设备等。建筑物形状、设计风格、建筑装潢应与建筑物的使用目的相适应，建筑物设计、设备是否与其功能相适应，对建筑物价格有很大的影响。

（4）施工质量。建筑物的施工质量不仅影响建筑物的投入成本，更重要的是影响建筑物的耐用年限和使用的安全性、方便性和舒适性。因此施工质量是否优良对建筑物的价格也有很大影响。

总之，影响房地产价格的因素很复杂，且对于各类不同用途的房地产，各影响因素重要性又会有所差别，评估实务中应根据宗地的实际情况针对不同因素给予不同的权重。

第三节 房地产评估的市场法

一、市场法的含义

（一）市场法的概念及理论依据

房地产评估的市场法又称买卖实例比较法、交易实例比较法等，是指将待评估房地产与在评估基准日较近时期内已经完成的若干类似房地产进行比较、分析,并在交易实例价格的基础上进行各种差异因素修正从而得出待评估房地产价格的一种估价方法。这里的交易实例是指与待估房地产在所处区域、用途、结构、地形、地势、交易日期、交易性质等方面相同或相似的已经交易的房地产。因素修正包括交易情况、交易日期、区域因素和个别因素等的修正。由市场法评估得到的价格称为比准价格。

市场法的理论依据是经济学中的替代原理。市场经济中经济主体的行为普遍遵循理性原则,追求效用最大化。由于商品购买者的行为通常只是为了满足其一定的效用需求,当同一市场上出现两种或两种以上效用相同或效用可相互替代而价格不等的商品时,购买者将力求选择价格较低的商品;而当价格相同效用不等时,购买者又将选择效用较大的商品。这样,通过市场供求和竞争机制的作用,效用均等的商品之间将产生替代效应,最终使得市场上具有同等效用的商品获得相同的市场价格。这一替代原理作用于房地产市场,便表现为效用相同、条件相近的房地产价格总是相互牵引,趋于一致。

(二) 市场法的适用条件和范围

市场法是房地产评估中最重要、最简便、最常用的方法之一,已发展成为一种较为成熟的方法,在房地产估价实务中往往为评估人员首先选用。同时,在运用其他方法进行房地产估价时,又常以市场法为辅助,因此,它也是房地产评估中最基础的方法。

1. 市场法的适用条件

应用市场法需具备以下两个基本条件:

(1) 具备充足的市场交易资料。充足的市场交易资料是指交易资料的数量充足,交易资料来源可靠和资料本身可靠,交易资料质量能够保证。在同一地区或同一供求范围内的类似地区中,与被评估房地产相类似的房地产交易越多,交易资料就越充分,市场法应用则越有效。

(2) 具有丰富的估价经验。房地产评估人员须具有丰富的经验和专业判断能力,要对当地房地产市场的特点和习惯有相当的了解。

2. 市场法的使用范围

根据市场法的含义和适用条件,市场法主要适用于:房地产市场发达、活跃和完善地区的有广泛市场交易的房地产类型。如普通住宅、商铺、写字楼、空地等。在下列情况下,市场法往往难以适用:

(1) 没有发生房地产交易或在房地产交易发生较少的地区,如经济基础薄弱的边远农村;

(2) 对某些类型很少见的房地产或交易实例很少的房地产,如古建筑等;

(3) 对那些很难成为交易对象的房地产,如教堂、寺庙等;

(4) 风景名胜区土地;

(5) 图书馆、体育馆、学校用地等。

二、市场法的基本公式

市场法是在与近期交易的房地产进行比较的基础上对一系列因素进行修正,从而得到被估房地产在评估基准日市场价格的一种方法。这些因素主要有交易情况因素、交易日期因素、区域因素和个别因素四类。通过交易情况修正,将可比交易实例修正为正常交易情况下的价格；通过交易日期因素修正，将可比交易实例价格修正为评估基准日的价格；通过区域因素修正，将可比交易实例价格修正为被估对象所处区域条件下的价格；通过个别因素修正，将可比交易实例价格修正为被估对象自身状况下的价格。个别因素中的容积率和土地使用年期，由于影响力较大，情况特殊，有时需单独进行修正。

市场法的基本计算公式为：

$$P = P' \times A \times B \times C \times D$$

式中：P——待估房地产价格；P'——可比交易实例价格；A——交易情况修正系数；B——交易日期修正系数；C——区域因素修正系数；D——个别因素修正系数。

如果土地容积率、土地使用年限单独修正，则计算公式为：

$$P = P' \times A \times B \times C \times D \times E \times F$$

式中：E——容积率与地价关系修正系数；F——土地使用权年期修正系数。

在这里需要说明的是，组成区域因素或个别因素中的各个因子都可以独立地扩展出来进行单独修正。

在实际评估工作中，A、B、C、D、E、F 的修正系数可表示为（ ）／（ ），其中，分子表示被评估房地产情况，分母表示可比实例情况。如果是被估房地产与可比实例相比，那么，分母一般用 100 表示，根据被评估房地产和可比实例比较的情况，调整分子，如果被评估的房地产比可比实例好，则分子就大于分母，相反则小于分母。同样的道理，如果是可比实例与被评估地产进行比较，则调整分母。

三、市场法的操作步骤

运用市场法评估房地产价值一般经过下列程序：收集交易资料，确定可比交易案例，对交易情况、交易日期、区域因素、个别因素、容积率和土地使用年期等因素进行修正，确定房地产价值。

（一）收集交易资料

采用市场法评估房地产价值，前提是必须有充裕的交易资料。评估人员必须注意日积月累，在平时就要时刻关注房地产市场变化，随时收集有关房地产交易实例。如果等到需要时才去临时找案例，往往因为时间紧迫，很难来得及收集到足够的交易案例。而交易案例和资料太少，则不能准确把握当时房地产交易市场的实际情况，以此为参照评出的价格就缺乏客观、合理性。

（二）确定可比交易案例

可比交易案例的选取是针对委估房地产的具体条件，从可供选择的一定数量的交易中进行筛选，择定符合相关性、可比性要求的房地产，进行比较参照。可比交易案例选择是否适当，直接影响运用比较法评估的结果精度，因此对可比案例的选择应特别慎重。所选取的交易案例应符合以下条件：

（1）与被评估房地产的用途相同；

（2）与被评估房地产所处的地区应相同，或在同一供求范围的类似地区；

（3）与被评估房地产的评估目的及其相对应的价值类型相同；

（4）与被评估房地产的建筑结构要相同或相似；

(5) 与被评估房地产的评估基准日应接近，一般不应超过 2 年；

(6) 交易实例必须是正常交易或可以修正为正常交易。

(三) 因素修正

因素修正包括交易情况修正、交易日期修正、区域因素修正、个别因素修正、容积率修正、土地使用年期修正等。其中，土地容积率修正和土地使用年期修正也可并入区域因素与个别因素修正，但这两项因素比较重要，一般应单独列出。

1. 交易情况修正

房地产的自然和经济特性决定了房地产市场不能成为完全竞争市场，而是一个不完全竞争市场。房地产交易价格往往因个别交易而形成，受个别情况的影响很大，所以运用市场法进行房地产评估，需要对选取的交易案例进行交易情况修正，将交易中由于个别因素所产生的价格偏差予以剔除，使其成为正常价格。房地产交易中的特殊情况较为复杂，主要有以下几种：

(1) 有特殊利害关系的经济主体间的交易。如亲友之间、有利害关系的公司之间、公司与本单位职工之间，通常会以低于市价的价格进行交易。

(2) 特别动机交易。急于脱售或急于购买是最为典型特别动机交易，如有人为了扩大经营面积，收买邻近的建筑用地，往往会使交易价格抬高。

(3) 盲目性交易。如买方或卖方不了解市场行情，往往使房地产交易价格偏高或偏低。

(4) 特殊方式的交易，如拍卖、招标。

(5) 其他特殊交易的情形，如契税本应由买方负担，却转嫁给了卖方等。

这些特殊交易情况都需要修正。如何进行修正，修正多少，则要根据具体情况而定。有些可以通过计算得出，但更多的是依靠评估人员运用日常积累的经验加以判断。通过交易情况修正，即可将可比实例价格修正为正常交易情况的价格。交易情况修正的计算公式为：

修正后的正常价格 = 交易实例价格 × 交易情况修正系数

= 交易实例价格 × 正常情况指数/交易实例情况指数

= $P' \times 100/ (\quad)$

【例 8 – 1】 对某宗地甲的地产价格进行评估，选取了宗地乙、丙两个参照地块交易实例。乙地块的交易双方具有某种关联关系，其交易价格为 6 800 元/平方米，丙地块系拍卖转让土地使用权，拍卖价格为 9 000 元/平方米；经分析，乙地块比正常情况低了 10%，而丙地块拍卖价格则高出正常情况的 16%。那么：

乙的交易情况修正后价格 = 6 800 × 100/ (100 – 10) = 6 800 × 111.1%

= 7 554.8（元/平方米）

丙的交易情况修正后价格 = 9 000 × 100/ (100 + 16) = 9 000 × 86.2%

= 7 758（元/平方米）

2. 交易日期修正

交易实例的交易日期与待评估房地产的评估准日往往有一段时间差。在这一期间，房地产市场可能不断发生变化，就要具体考察这段日期房地产市场的价格变动情况。如果说这段时间房地产市场价格相对稳定，就可以不进行交易日期的修正；反之，房地产市场的价格无论是上涨还是下跌，都要进行交易日期的修正。交易日期的修正是指根据房地产价格的变动率，将交易实例房地产价格修正为评估基准日的房地产价格。房地产价格的变动率一般用房地产价格指数来表示。交易日期修正的计算公式为：

估价时点价格 = 交易实例价格 × 交易日期修正系数

= 交易实例价格 × 估价时点价格指数/交易时点价格指数

若以交易当时的价格指数为基准（即价格指数为100），将交易实例价格调整到估价时点的价格，则：

估价时点价格 = 交易实例价格 × （ ） /100

【例8-2】 在［例8-1］基础上，若评估基准日是2019年7月1日，乙地块的交易日期是2018年8月1日，丙地块的交易日期为2018年9月30日。有关统计资料显示，2018年1月1日至2019年8月1日，房地产业的平均价格每月上涨0.3%，则乙、丙的交易日期修正系数为：

乙的交易日期因素修正率 = (100 + 0.3 × 11) ÷ 100 = 103.3%

丙的交易日期因素修正率 = (100 + 0.3 × 9) ÷ 100 = 102.7%

3. 区域因素修正

交易实例房地产与被评估房地产如果不是处于同一地区，应将交易实例房地产所处地区与被评估房地产所处地区的区域因素加以比较，找出由于区域因素的差别而引起的交易实例房地产与待评估房地产价格的差异，对交易实例房地产价格进行修正。区域因素修正的计算公式为：

估价对象区域下的价格 = 交易实例价格 × 区域因素修正系数

在以指数表示时，若以估价对象区域因素为100，则：

估价对象区域下的价格 = 交易实例价格 × 100/（ ）

在进行区域因素修正时，可以根据不同因素的影响程度分别设定不同权重的标准分值，然后参照实例或待评估地产与设定的标准进行比较、打分，再除以总分的比值作为修正率。如果采用直接比较法，需将待估地产设定为标准地产，然后将参照实例与其进行比较、打分。如果采用间接比较法，则需另设一个假想的标准地产，然后将参照地产和待评估地产同时与标准地产进行比较、打分。

【例8-3】 假设［例8-1］中，甲、乙、丙都属于商业用地，运用直接比较法对甲地进行区域因素修正，比较打分结果如表8-1所示。

表8-1　　　　　　　　　　　　区域因素修正比较打分表

区域因素	待估宗地甲	参照宗地乙	参照宗地丙
商服繁华程度	25	24	29
道路通达程度	20	21	22
交通管制	10	9	10
交通流量	10	9	11
商业区综合环境	20	17	20
自然条件	7	7	9
规划因素	8	7	8
总分值	100	94	109

那么，乙、丙的区域因素修正率分别如下：

乙的区域因素修正率 = 100 ÷ 94 × 100% = 106.4%

丙的区域因素修正率 = 100 ÷ 109 × 100% = 91.7%

4. 个别因素修正

个别因素的差异性也是造成房地产价格不同的重要因素，所以需要将交易实例房地产与待评估房地产的个别因素加以比较，找出由于个别因素的差别而引起的交易实例房地产与待评估房地产价格的差异，对交易实例房地产价格进行修正。个别因素修正的计算公式为：

估价对象状况下的价格 = 交易实例价格 × 个别因素修正系数

在以指数表示时，若以估价对象个别因素为100，则：

估价对象状况下的价格 = 交易实例价格 × 100 / （ ）

【例 8 - 4】 假设［例 8 - 1］中，甲、乙、丙的面积分别是 4 000 平方米、4 760 平方米、3 100 平方米，其形状依次为长方形、三角形、三角形，其个别因素比较打分结果如表 8 - 2 所示。

表 8 - 2　　　　　　　　　个别因素修正比较打分表

个别因素	待估宗地甲	参照宗地乙	参照宗地丙
面积	20	21	18
形状	25	23	23
地质条件	25	24	26
临街深度	30	32	27
总分值	100	100	94

那么，参照宗地乙、丙的个别因素修正率如下：

乙的个别因素修正率 = 100 ÷ 100 × 100% = 100%

丙的个别因素修正率 = 100 ÷ 94 × 100% = 106.4%

5. 容积率修正

容积率的大小会对土地收益和价格产生直接的影响，但超过了一定范围，容积率与地价的关系并非呈线性关系，需根据具体区域的情况具体分析来进行容积率修正。容积率修正的计算公式为：

估价对象容积率状况下价格 = 交易实例价格 × 容积率因素修正系数

在以指数表示时，若以估价对象容积率状况下的价格为100，则：

估价对象容积率下的价格 = 交易实例价格 × 100 / （ ）

【例 8 - 5】 假设城市规划对［例 8 - 1］中甲、乙、丙的容积率最高限额依次为 8、10、9，该城市《容积率修正系数表》如表 8 - 3 所示。

表 8 - 3　　　　　　　　　该城市容积率修正系数表

容积率	7.5	8	8.5	9	9.5	10
系数	3.350	3.482	3.611	3.737	3.860	3.981

那么，乙、丙的容积率因素修正率如下：

乙的容积率修正率 = 3.482 ÷ 3.981 × 100% = 87.5%

丙的容积率修正率 = 3.482 ÷ 3.737 × 100% = 93.2%

6. 土地使用年期修正

我国实行有限年期的土地使用权有偿使用制度，土地使用年期的长短直接影响土地收益的多少。土地的年收益确定以后，土地的使用期限越长，土地的总收益就越多，土地的价格也会因此提高。通过使用年期修正可以消除由于使用期限不同而对房地产价格造成的影响。土地使用年期修正系数的计算公式为：

$$K = (P/A, r, m)/(P/A, r, n)$$
$$= [1-(1+r)^{-m}]/[1-(1+r)^{-n}]$$

式中：K——将可比实例年期修正到被评估对象使用年期的年期修正系数；m——被评估对象的使用年期；r——还原系数；n——可比实例的使用年期。

土地使用年期修正后的地价 = 比较实例价格 × K

【例 8-6】 假设[例 8-1]中，若甲、乙、丙的剩余使用年期依次为 38 年、32 年、40 年，且已知土地还原利率为 8%。

那么：乙、丙的使用年限因素修正率如下：

乙的使用年限修正率 = $[1-(1+8\%)^{-38}]/[1-(1+8\%)^{-32}]$
$$= 103.4\%$$

丙的使用年限修正率 = $[1-(1+8\%)^{-38}]/[1-(1+8\%)^{-40}]$
$$= 99.2\%$$

(四) 确定房地产价值

在对上述交易情况因素、交易日期因素、区域因素、个别因素、容积率因素、土地使用年期因素等进行修正后，就可计算得到评估基准日待估房地产在不同参照交易实例下的若干个价格。选用的交易实例有几个，就可能有几个不同的价格，但被评估的房地产的价值却只能有一个。这就需要利用评估基准日待估房地产在不同参照交易实例下的若干个价格，进一步求取最终的房地产价值。求取最终的房地产价值可采用统计学方法，如简单算术平均数法、加权算术平均数法、众数法、中位数法、混合法等。

【例 8-7】 在[例 8-1]至[例 8-6]待估宗地甲的各因素修正基础上，其最后的评估结果可以通过以下计算确定：

按参照宗地乙计算的评估结果 = 6 800 × 111.1% × 103.3% × 106.4% × 100% × 87.5% × 103.4%
$$= 7 512.66（元/平方米）$$

按参照宗地丙计算的评估结果 = 9 000 × 86.2% × 102.7% × 91.7% × 106.4% × 93.2% × 99.2%
$$= 7 187.18（元/平方米）$$

由于以上两种计算的评估结果比较接近，故可以用算术平均法确定被估宗地甲的评估结果，即：

待估宗地甲的评估值 = (7 512.66 + 7 187.18) ÷ 2
$$= 7 349.92（元/平方米）$$

四、综合应用举例

【例 8-8】 有一待估宗地 G 需评估,现收集到与待估宗地条件类似的六宗交易实例,具体情况如表 8-4 所示。表中对交易情况、区域因素、个别因素的修正都是实例宗地与被估宗地的比较,表中负号表示实例表中宗地条件比待估宗地差,正号表示实例宗地条件优于被估宗地,数值大小代表对宗地地价的修正幅度。

表 8-4　　　　　　　　　待估宗地与交易实例情况表　　　　　　成交价单位:元/平方米

宗地	成交价	交易时间	交易情况	容积率	区域因素	个别因素
A	680	2016	+1%	1.3	0	+1%
B	610	2016	0	1.1	0	-1%
C	700	2015	+5%	1.4	0	-2%
D	680	2017	0	1.0	-1%	-1%
E	750	2018	-1%	1.6	0	+2%
F	700	2019	0	1.3	+1%	0
G		2019		1.1	0	0

据调查,该市此类用地容积率与地价的关系为:当容积率在 1~1.5 之间时,容积率每增加 0.1,宗地单位地价比容积率为 1 时的地价增加 5%,超过 1.5 时,超出部分的容积率每增长 0.1,单位地价比容积率为 1 时的地价增加 3%。该城市地价指数如表 8-5 所示。

表 8-5　　　　　　　　　　该城市地价指数表

时间	2013	2014	2015	2016	2017	2018	2019
指数	100	103	107	110	108	107	112

要求:根据以上条件,评估该宗土地 2019 年的价格。

估价过程如下:

(1) 选定评估方法。根据所获取的资料,适宜采用市场法。

(2) 建立容积率地价指数表如表 8-6 所示。

表 8-6　　　　　　　　　　容积率地价指数

容积率	1.0	1.1	1.2	1.3	1.4	1.5	1.6
地价指数	100	105	110	115	120	125	128

(3) 交易实例修正计算。

A. $680 \times 112/110 \times 100/101 \times 105/115 \times 100/100 \times 100/101 = 620$(元/平方米)

B. $610 \times 112/110 \times 100/100 \times 105/105 \times 100/100 \times 100/99 = 627$(元/平方米)

C. $700 \times 112/107 \times 100/105 \times 105/120 \times 100/100 \times 100/98 = 623$(元/平方米)

D. $680 \times 112/108 \times 100/100 \times 105/100 \times 100/99 \times 100/99 = 755$(元/平方米)

E. $750 \times 112/107 \times 100/99 \times 105/128 \times 100/100 \times 100/102 = 638$（元/平方米）

F. $700 \times 112/112 \times 100/100 \times 105/115 \times 100/101 \times 100/100 = 633$（元/平方米）

评估结果：交易实例 D 的值为异常值，应予剔除，其他结果较为接近，取其平均值作为评估结果。那么，待估宗地 G 的评估结果为：

待估宗地 G 的评估值 = $(620 + 627 + 623 + 638 + 633) \div 5 = 628$（元/平方米）

第四节 房地产评估的收益法

一、收益法的含义

（一）收益法概念及理论依据

房地产评估的收益法又称收益资本化法、投资法、收益还原法等，是指从房地产的经济效用出发来评估房地产价格的方法。收益法不但具有充分的理论依据，而且具有重要的实践意义，是房地产估价中最常用的方法之一。以收益法评估取得的房地产价格通常称为收益价格。

收益法理论认为，房地产在交易时，随着房地产所有者权利的让渡，房地产的收益转归房地产购买者。房地产所有者让渡出去的权利必然要在经济上得以实现，房地产购买者必须一次性支付一定的金额，补偿房地产所有者失去的收益。这一货币额每年给房地产所有者带来的利息收入必须等于他每年从房地产获得的纯收益，这个金额就是该收益性房地产的理论价格。收益性房地产未来产生的收益折现值越大，则该房地产的价值就越大，其价格也就越高。

若用 P 表示房地产价格，A 表示房地产的年纯收益，r 表示还原利率，n 表示使用年限，则收益法下，年纯收益不变，收益年限为无限期时，$P = A/r$；年纯收益不变，收益年限为有限期时，$P = A/r \times [1 - 1/(1+r)^n]$。

（二）收益法的适用范围及前提条件

收益法适用于有收益或有潜在收益的房地产价值评估，如商场、写字楼、旅馆、公寓等收益性房地产及住宅等可以转为收益性的房地产。而对于政府机关办公楼、学校、公园、图书馆等公用、公益性房地产价值评估大多不适用。

收益法运用的前提条件是房地产的收益和风险都可以预期和量化。

二、收益法的步骤及具体计算公式

根据收益法概念和理论依据，运用收益法评估房地产价值，首先需通过总收益减总费用求得纯收益；然后确定还原利率；最后选用适当的计算公式求得待估房地产的价值。

在评估实务中，运用收益法，也可以评估房地合一的房地产价值，可以评估单独的土地价值，也可以评估单独的地上建筑物价值。

评估房地合一的房地产价值的计算公式为：

房地产价值 = 房地产纯收益 ÷ 综合还原利率
房地产纯收益 = 房地产总收益 – 房地产总费用
房地产总费用 = 管理费 + 维修费 + 保险费 + 税金 + 空房损失费

评估单独的土地价值又具体分为两种情况：

一是由土地收益评估土地价值（一般适用于空地出租的情况），其计算公式为：

土地价值 = 土地纯收益 ÷ 土地还原利率
土地纯收益 = 土地总收益 – 土地总费用
土地总费用 = 管理费 + 维护费 + 税金

二是由房地产收益评估土地价值，其计算公式为：

土地价值 = 房地产价值 – 建筑物现值
建筑物现值 = 建筑物重置价 – 年贬值额 × 已使用年数
年贬值额 = （建筑物重置价 – 残值）÷ 耐用年限
　　　　 = 建筑物重置价 ×（1 – 残值率）÷ 耐用年限

或：

土地价值 =（房地产纯收益 – 建筑物纯收益）÷ 土地还原利率
建筑物纯收益 = 建筑物现值 × 建筑物还原利率

房地产价值和房地产纯收益的求法和前面相同。

评估单独的建筑物价值的计算公式为：

建筑物价值 = 房地产价值 – 土地价值

或：

建筑物价值 =（房地产纯收益 – 生地纯收益）÷ 建筑物还原利率

运用以上公式求取房地产纯收益都是通过房地产总收益减去房地产总费用而得到的。需要特别说明的是，用来求取房地产纯收益的房地产总费用并不包含房地产折旧费。以上所列计算公式均假设土地使用年期为无限年期，但在评估实务中应注意土地使用的有限年期。

三、纯收益的确定

一般来讲，在实际估价工作中，所谓纯收益是指以收益为目的的房地产及其他相关设施、劳动力和经营（组织）的诸要素相结合产生的总收益，扣除资本、劳动力和经营（组织）按其对总收益的贡献程度所能得到的适当分配额，剩余额即为房地产的纯收益。简言之，纯收益是指归属于房地产的总收益减去各种费用后的余额，一般以年度为计算单位。即：

纯收益 = 总收益 – 总费用

纯收益有实际纯收益和客观纯收益之分。在确定房地产的纯收益时，必须注意二者的区别。所谓实际纯收益是在现状下被评估房地产实际取得的纯收益，实际收益由于受到多种具体因素的影响，通常不能直接用于评估。例如，当前收益权利人在法律上、行政上享有某种特权或受到特殊的限制，致使房地产的收益偏高或偏低，而这些权利或限制又不能随之转让；当前房地产并未处于最佳利用状态，收益偏低；土地处于待开发状态，无当前收益且还必须支付有关税、费致使纯收益为负值，或收益权利人经营不善导致亏损使纯收益为零甚至为负值，但这些并不表示这宗房地产不具备收益价值。由于评估的结果是用来作为正常市场交易的参考,因此,必须对存在上述偏差的实际纯收益进行修正。

所谓客观纯收益是将实际纯收益中剔除其特殊的、偶然的因素后而得到的,在正常市场条件下房地产用于法律上允许最佳利用方向上的纯收益,其中还应包含对未来收益和风险的合理预期。只有客观纯收益才能作为评估的依据。

由于评估时使用的是客观纯收益而非实际纯收益,因此计算纯收益时所用的总收益和总费用,也须是基于各项客观收益(正常收益)和客观费用(正常费用)而计算的总收益和总费用。所谓客观总收益就是排除了实际总收益中属于特殊的、偶然的因素后所得到的一般正常、客观的收益。在现实中,确定收益值时,一是需以类似房地产的收益作比较;二是需对市场走势作准确的预测;三是必须考虑收益的风险性和可实现性。

所谓客观总费用就是指取得该收益所必须投入的各项正常支出。由于总费用所应包含的项目随被估房地产的状态不同而有所区别,费用支出有些是正常支出,有些是非正常支出,因此须对作为从总收益中扣除的总费用,做认真分析、剔除不正常的费用支出。

四、还原利率的确定

还原利率是指将被估房地产的纯收益折现为估价时点的该房地产价格的收益率,又称折现率,通常用 r 来表示。收益性房地产的购买实际上是一种投资行为,因此房地产还原利率实质上是房地产投资的报酬率(或收益率)。几乎所有的投资都存在着不同程度的风险。还原利率的大小同投资风险的大小成正相关的关系:投资风险越大,利润率越高;风险越小,利润率越低。处于不同用途、不同区位、不同交易时间的房地产,投资风险各不相同,因此还原利率也各不相同。还原利率是决定房地产评估价值的最关键的因素,房地产评估价值对还原利率最为敏感。还原利率的每个微小变动都会使评估价值发生显著改变。这就要求评估人员确定的还原利率的精度要远远高于纯收益的精度。

(一)还原利率的种类

1. 综合还原利率

综合还原利率是将土地和附着于其上的建筑物看作一个整体评估所采用的资本化率。此时评估的是房地产整体的价值,采用的纯收益也是房地合一的纯收益。

2. 建筑物还原利率

建筑物还原利率用于评估建筑物的自身价值。这时采用的纯收益是建筑物自身所产生的纯收益,把房地产整体收益中的土地纯收益排除在外。

3. 土地还原利率

土地还原利率用于求取土地自身的价值。这时采用的纯收益是土地自身的纯收益,把房地产整体收益中的建筑物纯收益排除在外。

综合还原利率、建筑物还原利率和土地还原利率的关系,可用公式表示为:

$$r = \frac{r_1 L + r_2 B}{L + B}$$

或:

$$r = r_1 X + r_2 y$$

式中:r——综合还原利率;r_1——土地还原利率;X——土地价格占房地产价格的比例;y——建筑物价格占房地产价格的比例;r_2——建筑物还原利率;L——土地价格;

B——建筑物价格。

（二）求取还原利率的方法

1. 纯收益与售价比率法

纯收益与售价比率法又称为市场提取法或市场测算法。评估人员收集市场上近期交易的与被估房地产相同或相近似的房地产的纯收益、价格等资料，测算出它们各自的还原利率。这种方法运用的基础是房地产商品的替代性。选取的交易案例均来自市场，能直接地反映市场供求状况，因此，测算出来的还原利率基本上能够反映投资该房地产的利润率。此时求得的资本化率是用实际收益与房地产价格之比求出来的，可以通过选取多个案例的还原利率取平均值的办法来消除各种偶然因素的干扰。具体可以根据实际情况，采取简单算术平均值或加权算术平均值。这种方法要求房地产市场发育比较充分、交易案例比较多。评估人员必须拥有充裕的资料，并尽可能采用与被估房地产情况接近的资料作为参照。

【例 8-9】 在房地产市场中收集到五个与待估房地产类似的交易实例，如表 8-7（假设收益期为无限年期）所示。

表 8-7　　　　　　　　　可比实例的还原利率

可比实例	纯收益（元/年·平方米）	价格（元/平方米）	还原利率（%）
1	418.9	5 900	7.1
2	450.0	6 000	7.5
3	410.4	5 700	7.2
4	459.9	6 300	7.3
5	507.0	6 500	7.8

由于以上可比实例还原利率均具相似性，被估房地产的还原利率可以采用简单算术平均法计算，即：

被估房地产的还原利率 = (7.1% + 7.5% + 7.2% + 7.3% + 7.8%) ÷ 5 = 7.4%

2. 安全利率加风险调整法

安全利率加风险调整法也称累加法，是指以无风险利率为基础，再加上风险调整值作为还原利率的方法。通常选择银行中长期利率或国库券利息率作为安全利率，然后根据影响被估房地产的社会经济环境状况估计投资风险程度确定一个调整值，把它与安全利率相加或在安全利率上加风险调整值。在不考虑时间和地域范围差异的情况下，风险调整值主要与房地产的类型相关。通常情况下，商业零售用房、写字楼、住宅、工业用房的投资风险依次减低，风险调整值也相应下降。这种方法简便易行，对市场要求不高，应用比较广泛，但是风险调整值的确定主观性较强，不容易掌握。

3. 排序插入法

排序插入法是指评估人员收集市场上各种投资的收益率资料，然后把各项投资按收益率的大小排队，评估人员估计被估房地产投资风险在哪个范围内，并将它插入其中，然后确定还原利率的大小求取还原利率的方法。

4. 资金成本加权平均法

资金成本加权平均法是指将购买房地产的抵押贷款收益率与自有资本收益率的加权平均

数作为还原利率的方法。其计算公式为:

$$R = M \times Rm + (1 - M) \times Re$$

式中：R——还原利率（%）；M——贷款价值比率（%），抵押贷款占房地产价值的比率；Rm——抵押贷款还原利率（%），第1年还本息额与抵押贷款的比率；Re——自有资本要求的正常收益率（%）。

五、收益期限的确定

房地产收益期限应根据具体的评估对象、评估对象的寿命及评估时采用的假设条件等来确定。对于单独土地和单独建筑物的评估，应分别根据土地使用权年限和建筑物耐用年限确定未来可获收益的年限，选用对应的有限年期的收益法计算公式，净收益中不应扣除建筑物折旧和土地取得费用的摊销。

对于土地与建筑物合一的评估对象，当建筑物耐用年限长于或等于土地使用权年限时，应根据土地使用权年限确定未来可获收益的年限，选用对应的有限年期的收益法计算公式，净收益中不应扣除建筑物折旧和土地取得费用的摊销。

对于土地与建筑物合一的评估对象，当建筑物耐用年限短于土地使用权年限时，可采用下列方式之一处理：

一是根据建筑物耐用年限确定未来可获收益的年限，选用对应的有限年期的收益法计算公式，净收益中不应扣除建筑物折旧和土地取得费用的摊销；然后再加上土地使用权年限超出建筑物耐用年限的土地剩余使用年限价值的折现值。

二是将未来可获收益的年限设想为无限年期，选用无限年期的收益法计算公式，净收益中应扣除建筑物折旧和土地取得费用的摊销。

六、综合应用举例

【例8-10】 某房地产公司于2016年1月以有偿出让方式取得一宗使用权为50年的土地，并于2018年1月在此地块上建成一座经济耐用年限为60年的框架结构写字楼，残值率为零。该类建筑评估基准日重置价格为2 500元/平方米。该建筑物占地面积1 000平方米，建筑面积为1 800平方米，现用于出租，每年实收租金为72万元。另据调查，当地同类写字楼出租租金一般为每月每建筑平方米50元，空置率为10%，每年需支付的管理费为年租金的3%，维修费为重置价格的1.5%，土地使用税及房产税为每建筑平方米25元，保险费为重置价格的0.2%，土地资本化率6%，建筑物资本化率8%。

要求：试根据以上资料评估该宗地2019年1月土地使用权的收益价格。

评估计算过程如下：

（1）计算总收益。

年总收益 = 50 × 12 × 1 800 × (1 - 10%) = 972 000（元）

（2）计算总费用。

年管理费 = 972 000 × 3% = 29 160（元）

年维修费 = 2 500 × 1 800 × 1.5% = 67 500（元）

年税金 = 25 × 1 800 = 45 000（元）

年保险费 = 2 500 × 1 800 × 0.2% = 9 000（元）

则年总费用为：

年总费用 = 29 160 + 67 500 + 45 000 + 9 000 = 150 660（元）

（3）计算房地产纯收益。

房地产纯收益 = 97 200 - 150 660 = 821 340（元）

（4）计算房屋纯收益。

①计算年折旧费。房地产使用者可使用的年期为 48 年（50 - 2），并且不计残值，视为土地使用权年期届满，地上建筑物一并由政府无偿收回。

年折旧费 = 2 500 × 1 800 ÷ 48 = 93 750（元）

②计算房屋现值。

房屋现值 = 2 500 × 1 800 - 93 750 × 1 = 4 406 250（元）

则计算房屋纯收益为：

房屋纯收益 = 4 406 250 × $\left[\dfrac{8\%}{1-(1+8\%)^{-47}}\right]$ = 362 228.96（元）

（5）计算土地纯收益。

土地年纯收益 = 821 340 - 362 228.96 = 459 111.03（元）

（6）计算土地使用权价格。

土地使用权在 2019 年 1 月的剩余使用年期为 47 年（50 - 3）。

P = 459 111.03 ÷ 6% × [1 - 1/(1 + 6%)^{47}] = 7 157 094.80（元）

单价 = 7 157 094.80 ÷ 1 000 = 7 157.09（元）

评估结果：本宗土地使用权在 2019 年 1 月的土地使用权价格为 7 157 094.80 元，单价为 7 157.09 元/平方米。

第五节　房地产评估的成本法

一、成本法的概念及其理论依据

房地产评估的成本法是指以假设重新复制被估房地产所需要的成本为依据而评估房地产价值的一种方法，即以重置一宗与被估房地产可以产生同等效用的房地产，所需投入的各项费用之和为依据，再加上一定的利润和应纳税金来确定房地产价值。成本法是房地产估价的基本方法之一。

成本法的理论依据是经济学上的生产费用价值论。对于需求方而言，如果市场上的房地产价格高于在当时的市场条件下开发同类房地产的成本，那么其将放弃从市场直接购买房地产的想法，而代之以自行开发建造。因此，房地产开发的社会成本是需求方愿意支付价格的上限。而对于供给方而言，如果开发出来的房地产商品，其销售收入不能回收其开发成本并使其获得正常利润，其也不会接受这一价格，开发成本是供给方愿意接受价格的下限。因而开发成本是供需双方都能够接受的价格。

二、成本法的适用范围

与其他估价方法相比,成本法具有特殊用途,一般特别适用于房地产市场发育不成熟,成交实例不多,无法利用市场法、收益法等方法进行估价的情况。对于既无收益又很少有交易情况的政府办公楼、学校、医院、图书馆、军队营房、机场、博物馆、纪念馆、公园、新开发地等特殊性的房地产估价比较适用。成本法是从房地产的生产费用角度估价,它特别适用于有重置成本和折旧的建筑物的估价。

由于成本法认为土地的价格与成本费用有着密切的联系,但实际上土地的价格主要取决于它的效用,并非仅仅是它所花费的成本,因此,成本法在土地估价中的应用受到一定限制。

三、成本法下房地产成本构成

(一) 新开发土地的成本构成

土地作为一种稀缺的自然物,即便未经开发,由于土地所有权的垄断,使用土地也必须支付地租,同时由于开发土地投入的资本及利息也构成地租的一部分,因此,新开发土地的成本包括土地取得费、土地开发费、税费、投资利息、投资利润和土地增值收益等。即:

土地价格 = 土地取得费 + 土地开发费 + 税费 + 投资利息 + 投资利润 + 土地增值收益

1. 土地取得费

土地取得费是为取得土地而向原土地使用者支付的费用,分为两种情况:

一是新开发的土地系通过征用的方式取得的,土地取得费就是征地费用。征地费用是国家征用集体土地而支付给农村集体经济组织的费用,包括土地补偿费、地上附着物和青苗补偿费及安置补助费等。

二是新开发的土地系通过向原土地使用者支付一定的拆迁费用而取得,土地取得费就是拆迁费用。这是对原城市土地使用者在土地上投资未收回部分的补偿。

2. 土地开发费

在房地产评估实务中,土地开发费是指为了某种用途的需要,对土地进行平整、开发以及建设基础设施和公用事业设施而付出的代价。这部分资金投入新开发土地之后,无法以独立的形态表现出来,只能同土地紧密结合,依附于土地,以改良后的土地形态出现。因此,土地开发费应该包含在新开发土地价格中。

3. 投资利息

投资利息就是资金的时间价值。在土地评估中,投资者贷款需要向银行偿还贷款利息,利息应计入成本;投资者利用自有资金投入,也可以看作损失了利息,从这种意义上看,也属于投资机会成本,也应计入成本。

在用成本法评估土地价格时,投资包括土地取得费和土地开发费两部分。由于两部分资金的投入时间和占用时间不同,土地取得费在土地开发动工前即要全部付清,在开发完成销售后方能收回,因此,计息期应为整个开发期和销售期。土地开发费在开发过程中逐步投入,销售后收回。若土地开发费是均匀投入,则计息期为开发期的一半。

4. 投资利润

土地投资,当然也要获取相应的利润。利润计算的关键是确定利润率或投资回报率。利润率计算的基数可以是土地取得费和土地开发费,也可以是开发后土地的地价。计算时,要注意所用利润率的内涵。

5. 土地增值收益

土地增值收益主要是由于土地的用途改变或土地功能变化而引起的。由于农地转为建设用地,新用途的土地收益将远高于原用途土地,必然会带来土地增值收益。由于这种增值是土地所有权人允许改变土地用途带来的,应归土地所有者所有。如果土地的性能发生了变化,提高了土地的经济价值,也能使土地收益能力增加。这个增加的收益是由于土地性能改变而带来的,同样应归土地所有者所有。

根据计算公式,前四项之和为成本价格,成本价格乘以土地增值收益率即为土地所有权收益。

(二) 新建房地产的成本构成

新建房地产项目估价基准日如果为房地产开发建成日,无需考虑折旧可直接用开发成本计算。开发成本为房地产开发过程中发生的各项费用,包括土地征用及拆迁补偿费、前期工程费、基础设施费、建筑安装工程费、配套设施费和管理费用等。新建房地产成本法估价的基本公式为:

新建房地产价格 = 土地取得费用 + 建筑物建造费用 + 正常利润和税金
　　　　　　　 = 土地取得费用 + 开发成本 + 管理费用 + 投资利息 + 销售税费 + 正常利润

1. 土地取得费用

土地取得的途径有征用、拆迁改造和购买等,根据取得土地的不同途径分别测算取得土地的费用,包括有关土地取得的手续费及税金。

2. 开发成本

开发成本主要由五个方面构成:

(1) 勘察设计和前期工程费。其具体包括临时用地、水、电、路、场地平整费;工程勘察测量及工程设计费;城市规划设计、咨询、可行性研究费、建设工程许可证执照费等。

(2) 基础设施建设费。其具体包括自开发商承担的红线内的自来水、雨水、污水、煤气、热力、供电、电信、道路、绿化、环境卫生、照明等建设费用。

(3) 房屋建筑安装工程费。其具体包括建筑安装工程费、招投标费、预算审查费、质量监督费、竣工图费、三材差价、定额调整系数、建材发展基金等。

(4) 公共配套设施建设费。其具体包括由开发商支付的非经营性用房,如居委会、派出所、托幼所、自行车棚、信报箱、公厕等;附属工程如锅炉房、热力点、变电室、开闭所、煤气调压站的费用和电贴费等;文教卫系统如中小学、文化站、门诊部、卫生所用房的建设费用。而商业网点如粮店、副食店、菜店、小百货店等经营性用房的建设费用应由经营者负担,按规定不计入商品房价格。

(5) 开发过程中的税费及其他间接费用。

3. 开发利润

开发利润以土地取得费用和开发费用之和作为利润计算的基数,以开发类似房地产的平均利润率作为利润率来确定开发利润。

4. 管理费用

管理费用主要是指开办费和开发过程中管理人员的工资等。

5. 投资利息

投资利息以土地取得费用和开发成本之和作为计算利息的基数。

6. 销售税费

销售税费主要包括：

（1）销售费用。其具体包括销售广告宣传费、委托销售代理费等。

（2）销售税金及附加。其具体包括增值税、城市维护建设税、教育费附加等。

（3）其他销售税费。其具体包括应当由卖方负担的印花税、交易手续费、产权转移登记费等。

（三）旧房地产的成本构成

在旧房地产的情况下，成本法估价的计算公式为：

$$旧房地产价格 = \frac{土地重新取得价格}{或重新开发成本} + \frac{建筑物的重新}{构建价格} + \frac{土地损耗和}{建筑物损耗}$$

1. 重新构建价格

重新构建价格是假设在评估基准日重新取得或重新开发、重新建造全新状态的评估对象所需的一切合理的、必要的费用、税金和应得的利润之和。确定房地产的重新构建价格，可先求取土地的重新取得价格或重新开发成本，再求取建筑物的重新构建价格，然后相加。也可以采用类似于评估新房地产价格的成本法来确定。

在确定土地的重新构建价格时，通常假设土地上的建筑物不存在，然后用市场法、成本法等方法确定其重新取得价格。

在确定建筑物的重新构建价格时，通常假设旧建筑物所在的土地已经取得，且为空地，但除了旧建筑物不存在外，其他状态维持不变，然后在此空地上重新建造与旧建筑物完全相同或具有相同效用的新建筑物所需的一切合理的、必要的费用、税金和正常利润，即建筑物的重新构建价格。建筑物的重新构建价格有复原重置价格和更新重置价格两种形式，一般前者高于后者。

复原重置价格是以原有的建筑材料、建筑技术和工艺等重新建造与旧有建筑物完全相同的新建筑物的完全价值称为复原重置成本或重建价格。重建时，原建筑物各部分及各特征都应给予保留，即使有些部分在估价时点时已完全过时，没有市场价值，原建筑物所用的材料和设计也尽可能相同，以确保反映重建（复制）完全一样的建筑物的成本。原建筑物那些已不符合目前市场需要的部分，即已丧失的效用，留在考虑建筑损耗时加以扣减，而不反映在重建成本的估算上。

更新重置价格是以现行的建筑材料、建筑技术与工艺重新建造与旧有建筑物具有同等效用的新建筑物的完全价值称为更新重置成本或重置价格。适用于考虑重新建造一幢效用完全相同的建筑物。重置时并不需要包括原建筑物的每一部分及每项特征，而只需确定其目前的效用，并估算提供相同效用的建筑物的成本。如旧建筑物的室内净高为3.4米，但若考虑到3.2米已可提供相同的效用，则只需估算室内净高3.2米时的建筑成本。

2. 房地产价值损耗

（1）土地价值的损耗。一般来说，土地不会因为使用而出现实体性的损耗，但土地使用权被规定了使用年限后,随着土地使用时间的增加,剩余使用寿命不断减少,土地的功效损失也随之发生,这就是土地价值的损耗。其计算公式为:

土地价值的损失率 = 已使用年限÷法定使用年限

(2)建筑物价值的损耗。建筑物在使用过程中会由于物质因素、功能因素或经济因素造成损失或价值损耗。从其形式来看,可分为有形损耗和无形损耗两种。前者是由于使用和物理、化学变化影响而引起的建筑物的价值损耗;后者是由于技术进步、规划设计更新、消费观念变化更新等原因而引起的价值损耗。

①实体性损耗。实体性损耗是指建筑物由于使用磨损和自然损耗而造成的贬值。一般以建筑物在实物形态上的成新率进行反映。实体成新率的测算主要采用使用年限法和综合评分法。

使用年限法确定实体性损耗的计算公式为:

实体损耗率 = $R \div (R + S) \times 100\%$

实体成新率 = $S \div (R + S) \times 100\%$

式中:R——建筑物实际已使用年限;S——尚可使用年限。

使用综合评分法确定实体性损耗,需借助建筑物实体成新率的有关标准对被评估建筑物不同构成部分进行对照评分,然后再根据其相应的成新率评分系数体系加权汇总得出建筑物实体性成新率。

被评估建筑物成新率的计算公式为:

实体成新率 = $\dfrac{结构合计得分 \times G + 装修合计得分 \times S + 设备合计得分 \times B}{100} \times 100\%$

式中:G——结构部分的评分修正系数;S——装修部分的评分修正系数;B——设备部分的评分修正系数。

房屋建筑物成新率评分参考表如表8-8所示。

表8-8　　　　　成新率(打分法)确定记录表　　　　　基准日:　年　月　日

清查申报表序号	结构				装修				水电设备		专业人员对房屋建筑物成新程度评价	成新率%
	基础%	承重结构%	非承重结构%	层面%	楼地面%	门窗%	外墙粉饰%	内墙粉饰%	顶棚%	油漆%	水卫%	电照暖%		
1														
2														

②功能性损耗。功能性损耗是指由于建筑物用途、使用强度、结构、装修、设备配备等不合理造成的建筑物功能不足或浪费造成的价值损失。确定建筑物功能性损耗时,是以该建筑物在现有占地面积和区位条件下能够发挥的最大效益为比较标准的。凡是由于上述不合理现象造成的效益损失或为达到最佳效益所付出的额外成本费用,均视为该建筑物的功能性损耗。比如,建筑物用途及使用强度与其占用土地的最佳使用状态不一致;建筑物设计及结构

可能出现建筑面积较大而有效使用面积却相对较小,影响建筑物的有效利用;建筑物的装修、设备与其总体功能的不协调,造成建筑物的无效投入与浪费等,均会造成建筑物的功能性损耗。

在测算建筑物的功能性损耗时,须与建筑重置成本和成新率的估算一并统筹考虑,避免重复考虑或漏评现象。

(3) 经济性损耗。经济性损耗是指由于外界经济环境变化而影响了建筑物效用发挥,导致其价值的贬损。建筑物经济性损耗的计算公式为:

$$经济性损耗 = \left(\begin{array}{c} 建筑物年收 \\ 益净损失额 \end{array} \div \begin{array}{c} 建\ 筑\ 物 \\ 还原利率 \end{array} \right) \times \left[1 - \frac{1}{(1+r)^n} \right]$$

或:

经济性损耗 = 建筑物年收益损失额 × $(P/A, r, n)$

式中:r——建筑物还原利率;n——预计建筑物收益损失持续的时间。

四、成本法应用举例

【例8-11】 某市经济技术开发区内有一块土地面积为15 000平方米,该地块的土地征地费用(含安置费、拆迁费、青苗补偿费和耕地占用税)为每亩10万元,土地开发费为每平方千米2亿元,土地开发周期为2年,第一年投入资金占总开发费用的35%,开发商要求的投资回报率为10%,当地土地出让增值收益率为15%,银行贷款年利率为6%。

要求:根据上述资料评估该土地的价格。

估价过程如下:

根据所获取的资料,适宜采用成本法。

(1) 计算土地取得费和土地开发费。

土地取得费 = 10万元/亩 = 150(元/平方米)

土地开发费 = 2亿元/平方千米 = 200(元/平方米)

(2) 计算投资利息。

土地取得费利息 = 150 × [(1 + 6%)² - 1] = 18.54(元/平方米)

土地开发费利息 = 200 × 35% × [(1 + 6%)^{1.5} - 1] + 200 × 65%
      × [(1 + 6%)^{0.5} - 1]

    = 6.39 + 3.84

    = 10.23(元/平方米)

(3) 计算开发利润。

开发利润 = (150 + 200) × 10% = 35(元/平方米)

(4) 计算土地价格。

土地单价 = (150 + 200 + 18.54 + 10.23 + 35) × (1 + 15%)

   = 475.84(元/平方米)

土地总价 = 475.84 × 15 000 = 7 137 600(元)

评估结论:该宗地单价为475.84元/平方米,总价为7 137 600元。

第六节 房地产评估的假设开发法

一、假设开发法的概念及理论依据

所谓假设开发法通常又称剩余法，是指在求取具有开发潜力的委估土地的价格时，首先估计将它开发形成房地产可以实现的预期价格，然后扣除为建造和销售该房地产所花费的必要成本费用（如建筑费、专业费、利息、税费、销售费等）以及正常的合理利润，所得的剩余作为土地价格的方法。

假设开发法的理论依据是价格构成理论。根据价格构成理论，房地产商品的销售价格应该等于土地价格、房屋建筑物的建筑成本、利息、开发商利润及有关税费的总和。那么，从理论上讲，地产的价格就可以通过房地产商品的销售价格减去房屋建筑物的建筑成本、利息、开发商利润及有关税费来倒算，这里的房地产商品的销售价格是指可以实现的预期价格。因此，运用假设开发法评估地产价格实质上是一种倒算价格。

二、假设开发法的适用范围和条件

（一）假设开发法的适用范围

在实际估价工作中，往往需要评估空地或因各种原因（如建筑物已残旧或建筑不足）而需要开发土地的价格，但对于具有开发潜力的土地或再开发潜力的房地产应用其他估价方法难以满足估价需要。而采用假设开发法可以对这些土地进行相对准确的估价。

假设开发法主要适用于下列房地产的估价：

（1）待开发土地的估价。用开发完成后的房地产价值减去建造费、专业费等。

（2）将生地开发成熟地的土地估价。用开发完成后的熟地地价减去土地开发费用，就得到生地地价。

（3）待拆迁改造的再开发地产的估价。这时的建筑费还应包括拆迁费用。

（二）假设开发法的适用条件

假设开发法要求待估土地必须是已经有明确的规划设计条件要求，如政府的规划所规定的用途、容积率、覆盖率、最高层数等。只有当市场情况明朗、国家政策稳定的时候，运用这种方法才会得到较为合理的结论。所以假设开发法的运用受到多种因素的影响，其适用范围相对比较狭窄。

三、假设开发法的计算公式

根据假设开发法的理论及其概念，假设开发法的基本计算公式为：

$$P = A - (B + C + D + E)$$

式中：P——土地价值；A——开发完成后的房地产价值；B——整个开发项目的开发成本；C——投资利息；D——开发商合理利润；P——正常税费。

在实际估价工作中,常用的具体计算公式为:

P = 房屋的预期售价 − 建筑总成本 − 利润 − 税费 − 利息

或:

地价 = 预期楼价 − 建筑费 − 专业费用 − 销售费用 − 利息 − 税费 − 利润

利息 = (地价 + 建筑费用 + 专业费用) × 利息率

利润 = (地价 + 建筑费用 + 专业费用) × 利润率

四、假设开发法的评估程序

假设开发法估价的程序为:调查被评估对象的基本情况、确定被估房地产的最佳开发利用方式、预测房地产售价、估算各项成本费用、确定开发商的合理利润、估算待估房地产价格。

(一) 调查被评估对象的基本情况

(1) 调查土地的区位和性质。掌握土地所在城市的类型,土地在城市内部所在区域的性质以及土地的具体坐落。

(2) 调查土地的物质状况。掌握土地的面积、形状、平整情况、地质承载力、基础设施配套情况、地下埋藏物及其他设施情况。

(3) 调整土地的权属状况。了解取得土地使用权的方式,土地使用权的年限、续期、转让、出租、抵押的可能性及条件等。

(4) 调查政府对土地的规划限制及其他行政管制。要对土地的用途、覆盖率、建筑高度、容积率等方面的政府规划限制进行深入全面的了解,以便设计出最佳的建筑物坐落、规模、造型等。

(二) 确定被估房地产最佳的开发利用方式

根据调查的土地状况和房地产市场条件等,在城市规划及法律法规等限制所允许的范围内,确定地块的最佳利用方式,包括确定用途、建筑容积率、土地覆盖率、建筑高度、建筑装修档次等。在选择最佳的开发利用方式中,最重要的是选择最佳的土地用途。土地用途的选择要与房地产市场的需求相结合,并且需要进行合理的预测。最佳的开发利用方式决定开发完成后销售时能获得最高的收益。

(三) 预测房地产售价

根据所开发房地产的类型,开发完成后的房地产总价可通过以下两个途径获得:

(1) 出售的房地产。对于出售的房地产,如居住用商品房、工业厂房等,可采用市场比较法确定开发完成后的房地产总价。

(2) 出租的房地产。对于出租的房地产,如写字楼和商业楼宇等,其开发完成后房地产总价的确定,首先采用市场法确定所开发房地产出租的纯收益,再采用收益还原法将出租纯收益转化为房地产总价。具体确定时需要估计以下几个要点:①单位建筑面积月租金或年租金;②房地产出租费用水平;③房地产还原利率;④可出租的净面积。其中,租金水平可依据类似房地产而确定。

(四) 估算各项成本费用

1. 估算开发建筑成本费用

开发建筑成本费用可采用比较法来测算，即通过当地同类建筑物当前平均的或一般建造费用来测算，也可通过建筑工程概预算的方法来估算。

2. 估算专业费用

专业费用一般采用建造费用的一定比率估算。专业费用包括建筑设计费、工程概预算费用等。

3. 确定开发建设工期，估算预付资本利息

开发建设工期是指从取得土地使用权一直到房地产全部销售或出租完毕的这一段时期。房地产开发的预付资本包括地价款、开发建造费、专业费和不可预见费等，即使这些费用是自有资金，也要计算利息。这些费用在房地产开发建设过程中投入的时间是不同的。在确定利息额时，必须根据地价款、开发费用、专业费用等的投入额，各自在开发过程中所占用的时间长短和当时的贷款利率高低进行计算。

4. 估算税金

税金主要指建成后房地产销售的营业税、印花税、契税等，应根据当前政府的税收政策估算，一般以建成后房地产总价的一定比例计算。

5. 估算开发完成后的房地产租售费用

租售费用主要指用于建成后房地产销售或出租的中介代理费、市场营销广告费用、买卖手续费等，一般以房地产总价或租金的一定比例计算。

（五）确定开发商的合理利润

开发商的合理利润一般以房地产总价或预付总资本的一定比例计算。投资回报利润的计算基数一般为地价、开发费和专业费三项，销售利润的计算基数一般为房地产售价。

（六）估算待估房地产价格

完成以上步骤后，便可根据假设开发法的基本计算公式估算确定被估房地产价值。

五、假设开发法应用举例

【例 8-12】 有一宗七通一平的待开发建筑用地，土地面积为 2 000 平方米，建筑容积率为 2.5，拟开发建设写字楼，建设期为 2 年，建筑费为 3 000 元/平方米，专业费为建筑费的 10%，建筑费和专业费在建设期内均匀投入。该写字楼建成后即出售，预计售价为 9 000 元/平方米，销售费用为楼价的 2.5%，销售税费为楼价的 6.5%，当地银行年贷款利率为 6%，开发商要求的投资利润率为 10%。

要求：估算该宗土地目前的单位地价和楼面地价。

估价过程如下：

（1）确定评估方法。现已知楼价的预测值和各项开发成本及费用，可用假设开发法评估。其计算公式为：

地价 = 楼价 − 建筑费 − 专业费 − 利息 − 销售税费 − 利润

（2）计算楼价。

楼价 = 2 000 × 2.5 × 9 000 = 45 000 000（元）

（3）计算建筑费和专业费。

建筑费 = 3 000 × 2 000 × 2.5 = 15 000 000（元）

专业费=建筑费×10%=15 000 000×10%=1 500 000（元）

（4）计算销售费用和税费。

销售费用=45 000 000×2.5%=1 125 000（元）

销售税费=45 000 000×6.5%=2 925 000（元）

（5）计算利润。

利润=（地价+建筑费+专业费）×10%

　　=（地价+16 500 000）×10%

（6）计算利息。

利息=地价×$[(1+6\%)^2-1]$+(15 000 000+1 500 000)×$[(1+6\%)^1-1]$

　　=0.1236×地价+990 000

（7）求取地价。

地价=45 000 000-16 500 000-1 125 000-2 925 000-0.1×地价-1 650 000-0.1236

　　×地价-990 000

　　=21 810 000÷1.2236

　　=17 824 452（元）

单位地价=17 824 452÷2 000=8 912（元/平方米）

楼面地价=8 912÷2.5=3 565（元/平方米）

评估结果：本宗土地评估基准日的单位地价为8 912元/平方米，楼面地价为3 565元/平方米。

第七节　房地产评估的基准地价修正系数法

一、基准地价及基准地价修正系数法的含义

（一）基准地价及其特点

基准地价是指在某一城市的一定区域范围内，根据用途相似、地段相连、条件相近的原则划分地价区段，然后调查评估出的各地价区段在某一时点的平均水平价格。它是由政府部门组织的专家委员会以土地定级为基础，以土地收益为依据，以市场交易资料为参考而评估确定的，主要反映城镇地价总体化趋势和区域地价水平，是一定区域的平均价格。

基准地价的特点表现在：基准地价是一个区域性的平均地价，它可以是级别或区段的平均地价，也可以是路段的平均值；基准地价是各类用地的平均地价，即用地条件相近的区域中商业用地、住宅用地、工业用地的平均地价；基准地价是单位土地面积的地价；基准地价是政府管理某一时期、某一特定地区的土地使用权的价格。从1993年开始，我国从实际出发，配合城市土地使用制度改革、城市土地管理及建立和完善土地市场的要求，建立了我国特有的基准地价体系，并将这一成果应用于土地估价工作中。

（二）基准地价修正系数法

所谓基准地价修正系数法是指利用城镇基准地价和基准地价修正系数表等评估成果，按

照替代原则,将被估宗地的区域条件和个别条件等与其所处区域的平均条件相比较,并对照修正系数表选取相应的修正系数对基准地价进行修正,从而求取被估宗地在估价基准日价格的方法。

基准地价修正系数法的基本原理是替代原理,即在正常的市场条件下,具有相似土地条件和使用功能的土地在正常的房地产市场中,应当具有相似的价格。基准地价是某级别或均质地域内各用途的土地使用权平均价格,基准地价相对应的土地条件是土地级别或均质地域内该类用途土地的平均条件。因此,通过被估宗地条件与级别或区域内同类用地平均条件的比较,并根据二者在区域条件、个别条件、使用年期、容积率和价格日期等方面的差异大小,对照因素修正系数表选取适宜的修正系数,对基准地价进行修正,即可得到被估宗地地价。

基准地价修正系数法是市场法中的一个特例,表现在基准地价修正系数法中的参照物不是地产二级市场已成交的与待评估地块相同或相似地块,而是待评估地块所处的区域,其价格又是一级地产市场政府制定的区域平均单价。虽然这种方法不是地价评估的基本方法,但在国内地产市场不完善的情况下,此法是一种实用、有效的辅助方法。

二、基准地价修正系数法的适用范围

基准地价修正系数法适用于完成基准地价评估的城镇的土地估价,即该城市具备基准地价成果图和相应修正体系成果。目前,我国有许多城市都已经制定或公布了城市基准地价,有些城市还编制了详细的宗地修正系数表。基准地价修正系数法可在短时间内对大批量进行宗地地价评估,因此,其可快速方便地进行大面积的数量众多的土地价值评估。基准地价修正系数法估价的精度取决于基准地价及其修正系数的精度,因此,该方法一般在宗地地价评估中不作为主要的评估方法,而是作为一种辅助方法。

三、基准地价修正系数法的程序

(一) 收集、整理当地的土地定级估价成果资料

定级估价资料是采用基准地价系数修正法估价的基础。因此,在估价前必须收集当地土地定级估价的成果资料,主要包括土地级别图、土地级别表、基准地价图、基准地价表、基准地价因素修正系数表和相应的因素条件说明表等,并根据估价的需要加以整理,作为宗地估价的基础。

(二) 确定修正系数表

根据待估宗地的位置、用途,对照前面已收集的土地级别图表、基准地价图表等,确定待估宗地所处的土地级别、基准地价和相应的因素条件说明表和因素修正系数表、该级别土地平均开发程度和基准地价内涵,以确定地价修正的基础和需要调查的影响因素项目。

(三) 调查宗地地价影响因素的指标条件

按照与待估宗地所处级别和用途的对应的基准地价修正系数和因素条件说明表中所要求的因素条件,确定宗地条件的调查项目,调查项目应与修正系数表中的因素一致,并明确待估地价的内涵和相应的土地开发程度。

宗地因素指标的调查应充分利用已收集的资料和土地登记资料及有关条件,不能满足需

要的，应进行野外实地调查，在调查基础上，确定宗地地价因素指标数据。

（四）土地开发程度差异修正

比较待估宗地价格定义与基准地价内涵，当二者内涵一致、开发程度相同时，则不必进行土地开发程度差异修正；当二者不一致时，则要进行土地开发程度差异修正。将基准地价修正为待估宗地地价设定的土地开发程度，例如，某市三级工业用地基准地价为500元/平方米，对应的土地开发程度为四通一平（通路、通电、通上水、通下水和场地平整），而待估宗地地价定义为三通一平（通路、通电、通上水和场地平整）条件下的工业用地地价，二者开发程度不一致，需进行修正。据调查，该级别土地通下水开发费用为40元/平方米，则该级别三通一平条件下的基准地价应为460元/平方米（500－40），以此作为下一步宗地地价评估的基准。

（五）确定被估宗地因素修正系数

按调查结果，首先根据每个因素的指标值查对各用途土地的基准地价影响因素指标说明表，确定因素指标对应的优劣状况；再按优劣状况查对基准地价修正系数表得到该因素的修正系数。对所有影响地价的因素都同样处理，即得到宗地的全部因素修正系数。

（六）确定待估宗地使用年期修正系数

基准地价对应的使用年期是各用途土地使用权的最高出让年期，而具体宗地的使用年期可能不相同，因此必须进行年期修正。土地使用年期修正系数的计算公式为：

$$k = \frac{1 - \frac{1}{(1+r)^m}}{1 - \frac{1}{(1+r)^n}} = \frac{(P/A, r, m)}{(P/A, r, n)}$$

式中：k——宗地使用年期修正系数；r——土地还原率；m——被估宗地可使用年期；n——该用途土地法定最高出让年期。

（七）确定日期修正系数

基准地价对应的是基准地价评估日期的地价水平，随时间迁移，土地市场的地价水平会有所变化，因此必须进行日期修正，把基准地价对应的地价水平修正到宗地地价评估日期。日期修正一般根据地价指数的变动幅度进行。

（八）确定容积率修正系数

基准地价对应的是该用途土地在该级别或均质地域内的平均容积率，各宗地的容积率可能各不相同，同时由于容积率对地价的影响极大，难以在编制基准地价因素修正系数表时考虑进去，因此若在因素修正系数表中未考虑容积率影响，则必须进一步进行修正，将平均容积率修正到宗地实际容积率水平。

（九）确定待估宗地地价

根据前面所求得的各项修正系数，对待估宗地对应的基准地价修正，即可求得宗地地价。待估宗地地价的计算公式为：

$$待估宗地地价 = \begin{matrix}待估宗地所处地段\\的基准地价\end{matrix} \times \begin{matrix}年期修正\\系数\end{matrix} \times \begin{matrix}日期修正\\系数\end{matrix} \times \begin{matrix}容积率修正\\系数\end{matrix} \times \begin{matrix}其他因素\\修正系数\end{matrix}$$

本章小结

房地产是指房产、地产以及房地产的综合体。房地产主要包括位置的固定性、区域性和个别性、长期使用性、保值增值性、易受政策影响性、不易变现及投资的风险性等特征。

房地产价格是与房地产相关的权益价格，其价格与用途有关，具有个别性和可比性，此外还应当考虑一般因素、区域因素和个别因素。

在对房地产价格进行评估时，要在综合考虑以上影响因素的基础上，遵循合法性原则、最有效使用原则、替代原则和房地产合一原则，按照一定的房地产评估程序，选用合适的房地产评估方法进行评估。房地产评估的一般方法包括市场法、收益法和成本法。

在对在建工程评估时，一般选择使用工程形象进度法、成本法或假设开发法评估。

关键术语

房地产　　剩余法　　基准地价修正法　　基准地价　　标定地价　　容积率
楼面地价　　房地产价格

思考题

1. 在我国土地使用制度下，地价的实质是什么？土地价格有哪些特征？
2. 简述房地产的特性及应遵循的原则。
3. 影响房地产价格一般因素、区域因素和个别因素分别包括哪些内容？
4. 比较说明市场法、收益法和成本法的应用条件与范围。
5. 运用市场法时为什么要对交易情况、交易日期、区域因素、个别因素、容积率、土地使用年期等进行修正？
6. 运用收益法时土地纯收益如何确定？如何理解还原率的实质并说明综合还原率、建筑物还原率和土地还原率之间的关系。
7. 分别简述成本法下评估新开发土地、新建房地产和旧房地产价格的公式及内容。
8. 简述假设开发法的理论依据及适用范围。
9. 基准地价有何特点？简述基准地价修正系数法的应用程序。

第九章 长期投资评估

本章主要介绍长期投资评估的特点、程序以及长期债券投资、股票投资和其他长期投资评估的各种方法。通过本章学习,要求掌握长期投资的概念、种类以及长期投资评估的特点与程序;理解市场法、收益法在长期债券投资、股票投资和其他长期投资评估中的应用条件与范围;重点掌握长期债券投资、股票投资和其他长期投资评估中的具体方法及其应用。

第一节 长期投资评估概述

一、长期投资的概念及其种类

企业除自身经营的主要业务外,以其资金(现金、实物、无形资产等)投放于股票、债券和其他方面构成了对外投资。《国际会计准则》第 25 号指出:"投资是指企业为了通过分配(如利息、使用费、股利和租金等)增加财富,为了资本增值或者为了给投资企业带来诸如通过贸易关系所能获得的其他利益而持有的资产。"投资按其目的和持有时间的长短不同可分为短期投资和长期投资。长期投资是指企业不准备随时变现,持有时间超过 1 年以上的投资。长期投资的目的在于:有效利用资金,获得投资回报来积累资金;影响或控制其他企业的经济业务,建立某种协作或控制关系,为企业带来某些利益或权利;其他战略目的。

长期投资一般可按以下标准分类:

(1) 按投资目的的不同分为直接投资、间接投资。直接投资是指将现金、实物或无形资产等生产要素直接投入被投资单位,取得相应的股权;间接投资是指通过购买被投资单位的股票或债券来获得相应的收益。

(2) 按投资形式不同分为实物资产投资、无形资产投资和证券资产投资。实物资产投资主要包括投资方以厂房、机器设备、材料等作为资本金的投资;无形资产投资是指企业以专利权、专有技术、土地使用权等作为资本金进行的投资;证券资产投资是指通过证券市场购买其他企业的股票和债券等而进行的投资。

(3) 按投资性质不同分为权益性投资、债权性投资和混合性投资。权益性投资是指为了获取其他企业的权益或净资产而进行的投资,如对其他企业的股票投资、联营投资等;债权性投资是指为了取得企业债权进行的投资,如购买国库券、公司债券等;混合性投资通常兼有权益性投资和债权性投资的性质,如企业购买的优先股股票、购买的可转换公司债券等。

二、长期投资评估的特点及程序

(一) 长期投资评估的特点

由于长期投资是投资企业以放弃对其拥有的资产的直接控制权来换取对其他企业资本的权利,它是以对其他企业享有的权利而存在的,所以,长期资产评估主要是对长期资产所代表的权益进行评估。其有着不同于其他资产评估的特点,主要表现在三个方面。

1. 长期股权投资评估是对被投资单位资本的评估

尽管长期投资的投资形式可能是货币资金、实物资产、无形资产等,但它们都是被作为资本投入到其他企业去的,被作为资本的象征,对投资者来说它们发挥着资本的功能。所以说,对长期股权投资的评估实质上是对被投资单位资本的评估。

2. 长期股权投资评估是对被投资企业获利能力的评估

长期股权投资的根本目的是为了获取投资收益和实现投资增值。一项长期投资作为资产,其价值的高低主要取决于该项投资所能带来的收益,而收益的高低取决于被投资企业的获利能力,与原投资资产本身的成本或作价无太大关系。因此,被投资企业的获利能力就成为长期股权投资评估的决定因素。

3. 长期债权投资评估是对被投资企业偿债能力的评估

长期债权投资的投资者主要关注的是到期能否将投资收回,而被投资企业偿债能力的大小直接影响着投资企业债券投资到期收回本息的可能性。因此,被投资企业的偿债能力就成为长期债权投资评估的决定因素。

(二) 长期投资评估程序

1. 明确长期投资项目的具体内容

在进行长期投资评估时,要先明确投资的种类、原始投资额、评估基准日余额、投资收益计算方法、历史收益额、长期股权投资占被投资企业实收资本的比例以及相关会计核算方法等。

2. 判断长期投资核算数据的正确性

在明确长期投资项目的具体内容后,还应判断长期投资预计可收回金额计算的正确性与合理性,判断被评估的长期投资余额在财务报表上列示的准确性。

3. 根据长期投资的特点选择合适的评估方法

在证券市场上市交易的股票和债券一般采用现行市价法进行评估,按评估基准日的收盘价确定评估值;非上市交易及不能采用现行市价法评估的股票和债券一般采用收益法,评估人员应根据综合因素选择适宜的折现率,确定评估值。

4. 评定估算长期投资价值,得出评估结论

根据长期投资不同的种类选择相应的评估方法,得出相应的评估结论。

第二节　长期债券投资评估

一、长期债券投资及其特点

（一）债券的要素

债券是指政府、企业、银行等债务人为了筹集资金，按照法定程序发行的并向债权人承诺于指定日期还本付息的有价证券。根据发行主体的不同，债券可以分为政府债券、公司债券和金融债券。债券一般需具备三个要素。

1. 到期日

债券是一种有约定期限的有价证券，所以需有确定的还本付息日。长期债券的还本付息期为 1 年以上，有的可以是几年或者几十年。

2. 偿还条件

长期债券有时会采取每年（或每半年）固定的还本付息额来偿清，有时会附有更宽的期限，即在借款前几年可既不还本也不付息。对于市场上交易的债券一般采用偿债基金的方式，即发行债券的公司每年拨出一笔现金作为偿债基金用来购回一定量的债券，如通过抽签的方法决定应收回的债券号码来购回一定量的债券。

3. 赎回与转换条款

多数企业在公开发行债券时都附有赎回条款，即在某一预定条件下，由企业决定是否按预定的价格提前从债券持有者手中提前购回债券。此外，许多债券附有可转换条件，这些债券称为可转换债券。即在到期日或到期日之前的某一期限内，可按预先确定的比例或价格将每一单位面值的债券转换为一定数量的股票。转换与否由债券持有人决定。

（二）长期债券投资的特点

从债券发行主体看，债券是一种筹资的手段；而对债券购买者来说，债券则是一种投资工具。与股权投资相比，长期债券投资具有风险较小、收益稳定、流动性强等特点。

1. 风险较小

债券投资的风险比较小，安全性较高。因为无论是政府还是企业、银行等发行债券，国家都对其进行了严格的规定，如政府发行的债券由国家财政担保；银行发行债券要以其信誉及实力作保证；国家对企业发行债券有严格的条件，一般企业实力及发展前景都较好。而且即使债券发行者出现财务困难，或者出现企业破产，在破产清算时债券持有者也拥有优先受偿权，其比股权投资的安全性高。

2. 收益稳定

债券的收益主要是由债券的面值和债券的票面利率决定的，二者在发行时就进行了约定，以后不随市场的变化而变化。一般情况下为了吸引投资，债券的票面利率比同期的银行存款利率高。所以，只要债券发行主体不发生较大的变故，债券的收益是比较稳定的。

3. 流动性强

我国目前发行的债券中，有相当部分是可流通债券，这种债券随时可以在证券市场上变现，变现能力较好，流动性较强。

二、长期债券投资评估的市场法

长期债券投资评估的市场法是指以债券的市场交易价格估算债券价值的方法。从理论上讲，当证券市场有效时，债券作为一种有价证券可在市场上自由买卖，且市场价格基本上可以反映债券的内在价值，就可以采用市场法评估债券的价值。因此，运用市场法评估长期债券投资应具备以下条件：一是债券可以在市场上自由流通、交易，即债券具有高度流动性；二是不存在有意操纵市场的力量，不存在垄断和过度投资行为。一般情况下，债券可流通量越大，持有越分散，用市场法评估的价值就越准确。

长期债券投资评估的市场法通常适用于对上市交易（可以在证券交易市场买卖）的债券的评估，而对非上市交易的债券进行评估则不适用。如果在某些特殊情况下市场价格被严重扭曲，已不能反映债券的内在价值，就不能再用市场法进行评估。采用市场法进行评估时，应该在评估报告书中说明所用评估方法和结论与评估基准日的关系，并申明该评估结果应随市场价格变化而调整。

市场法下债券评估值的计算公式为：

债券评估值 = 债券数量 × 评估基准日债券的收盘价

【例9-1】 对某企业的长期债券投资进行评估，该企业持有5年期的国库券2 500张，每张面值100元，年利率为6%，该债券已上市交易，评估基准日的收盘价为110元/张。要求估算这2 500张国库券的价值。评估人员经分析调查认为该价格比较合理，则这2 500张国库券的评估值为：

国库券的评估值 = 2 500 × 110 = 275 000（元）

三、长期债券投资评估的收益法

如果债券不能在证券市场上进行交易或市场价格被严重扭曲，已不能反映债券的内在价值，则无法采用市价直接进行评估，一般采用收益法。对距评估基准日1年内到期的债券，可以根据本金加上持有期间的利息确定评估值；对距评估基准日超过1年到期的债券，这时就要考虑资金的时间价值，其评估值的确定要依据本利和的现值计算。

运用收益法评估长期债券投资需考虑不同的债券付息方式。对采用到期一次还本付息方式的债券和采用分次付息一次还本方式的债券，具体的评估方法是不相同的。

到期一次还本付息债券的评估计算公式为：

$$P = F(1+r)^{-n}$$

式中：P——债券的评估值；F——债券到期时的本利和；r——折现率；n——评估基准日到债券到期日的间隔（以年或月为单位）。

债券本利和 F 的计算要区分单利和复利两种情况：

单利时：$F = A(1 + m \times i)$

复利时：$F = A(1+i)^m$

式中：A——债券面值；m——计息期限；i——债券利息率。

上式中债券面值、计息期限、债券利息率在债券上均有明确记载，它们在债券发行时事先就已经约定，因此很容易取得数据，但折现率的确定则比较困难，需要评估人员根据评估时的具体情况和社会环境分析确定。折现率包括无风险报酬率（安全报酬率）和风险报酬率。无风险报酬率通常采用同期银行存款利率、国库券（公债）利率等确定；而风险报酬率则需要评估人员根据经验和专业判断并结合发行债券企业的经营状况、行业风险和通货膨胀率等因素综合确定。一般来说，国库券、金融债券等有良好的担保条件，其风险报酬率一般较低；企业债券的风险报酬率则要视发行企业具体情况而定，发行企业的经营业绩越好，有足够的还本付息能力，则风险报酬率越低；否则，应以较高的风险报酬率调整。

【例 9-2】 对某企业的长期债权投资进行评估，被评估企业的长期债权投资的账面余额为 60 000 元，系 A 企业发行的 3 年期的到期一次还本付息债券，年利率 6%，单利计息。评估时点距到期日还有 2 年，当时国库券利率为 4%。试估算该债券投资的价值。

经评估人员对 A 企业的经营状况分析调查，认为 A 企业经营业绩较好，2 年后具有较强的还本付息能力，风险不大，故取 2% 的低风险报酬率，并以国库券利率作为无风险报酬利率。则该债券投资的价值为：

$$F = A(1 + m \times i)$$
$$= 60\,000 \times (1 + 3 \times 6\%)$$
$$= 70\,800(元)$$
$$P = F \div (1 + r)^n$$
$$= 70\,800 \div (1 + 6\%)^2$$
$$= 70\,800 \times 0.89$$
$$= 63\,012 （元）$$

分次付息到期一次还本债券的评估计算公式为：

$$P = \sum_{t=1}^{n} [R_t(1+r)^{-t}] + A(1+r)^{-n}$$

式中：P——债券的评估值；R_t——第 t 年的预期利息收益；r——折现率；A——债券面值；t——评估基准日距收取利息日期限；n——评估基准日距到期还本日期限。

【例 9-3】 沿用【例 9-2】中的资料，假定该债券不是到期一次付息，而是每年付一次利息，债券到期一次还本。试估算该债券投资的价值。

该债券投资评估值为：

$$P = \sum_{t=1}^{n} [R_t(1+r)^{-t}] + A(1+r)^{-n}$$
$$= 60\,000 \times 6\% (1+6\%)^{-1} + 60\,000 \times 6\% \times (1+6\%)^{-2} + 60\,000 \times (1+6\%)^{-2}$$
$$= 3\,600 \times 0.9434 + 3\,600 \times 0.890 + 60\,000 \times 0.8900$$
$$= 60\,000.24 （元）$$

另外，对于不能按期收回本金和利息的债券，评估人员应在充分调查核实的基础上进行分析预测，合理确定债券的评估值。

第三节 股票投资的评估

一、股票投资概述

（一）股票投资及其特点

股票是由股份公司发行的用以证明投资者股东身份及权益，并据以获得股息和红利的有价证券。它表明股东与公司的约定关系，其实质是一种特殊的信用工具。股票代表着持有者取得一定收入的权利，因此具有价值，可以作为商品转让。但股票的转让并不直接影响真实资本的运动。股票按有无票面金额可分为有面值股票和无面值股票；按票面是否记名可分为记名股票和非记名股票；按股票所得权益的不同可分为普通股和优先股；按股票是否上市可分为上市股票和非上市股票等。

股票投资就是企业通过购买等方式取得被投资企业的股票而实现的投资行为。与债券投资相比，股票投资具有投资收益高、投资风险高、投资者拥有对公司的管理权等特点。

1. 投资收益高

股票投资者属于公司的所有者，公司所创造的净利润理论上均属于股东所有，尽管股东从企业获得利润还要受到股利分配政策的影响，但只要公司能够创造更多的利润，企业的价值就会不断提高，股东可以从股利和股票买卖价差两个方面获取较高回报。

2. 投资风险高

一方面，股票投资的收益具有不确定性，股利收入除了受公司获利多少影响外还会受到股利分配政策的影响，股票市价更会受宏观经济形势、行业特点、公司经营管理水平、投资者心理因素的影响而波动较大，从而造成股票投资的风险大。另一方面，股票投资者无权要求股票发行公司还本，且一旦公司破产，在清算时股东的求偿权也是位于最后，因此除非公司债务得到完全清偿后还有剩余财产，股票投资者才能得到清偿，且可能只能得到一少部分清偿，有时甚至得不到任何清偿。

3. 投资者拥有对公司的管理权

股票投资者可以按所持股份数额直接通过股东大会参与公司的经营管理，赞成或否决公司议案，可以通过选举产生董事会、监事会间接参与公司的经营决策。

（二）股票投资的价格表现形式

股票价格有很多种表现形式，包括票面价格、发行价格、账面价格、清算价格、内在价值、市场价格等。

1. 票面价格

票面价格是指股份公司在一级市场发行股票时所标明的每股股票的票面金额。其主要用来确定每股股票在公司总资本中所占的比重。它与股票所代表的实际价值往往不一致。

2. 发行价格

发行价格是指股份公司在发行股票时的出售价格。一般同一股票只能有一种发行价格。

3. 账面价格

账面价格是指股东持有的每股股票在公司账面上所表现出来的净值。它是公司总资产与全部负债之差同总股数的比值。

4. 清算价格

清算价格是指公司清算时每股股票所代表的真实价格。它是公司净资产与公司股票总数之比值。

5. 内在价值

内在价值是一种理论价值或模拟市场价值，它是根据评估人员对股票未来收益的预测经过折现后得到的股票价格。股票的内在价值主要取决于公司的经营状况和发展前景等因素。

6. 市场价格

市场价格是股票在证券市场上买卖的价格。在市场比较完善的情况下，股票的市场价格基本上能反映其内在价值，但在市场发育不健全的情况下，股票的市场价格与其内在价值就会脱节。

在上述几种股票价格中，与股票的价值评估有密切联系的是股票的清算价格、内在价值、市场价格，而另外三种价格与评估的联系并不大。

二、上市股票投资的评估

上市交易股票是指企业公开发行的可以在证券市场上自由交易的股票。在正常市场条件下，对于上市交易股票价值的评估可以采取市场法。因为正常市场条件下股票的市场价格可以代表评估时点被评估股票的价值，评估基准日被评估股票的收盘价就是该股票的每股单位评估值。所谓正常市场条件是指股票市场发育正常，股票可以自由交易，不存在各种非法歪曲股票市场价格的情况。用市场法对上市股票进行评估的计算公式为：

上市股票评估值 = 股票股数 × 该股票评估基准日收盘价

【例 9 - 4】 某企业拥有某一上市公司股票 10 000 股，评估基准日股票收盘价为 16 元。则该股票的评估值为：

该股票评估值 = 10 000 × 16 = 160 000（元）

依据股票市场价格进行评估时，在资产评估报告中应说明所用的评估方法和结论，而且由于上市股票的价格在证券市场经常处于变动之中，因此在评估报告中还应申明评估结果应随市场价格变化而加以调整。

在非正常市场条件下，对上市交易股票价值的评估，则不能采用市场法。非正常市场条件主要是指存在政治、公众心理、人为的市场炒作等非正常因素，而使股票的市场价格受到歪曲不能反映股票价值的情况，这时就要以股票的内在价值作为评估股票价值的依据。另外，以控股为目的持有的股票也不适合采用市场法，一般用收益法来进行评估。

三、非上市股票投资的评估

非上市交易股票的评估一般采用收益法。即综合分析股票发行主体的经营状况及风险、历史利润水平、行业收益水平等因素，合理预测股票投资的未来收益，并选择适宜的折现率进行折现来确定股票的评估值。

非上市交易股票的评估要区分普通股和优先股来进行。普通股是在股东权利上没有任何限制的标准性股票，是最常见的一种股票，它没有固定的股利，收益大小主要取决于被投资企业的经营业绩；优先股则是在股利分配和剩余财产分配上优先于普通股的股票，优先股股票投资的风险比普通股投资风险小。优先股有固定的股利，一般情况下，都要按事先确定的股利率支付股利，这一点与债券投资很相似。二者的区别是：债券需到期还本，而优先股不用还本；债券的利息是在所得税前支付，而优先股的股利是在所得税后支付。可见优先股兼有普通股票和债券的性质。

（一）普通股股票投资的评估

对非上市普通股股票投资的评估，实际上是对普通股预期收益的预测，并折算到评估基准日的价值。所以，对非上市普通股的评估，最主要的是确定普通股的预期收益和折现率。为此，要对股票发行企业有一个客观、全面、准确的了解与分析。需要了解分析的情况具体包括：股票发行企业的经营历史，包括盈利水平、收益分配情况等；股票发行企业的发展前景，包括资产负债结构状况、资产质量、创利能力、市场竞争力、管理人员素质和创新能力等；股票发行企业所在行业和宏观经济的现状、前景、经营风险；股票发行企业的股利分配政策等。

股票发行企业的股利分配政策通常划分为固定红利型、红利增长型和分段型。股利分配政策直接影响被评估股票的价值，不同类型的分配政策的评估具体方法也不相同，这样，对非上市普通股的评估也就存在固定红利评估型、红利增长评估型和分段式股利评估模型。

1. 固定红利评估模型

固定红利评估模型也称零增长模型，其假设的前提是股票发行企业经营稳定，每年分配的股利是固定的，并且在今后也能保持固定水平不变。在这种假设前提下，普通股股票投资评估值的计算公式为：

$$P = R/r$$

式中：P——股票评估值；R——股票未来收益额；r——折现率。

【例9-5】 甲企业拥有乙企业发行的非上市普通股股票2 000股，每股面值20元。评估人员经过分析调查了解到，乙企业生产经营状况比较稳定，企业所处的行业也相对比较稳定，在今后若干年内，股利分配能保持稳定，预计今后收益率能维持在平均16%的收益率，当前国库券预计利率4%，考虑到通货膨胀等因素，确定风险报酬率为4%，确定折现率为8%。则股票的评估价值为：

$P = R/r = 2\ 000 \times 20 \times 16\% \div 8\% = 80\ 000$（元）

2. 红利增长评估模型

红利增长评估模型假设的前提是股票发行企业有很大的发展潜力，企业并未将剩余收益分配给股东，而是用于追加投资，在今后若干年，股票的收益率会逐渐提高，红利呈增长趋势。红利增长评估模型适用于成长型的企业。在红利增长评估模型下，普通股股票投资评估值的计算公式为：

$$P = R/(r - g) \qquad (r > g)$$

式中：P——股票评估值；R——股票未来收益额；r——折现率；g——股利增长率。

股利增长率（g）在实践中有两种计算方法：一是采用历史数据分析的方法，即根据过去历年股利的数据用统计学的方法计算出历史平均增长速度，以此确定股利增长率；二是采用发展趋势分析的方法，即根据企业股利分配政策用企业剩余收益中用于再投资的比率与企业净资产利润率相乘来确定股利增长率。

【例9-6】 某企业拥有非上市普通股股票20万股，持有股票期间，每年股票收益率在12%左右。据调查了解，股票发行单位每年以净利润的60%发放股利，其他40%用于追加投资。根据评估人员对企业经营状况的调查分析，认为该行业具有发展前途，该企业具有进一步发展的潜力。经发展趋势分析，确定出其将保持3%的经济发展速度，净资产利润率将保持在16%的水平，无风险报酬率为10%（国库券利率），风险报酬率为4%。则该股票投资的评估值为：

$P = 200\,000 \times 12\% / [(10\% + 4\%) - 40\% \times 16\%]$

$= 315\,789$（元）

3. 分段式股利评估模型

固定红利评估模型采用的假设是股利固定，而红利增长评估模型采用的假设是固定的增长率，这两种评估模型均过于模式化，很难适用于所有的股票评估。针对实际情况，采用分段式股利评估模型对股票的价值进行评估就更具客观性。

分段式股利评估模型的计算原理是：把能够较为客观预测股票的收益期间或股票发行企业某一经营周期作为第一段；把不易预测收益的时间为起点，企业持续经营到永续作为第二段。然后将两段收益现值相加得出股票评估值。实际计算时，第一段以预测收益直接折现；第二段可以采用固定红利评估模型或红利增长评估模型，收益额采用趋势分析法或其他方法确定，先资本化再折现。

【例9-7】 某资产评估公司受托对甲公司的资产进行评估，甲公司拥有某一公司非上市交易的普通股股票20万股，每股面值2元。在持有期间，每年股利收益率均在15%左右。评估人员对发行股票公司进行调查分析后认为，前3年可保持15%的收益率是有把握的，从第4年起，一套大型先进生产线交付使用后，可使收益率提高5个百分点，并将持续下去。评估时国库券利率为4%，假定该股份公司是公用事业企业，其风险报酬率确定为2%，折现率为6%。则该股票评估值为：

股票评估值 = 前3年收益的折现值 + 第4年收益的折现值

$= 200\,000 \times 2 \times 15\% \times (P/A, 6\%, 3) + (200\,000 \times 2 \times 20\% \div 6\%) \times (1 + 6\%)^{-3}$

$= 60\,000 \times 2.6730 + 80\,000 \div 6\% \times 0.8396$

$= 160\,380 + 1\,119\,467$

$= 1\,279\,847$（元）

（二）优先股股票投资的评估

优先股股票是介于债券和普通股股票之间的证券品种。优先股股票投资的评估方法可以参考债券投资的评估，但由于优先股股票的投资风险相对于债券来说比较大，因此在折现率的确定时应充分考虑这个因素，而且优先股的收益也有其自身的特点。优先股的收益一般包括：按约定在普通股之前分派定额股息，按约定在取得定额股息后参加剩余利润的分配，按约定条款转换为普通股所获得的收益，公司终结时按约定分配财产。

在正常情况下，优先股在发行时就已规定了股息率。评估优先股主要是判断股票发行主体是否有足够税后利润用于优先股的股息分配。这种判断是建立在对股票发行企业的全面了解和分析基础上的，包括股票发行企业生产经营情况、利润实现情况、股本构成中优先股所占的比重、股息率的高低，以及股票发行企业负债状况等。如果股票发行企业资本构成合理，企业盈利能力强，具有很强的支付能力，那么优先股投资的评估就不复杂了。评估人员可以根据事先确定的股息率，计算出优先股的年收益额，然后进行折现计算或资本化处理，即可得出评估值。其计算公式为：

$$P=\sum_{t=1}^{\infty}[R_t(1+r)^{-t}] = A/r$$

式中：P——优先股的评估值；R_t——第t年的优先股的收益；r——折现率；A——优先股的年等额股息收益。

【例9-8】 新华纺织厂拥有长兴染料厂100股累积性、非分享性优先股，每股面值100元，股息率为年息17%。评估时，国库券利率为10%。评估人员在对长兴染料厂进行调查过程中，了解到长兴染料厂的资本构成不尽合理，负债率较高，可能会对优先股股息的分配产生消极影响。因此，评估人员对新华纺织厂拥有的长兴染料厂的优先股票的风险报酬率定为5%，加上无风险报酬率10%，该优先股的折现率（资本化率）为15%。则该优先股评估值为：

$P = A/r = 100 \times 100 \times 17/(10\% + 5\%)$
$\quad = 11\ 333$（元）

如果非上市优先股有上市的可能，持有人又有转售的意向，则这类优先股投资评估的计算公式为：

$$P=\sum_{t=1}^{n}[R_t(1+r)^{-t}] + F(1+r)^{-n}$$

式中：F——优先股的预期变现价格；n——优先股的持有年限。

第四节 其他长期投资的评估

一、其他长期投资评估方法的选择

其他长期投资是指债券投资、股票投资以外的投资，投资主体通常以现金、实物资产或无形资产等直接投入到被投资企业，从而组成联营企业、合资合作或股份企业等，以取得被投资企业的股权，旨在控制股权、获取收益。其他长期投资评估首先需了解具体投资形式、收益获取方式和投资额占被投资单位资本的比重，再根据不同情况选择不同的方法进行评估。

对于非控股的长期投资，一般应采用收益法进行评估，即根据历史上的投资收益情况和被投资企业的未来经营情况及风险，预测长期投资的未来收益，再用适当折现率折算为现值得出评估值。在未来收益难以确定的情况下，也可采用成本法进行评估，即通过对被投资企业进行整体评估，确定净资产数额，再根据投资方应占的份额确定长期投资的评估值。如果该项投资发生时间不长，被投资企业资产账实基本相符，则可根据核实后的被投资企业资产负债表上净资产数额，按投资方应占的份额确定评估值。

对于合同、协议明确约定了投资报酬的长期投资，可将按规定可获得的收益折为现值作为评估值。

对到期收回资产的实物投资,可按约定或预测的收益折为现值再加上到期收回资产价值的现值计算评估值。

对于不是直接获取资金收入,而是取得某种权利或其他间接经济利益的,可尝试测算相应的经济收益折现计算评估值,或根据剩余的权利或利益所对应的重置价值确定评估值。明显没有经济利益,也不能形成任何经济权利的,应按零值计算评估值。

对控股的长期投资,应对被投资企业进行整体评估,评估人员到现场实地核查其资产和负债,全面进行评估。评估方法以收益法为主,特殊情况下也可单独采用加和法或市场法。

二、其他长期投资评估的计算公式

其他长期投资的主要形式是企业以货币资金、实物资产、无形资产等直接投入到其他企业而取得股权的联营投资。联营投资通常是有期限的,在联营期投资人按出资比例或事先约定承担风险、共享收益,联营期满按约定收回投资。

联营投资评估值的计算公式为:

$$P = \sum A_t (1+r)^{-t} + P_n (1+r)^{-n}$$

式中:P——联营投资的评估值;A_t——投资在今后第 t 年的预期收益;r——适用的折现率;n——剩余的联营时间;P_n——联营期满约定收回的投资额。

联营投资的投资报酬主要有两种情况:一是按被投资企业效益的一定比例分成,分成的基数按约定可以是被投资企业销售收入或实现毛利、净利等;二是按投资作价额的一定比例获得投资回报,而不受被投资企业的实际盈利水平影响。

联营期满能收回的投资通常有三种情况:一是按原投资作价额,以货币资金返还;二是将原投入资产返还;三是按联营期末原投入资产的变现价格或约定以货币资金返还。如果收回投资是按原作价额或双方约定金额以货币资金收回,则在评估中 P_n 值较容易确定;当收回投资是以原投入资产返还或按资产期末变现价格以货币资金返还时,P_n 值的确定不仅要考虑原投入资产的自然损耗,还应充分考虑至联营期末资产的功能性损耗和经济性损耗。

【例9-9】 A企业以自有的某商标的使用权向乙企业投资,协议联营期为3年,A企业每年按乙企业销售收入的2%收取投资报酬,到期后A企业收回商标使用权。评估人员经充分调查了解,乙企业近年来生产的产品平均年销售额为400万元,由于可以使用A企业的商标,投入第1年的销售额将可以达到800万元,而且每年可以递增10%,A企业预期收益率15%,即折现率确定为15%。则该联营投资的评估值为:

$P = 8\,000\,000 \times 2\% \times (1+15\%)^{-1} + 8\,000\,000 \times (1+10\%) \times 2\% \times (1+15\%)^{-2}$
$\quad + 8\,000\,000 \times (1+10\%)^2 \times 2\% \times (1+15\%)^{-3}$
$= 139\,130 + 133\,081 + 127\,295$
$= 399\,506\,(元)$

【例9-10】 M企业在5年前以10台新设备作价50万元向B企业投资,协议联营期为10年,M企业投资占B企业总资本的50%,双方约定B企业每年实现的利润按双方投资比例进行分配,联营期满M企业收回原投入设备。前5年B企业每年实现的净利润为10万元,M企业已收到投资报酬25万元。评估人员经调查分析认为,后5年B企业生产经营比较稳定,保持前5年的收益水平是有把握的;M企业投入的设备使用年限为15年;这些设备在5年后其技术性能将落后,存在经济性及功能性损耗20%;B企业所在行业的平均收益率12%，即折现率确定为12%。则该联营投资的评估值为：

P = 50 000 × (0.8929 + 0.7972 + 0.7118 + 0.6355 + 0.5674) + 500 000 × (1 - 10 ÷ 15)
　　× 80% × 0.5674
　= 180 240 + 75 653
　= 255 893（元）

本章小结

资产评估中的长期投资只包括被评估企业的对外投资，包括对外投资的货币资产、实物资产和无形资产，但从它们对投资者的作用来看，都发挥着资本的功能，因此长期投资的评估实质上是对资本的评估。长期投资的价值由被投资企业决定，因而对长期投资的评估超出了被评估企业的范畴，需要对被投资企业的盈利能力及偿债能力进行评估。

长期债权投资评估主要介绍了债券的评估，长期股权投资评估则根据两种投资方式分为股票投资评估和股权投资评估，其中债券与股票的评估方法主要是市场法和收益法。

股权投资分为控股型股权投资和非控股型股权投资。非控股型股权投资主要采用收益法；对于控股型股权投资，应对被投资企业进行整体评估，以整体评估确定的企业价值，再按投资方股权份额计算投资的评估值。

关键术语

长期债权投资　　长期股权投资　　固定红利评估模型　　红利增长评估模型
分段式评估模型

思考题

1. 简述长期投资评估的特点及程序。
2. 简述长期债券投资评估中市场法应用的条件和范围。
3. 长期债券投资评估中收益法的计算公式是什么？
4. 对普通股评估需对发行企业了解的内容主要有哪些？
5. 控股股权与少数股权在评估上有哪些区别？
6. 股票的内在价值是什么？
7. 红利增长评估模型的假设前提是什么？
8. 简述分段式股利评估模型的计算方法。
9. 简述上市股票及其评估方法。
10. 简述联营投资评估的方法。

第十章 无形资产评估

在微观经济活动中，无形资产表现出远比有形资产更为生动的活力，企业拥有无形资产的多少，反映了企业所具有的科技能力和水平。无形资产越来越成为企业资产中的重要组成部分和企业生产经营中最重要的生产要素。了解无形资产的概念、分类和特点及影响无形资产价值的因素是掌握无形资产评估的前提。掌握无形资产评估的基本方法及其应用是本章学习的重点。

第一节 无形资产评估概述

一、无形资产的概念、分类及特点

（一）无形资产的概念

为贯彻落实《资产评估法》，规范资产评估执业行为，保证资产评估执业质量，保护资产评估当事人合法权益和公共利益，在财政部指导下，中国资产评估协会根据《资产评估基本准则》，对《资产评估准则——无形资产》进行了修订，制定了《资产评估执业准则——无形资产》，自 2017 年 10 月 1 日起施行。该准则所称无形资产，是指特定主体拥有或者控制的，不具有实物形态，能持续发挥作用并且能带来经济利益的资源。在我国可以作为评估对象的无形资产包括专利权、非专利技术、生产许可证、特许经营权、租赁权、土地使用权、矿产资源勘探权、采矿权、商标权、版权、计算机软件、集成电路设计等。

（二）无形资产的分类

无形资产的分类方式主要有：

（1）按取得渠道，无形资产可分为自创无形资产和外购无形资产。自创无形资产是由企业自己研制创造获得以及由于客观原因形成的，如自创专利、非专利技术、商标权、商誉等。外购无形资产则是企业以一定代价从其他单位购入的，如外购专利权、商标权等。

（2）按有无法律保护，无形资产可分为有专门法律保护的无形资产和无专门法律保护的无形资产。

专门法律保护的无形资产，如专利权、商标权，无专门法律保护的无形资产，如非专利技术。

(3) 按能否独立存在，无形资产可分为可确指无形资产和不可确指无形资产。凡是那些具有专门名称，可单独取得、转让或出售的无形资产，称为可确指的无形资产，如专利权、商标权等；而那些不可特别辨认、不可单独取得，离开企业就不复存在的无形资产，称为不可确指的无形资产，如商誉。

(4) 按是否有期限，无形资产可分为存续期限无形资产和永久无形资产。存续期限无形资产是由法律、契约或合同规定以及无形资产本身的性质所决定，有明确期限的无形资产，如发明专利权的期限为20年，著作权的期限为作者终身及死后50年等；永久无形资产是没有法律规定期限可以无限续展的无形资产，如商誉、技术秘密等。

(5) 从评估角度按其内容，无形资产可分为可辨认无形资产和不可辨认无形资产。可辨认无形资产包括专利权、专有技术、商标权、著作权、土地使用权、特许权等；不可辨认无形资产是指商誉。

(6) 按其性质，无形资产可分为知识型无形资产和权利型无形资产。知识型无形资产的资产构成主要是依靠高度密集的知识、智力、技术和技巧及其可能带来的高附加值，如专利技术、驰名商标、计算机软件、工业版权等。权利型无形资产的资产构成主要是依靠特许权利和可获赢利条件的关系，如土地使用权、矿业权、专营权、进出口许可证、生产（设计）许可证、雇员关系、顾客关系、代理销售关系、原材料供应关系等。

(7) 美国评估公司将企业无形资产划分为促销型无形资产、制造型无形资产、金融型无形资产。美国评估公司认定无形资产的范围如表10－1所示。

表10－1

促销型无形资产	制造型无形资产	金融型无形资产
商标	专利配方	配套员工
顾客名单	经营秘密	软件
包装	专有技术	版权
定单	非专利技术	核心存款
广告资料	图纸	不竞争契约条款
特许权	供应合同	优惠融资
货架空位	新产品开发	租赁权
许可证		雇用合同
经销网		数据库
		超额年金计划
		解雇率
		商誉

(8) 在知识经济条件下，无形资产大致可分为体现市场竞争力的无形资产、体现智力劳动的无形资产、体现企业内在发展能力的无形资产和体现人力资源的无形资产。体现市场竞争力的无形资产是一个企业拥有的与市场相关联并给企业带来潜在利益的要素总和，包括公司名称、企业品牌、服务品牌、顾客、长期客户、业务伙伴、特许经营权协定、专利使用权协定、长期信誉等。体现智力劳动的无形资产，即专利权、商标权、版权、商业秘密、技术秘密、专有技术等。体现企业内在发展能力的无形资产，如企业经营管理方法、企业文化

和管理信息系统、网络工作系统等。体现人力资源的无形资产，包括整个员工的教育状况、知识能力、工作技巧、创新能力、合作能力等要素。

无形资产的计量与评估是紧密联系的，无形资产的计量应以无形资产的评估为基础，无形资产计量的合理性、准确性很大程度上取决于无形资产评估原则、方法等。

（三）无形资产的特点

无形资产在形成和使用过程中具有以下特点：

（1）无实体性。无形资产是无形的，没有物质实体，但又依托一定的实体而存在。即无形资产看不见，摸不着，只能从观念上、思想上感觉；在机器、生产线、工艺设计、厂房等有形资产上体现。由于无形资产的非实体特性，它只存在无形损耗，而不存在有形损耗。

（2）高效性。并非任何无形的事物都是无形资产，成为无形资产的前提是其必须能够以一定的方式直接或间接地为投资者创造效益，而且必须能够在较长时期内持续产生经济效益。这种效益要大大超过无形资产研究、开发或购买所耗费的成本。

（3）独占性。独占性是指无形资产仅与特定主体有关，在法律制度保护下，禁止非持有人无偿取得。无形资产所有人依法享有所有权，排他专有，不容他人侵犯。无形资产的独占性有的是通过企业自身保护；有的则是以适当公开其内容作为代价来取得广泛而普遍的法律保护；有的则是借助法律保护并以长期生产经营服务中的信誉取得社会的公认。

（4）不确定性。一方面，无形资产能为所有者或占有者带来的未来经济利益具有不确定性；另一方面，无形资产本身具有不确定性。这种不确定与无形资产所依据的实体的规模、状况、市场竞争强弱、国家宏观调控政策、技术与经营服务更新、产品性能与质量直接有关，再加上未来不确定经济因素的影响，使无形资产的不确定性特点更为明显。

（5）共享性。共享性是指在规定和法律许可范围内的共享，比如，商标权有偿转让后，可以在受让企业和转让企业同时使用，而其他资产，如固定资产和流动资产都不可能同时在两个企业使用。

（6）可增值性。除无形资产以外的所有资产，如固定资产、流动资产，在其使用过程中会损耗其价值，而无形资产在使用的过程中有增值的可能性，如商誉会随着企业规模、企业社会价值的提升有所增加。

（7）不可比性。不可比性是指无形资产的交换价值缺乏横向比较的可能。例如，以科技成果为表现形态的无形资产，其成果是单一的，在市场上难以找到价值相当的替代品；再如，有些无形资产仅对特定主体才有意义，脱离该主体可能就不存在任何价值。

二、影响无形资产评估价值的因素

（一）影响无形资产价值的自身因素

1. 获利能力

无形资产的预期获利能力是影响无形资产价值的一个重要因素。许多无形资产的价值不以其实际成本确定，而是以应用后创造的效益来确定的，如专利权、专营权、版权、商标权等。一项无形资产在环境、制度允许的条件下，获利能力越强，其评估值越高；获利能力越弱，评估值越低。有的无形资产尽管其创造成本很高，但不为市场所需求，或收益能力低微，其评估值很低。

2. 成本因素

无形资产与有形资产一样也具有成本。只是相对有形资产而言，其成本确定不是十分明晰和易于计量。对企业无形资产来说，外购无形资产较易确定成本，而自创成本计量则更困难些。因为无形资产产生的一次性特点使其在创造过程中所耗费的劳动不具有横向可比性。同时，无形资产的创造与其投入、失败等密切结合，但确定这部分成本是很困难的。一般来说，这些成本项目包括创造发明成本、法律保护成本、发行推广成本等。

3. 机会成本

机会成本是指该项无形资产转让、投资、出售后失去市场而损失收益的大小。

4. 使用期限

每一项无形资产一般都有一定的使用期限（除商誉、商标）。使用期限的长短，一方面取决于该无形资产先进程度；另一方面取决于其无形损耗的大小。无形资产越先进，其领先水平越高，使用期限越长。同样的，其无形损耗程度越低，其使用期限越长。考虑无形资产的期限，除了应考虑法律保护期限外，更主要的是考虑其具有实际创造超额收益的期限（或收益期限）。比如，某项发明专利保护期20年，但由于无形损耗较大，拥有该项专利实际能获超额收益期限为10年，则这10年即为评估该项专利时所应考虑的期限。

5. 技术成熟程度

技术因素主要是影响技术性无形资产，如专利权与非专利技术等的价值。一般科技成果都有一个"发展—成熟—衰退"的过程。科技成果的成熟程度如何直接影响评估值的高低。其开发程度越高，技术越成熟，运用该技术成果的风险性越小，评估值就会越高。一项成熟程度不高的无形资产，在评估时应分析预计其可能的成熟程度，正确估计其风险，从而合理确定其评估值。

6. 风险因素

无形资产从开发到受益会遇到多种类型的风险，包括开发风险、转化风险、实施风险、市场风险等，这些风险因素使无形资产价值的实现存在一定的不确定性，从而对无形资产价值产生影响。

（二）影响无形资产价值的外部因素

1. 产权因素

知识产权是无形资产的主要组成部分，作为一种法律赋予的权力，知识产权的获得及其在经济活动中的应用，必然受到相关法律条款的影响，从而影响知识产权的价值。由于对于不同类型的知识产权而言，适用的法律不同，其影响因素也不同。

2. 转让内容

从转让内容看，无形资产转让有所有权转让和使用权转让。在转让过程中有关条款的规定会直接影响其评估值。就所有权转让和使用权转让来说，所有权转让的无形资产评估值高于使用权转让的评估值。在技术贸易中，同是使用权转让，由于其许可程度不同也会影响评估值的高低。

3. 发展趋势及更新换代的速度

无形资产的更新换代越快，无形损耗越大，其评估值越低。无形资产价值的损耗和贬值不取决于自身的使用损耗，而取决于本身以外的更新换代情况。

4. 市场供需状况

市场供需状况一般反映在两个方面：一是无形资产市场需求情况；二是无形资产的适用程度。对于可出售、转让的无形资产，其评估值随市场需求的变动而变动。市场需求大，则评估值就高；市场需求小，且有同类无形资产替代，则其评估值就低。同样，无形资产的适用范围越广，适用程度越高，需求者越多，需求量越大，评估值就越高。

5. 同行业无形资产的价格水平

某些无形资产是依照其产品信誉等级、企业知名度、销售范围、兴衰历史，国内外同行业比较进行评估并确定其价值的，因此了解同行业无形资产的计价标准和依据很有必要。此外，无形资产评估值的高低还取决于无形资产交易、转让的价款支付方式、各种支付方式的提成基数、提成比例等，在评估无形资产时应综合考虑。

三、无形资产评估的前提及评估对象

《资产评估执业准则——无形资产》所称无形资产评估，是指资产评估机构及其资产评估专业人员遵守法律、行政法规和资产评估准则，根据委托对评估基准日特定目的下的无形资产价值进行评定和估算，并出具资产评估报告的专业服务行为。从某种意义上讲，无形资产评估的重点和难点之一就是如何把握无形资产评估的评估前提和评估对象，即什么时候需要对无形资产进行评估？评估无形资产的什么？

（一）无形资产评估前提

无形资产由于其自身的特点，一般不能用于抵押、课税、清偿，而主要服务于内部运营和对外投资转让。因而无形资产评估的前提和假设分为两大类：一是按照税法和财务法规的有关规定，以无形资产成本费用摊销为前提的资产评估；二是以无形资产产权变动为前提的资产评估。

1. 以无形资产成本费用摊销为前提的资产评估

以无形资产进行成本核算摊销为前提的评估因受到现行财务会计制度和税收制度的限制和约束，除非得到有关部门的批准，通常不能开展。

2. 以无形资产产权变动为前提的资产评估

当出现无形资产的转让和投资、企业整体或部分资产收购处置及类似经济活动时，资产评估机构可以接受委托，指派评估人员，执行无形资产评估业务。这里强调无形资产发生的两种常态：一是无形资产的拥有者或控制者以无形资产的完全产权或部分产权进行转让交易或对外投资，需要对无形资产进行评估，这种评估一般表现为单项无形资产评估；二是在企业整体或部分发生变动时，如企业股份改制、合作、兼并等，对企业资产中包括的无形资产进行评估，这种情况可能复杂一些。因此，一般情况下，无形资产评估应以产权变动为前提。

（二）无形资产评估的对象

以无形资产成本费用摊销为前提进行评估时，无形资产的评估对象是被摊销价值，即无形资产的重置成本。

以无形资产产权变动为前提进行评估时，无形资产的评估对象是无形资产的获利能力。在通常情况下，这种获利能力表现为企业的超常收益能力，或者表现为能够给企业带来超额收益，因此无形资产评估就是对获利能力的评估。无形资产只有能给购买者带来新增收益

时，才能根据带来的新增收益确定无形资产的价值。

需要说明的是，无形资产能够带来超额收益，是一种理论抽象，即指在其他条件保持社会水平的情况下，能够获得高于社会平均水平的收益。而在实际生活中，由于评估参照对象并不一定保持着社会平均经营水平，因而超额收益也就不一定表现为高于社会水平的利润，往往表现为带来的追加利润。还有一种情况是能够带来垄断利润，这是指购买方由于购入和运用无形资产形成市场垄断，通过垄断价格实现垄断利润。

四、无形资产评估的程序

（一）明确评估对象

执行无形资产评估业务前应确定以下事项：

（1）确定无形资产的性质和权属。

（2）确定评估目的。同样的无形资产，由于发生的经济行为不同，其评估的价值类型和选择的方法也不一样。无形资产评估的具体目的有：①无形资产转让；②无形资产投资；③股份制改造；④清算资产；⑤财产抵押；⑥法律诉讼中作为诉讼标的；⑦纳税需要；⑧保险需要；⑨其他目的。

明确评估目的有利于正确确定无形资产评估的范围。过去在中外合资、股份制改造的过程中，由于忽视无形资产的存在，造成评估值降低，从而影响了所有者的权益。

（3）确定评估基准日。

（4）确定评估范围。

（二）收集相关资料，鉴定无形资产状况

许多无形资产并未在企业财务报表中列示。因此，在对无形资产进行评估时，评估人员应首先对被评估的无形资产进行鉴定。这是进行无形资产评估的基础工作，其直接影响到评估范围和评估价值的科学性。通过无形资产的鉴定可以解决三个问题：一是确定无形资产存在；二是确定无形资产种类；三是确定无形资产有效期限。

1. 确认无形资产存在

其主要是验证无形资产来源是否合法，产权是否明确，经济行为是否合法有效。其可以从以下几个方面进行：

（1）查询其技术的内容、国家有关规定、技术人员评价情况、法律文书（如专利证书、技术鉴定书等），核实有关资料的真实性、可靠性和权威性。

（2）分析无形资产运用所要求的与之相适应的特定技术条件和经济条件，鉴定其应用能力。

（3）确定无形资产的归属是否为委托者所拥有，要考虑其存在的条件和要求，对于剽窃、仿造的无形资产要加以鉴别，有的无形资产要分析其历史渊源，看其是否符合国家的有关规定。

2. 确定无形资产种类

其主要是确定无形资产的名称。有些无形资产是由若干项无形资产综合构成的，应加以确认和分离，避免重复评估或漏评估。

3. 确定无形资产有效期限

无形资产有效期限是其存在的前提。某项专利权,如超过法律保护期限,就不能作为专利权评估。有效期限对无形资产评估值具有很大影响,比如,有的商标历史越悠久,价值越高。

(三) 制定评估方案,收集评估资料

一般来说,收集无形资产的相关资料包括:

(1) 无形资产的法律文件或其他证明材料。

(2) 成本。这里是指无形资产的自创(制)成本或外购成本。

(3) 效益。这里指使用无形资产给受益主体带来的经济效益。

(4) 期限。这里是指无形资产的存续期、法定期限、受益年限、技术寿命期等。

(5) 技术成熟程度。这里是指技术性无形资产在所处技术领域中所处的发展阶段、开发程度、领先程度以及替代技术的现状等。

(6) 权属转让内容与条件。无形资产的转让有完全产权转让与部分产权转让之别,在转让过程中往往有相应的条款规定,这些都是确定无形资产评估价值的重要因素,应详细了解。

(7) 市场供需情况。这里是指同类无形资产在市场上的需求、范围、活跃程度、变动情况等。

(8) 行业盈利水平及风险,根据无形资产评估的具体类型,还需有针对性地收集有关资料。

(四) 确定评估方法

应根据评估无形资产的具体类型、特点、评估目的、评估前提条件、评估原则、所收集的资料及无形资产的鉴定情况,选择无形资产的评估方法。无形资产评估方法主要有市场法、收益法和成本法。

(五) 整理撰写无形资产评估报告

评估出无形资产价值后,可根据评估目的、评估依据的前提条件、选择的评估方法等撰写评估报告,这是对评估工作的总结,也是评估主体承担法律责任的依据。无形资产的评估报告应符合《资产评估执业准则——无形资产》的要求。应强调的是无形资产评估报告中要注重评估过程的陈述,明确阐述评估结论产生的前提、假设及限定条件,各种参数的选用依据,评估方法适用的理由及逻辑推理方式。一般要根据评估对象进行三个方面的陈述:描述性陈述、分析性陈述和综合性陈述。

第二节 无形资产评估的收益法

无形资产是一项复杂的资产,无形资产的评估对象是它的获利能力。评估无形资产实际上是评估无形资产的使用价值。被评估的无形资产的有用性,它的获利能力能否实现,在市场上的认可程度,都由无形资产的特征所决定。

在科学技术作为第一生产力越来越受到重视的时代,无形资产市场正在形成和发展,对无形资产的转让和投资价格的评估越来越频繁。无形资产转让和投资价格的评估是指以无形资产作为转让对象和投资手段所进行的评估，或者说是将无形资产作为获利能力进行的评估，显然，收益法是无形资产转让和投资价格评估的重要方法。

一、无形资产的功能特性

采用收益法进行评估的无形资产发挥作用的方式不同于其他无形资产，因此在评估时要掌握其固有特性。

（一）附着性

附着性是指无形资产往往附着于有形资产而发挥其固有功能。例如，制造某产品的专有技术要体现在专用机械生产线、工艺设计上。各种知识性的资产一般都要物化在一定的实体中。因而，有形的资产往往成为无形资产的载体，前者渗透无形资产的范围越广泛，无形资产就越能在更大的规模上发挥作用，从而无形资产具有伴随作为载体的有形资产而发挥作用的因变性。在无形资产转让和投资的评估中，要充分考虑无形资产用于"武装"有形资产的范围。例如，购买无形资产的企业是用它装备一条生产线还是只是用其武装同类技术装备的一部分。无形资产物化于有形资产的广度从根本上决定着无形资产作用的范围。

（二）共益性

无形资产区别于有形资产的一个重要特点是它可以作为共同财富，由不同的主体同时共享。一项先进技术可以使一系列企业提高产品质量、降低产品成本；一项技术专利在一个企业使用的同时，并不影响转让给其他企业使用。但是，由于市场的有限性和竞争性，在知识产品可以共益的同时，也由于追求自身利益的需要，各主体对无形资产的使用还具有互斥性。当无形资产的使用者超出一定规模就会引起市场实现困难，妨碍取得垄断利润和高额利润。因而，评估无形资产还必须考虑无形资产的作用环境，如果是独占的、排他的转让应与普通的转让相区别，其转让价格也不一样。在转让方继续使用该项无形资产的情形下，也要考虑由于无形资产的转让形成竞争对手，从而增加竞争压力的机会成本。这也是无形资产评估需考虑的因素。

（三）积累性

科学技术的发展总是像上阶梯那样地积累起来的，它的作用往往建立在一系列其他成果的基础上。作为知识产品的无形资产在生产经营中的作用，往往像跑接力一样承上启下，在一定范围内发挥特定的作用。因而在无形资产评估中应考虑它的作用程度。

（四）期限性

在承认无形资产具有积累性的同时，还要考虑到它的另一面，即替代性。例如，一种技术取代另一种技术，一种工艺替代另一种工艺等，其特性不是共存或积累，而是替代、更新。一种无形资产总会被更新无形资产所取代，因而必须在无形资产评估中考虑它的作用期间，尤其是尚可使用年限。这要取决于该领域内的技术进步的速度，取决于无形资产创制的竞争。

二、无形资产运用收益法评估的前提条件

采用收益法评估的无形资产其使用时间较长，不仅近期能得到一定的纯收益，而且具有

连续性，能在未来时期内取得一定纯收益，这样该评估对象的价值相当于将来的收益折算成现在的一个货币量。

（一）无形资产的运用能够带来超额利润

无形资产评估以产权变动为前提时，主要是评估其获利能力，即运用无形资产能够带来的超额利润。从理论上讲，无形资产能够带来超额利润是指在其他条件保持社会平均水平的条件下，能够获得高于社会平均水平的收益。在实际生活中，由于评估参照对象并不一定保持着社会平均经营水平，因而超额利润也就不一定表现为高于社会平均水平的利润，往往表现为带来的追加利润。在实践中常有这种情形，获得和运用某无形资产是该企业正常经营必不可少的条件，特别是使企业起死回生时更为典型。在这类情形下，应根据无形资产对利润增长的影响来评估无形资产的价值，即采用收益法对无形资产进行评估。需要注意的是，这里的关键是带来超额利润的原因是无形资产的运用，表现形式可以是销售量的增加，也可以是销售额的上升，还可以是成本费用的降低等。

（二）无形资产的运用能够带来垄断利润

这是指购买方由于购入和运用无形资产形成市场垄断，通过垄断价格实现垄断利润。例如，有些独特新颖的产品、市场独占产品往往可以获得垄断利润，为其生产提供关键性作用的无形资产就可以分享。在这种情况下，根据市场垄断的不同条件，通过利润的测算评估无形资产的价值。

根据无形资产转让或许可使用选取参数不同，无形资产评估收益法的计算公式为：

$$\text{无形资产评估值} = \sum_{i=1}^{n} \frac{R_i}{(1+r)^i}$$

式中：R_i——第 i 年该项无形资产带来的超额收益。

或：

$$\text{无形资产评估值} = \sum_{i=1}^{n} \frac{KR_i}{(1+r)^i}$$

式中：K——无形资产分成率；R_i——第 i 年分成基数（即销售收入或销售利润）；n——收益期限；r——折现率。

三、无形资产评估收益法中各项指标的确定

（一）无形资产收益额的确定

无形资产收益额是由无形资产带来的超额收益。同时，无形资产附着于有形资产发挥作用并产生共同收益，因此，关键是如何确认无形资产带来的收益额。

无形资产收益额的确定方法有直接估算法、差额法、分成率法和要素贡献法。

1. 直接估算法

通过未使用无形资产与使用无形资产的前后收益情况对比分析，确定无形资产带来的收益额。在许多情况下从无形资产为特定持有主体带来的经济利益上看，可以将无形资产划分为收入增长型和费用节约型。

（1）收入增长型无形资产。其收益增大的原因在于：

①生产的产品能够以高出同类产品的价格出售。

这种情况下,超额收益的计算公式为:

$$R = (P_2 - P_1)Q(1 - T)$$

式中:R——超额收益;P_2——使用无形资产后单位产品的价格;P_1——未使用无形资产前单位产品的价格;Q——产品销售量(此处假定销售量不变);T——所得税税率。

②生产的产品采用与同类产品相同价格的情况下,销售数量在大幅度增加,市场占有率扩大,从而获得超额收益。

这种情况下,超额收益的计算公式为:

$$R = (Q_2 - Q_1)(P - C)(1 - T)$$

式中:R——超额收益;Q_2——使用无形资产后产品的销售量;Q_1——使用无形资产前产品的销售量;P——产品价格(此处假定价格不变);C——产品单位成本;T——所得税税率。

因为销售量增加不仅可以增加销售收入,而且还会引起成本的增加。因此,估算销售量增加形成收入增加,从而形成超额收益时,必须扣减由于销售量增加而增加的成本。同时应该注意的是,销售收入增加可以引起收益的增加,它们是同方向的,由于存在经营杠杆和财务杠杆效应,销售收入和收益一般不是同比例变动,这在计算中应予以考虑。

(2) 费用节约型无形资产。其是指无形资产的应用使得生产产品中的成本费用降低,从而形成超额收益。为投资者带来的超额收益的计算公式为:

$$R = (C_1 - C_2)Q(1 - T)$$

式中:R——超额收益;C_1——未使用无形资产前的产品单位成本;C_2——使用无形资产后的单位产品成本;Q——产品销售量(此处假定销售量不变);T——所得税税率。

实际上,收入增长型和费用节约型无形资产的划分是一种为了明晰无形资产形成超额收益来源情况的人为划分方法。通常,无形资产应用后,其超额收益是收入变动和成本变动同时形成的结果。评估人员应根据上述特殊情况加以综合的运用和测算,以便科学的测算超额收益。

2. 差额法

当无法将已经使用的无形资产和没有使用的无形资产的收益情况进行对比时,采用无形资产和其他类型资产在经营活动中的综合收益与行业平均水平进行比较,可得到无形资产获利能力,即"超额收益"。

(1) 收集有关使用无形资产的产品生产经营活动财务资料,进行盈利分析,得到经营利润和销售利润率等基本数据。

(2) 对上述生产经营活动中的资金占用情况(固定资产、流动资产和已有账面价值的其他无形资产)进行统计。

(3) 收集行业平均利润率等指标。

(4) 计算无形资产所带来的超额收益。

差额法下无形资产带来的超额收益的计算公式为:

无形资产带来的超额收益 = 经营利润 - 资产总额 × 行业平均资金利润率

或:

无形资产带来的超额收益 = 销售收入 × 销售利润率 - 销售收入 × 每元销售收入平均占用资金 × 行业平均资金利润率

使用这种方法应注意计算出来的超额收益，有时不完全由被评估无形资产带来（除非能够认定只有这种无形资产存在），往往是一种组合无形资产超额收益，还须进行分解处理。

3. 分成率法

无形资产收益通过分成率的方法获得是目前国际和国内技术交易中常用的一种实用方法。其计算公式为：

无形资产收益额 = 销售收入（利润）× 销售收入（利润）分成率 ×（1 - 所得税税率）

对于销售收入（利润）的测算已不是较难解决的问题，重要的是确定无形资产分成率。

既然分成对象是销售收入或销售利润，因而，就有两个不同的分成率。而实际上，由于销售收入与销售利润有内在的联系，可以根据销售利润分成率推算出销售收入分成率，反之亦然。

因为：

无形资产收益额 = 销售收入 × 销售收入分成率 ×（1 - 所得税税率）
　　　　　　 = 销售利润 × 销售利润分成率 ×（1 - 所得税税率）

利润分成率是对无形资产与之结合的资产共同形成的利润的分成，实际操作过程中通常采用一种变通的方法，即以销售收入分成率替代利润分成率，相应的分成基础也就由利润变成销售收入了。尽管销售收入分成率和利润分成率之间存在一定关系，并可以通过数学关系进行互换，但销售收入分成率合理性的基础仍然是利润分成率，这是必须明确的。

所以：

销售收入分成率 = 销售利润分成率 × 销售利润率

$$销售利润分成率 = \frac{销售收入分成率}{销售利润率}$$

在资产转让实务中，一般确定一定的销售收入分成率俗称"抽头"。例如，在国际市场上，一般技术转让费不超过销售收入的 1%～10%，如果按社会平均销售利润率 10% 推算，当技术转让费为销售收入的 3%，则利润分成率为 30%。从销售收入分成率本身很难看出转让价格是否合理，但是转成利润分成率，则可以加以判断。在评估中应以评估利润分成率为基础，至于换算成销售收入分成率，只需要掌握销售利润及各年度利润的变化情况。

利润分成率的确定是以无形资产带来的追加利润在利润总额中的比重为基础的。有些情况下容易直接计算，而在不容易区别追加利润的情况下，往往要采取迂回的方法，因而，评估无形资产转让的利润分成率有多种方法，这里主要介绍边际分析法。

采用边际分析法首先应选择两种不同的生产经营方式进行比较：一种是运用普通生产技术或企业原有技术进行经营，另一种是运用转让的无形资产进行经营。后者的利润大于前者利润的差额就是投资于无形资产所带来的追加利润。然后测算各年度追加利润占总利润的比重，并按各年度利润现值的权重求出无形资产经济寿命期间追加利润的比重，即评估利润分成率。这种方法的关键是科学分析追加无形资产投入可以带来的净追加利润，这也是购买无形资产所必须进行决策分析的内容。其计算公式为：

$$利润分成率 = \frac{\sum 追加利润现值}{\sum 利润总额现值}$$

4. 要素贡献法

有些无形资产已经成为生产经营的必要条件，但由于某些原因不可能或很难确定其带来的超额收益，这时可以根据构成生产经营的要素在生产经营活动中的贡献，从正常利润中粗略估计无形资产带来的收益。我国理论界通常采用"三分法"，即主要考虑生产经营活动中的三大要素：资本、技术和管理，但这三种要素的贡献在不同行业是不一样的，一般认为，对资金密集型行业，三者的贡献依次是50%、30%、20%；技术密集型行业，三者的贡献依次是40%、40%、20%；一般行业，三者的贡献依次是30%、40%、30%，高科技行业，三者的贡献依次是30%、50%、20%。这些数据也可供在粗略估算无形资产收益额时参考，但不能直接用于评估无形资产收益额。

（二）无形资产评估中折现率的确定

折现率的内涵是指与投资于该无形资产相适应的投资报酬率。折现率的一般理论已在本书第二章中做了详细介绍，需要进一步说明的是，折现率一般包括无风险利率、风险报酬率和通货膨胀率。一般来说，无形资产投资收益高，风险性强，因此，无形资产评估时折现率往往要高于有形资产评估的折现率。评估时，评估人员应根据该项无形资产的功能、投资条件、收益获得的可能性条件和形成概率等因素，科学测算其风险利率，以进一步测算出其适合的折现率。另外，折现率的口径应与无形资产评估中采用的收益额的口径保持一致。

（三）无形资产收益期限的确定

无形资产收益期限或称有效期限，是指无形资产发挥作用，并具有超额获利能力的时间。无形资产在发挥作用的过程中，其损耗是客观存在的。无形资产损耗的价值量是确定无形资产有效期限的前提。无形资产因为没有物质实体，所以，它的价值不会由于它的使用期的延长发生实体上的变化，即它不像有形资产那样存在由于使用或自然力作用形成的有形损耗。然而，无形资产价值降低是由于无形损耗形成的，即由于社会科学技术进步而引起价值减少。具体来说，主要由下列三种情况决定产生：

（1）一种新的、更为先进、更经济的无形资产出现，这种新的无形资产可以替代旧的无形资产，使采用原无形资产无利可图时，原有无形资产价值就丧失了。

（2）因为无形资产传播面扩大，其他企业普遍掌握这种无形资产，获得这项无形资产已不需要任何成本，使拥有这种无形资产的企业不再具有获取超额收益的能力时，它的价值也就大幅度贬低或丧失。

（3）企业拥有的某项无形资产所决定的产品销售量骤减，需求大幅度下降时，这种无形资产价值就会减少，以至完全丧失。

以上说明的是确定无形资产的有效期限的理论依据。需要强调的是，无形资产具有获得超额收益能力的时间才是真正的无形资产有效期限。资产评估实践中，预计和确定无形资产的有效期限，可依照下列方法确定：

（1）法律或合同、企业申请书分别规定有法定有效期限和受益年限的，可按照法定有效期限与受益年限孰短的原则确定。

（2）法律无规定有效期，企业合同或企业申请书中规定有受益年限的，可按照受益年限确定。

（3）法律和企业合同或申请书均未规定有效期限和受益年限的，按预计受益期限确定。预计受益期限可以采用统计分析或与同类资产比较得出。

同时应该注意的是，无形资产的有效期限要比其法定保护期限短得多，因为其要受许多因素的影响，如废弃不用、人们爱好的转变以及经济形势变化等。特别是在科学技术发达的今天，无形资产更新周期加快，使得其有效期限越来越短，评估时应给予应有的重视。

【例 10-1】 甲、乙两家单位于 2019 年 12 月 31 日签订组建新企业的协议，协议商定：甲单位以其拥有的一项实用新型专利 A 出资，乙单位以货币资金，总投资为 3 800 万元，合作期 20 年，新企业全部生产 A 专利产品，从 2020 年 1 月 1 日正式开工建设，建设期 2 年。甲单位拟投资的专利 A 于 2015 年 12 月 31 日申请，2017 年 12 月 31 日获得专利授予权及专利证书，并且按时缴纳了年费。

经充分分析论证后，预计新企业投产后第一年销售量为 12 万件，含税销售价格为每件 150 元，增值税税率为 13%，可抵扣进项税税额平均为每件 6 元。生产成本、销售费用、管理费用、财务费用为每件 80 元。投产后第 2 年起达到设计规模，预计每年销售量为 20 万件，年利润总额可达 1 100 万元。从投产第 6 年起，为保证市场份额，实行降低价格销售，预计年利润总额为 470 万元。企业所得税税率为 25%。企业所在地的城市维护建设税税率为 7%，教育费附加为 3%。假设技术的净利润分成率为 25%，折现率为 10%，评估基准日为 2016 年 12 月 31 日。

要求：评估甲单位拟投资的实用新型专利 A 的价值。

评估计算过程如下：

(1) 确定收益期。

收益期 = 10 - 4 - 2 = 4（年）

(2) 确定专利技术投产后收益（超额收益）。

不含税收入 =（12×150）/1.13 = 1 592.92（万元）

城建税 + 教育费附加 =（1 592.92×13% - 6×12）×（7% + 3%）= 13.51（万元）

利润总额 = 1 592.92 - 80×12 - 13.51 = 619.51（万元）

净利润 = 619.51×（1 - 25%）= 464.56（万元）

专利技术超额收益 = 464.56×25% = 116.14（万元）

(3) 确定投产后 2-4 年超额收益。

超额收益 = 1 100×（1 - 25%）×25% = 206.25（万元）

(4) 确定实用新型专利 A 的价值。

$P = 116.14/(1+10\%)^3 + 206.25 \times (P/A, 10\%, 3)/(1+10\%)^3$

   $= 116.14 \times 0.751 + 206.25 \times 2.487 \times 0.751$

   $= 467.63$（万元）

【例 10-2】 某企业为了整体资产转让，需进行评估。现收集的有关资料如下：

(1) 该企业多年来经营一直很好，在同行业中具有较强的竞争优势。

(2) 经预测被评估企业未来 5 年预期净利润分别为 100 万元，110 万元，120 万元，140 万元，150 万元，从第 6 年起，每年收益处于稳定状态，保持在 150 万元的水平上。

(3) 该企业一直没有负债，用加和法估算的企业各项可确指资产评估值之和为 800 万元。

(4) 经调查，在评估基准日时，社会的平均收益率为 9%，无风险报酬率为 4%，被评估企业的 β 系数为 2，资本化率为 12%。

要求：评估该企业的商誉价值。

评估计算过程如下：

（1）评估该企业商誉的主要思路和方法。

商誉评估的方法主要有割差法。割差法是根据企业整体评估价值与企业可确指的各单项资产评估值之和进行比较确定商誉评估值的方法。其计算公式为：

商誉的评估值 = 企业整体资产评估值 − 企业可确指的各单项资产评估值之和企业整体资产评估值计算可通过预测企业未来预期收益并进行折现或资本化获取

（2）评估该企业的商誉价值。

①企业整体资产评估值计算。

折现率 = 4% +（9% − 4%）× 2 = 14%

资本化率 = 12%

企业整体资产评估值 = $[100 \times (P/F, 14\%, 1) + 110 \times (P/F, 14\%, 2) + 120 \times (P/F, 14\%, 3) + 140 \times (P/F, 14\%, 4) + 150 \times (P/F, 14\%, 5)] + (150 \div 12\%) \times (P/F, 14\%, 5)$

$= [100 \times 0.8772 + 110 \times 0.7695 + 120 \times 0.6750 + 140 \times 0.5921 + 150 \times 0.5194] + 1250 \times 0.5194$

$= 414.169 + 649.25$

$= 1\,063.419$（万元）

②加和法估算的企业各项可确指资产评估值之和为 800 万元。

③商誉价值的计算。

商誉的价值 = 1 063.419 − 800 = 263.419（万元）

四、收益法评估无形资产需注意的事项

第一，注意分析被评估无形资产超额获利能力和预期收益。

第二，注意分析被评估无形资产预计使用期限的确定。

第三，注意收益额所选择的口径要与折现率或资本化率的口径保持一致。

第四，注意收益额确实是被评估无形资产产生的，而不是有形资产或其他资产产生的，切莫张冠李戴。

第五，无形资产的未来收益要受到将来政策因素、市场因素、技术进步、法律法规、宏观经济环境、行业发展变化、企业经营管理、产品更新换代等因素影响，而且未来收益的获得应承担风险，因此对未来收益的预测应始终坚持预期原则。

第三节　无形资产评估的成本法和市场法

一、无形资产评估中成本法的应用

（一）无形资产的成本特性

无形资产成本包括研制或取得、持有期间的全部物化劳动和活劳动的费用支出。采用成

本法进行评估的无形资产相对于有形资产和采用其他方法评估的无形资产具有不完整性、弱对应性和虚拟性等特性。

1. 不完整性

与购建无形资产相对应的各项费用是否计入无形资产的成本是以费用支出资本化为条件的。在企业生产经营过程中，科研费用一般都是比较均衡地发生的，并且比较稳定地为生产经营服务，因而我国现行财务制度一般把科研费用从当期生产经营费用中列支，而不是先对科研成果进行费用资本化处理，再按无形资产折旧或摊销的办法从生产经营费用中补偿。这种办法简便易行，大体上符合实际，并不影响无形资产的再生产。但这样一来，企业账簿上反映的无形资产成本就是不完整的，大量的账外无形资产的存在是不可忽视的事实。另外，即使是按国家规定进行费用支出资本化的无形资产的成本核算一般也是不完整的。因为知识资产的创立具有特殊性，有大量的前期费用，如培训、基础开发或相关试验等往往不计入该知识资产的成本，而是通过其他途径进行补偿。

2. 弱对应性

知识资产的创建经历基础研究、应用研究和工艺生产开发等漫长过程，成果的出现带有较大的随机性、偶然性和关联性。有时有这类情形发生：在一系列的研究失败之后偶尔出现一些成果，由其承担所有的研究费用显然不够合理。而在大量的先行研究（无论是成功，还是失败）成果的积累之上，往往可能产生一系列的知识资产，然而，继起的这些研究成果是否应该以及如何承担先行研究的费用却很难明断。因而，开发无形资产的费用——对应计算是比较困难的。

3. 虚拟性

既然无形资产的成本具有不完整性、弱对应性的特性，因而无形资产的成本往往是相对的。特别是一些无形资产的内涵已经远远超出了其外在形式的含义，这种无形资产的成本只具有象征意义。例如，商标，其成本核算的是商标设计费、登记注册费、广告费等，而商标的内涵是标示商品内在质量信誉。这种无形资产实际上包括了该商品使用的特种技术、配方和多年的经验积累，而商标形式本身所花费的成本只具有象征性或称虚拟性。

（二）无形资产评估中成本法的应用

采用成本法评估无形资产，其基本计算公式为：

无形资产评估值＝无形资产重置成本×成新率

从这一公式可以看出，如何估算无形资产重置成本（或称重置完全成本）和成新率，从而科学确定无形资产评估值，是评估人员所面临的重要工作。就无形资产重置成本而言，它是指现时市场条件下重新创造或购置一项全新无形资产所耗费的全部货币总额。根据企业取得无形资产的来源情况，无形资产可以划分为自创无形资产和外购无形资产。不同类型的无形资产，其重置成本构成和评估方式不同，需要分别进行估算。

1. 自创无形资产重置成本的估算

自创无形资产的成本是由创制该资产所消耗的物化劳动和活劳动费用构成的。自创无形资产如果已有账面价值，由于它在全部资产中所占比重一般不大，可以按照定基物价指数作相应调整，即得到重置成本。在实务上，自创无形资产往往无账面价值，需要进行评估。其方法主要有三种：

（1）财务核算法。即按该无形资产实际发生的材料、工时消耗量，按现行价格和费用标准进行估算。其计算公式为：

$$无形资产重置成本 = \sum \left(\begin{array}{c} 物质资料实际 \\ 耗费量 \end{array} \times 现行价格 \right) + \sum \left(实耗工时 \times \begin{array}{c} 现行费用 \\ 标准 \end{array} \right)$$

这里，评估无形资产重置成本不是按现行消耗量而是按实际消耗量来计算的。其原因：一是因为无形资产是创造性的成果，一般不能原样复制，从而不能模拟在现有生产条件下再生产的消耗量。二是无形资产生产过程是创造性智力劳动过程，技术进步的作用最为明显，如果按模拟现有条件下的复制消耗量来估价重置成本，必然影响到无形资产的价值形态的补偿，从而影响到知识资产的创制。从评估实务来说，由于无形资产开发的各项支出均有原始会计记录，只要按国家规定的范围计算消耗量，并按现行价格和费用标准计价就可以了。

（2）市价调整法。自制无形资产在市场有类似无形资产出售时，可按照无形资产市场售价确定，或按市场售价的一般比率由类似无形资产的市场销售价换算确定重置成本，并根据不同的评估目的确定其评估价值。

这里，我们按照自制成本与市场售价的一般比率进行调整，是因为重置成本是因补偿的需要而评估的，自制无形资产的费用支出资本化只包括物化劳动和人工费用的支出，而市价包含研制利润和税金。一般来说，无形资产市价中成本低利润高，如果按市价资本化就会使自制自用无形资产获得超额补偿，影响国家与企业利益的兼顾。

无形资产自制成本与市场售价的一般比率，可以根据本企业有代表性的几种无形资产的自制成本与市价的加权平均比率确定。在没有相应数据的情况下，可用同类无形资产的销售利税率的比例替代。

【例10-3】 某企业在长期经营实践中形成技术秘诀，假定按国家规定可估价摊销。现有类似技术上市，其转让80万元。又知该企业有三项专有技术，其开发成本分别为40万元、70万元和90万元，相应的市价为90万元、150万元和170万元。试按市价调整法评估该技术秘诀的重置成本。已知一组该企业专有技术的成本与市价的代表性的数据，可按加权平均法求出成本/市价系数的经验数据。如果类似技术转让费为80万元，销售利税率为55％，尚无其他可供参考的成本/市价系数的经验数据，试评估该企业技术秘诀的重置成本。

评估计算过程如下：

①已知同类技术的市价为80万元，只要乘以成本市价系数，就可求得该秘诀的重置成本。由已知条件得：

成本/市价系数 = (40 + 70 + 90)/(90 + 150 + 170) = 48.8％

由于类似技术的市价为80万元，故该企业的技术秘诀的重置成本估价为：

重置成本 = 80 × 48.8％ = 39.02（万元）

②已知类似技术的销售利税率为55％，则销售成本率为：

销售成本率 = 1 - 55％ = 45％

评估该企业该技术秘诀的重置成本为：

重置成本 = 80 × 45％ = 36（万元）

（3）倍加系数法。投入智力比较多的技术型无形资产，考虑到科研技术的复杂性和风险，可以用以下公式估算无形资产重置成本：

$$无形资产重置成本 = \frac{C + \beta_1 V}{1 - \beta_2} (1 + L)$$

式中：C——无形资产研制开发中物化劳动消耗；V——无形资产研制开发中活劳动消耗；β_1——科研人员创造性劳动倍加系数；β_2——科研的平均风险系数；L——无形资产投资报酬率。

2. 外购无形资产重置成本的估算

外购无形资产一般有购置费用的原始记录，也可能有可供参照的现行交易价格，评估相对比较容易。外购无形资产的重置成本包括购买价和购置费用两部分，一般可以采用以下两种方法：

（1）市价类比法。在无形资产交易市场选择类似的参照物，再根据功能和技术先进性、适用性对其进行调整，从而确定其现行购买价格。购置费用可根据现行标准和实际情况核定。

（2）物价指数法。它是以无形资产的账面历史成本为依据，用物价指数进行调整，进而估算其重置成本。其计算公式为：

$$无形资产重置成本 = 无形资产账面成本 \times \frac{评估时物价指数}{购置时物价指数}$$

从无形资产价值构成来看，主要有两类费用：物质消耗费用和人工消耗费用。前者与生产资料物价指数相关度较高，后者与生活资料物价指数相关度较高，并且最终通过工资、福利标准的调整体现出来。不同的无形资产两类费用的比重可能有较大差别，一些需利用现代科研和实验手段的无形资产，物质消耗的比重就比较大。在生产资料物价指数与生活资料物价指数差别较大的情况下，可按两类费用的大致比例结构分别适用生产资料物价指数与生活资料物价指数估算。两种价格指数比较接近，且两类费用的比重有较大倾斜时，可按比重较大费用类适用的物价指数来估算。

【例10-4】 某企业2017年外购的一项无形资产账面价值60万元，2019年进行评估，试按物价指数法估算其重置完全成本。

评估计算过程如下：

通过分析，该无形资产系运用现代先进的实验仪器经反复试验研制而成，物化劳动耗费的比重较大，适用生产资料物价指数。根据资料，此项无形资产购置时物价指数和评估时物价指数分别为120%和150%，故该项无形资产的重置完全成本为：

重置完全成本 = 60 × 150%/120% = 75（万元）

3. 自创和外购无形资产成新率的估算

影响无形资产成新率的因素是无形资产的损耗（或贬值）。无形资产的损耗（贬值）表现为功能性损耗（贬值）和经济性损耗（贬值）。功能性损耗（贬值）表现为由于科学技术进步，使得拥有该项无形资产的单位或个人其垄断性减弱，降低了获取垄断利润的能力而引致的贬值。经济性损耗（贬值）在于无形资产外部环境因素的变化，比如，某项技术的使用，尽管目前技术水平很高，但使用该项技术生产的产品可能会引致环境污染，国家有关法规禁止该项技术产品的生产。这样就使得该项无形资产报废。

通常，无形资产成新率的确定可以采用专家鉴定法和剩余经济寿命预测法进行。

（1）专家鉴定法。其是指邀请有关技术领域的专家，对被评估无形资产的先进性、适用性做出判断，从而确定其成新率的方法。

（2）剩余经济寿命预测法。其是指由评估人员通过对无形资产剩余经济寿命的预测和判断，从而确定其成新率的方法。其计算公式为：

$$成新率 = \frac{剩余使用年限}{已使用年限 + 剩余使用年限} \times 100\%$$

公式中，已使用年限比较容易确定，剩余使用年限应由评估人员根据无形资产的特征分析判断获得。分析判断方法在前文已详述，这里不再赘述。

（三）无形资产转让最低收费额的评估

最低收费额是指在无形资产转让中，根据买方实际生产能力和销售情况收取转让费中确定的"入门费"，即无论购买方以后使用该无形资产的情况如何，获利多少，都必须先交纳这笔费用。该费用在确定比率收费时是预先扣除的，可以视为无形资产转出的底价。最低收费额的高低由两个因素确定，即无形资产的重置成本和无形资产转出的机会成本的高低。

1. 重置成本净值

购买方使用无形资产就应由购买方补偿成本费用。当购买方与转让方共同使用该项无形资产时，则由双方按应用规模、受益范围等来分摊。

2. 无形资产转出的机会成本

由于无形资产的转让可能会因停止由该无形资产支撑的营业而收益减少，也可能会因为自己制造了竞争对手而减少利润或是增加开发支出。这些构成无形资产转让的机会成本应由无形资产购买者来补偿。

综合考虑以上两大因素评估最低收费额，可得到如下计算公式：

$$\frac{无形资产}{最低收费额} = \frac{重置成}{本净值} \times \frac{转让成本}{分摊率} + \frac{无形资产转}{让的机会成本}$$

$$\frac{转让成本}{分摊率} = \frac{购买方运用无形资产的设计能力}{运用无形资产的总设计能力} \times 100\%$$

$$重置成本净值 = 重置成本 \times 成新率$$

$$\frac{无形资产转出}{的机会成本} = \frac{无形资产转出}{的净减收益} + \frac{无形资产再开}{发净增费用}$$

公式中"购买方运用无形资产的设计能力"可根据设计产量或按设计产量计算的销售收入确定。"运用无形资产的总设计能力"指运用无形资产的各方汇总的设计能力，由于是分摊无形资产的重置成本，因而不是按照实际运用无形资产的规模，而是按照设计规模来确定权重。当购买方独家使用该无形资产时，转让成本分摊率为1。公式中"无形资产转出的净减收益"和"无形资产再开发净增费用"是运用边际分析的方法测算的。"无形资产转出的净减收益"一般指在无形资产尚能发挥作用期间减少的净现金流量。"无形资产再开发净增费用"包括保护该无形资产追加的科研费用和其他费用、员工再培训费用等。以上各项经过认真细致的分析测算是可以确定的。

【例 10 – 5】 某企业转让包装生产全套技术，经收集和初步测算已知如下资料：一是该企业与购买企业共同享用该包装生产技术，双方设计能力分别为 700 万标箱和 300 万标箱；二是包装生产全套技术系国外引进，账面价格 100 万元，已使用 3 年，尚可使用 7 年，3 年通货膨胀率累计为 12%；三是该项技术转出对该企业生产经营有较大影响，由于市场竞争加剧，产品价格下降，在以后 7 年减少销售收入按折现值计算为 45 万元，增加开发费用以提高质量、保住市场的追加成本按现值计算为 10 万元。试评估该项无形资产转让的最低收费额。

评估计算过程如下:

(1) 3年来通货膨胀率为12%, 对外购无形资产的重置成本可按物价指数法调整, 并根据成新率确定净值, 可得包装生产全套技术的重置成本净值为:

$$重置成本净值 = 100 \times (1+12\%) \times \frac{7}{3+7} = 78.4 （万元）$$

(2) 因转让双方共同使用该无形资产, 设计能力分别为700万标箱和300万标箱, 评估重置成本净值分摊率为:

$$重置成本净值分摊率 = \frac{300}{300+700} = 30\%$$

(3) 由于无形资产转让后加剧了市场竞争, 在该无形资产的寿命期间, 销售收入减少和费用增加的折现值是转让无形资产的机会成本, 即:

该无形资产转让的机会成本 = 45 + 10 = 55 （万元）

故该无形资产转让的最低收费额评估值为:

该无形资产转让的最低收费额 = 78.4 × 30% + 55 = 78.52 （万元）

（四）成本法评估无形资产需注意的事项

采用成本法评估的只有几种无形资产, 如工程图纸、计算机软件、营业执照、人员聘用合同等。在确定资产重置成本前, 必须对资产进行慎重的鉴定, 必须是能够给资产所有者带来预期经济收益的资产。国外有学者认为, 成本途径强调财产的效用特征, 如果财产的组成部分相对较新, 或者合理反映目标财产的最大最佳效用, 可采取该途径。所以, 应用成本法评估无形资产的重置成本时, 应注意:

(1) 无形资产的重置成本应当包括开发者或持有者的合理收益。

(2) 要考虑无形资产的功能性贬值和经济性贬值。

(3) 使用成本法时也会涉及市场分析和收益分析。例如, 市场的供求关系直接影响与目标无形资产有关的材料成本、人工成本和间接成本。而对于开发商利润和创新报酬的决定就要借助收益法分析。

二、无形资产评估中市场法的应用

无形资产具有的非标准和唯一性特征限制了市场法在无形资产评估中的使用, 但这并不排除在评估实践中仍有应用市场法的必要性和可能性。国外学者认为, 市场法强调具有合理竞争力的财产的可比性特征。但如果有充分的源于市场的交易案例, 可以从中取得比较分析的参照物, 并能对评估对象与参照物之间的差异做出核实调整的, 就可采用市场法。

（一）无形资产评估市场法的运用

如果有较充分的同类无形资产的销售信息, 那么市场法不失为一种较好的评估方法。但绝大多数无形资产具备强烈的垄断性, 在市场上难以找到完全相同或相近的无形资产作为评估参照物, 其价值调整要冒主观武断的风险, 故现阶段无形资产评估中, 一般不采用市场法。如果运用此方法, 仅在土地使用权和特许权评估中运用。

1. 在市场上寻找相同或类似的参照物

作为参照物的无形资产与被评估无形资产至少要满足形式相似、功能相似、载体相似及交易条件相似的要求。

所谓形式相似是指参照物与被评估资产按照无形资产分类原则，可以归并为同一类。所谓功能相似是指尽管参照物与被评估资产的设计和结构不可避免地存在差异，但它们的功能和效用应该相同和近似。所谓载体相似是指参照物与被评估资产所依附的产品或服务应满足同质性要求，所依附的企业则应满足同行业与同规模的要求。所谓交易条件相似是指参照物的成交条件与被评估资产模拟的成交条件在宏观、中观和微观层面上都应大体接近。

2. 收集类似无形资产交易的市场信息

评估人员在参照物与被评估无形资产在形式、功能和载体方面满足可比性的基础上，应尽量收集致使交易达成的市场信息，即要涉及供求关系、产业政策、市场结构、企业行为和市场绩效的内容。其中对市场结构分析尤为重要，即需要分析卖方之间，买方之间，买卖双方，市场内已有的买方和卖方与正在进入或可能进入市场的买方和卖方之间的关系。

3. 比较调整确定被评估无形资产的评估值

无论是纵向比较，还是横向比较，参照物与被评估无形资产会因时间、空间和条件的变化而产生差异。评估人员应综合考虑宏观经济变化情况，行业变化情况和无形资产自身变化情况对无形资产评估价值作出相应的调整。

需要指出的是，市场法在无形资产评估中的使用有两个障碍：一是无形资产交易市场交易活动有限，市场狭窄，信息匮乏，交易案例很难找到；二是无形资产的非标准性使得很难确定类似有形资产所用市场法评估时参考的调整差异事项。评估人员在采用市场法评估无形资产时，应注意克服这两个障碍。

（二）市场法评估无形资产需注意的事项

如果需要使用市场法评估无形资产，评估人员应注意四个方面的事项。

1. 具有合理比较基础的类似的无形资产

对于参照物的要求，国际评估准则委员会颁布的《无形资产评估指南》指出："使用市场法必须具备合理的比较依据和可进行比较的类似的无形资产。参照物与被评估无形资产必须处于同一行业，或处于对相同经济变量类似反应的行业。这种比较必须具有意义，并且不会引起误解。"

2. 要收集到与被评估无形资产相关的交易信息

相关交易信息包括类似无形资产交易的市场信息和被评估无形资产以往的交易信息。类似的无形资产交易的市场信息是为横向比较提供依据，而收集无形资产以往的交易信息是为纵向比较提供依据。关于横向比较，评估人员应熟悉经济学市场结构做出的完全竞争、完全垄断、垄断竞争和寡头垄断分类。对于纵向比较，评估人员既要看到无形资产具有已发实施多元和多元授权经营的特征，使得过去交易的案例成为未来交易的参考依据。同时也应看到，时间、地点、交易主体和条件的变化也会影响被评估无形资产的未来交易价格。

3. 作为市场法应用基础的价格信息应满足相关、合理、可靠和有效的要求

在这里相关是指所收集的价格信息与需要做出判断的被评估无形资产的价值有较强的关联性；合理性是指所收集的价格信息能反映被评估无形资产载体结构和市场结构特长，不能简单地用行业或社会平均的价格信息推理具有明显的差异的被评估无形资产的价值；可靠是指所收集的价格信息经过对信息来源和收集过程的质量控制，具有较高的置信度；有效是指

所收集的价格信息能够有效地反映评估基准日的被评估资产在模拟条件下的可能的价格水平。

4. 必要时做出调整

无论横向比较还是纵向比较，参照物与被评估无形资产会因时间、空间和条件的变化而产生差异，评估人员应对此做出言之有理，持之有据的调整。所以，国际评估准则委员会颁布的《无形资产评估指南》指出："当以被评估无形资产以往的交易记录作为评估的参照依据时，则可能需要根据时间的推移，经济、行业和无形资产的环境变化进行调整。"

本章小结

无形资产是指特定主体所控制的，不具备实物形态，对生产经营长期发挥作用且能带来经济利益的经济资源。按不同的标准有不同的分类。无形资产在形成和使用过程中具有以下特点：无实体性、高效性、独占性、不确定性、共享性、可增值性、不可比性。

影响无形资产价值的因素有自身因素和外部因素。自身因素包括：无形资产的获利能力、成本因素、机会成本、使用期限、技术成熟程度、风险因素。外部因素包括：产权因素、转让内容、发展趋势及更新换代的速度、市场供需状况、同行业无形资产的价格水平。

以无形资产成本费用摊销为前提进行评估时，无形资产的评估对象是被摊销价值，即无形资产的重置成本。以无形资产产权变动为前提进行评估时，无形资产的评估对象是无形资产的获利能力。

无形资产评估的程序：明确评估对象收集相关资料，鉴定无形资产状况；制定评估方案，收集评估资料；确定评估方法；整理撰写无形资产评估报告。

无形资产评估中收益法的应用。无形资产的功能特性：附着性、共益性、积累性、期限性。无形资产运用收益法进行评估的前提条件是无形资产的运用能够带来超额利润和垄断利润。

无形资产评估收益法的基本公式：

$$\text{无形资产评估值} = \sum_{i=1}^{n} \frac{R_i}{(1+r)^i} \cdots\cdots ①$$

$$\text{无形资产评估值} = \sum_{i=1}^{n} \frac{KR_i}{(1+r)^i} \cdots\cdots ②$$

无形资产收益额的确定方法有：直接估算法、差额法、分成率法、要素贡献法。

无形资产评估中成本法的应用。无形资产的成本特性：不完整性、弱对应性、虚拟性。

采用成本法评估无形资产，其基本计算公式为：

无形资产评估值 = 无形资产重置成本 × 成新率

自创无形资产重置成本的估算方法有：财务核算法；市价调整法；倍加系数法。外购无形资产重置成本的估算方法有：市价类比法；物价指数法。

成新率的估算方法有：专家鉴定法；剩余经济寿命预测法。

无形资产最低收费额估算：

$$\frac{无形资产}{最低收费额} = \frac{重置成}{本净值} \times \frac{转让成本}{分摊率} + \frac{无形资产转}{让的机会成本}$$

无形资产评估中市场法的应用。在市场上找相同或类似的参照物；收集类似无形资产交易的市场信息；比较调整确定被评估无形资产的评估值。

关键术语

无形资产　　功能特性　　成本特性　　利润分成率　　最低收费额

思考题

1. 无形资产评估的前提和目的是什么？
2. 影响无形资产价值的因素有哪些？
3. 如何选择无形资产评估方法？
4. 无形资产评估的难点是什么？
5. 无形资产评估中需要注意哪些问题？

第十一章 资源资产评估

资源是人类赖以生存和发展的基础,是可供人类利用的宝贵财富。资源资产是在现有认识和科学技术水平条件下,通过开发利用能够为产权主体带来一定经济利益的自然资源。资源资产具有自然属性、经济属性和法律属性。开展资源资产评估,可以有效维护国家、社会公共利益和资产评估相关当事人的合法权益,同时也是自然资源资产化计量的重要工具,是社会全面认识资源价值,推动生态文明和经济建设的重要手段。本章主要阐明资源资产评估的基本概念和相关理论、分析资源资产和资源资产评估的特点,研究森林资源资产和矿产资源资产评估的市场法、收益法和成本法的基本原理及其应用。

第一节 资源资产评估概述

一、资源资产及其分类

广义的资源包括自然资源、经济资源和人文社会资源等;狭义的资源是指自然资源,包括矿产资源、森林资源、土地资源、水资源等。在本章中,资源资产是指由狭义的自然资源转化而成的资产。自然资源是指自然界中人类可以直接获得的、用于生产和生活的物质要素。按照研究的角度和目的不同,根据自然资源的自然属性和经济属性,可以对自然资源进行多种分类(如图 11-1 所示)。

(一)根据自然资源在开发过程中能否再生,可划分为耗竭性资源和非耗竭性资源

耗竭性资源的主体是矿产资源,是经过漫长的地质过程形成的,随着人类的开发利用,其绝对数量有明显减少的现象,是不可再生的资源。

非耗竭性资源基本上是由环境要素构成的,在合理开发利用的限度内,人类可以永续利用。非耗竭性资源可分为三种:

(1)恒定的非耗竭性资源。其不受或基本不受人为因素的影响,具有恒定特性,如气候资源和海洋动力资源。

(2)可再生的非耗竭性资源。其在人为因素的干预下不会发生增减变化,虽然数量在一段时间内减少,但可以恢复,如生物资源。森林资源只要适度采伐,也可不断更新,不会导致资源枯竭。

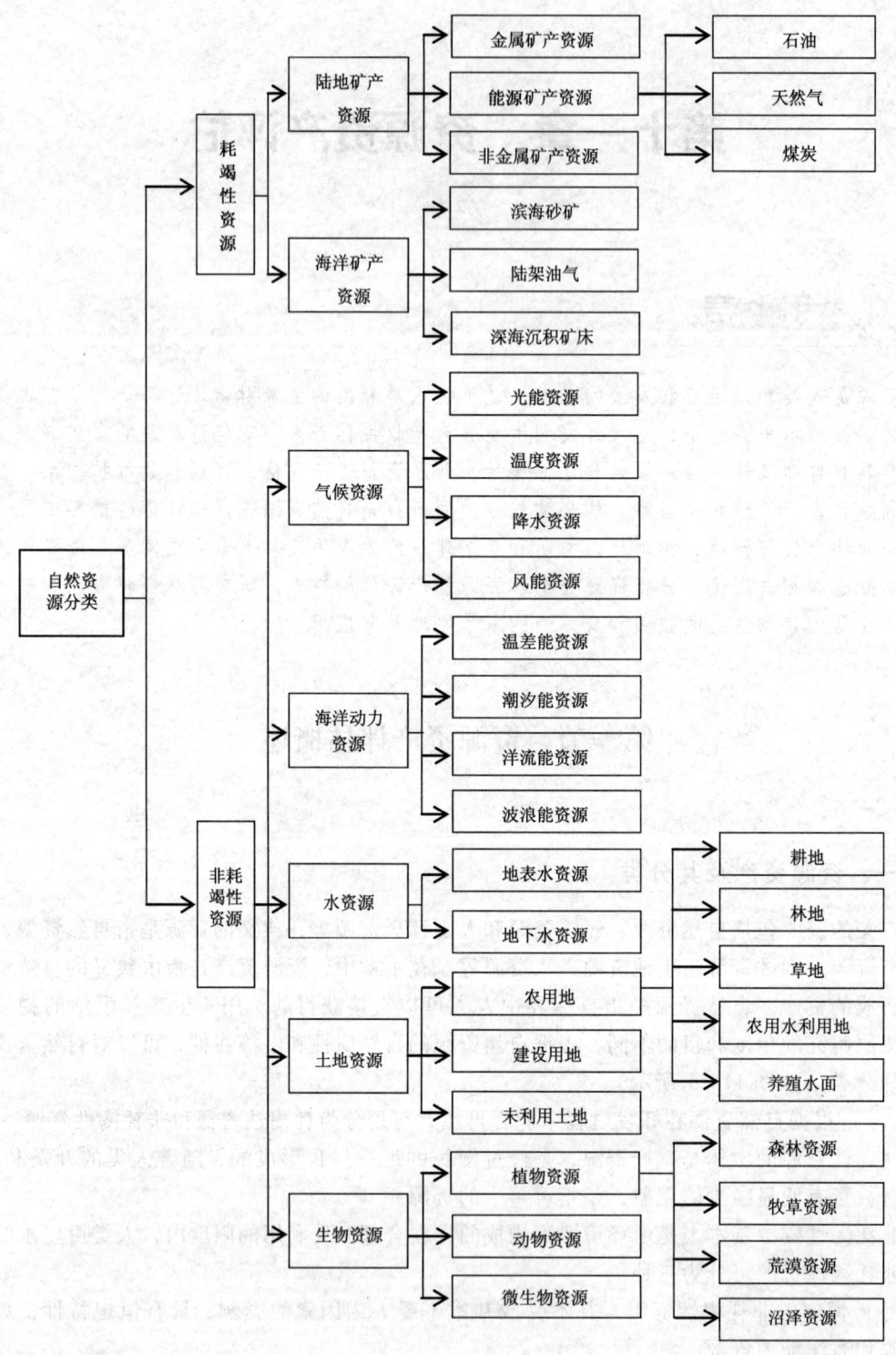

图 11-1 自然资源分类图

（3）不可再生的非耗竭性资源。例如，土地资源，只要合理利用，就可永续使用；如果不合理开发，就会造成沙化、盐碱化、荒漠化。

（二）从自然资源与人类的经济关系角度，按照资源的性质，可划分为环境资源、生物资源、土地资源、矿产资源和景观资源等

1. 环境资源

它包括太阳光、地热、空气和天然水等。这类资源比较稳定，一般不会因人类的开发利用而明显减少，为非耗竭性资源。

2. 生物资源

它包括森林资源、牧草资源、动物资源和海洋生物资源等。生物资源吸收了流动的太阳能和水资源，消耗土壤的养分。在太阳能量一定，生物繁殖能力一定以及人类合理利用和保护的条件下，生物资源是可以再生的。

3. 土地资源

它是由地形、土壤、植被、岩石、水文和气候等因素组成的一个独立的自然综合体。土地一般是指地球陆地的表面部分，包括滩涂和内陆水域。土地可以被划分为农用地、建设用地和未利用土地。农用地主要包括耕地、林地、草地、农田水利用地和养殖水面等。

4. 矿产资源

它是经过一定的地质过程形成的，附存于地壳或地壳上的固态、液态或气态物质，包括各种能源和各种矿物等。矿产资源包括陆地资源和海洋矿产资源。陆地矿产资源包括金属矿产资源、能源矿产资源和非金属矿产资源。

海洋矿产资源包括滨海资源、陆架油气、深海沉积矿床等。

5. 景观资源

它主要是指自然景物、风景名胜等，能为人们提供游览、观光、知识、乐趣、度假、探险、考察研究等作用，一般是附着在其他资源之上而存在的。

二、资源资产的特征

资源资产是一部分自然资源资产化的表现形式。资源资产与自然资源相比，其物质内涵是一致的，除了具有自然资源的基本特征外，根据资产的含义，其还具有经济属性和法律属性。

（一）自然属性

1. 天然性

自然资源是天然形成的，最初完全是由自然因素形成的，处于自然状态。随着人类对自然干预能力的加强，部分资源资产表现为人工投入与天然生长的共生性。

2. 有限性和稀缺性

资源资产的有限性和稀缺性主要表现在三个方面：

（1）资源资产的数量是有限的，人类活动使某些自然资源数量减少、枯竭或耗尽；

（2）自然资源和自然条件的贫化、退化和质变；

（3）自然资源的自然结构、生态平衡被破坏。

3. 生态性

各种资源如太阳、大气、地质、水文、生物等构成了一个复杂的体系，形成特定的生态结构，构成不同的生态系统。不同的资源间相互依存，具有一定的生态平衡规律。

4. 区域性

资源资产在地球上分布不均衡，存在显著的数量或质量上的地域差异。在我国，金属矿产资源基本上分布在由西部高原到东部山地丘陵的过渡地带；森林资源也呈集中分布的状态，长白山林地面积和木材蓄积分别占全国的11%和13.8%。

（二）经济属性

1. 资源资产具有使用价值

自然资源由于具有使用价值，因此能够转化为经济资源，成为人类的生活资料和生产资料。

2. 资源资产价值能够以货币计量

资源资产除了能够用实物单位计量以外，还可以用价值量来表示，这是资源资产评估的基础。对于无法用货币计量的自然资源，如空气、太阳光等就不能成为资产。

3. 资源资产具有可收益性

只要具有经济价值的自然资源才能成为资产，没有经济价值或在当今知识与技术条件下尚不能确定其有经济价值的资源不能成为资产。

（三）法律属性

法律属性主要体现在两个方面：

（1）资源资产必须能够为特定的主权主体所拥有和控制，资源资产产权在法律上具有独立性。

（2）资源资产的使用权可以依法交易。我国实行资源资产的所有权和使用权相分离的制度，资源资产的使用权可以依法进行交易。

三、资源资产评估及其特点

资源资产评估是对资源资产价值的估算。资源资产评估不仅为国民经济资源价值核算服务，还可以在资源资产产权的出让、转让、资产经营、抵押等经济活动中，为有关权益各方包括国家和企业等提供专业服务。目前在资源资产评估的理论研究中，对土地资源资产、矿产资源资产、森林资源资产和水资源资产评估的研究较为深入。

资源资产由于具有独特的自然、经济和法律属性，因而与其他资产相比，资源资产的评估具有如下特点：

（1）资源资产价格是自然资产的使用权价格。我国自然资源大部分属于国家所有，只有一部分属于集体所有。例如，矿产资源属于国家所有，大部分森林资源也属于国家所有，并实行所有权和使用权相分离的制度。通常，法律不允许资源资产的所有权转让，因此，资源资产评估的对象主要是资源资产的使用权，是对资源资产权益的价值评估。

（2）资源资产价格一般受到资源的区位影响。由于资源的有限性、稀缺性和区域性，资源资产价格通常会受到自然资源所在区位的影响。

（3）资源资产评估须遵循自然资源形成和变化的客观规律。资源条件包括资源的质量品位，资源的赋存开采条件和产地至销地的运输距离及运输条件（运输工具和地貌等）。资源资产的类别多种多样，不同资产其资源条件、经营方式、市场供求等都不相同。例如，矿产资源是经过一定的地质过程形成的，森林资源是一种生物资源。因此，矿山企业对矿产资源的开发利用，对矿业权的经营，森林企业的营林生产过程等都有其自身的客观规律。因此，在资产评估中要充分了解资源资产实体及其使用权的专业特点，以合理评估资源资产的价值。

第二节 森林资源资产评估

一、森林资源资产评估概述

为贯彻落实《资产评估法》，规范资产评估执业行为，保证资产评估执业质量，保护资产评估当事人合法权益和公共利益，在财政部指导下，中国资产评估协会根据《资产评估基本准则》，对《资产评估准则——森林资源资产》进行了修订，制定了《资产评估执业准则——森林资源资产》，自2017年10月1日起施行。

（一）森林资源、森林资源资产与森林资源资产评估

1. 森林资源

森林资源是以多年生木本植物为主体，并包括以森林环境为生存条件的林内动物、植物、微生物等在内的生物群落。

森林资源具体包括森林、林木、林地以及依托森林、林木、林地生存的野生动物、植物和微生物。森林包括乔木林和竹林。林木包括树木和竹子。林地包括郁闭度0.2以上的乔木林地以及竹林地、灌木林地、疏林地、采伐迹地、火烧迹地、未成林造林地、苗圃地和县级以上人民政府规划的宜林地。

2. 森林资源资产

森林资源资产是指由特定主体拥有或控制并能带来经济利益的，用于生产、提供商品和生态服务功能的森林资源，包括森林、林木、林地、森林景观、森林生态等。

对于森林资源资产的概念应主要从以下三个方面来理解：

（1）森林资源资产是以森林资源为物质内涵的资产，包括林木资产、林地资产、林区野生动物资产、植物资产和微生物资产。

（2）不是所有森林资源都能转化为森林资源资产。资产必须是由特定主体所拥有或控制，并能够带来经济利益的经济资源。

（3）森林资源效益的多重性决定森林资源资产具有多种功能。在特定目的与条件下，森林的生态价值可以进入市场，成为生态资产。

3. 森林资源资产评估

森林资源资产评估是指资产评估机构及其资产评估专业人员遵守法律、行政法规和资产评估准则，根据委托对评估基准日特定目的下的森林资源资产价值进行评定和估算，并出具资产评估报告的专业服务行为。从评估业务范围看，森林资源资产评估业务，不仅包括针对单独的森林资源资产的评估行为，也包括对企业价值评估或其他评估行为中所涉及的森林资源资产评估行为。

（二）森林资源资产评估的特点

森林资源资产评估除了具有资产评估的市场性、公正性、专业性、咨询性等特点外，还具有森林资源资产评估的一些独有特点。

1. 森林资源资产评估的专业性

森林资源资产作为一项生物性资产,其评估涉及了林业经济学、森林经理学、测树学、森林生态学、水土保持学等专业学科知识。评估人员当执行森林资源资产评估业务而缺乏相关专业知识和经验时,可聘请专业技术人员或专业机构协助工作,但需对其意见或专业报告的独立性与专业性进行判断后才可恰当引用。

2. 森林资源资产评估的生态价值因素

森林资源资产功能的多样性使得评估人员在进行森林资源资产评估时,需要综合考虑多种因素的影响。除了考虑其经济效益外,还需根据特定的经济行为和评估目的等因素,确定是否评估其生态价值。

3. 森林资源资产评估的复杂性

森林资源资产评估除了要考虑一般资产评估需要注意的事项外,还要特别关注国家林业法律法规和政策以及森林资源的自然属性、经营特性、使用期限、用途等对资产价值的影响。

4. 森林经营周期长对资产评估结果造成较大影响

森林资源资产经营的周期少则5~6年(如南方的桉树短伐期人工林),长则几十年(如杉木、马尾松、木荷等)、上百年(如北方的红松、落叶松、云杉、冷杉等)。经营周期的长短会对评估价值产生较大的影响。

5. 森林资源资产价值的关联性

森林的价值体现在林木、林地、森林景观资产以及与森林资源相关的其他资产之上。林地的价值体现又与林木、森林景观以及与森林资源相关的其他资产密不可分。森林景观资产价值依托于森林、林地、林木等资源资产,森林生态价值的体现更要依托于森林系统整体。因此评估森林资源资产要关注其资产的关联性,确定好评估对象和评估范围,合理划分森林、林木、林地、景观、野生动植物、人工林下经济等的价值。

(三) 森林区划

1. 区划系统

目前我国各大林区的森林区划系统一般为五级区划,即:林业局——林场——营林区——林班——小班。在南方国有林区或者一些少林省份,多采用四级区划,即:国营林场——营林区——林班——小班。集体林区的森林区划系统为:县——乡(镇)——村——林班——小班。

2. 林班

在林业局、林场范围内,将林地划分成许多面积大小比较一致的单位,谓之林班。林班是森林资源统计单位,也是永久性的经营管理水平。林业部门在进行林班区划时,主要根据林区的实际情况和经营水平,确定面积大小和区划方法。

我国林区的林班面积,一般为100~500公顷。林班的编号一般以林业局(林场、村)为单位,用阿拉伯数字从西北向东南、由上到下依次编号。

3. 小班

在同一个林班范围内,往往具有不同的立地条件及各种地类,或者生长着各种不同的林分。为了区别对待,采取不同的经营措施,合理组织林业生产需要将林班进一步划分成不同的地块，这种地块，林业上称之为小班。小班是内部特征基本一致，与相邻地段有明显区别，而需要采取相同经营措施的地块。它是森林经营的最小单位，也是森林调查规划设计的基本单位。

小班的最小、最大面积依据林种、成图比例尺和经营集约度而定。最小小班面积在图上不小于4平方毫米，南方集体林区商业林最大面积一般不超过15公顷，其他林区一般不超过25公顷。小班的编号，以林班为单位，用阿拉伯数字从西北到东南、由上到下依次编号。

（四）森林资源基本测量因子

1. 林分起源

根据林分起源，林分可分为天然林和人工林，由天然下种、人工促进天然更新或萌生所形成的森林称作天然林；以人为的方法供给苗木、种子或营养器官进行造林并育成的森林称作人工林。

2. 树种组成

组成林分树种的成分称树种组成。由一个树种组成的林分称纯林，而由两个或更多树种组成的林分称混交林。在混交林中，为表达各树种在组成林分中所占的成分，而分别以各树种的蓄积量（或断面积）占林分总蓄积量（或总断面积）的比重来表示，这个比重叫树种组成系数。组成系数通常用十分法表示，即各树种组成系数之和等于"10"。由树种名称及相应的组成系数写成组成式，例如，杉木纯林，则林分组成式为"10杉"。

如果某一树种的蓄积量不足林分总蓄积量的5%，但大于等于2%时。则在组成式中用"＋"号表示；若某一树种的蓄积量少于林分总蓄积量的2%时，则在组成式中用"－"号表示。

3. 平均胸径

在没有特殊说明的情况下，森林调查中所说的单株立木的"直径"，均为"胸高直径"，常以 d 表示，以厘米为单位。在我国，胸高直径的定义是：立木根颈以上1.3米处（相当于一般成年人胸高位置）的树干直径，一般指带皮直径，一般用直径卷尺（俗称围尺）测量。

4. 平均树高

林木的高度是反映林木生长状况的数量指标，同时也是反映林分立地质量高低的重要依据。平均高则是反映林木高度平均水平的测量指标。根据不同的目的，平均高通常又分为林分平均高和优势木平均高。

单株立木的"树高"是指该株立木的根颈至树梢顶端的高度，常以 h 表示，以米为单位。一般使用测树专用工具"测高器"进行测量。

5. 林分蓄积量

林分中所有活立木材积的综合称林分蓄积量，常以 M（m^3/hm^2）表示。林分蓄积量是重要的林分调查因子之一，测定方法很多，可概括为实测法和目测法两大类。

6. 林分出材量

林分蓄积量是个数量指标，它不能全面地反映林分林木材积的经济利用价值的大小。为了对森林资源的数量（蓄积量）和质量（材种出材量）作出确切全面的评价，正确合理经营森林，如营林抚育强度、次数、间隔期及抚育方式等技术措施，就必须在查明蓄积量的基础上，进一步对森林木材资源的经济价值作出评价。

（五）森林资源资产评估程序中的重要环节

同其他资产项目评估一样，森林资源资产评估除了履行评估的基本程序外，特别要注意三个环节。

1. 索取森林资源资产清单

评估人员执行森林资源资产评估业务时，应当要求委托方或相关当事方提供委托评估森林资源资产清单。森林资源资产清单实际上就是一般资产评估中的委托评估资产申报表，通常是指以具有相应调查资质的森林资源调查单位当年的森林资源规划设计调查（二类调查）、伐区作业设计调查（三类调查）成果，或按林业资源管理部门要求建立并逐年更新至当年，且经补充调查修正的森林资源档案资料编制的森林资源资料清单。森林资源资产清单通常以小班为单位编制。

当委托方无法提供有效的委托评估森林资源资产清单时，受托方应要求委托方聘请具有相关资质的森林调查机构进行森林资源专项调查并编制森林资源资产清单，或经委托方同意，由评估机构委托有资质的森林调查机构进行调查和编制森林资源资产清单。根据评估目的和评估对象等实际情况，如评估机构具备调查专业知识和经验时，评估机构可以开展调查工作，编制森林资源资产清单。

2. 组织森林资源资产核查

评估人员在执行森林资源资产评估业务时，应当对森林资源资产数量、质量进行现场核查，确定森林资源资产清单是否能够作为评估依据。森林资源资产核查是资产评估的必备程序之一，也是资产评估人员规避评估风险的第一要务。森林资源资产的数量、质量主要包括：林地面积、经营面积、地类、立地质量、林种、优势树种（或优势树种组）、树种组成、起源、年龄、龄组（生产期）、胸径、树高、株数、蓄积、可及度、出材率等级、经营类型等。

森林资源资产现场核查可以采用抽样核查或全面核查的方式进行。常见的森林资源资产核查方式主要有抽样控制法、全面核查法、小班抽查法等。

当资产评估机构和评估人员缺乏森林资源调查专业知识和经验时，应聘请具有相应资质的专业机构或专业技术人员对森林资源资产进行核查，并由专业机构出具核查报告。

3. 收集森林资源资产评估资料

森林资源资产评估收集资料通常包括：

（1）产权主体的基本概况及相关经营基础资料。

（2）森林经营方案、森林采伐限额指标及说明；营林技术规程；不同培育目的下各树种的营林标准及营林工序。

（3）营林生产成本。营林工价、苗木及肥料价格，各营林工序生产定额及难度系数；各营林段的平均生产成本；护林、防火、病虫害防治成本等。

（4）森林采伐成本资料。采伐工价；采伐段各生产工序（包括伐区设计、清杂、采伐、打枝、造材、剥皮、集材、运输等）的定额及难度系数；采伐段各生产工序平均生产成本；集材、运输及林道修筑情况及成本等。

（5）木材销售及价格资料。各树种、各材种木材价格表，近3年木材分树种、分材种的单位面积产量；近3年木材销售总额及各树种、各材种平均价格等。

（6）各树种、各材种不同胸径、树高的实际出材率及主要材种的实际平均出材率资料。

(7) 销售成本及税金费。仓储及销售段费用；各种税收及计税方式；各种税金费及计算方法等。

(8) 营林段和生产段的管理费用分摊情况。

(9) 当地通用测树及经营树表。立木材积表；材种出材率表；森林经营类型生长过程及措施设计表等。

(10) 其他相关资料。

二、森林资源资产评估的成本法

作为资产评估的基本方法，成本法同样适用于森林资源资产评估工作，在具体操作中，需要依据森林资源资产评估的目的和被评估森林资源资产的特点，作出适当的变化，以适用不同森林资源资产评估的需要。

(一) 林木资产评估的重置成本法

该方法是按现时的工价及生产水平重新营造一块与被评估林木资产相类似的资产所需的成本费用，作为被评估林木资产的评估值的方法。重置成本法最适用幼龄林林木资产的评估。

根据用材林的经营特点，其重置成本法的计算公式为：

$$E_n = K \cdot \sum_{i=1}^{n} C_i (1+p)^{n-i+1}$$

式中：E_n——林木资产评估值；K——林分质量综合调整系数；C_i——第 i 年以现时工价及生产水平为标准计算的生产成本，主要包括各年投入的劳动力工资、物质消耗、地租、管理费用等；n——林分年龄；p——投资收益率。

运用重置成本法评估林木资产必须注意：

(1) 运用重置成本法评估林木资源资产必须确定合理的投资收益率。林木经营周期往往长达数十年，这会造成资金占用的时间很长，因此需要合理确定投资收益率，计算资金占用成本和投资收益。

(2) 运用重置成本法评估林木资产不需要考虑成新率问题。林木经营过程中，投资形成资本的累积，生长过程中没有收益或很少收益，不存在实体性损耗，资产的价值一直增加，要到主伐时才一次性将林木采伐和出售，资本全部收回。

(3) 运用重置成本法评估林木资产必须根据林分质量调整估算评估值。基于我国对于森林培育的营林标准要求，在实际操作中，幼龄林中一般用株树调整系数和平均树高调整系数综合确定，在中龄以上的林分用平均胸径调整系数和蓄积调整系数综合确定。

①株树调整系数（K_1）。株树保存率是衡量林分造林质量的重要指标。其计算公式为：

株树保存率（r）＝林地实有保存株树/造林设计株树

在幼龄林（未成林造林地幼树）的评估中，当 $r \geq R$，$K_1 = 1$；当 $r < R$，$K_1 = r/R$。R 为造林标准合格率。

根据生产的实际情况，在未成林造林地中，如果株树保存率（r）少于40%时，一般认为造林失败，必须重造，而且重造的成本并不比初次造林成本低，因此，在未成林造林地中当 $r \leq 40\%$ 时，如有需要 $K_1 = 0$。

在幼龄林阶段中后期，林分一般已郁闭，如果株树保存率（r）少于40%，但林木的分布均匀，有成林希望，这时 K_1 不能等于零，可以等于 r，也可以根据最终的保留株树和现实株树的比值综合确定，即 $K_1 = r/R$。

②树高调整系数（K_2）。确定树高调整系数的关键在于寻找合适的参照林分的平均树高。通用的做法是选择适合评估地区的各树种幼龄树高平均生长过程表，拟合树高平均生长方程，测算评估年度的平均树高作为参照林分的标准平均树高。其计算公式为：

$$K_2 \text{ 树高系数} = \frac{\text{现时幼龄林林分平均树高}}{\text{同年一度参照林标准平均树高}}$$

【例 11-1】 某小班面积为 $10hm^2$，林分年龄为 3 年，树高调整系数（k_1）为 0.9，株数保存率（r）为 91%，要求用重置成本法评估其价值。

前三年相同林分投入调查结果显示：

该地区评估基准日第一年造林投资为 4 200 元/hm^2，第二年、第三年投资均为 1 500 元/hm^2，年投资收益率为 8%。每年的林地租金为 600 元/hm^2，从第一年起每年管护费为 150 元/hm^2。当地造林成活率要求为 85%。

评估过程及结论如下：

已知 $n = 3$，$C_1 = 4\ 200 + 600 + 150 = 4\ 950$，$C_2 = 1\ 500 + 600 + 150 = 2\ 250$，$C_3 = 1\ 500 + 600 + 150 = 2\ 250$。

该小班林木成活率为 91% > 85%，故：

株数调整系数为：

$K_1 = 1$

树高调整系数为：

$K_2 = 0.9$

该林分评估值为：

$$E_n = K \cdot \sum_{i=1}^{n} C_i (1+p)^{n-i+1}$$
$$= 10 \times 1 \times 0.9 \times (4\ 950 \times 1.08^3 + 2\ 250 \times 1.08^2 + 2\ 250 \times 1.08)$$
$$= 101\ 609.8 (\text{元})$$

（二）林地资产评估的林地费用价法

该方法是以取得林地所需的费用和把林地维持到现在状态所需费用的本利之和来估算林地评估值的方法，对林业用地存在着林地改良与苗圃地评估时适用此方法。其计算公式为：

$$B_u = A(1+p)^n + \sum_{i=1}^{n} M_i (1+p)^{n-i+1}$$

式中：B_u——林地评估值；A——林地购置费；M_i——林地购置后，第 i 年林地改良费；n——林地购置年数；P——投资收益率。

林地费用价法应用的前提条件是林地在购置和投资年间的费用明确且可计量。

三、森林资源资产评估的市场法

在森林资源资产评估中市场法有两种基本方法，一是木材市场价倒算法，二是市场成交价比较法。

（一）市场价倒算法

市场价倒算法又叫剩余价值法，它是将被评估林木资产皆伐后所得木材的市场销售总收入，扣除木材生产经营所消耗的成本和合理利润后，剩余的部分作为林木资产评估值的一种方法。其计算公式为：

$$E_n = W - C - F$$

式中：E_n——林木资产评估值；W——销售总收入；C——木材经营成本（包括采运成本、销售费用、管理费用、财务费用及有关税费）；F——木材生产经营利润。

【例 11 - 2】 某民营林业公司拟转让 100 公顷杉木林，该林分经营类型为一般用材林，林龄为 28 年，已过主伐期，处于成熟林组，林分平均胸径为 18cm，平均树高为 16m，平均蓄积为 160m³/hm² 要求评估该小班价值（整化为百位）。

据调查，相关技术经济指标为：

（1）木材价格。木材价格以委估资产附近林产品交易市场木材销售价为基础，结合待评估林木资产的实际平均胸径综合确定木材的平均售价。

经调查分析，杉原木售价为 800 元/m³，杉综合材售价 650 元/m³。

（2）木材经营成本。木材经营成本主要包含伐区设计费、检尺费、采造集装、运费、销售管理费等，合计为 170 元/m³。

（3）木材销售税费。木材销售税费主要包含：①育林基金、森林植物检疫费、维简费等合计按木材销售价格的 10.0% 征收；②增值税、城建税、不可预见费等合计按销售收入的 8.0% 征收。

（4）经营利润率。按木材经营成本的 16.0% 计算。

（5）出材率。按委估资产地方标准《××市县林区商品林主要树种出材率表》。胸径为 18cm 的杉木出材率 70%（其中原木 25%；综合材 45%）。

根据上述指标，评估过程及结论如下：

主伐收入为：

$W = 100 \times 160 \times 25\% \times 800 + 100 \times 160 \times 45\% \times 650$
$= 7\ 880\ 000$（元）

主伐成本 = 经营成本 + 销售税费

$C = (100 \times 160 \times 25\% + 100 \times 160 \times 45\%) \times 170 + 7\ 880\ 000 \times (10\% + 8\%)$
$= 3\ 322\ 400$（元）

木材经营利润为：

$F = 3\ 322\ 400 \times 16\% = 531\ 584$（元）

该林分评估值为：

林分评估值 $= 7\ 880\ 000 - 3\ 322\ 400 - 531\ 584 = 4\ 026\ 016$（元）

（二）市场成交价比较法

市场成交价比较法是将相同或类似的森林资源资产的现行市场成交价格作为比较基础，估算拟评估森林资源资产评估值的方法。评估人员对同一评估对象应选取三个以上参照交易案例，通常采用简单算术平均法计算被评估对象的结果。其计算公式为：

$$E = \frac{X}{N} \sum_{i=1}^{n} K_i \times K_{bi} \times G_i$$

式中：E——评估值；X——拟评估森林资产的实物量；K_i——第 i 个参照交易案例林分质量综合调整系数；K_{bi}——第 i 个参照交易案例物价调整系数；G_i——第 i 个参照交易案例市场

交易价格；N ——参照交易案例个数。

四、森林资源资产评估的收益法

在森林资源资产评估中，经济林或常年有稳定收益的林木经济价值评估常会用到收益法。

(一) 收益现值法

初产期阶段采用收益现值法应明确该品种经济林的经济寿命，拟评估经济林初产期和盛产期的评价产量，并分段计算。其计算公式为：

$$E = K \times \left\{ \sum_{i=n}^{n_1-1} \frac{A_i}{(1+p)^{i-n+1}} + AI \times \frac{(1+p)^{u-n_1+1}-1}{p \times (1+p)^{u-n_1+1}} + \frac{AJ}{(1+p)^{u-n+1}} \right\}$$

式中：E ——评估值；AI ——盛产期平均年净收益；AJ ——经济寿命期末经济林木材的净收益；A_i ——初产期各年的净收益；u ——经济寿命期；n ——林分的年龄；n_1 ——盛产期的开始年；K ——林分质量综合调整系数；P ——投资收益率。

当经济林进入盛产期后，如无期末木材收益时，上述公式可变为：

$$E = K \times AI \times \frac{(1+p)^{u-n_1+1}-1}{p \times (1+p)^{u-n+1}}$$

此种方法应用需要确定几个要素：

(1) 被评估经济林各年的收益；
(2) 经济林资产各年的成本支出；
(3) 投资收益率的确定；
(4) 林分的收获期。一般不同品种的经济林其收获期不同。

【例 11-3】 某民营公司拟将一块面积为 150 亩的茶园作为抵押物进行银行抵押贷款，该茶园内茶树林龄为 7 年，处于盛产期，请计算该茶树经济林的资产评估值。

相关参数指标如下：

(1) 该地区茶树盛产期为第 6～20 年；
(2) 该茶园内茶树进入盛产期后年平均收入为 5 800 元/亩；
(3) 该茶园年平均经营成本为 2 650 元/亩，其中包括采摘人工、初级加工费、管护费、地租等；
(4) 投资收益率为 15%。

评估过程及结论如下：

(1) 茶园年平均收入为 5 800 元；茶园年平均经营成本为 2 650 元；
(2) 盛产期 $u=20$，茶树树龄 $n=7$；
(3) $E = K \times AI \times \dfrac{(1+p)^{u-n_1+1}-1}{p \times (1+p)^{u-n+1}}$

$= 150 \times [(5\ 800 - 2\ 650) \times (P/A, 15\%, 20-7+1)]$

$= 2\ 704\ 826$（元）

(二) 收获现值法

收获现值法是通过预测林分生长到主伐时可生产的木材的数量，并利用木材市场价倒算法测算出其立木的价值并将其折成现值，然后再扣除评估基准日后到主伐前预计要进行各项经营措施成本（含地租）的折现值，将其剩余部分作为被评估林木资产的评估值。在森林资源资产评估中收获现值法理论上可以用于任何年龄段的林木资产评估，但实际应用中一般用于中龄林和近熟林的林木资产评估。其计算公式为：

$$B_u = K \times \frac{A_u + D_a(1+P)^{u-a} + D_b(1+P)^{u-b} + \cdots}{(1+P)^{u-n+1}} - \sum_{i=n}^{n-1} \frac{C_i}{(1+P)^{i-n+1}}$$

式中：B_u——林木资产评估值；K——林分质量综合调整系数；A_u——标准林分 U 年主伐时纯收入（指木材销售收入扣除采运成本、销售费用、管理费用、财务费用、有关税费、木材经营的合理利润后的部分）；D_a、D_b——标准林分第 a、b 年的间伐和其他纯收益；C_i——评估后至主伐期间的年营林生产成本；u——经营周期；n——林分年龄；P——投资收益率。

此种方法主要针对造林年代已久，用成本法容易产生偏差，离主伐期尚早不宜采用市场法而提出的。此种方法在计算中需要考虑的要素有：

（1）林分主伐时的纯收入，即木材销售收入扣除采运成本、销售费用、管理费用、财务费用及相关税费和木材经营的合理利润；

（2）间伐的纯收入；

（3）投资收益率，一般采用平均收益法进行测算；

（4）评估基准日到主伐时的营林成本；

（5）林分质量调整系数 K，一般根据待评估的林分与标准林分的蓄积或胸径指标进行调整。

【例 11-4】 现有某国有林场拟转让一块面积为 200 亩的杉木中龄林，林龄为 14 年，亩蓄积为 $10m^3$，经营目标为中径材（其主伐年龄为 26 年），标准参照林分主伐时平均亩蓄积为 $18m^3$，林龄为 14 年的标准参照林分的平均亩蓄积为 $9m^3$，假设该林分不需要间伐，有关技术经济指标如下：

（1）营林成本：管护费用为 5 元/亩·年；地租：48 元/亩·年；

（2）杉木林主伐时林木单位蓄积纯收入为 400 元/m^3；

（3）折现率：8%

请计算该林分的林木资产评估值（所得结果均保留两位小数）。

根据上述指标，评估过程及结论如下：

（1）预测主伐时亩蓄积量。

$M = K 值 \times 林分主伐标准蓄积 = 10m^3/9m^3 \times 18m^3 = 20m^3$

由于该林木经营不存在间伐，且基准日至主伐时各年营林成本相同，故原收获现值法公式即可简化为：

$$B_u = K \times \frac{A_u}{(1+P)^{u-n+1}} - C_i \times \frac{(1+P)^{(u-n)} - 1}{P(1+P)^{(u-n)}}$$

其中：$\frac{(1+P)^{(u-n)} - 1}{P(1+P)^{(u-n)}}$ 为 $(u-n)$ 期的年金现值系数。

（2）计算林木资产评估值。

$B_u = 200 \times 20 \times 400 \div [(1+8\%)^{(26-14+1)}] - 200 \times (5+48) \times [1 - (1+8\%)^{-(26-14)}] \div 8\%$

= 588 320.00 - 79 882.66
= 508 437.34(元)

(三) 年金资本化法

在森林资源资产评估中，年金资本化法主要用于地租收益稳定且明确的林地资产评估以及把林木和林地作为一个整体的异龄林永续经营前提下的资源资产评估。

(1) 林木评估的年金资本化法。这一方法是将被评估的林木资产每年的稳定收益作为资本投资的效益，按适当的投资收益率估算林木资产评估价值的方法。其计算公式为：

$$E_n = \frac{A}{P}$$

式中：E_n——林木资产的评估值；A——年平均纯收益（扣除地租）；P——投资收益率（根据当地营林平均收益状况具体确定）。

(2) 林地使用权年金资本化法。这一方法是将被评估林地资产每年相对稳定的地租收益作为资本投资收益，按适当的投资收益率估算林地评估值的方法。其计算公式为：

$$B_n = \frac{R}{P}$$

式中：B_n——林地平均值；R——林地平均地租收益；P——投资收益率。

当林地使用权为有限期时，其公式在年金资本化法的基础上进行年期修正：

$$B_u = \frac{R}{P} \times \left[1 - \frac{1}{(1+P)^n}\right]$$

(四) 林地期望价法

林地期望价法以实行永续皆伐为前提，并假定每个轮伐期林地上的收益相同，支出也相同，从无林地造林开始进行计算，将主伐时林木的纯收入（立木价）的现值扣除所有的营林生产成本的现值，得到轮伐期的纯收入现值（土地的纯收益），将无穷多个轮伐期的土地的纯收益全部累加求和值，作为被评估林地资源资产的评估值的方法。其计算公式为：

$$B_u = \frac{A_u + D_a(1+P)^{u-a} + D_b(1+P)^{u-b} + \cdots - \sum_{i=1}^{n} C_i(1+P)^{u-i+1}}{(1+P)^u - 1} - \frac{V}{P}$$

式中：B_u——林地评估值；C_i——第 i 年投入的营林生产直接费用（包括整地、栽植、抚育等费用）；A_u——第 u 年主伐时的净收益（指木材销售收入扣除采运成本、销售费用、管理费用、财务费用、有关税费、木材经营的合理利润后的部分）；D_a、D_b——现实林分第 a、b 年的间伐或其他净收益；u——轮伐期；V——年均营林生产间接费用（包括森林保护费、营林设施费、良种实验费、调查设计费、基层生产单位管理费、场部管理费用和财务费用）；P——投资收益率。

【例 11-5】 某公司拟转让面积为 1 000 亩的采伐迹地，其适宜树种为杉树，经营目标为一般商品用材（其主伐年龄为 16 年）。该地区一般指数杉木小径材的标准参照林分主伐时平均亩蓄积为 12m³/亩，林龄在第 10 年时进行间伐一次，间伐时生产小径材 2m³；有关技术经济指标如下：

(1) 营林生产成本：第 1 年（含整地、挖穴、植苗、抚育等）为 380 元/亩·年；第 2~3 年抚育费为 100 元/亩·年；第 4 年其管护费用为 10 元/亩·年；

(2) 主伐时生产木材单位蓄积纯收入为 450 元，间伐时生产木材单位蓄积纯收入为

300元；

(3) 年营林生产间接费用为10/亩·年；

(4) 投资收益率为8%。

请计算该林地资产评估值。

根据上述指标，评估过程及结论如下：

$A_u = 450 \times 12 \times 1\,000 = 5\,400\,000$（元）

$D_{10} = 300 \times 2 \times 1\,000 = 600\,000$（元）

$\sum_{i=1}^{u} C_i (1+P)^{u-i+1} = 1\,000 \times [380 \times (1+8\%)^{16-1+1} + 100 \times (1+8\%)^{16-2+1} + 100 \times (1+8\%)^{16-3+1} + 10 \times (1+8\%)^{16-4+1} + \cdots + 10 \times (1+8\%)^{16-16+1}]$

$= 2\,144\,943.68$（元）

该小班林地使用权（无限期）评估值为：

$B_u = \dfrac{A_u + D_a(1+P)^{u-a} + D_b(1+P)^{u-b} + \cdots - \sum_{i=1}^{n} C_i(1+P)^{u-i+1}}{(1+P)^u - 1} - \dfrac{V}{P}$

$= [5\,400\,000 + 600\,000\,(1+8\%)^{16-10} - 2\,144\,930] \div [(1+8\%)^{16} - 1] - (1\,000 \times 10 \div 8\%)$

$= 1\,609\,245.83$（元）

年林地地租为：

$B_n = B_u \times P = 1\,609\,245.83 \times 8\%$

$= 128\,739.67$（元）

第三节 矿产资源资产评估

一、矿产资源资产评估概述

(一) 矿产资源资产及其评估范围

矿产资源是经过地质成矿作用形成的，埋藏于地下或出露于地表，并具有开发利用价值的矿物或有用元素的集合体。我国的矿产资源属于国家所有，矿产资源所有权是指作为所有者的国家依法对矿产资源享有占有、使用、收益和处分的权利。国家对矿产资源的勘查、开采实行许可证制度。勘查矿产资源，必须依法申请登记，领取勘查许可证，取得探矿权；开采矿产资源，必须依法申请登记，领取采矿许可证，取得采矿权。因此，矿产资源资产评估范围是对探矿权、采矿权价值评估，或者矿业权评估。

矿业权包括探矿权和采矿权。探矿权是指在依法取得的勘查许可证规定的范围内，勘查矿产资源的权利。取得勘查许可证的单位或者个人称为探矿权人。采矿权是指在依法取得的采矿许可证规定的范围内，开采矿产资源和获得所开采的矿产品的权利。取得采矿许可证的单位或者个人称为采矿权人。矿产资源所有权和矿业权的权利客体同为矿产资源；权利主体不同，矿业权权利主体是矿业权人，包括自然人、法人、其他经济组织，而矿产资源所有权权利主体是国家。矿业权可以依法流转，矿产资源所有权不允许流转。

（二）矿产资源资产评估的特点

与其他资产相比，矿业权评估具有如下特点：

（1）与矿产资源法律制度密切相关。矿产资源法律制度是确立矿业权财产属性、矿业权市场交易、定价等的基本前提。我国《矿产资源法》的修订以及与此相关的财产制度、税费制度的调整，都将直接影响甚至改变矿业权评估技术体系。

（2）涉及的专业知识跨度大，需要利用多种不同类型的专业报告。矿业权评估涉及矿产地质勘查、采矿、选矿、冶炼等工程技术专业，评估中需要利用矿产资源储量报告，确定可采储量；利用矿产地质勘查报告，确定有关和有效的勘查实物工作量；利用矿山建设设计文件，确定开采方式、采矿方法及其相关技术经济指标；确定采矿工艺及选别方法及其相关技术经济指标；与采选工艺方法紧密结合的固定资产投资规模。系统理解相关专业报告，合理确定评估参数，是矿业权评估必须掌握的内容。

（3）不确定性因素更多。与其他资产类型的评估相比，矿业权评估的不确定性更多，主要体现在不同类型的矿产资源储量具有不同的不确定性；随着矿山生产勘探，矿产资源储量会发生不同程度的变化；采选工艺指标不断变化；矿产品价格波动明显等方面。

（三）矿业权价值及其影响因素

1. 矿业权价值

矿业权是矿产资源分离出来的使用权，具体分为探矿权和采矿权。探矿权和采矿权的价值是矿产资源勘查权利的价值和矿产资源开采权利的价值，是矿产资源勘查区块和矿产地价值的一种体现，与矿产勘查区、矿产地不可分割。

（1）处于预查和普查阶段的勘查区，未查明矿产资源，矿产资源勘查权利的价值取决于投入的勘查工作成本及其效用以及勘查工作对未来找矿潜力和矿产资源开发前景的作用。这也是矿产权成本法评估结果的内涵。分析勘查投资的价值构成，能够清晰理解矿产资源勘查权利价值。

矿产资源勘查权利关系如图 11-2 所示。

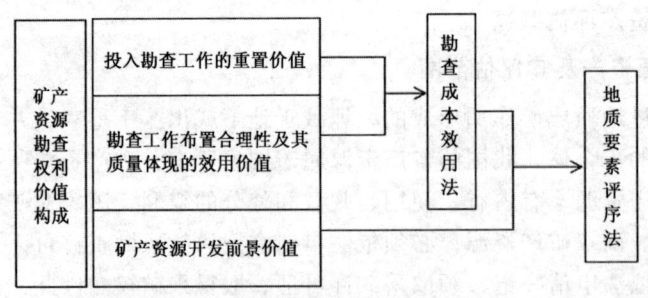

图 11-2　矿产资源勘查权利价值关系示意图

由图 11-2 可知，矿产资源勘查权利价值由三部分组成：①投入勘查工作的重置价值，具体是已投入野外工程（地形测绘、地质测量、遥感地质、物化探、钻探、山地工程等）和其他工作（岩矿分析、化探分析、土壤分析、水质分析、光谱半定量分析、非金属矿物性测试、煤质分析、岩矿鉴定与试验、选冶试验等工作以及地址编录、采样、岩矿心保管、设计论证编写、综合研究及编写报告、报告印刷等其他相关工作）的重置价值。②上述勘查工作布置的合理性及其质量所形成的效用价值。③由区域成矿地质条件、找矿标志、矿化强度及蕴藏规模、矿石质量及选矿或加工性能、开采技术条件、矿产品及矿业权市场条件、基础设施条件等要素所体现的矿产资源开发前景价值。

（2）处于详查和勘探阶段的勘查区，或已查明矿产资源的矿产地，矿产资源开采权利的价值取决于矿产资源的开发价值，而矿产资源开发价值取决于矿床本身的禀赋优势，如矿床及矿体的储量、矿石的品味、开采条件、矿石的选冶及加工性质等一系列因素。因此，矿业权价值评估是不能离开其物质载体——矿产资源而进行，这也是收益法评估结果的内涵。分析矿产资源开发价值构成，能够清晰理解矿产资源采矿权利价值。矿产资源采矿权利价值关系如图11-3所示。

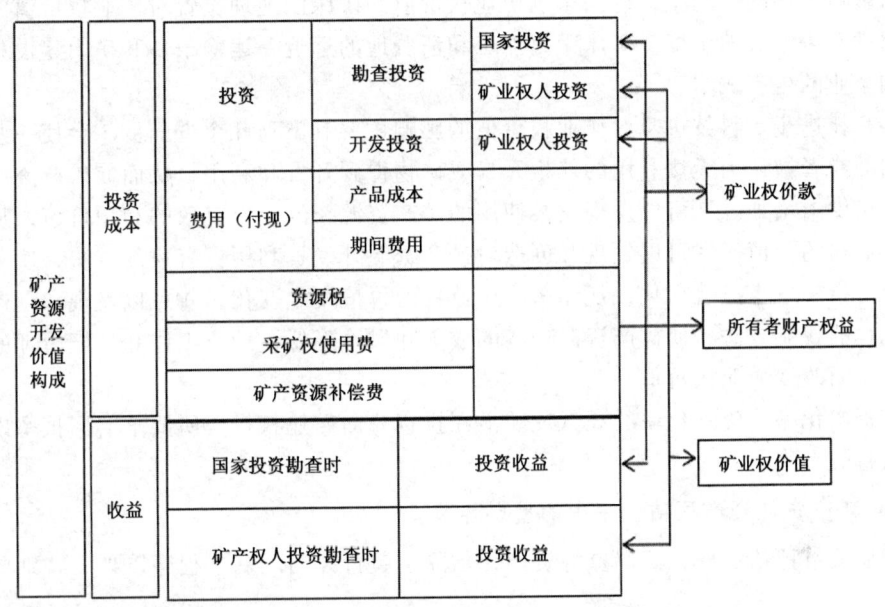

图11-3 采矿权利价值关系示意图

由图11-3可知，矿产资源开发价值构成中应注意：①国家以矿产资源所有者和管理者的身份，获得矿产资源补偿费、资源税和矿业权使用费，体现矿产资源国家所有者权益；②国家以勘查出资人身份出现时，国家出资勘查形成的矿产地，矿业权人还需要向国家支付矿业权价款，体现矿产资源勘查出资者权益；③企业也即矿产权人出资勘查形成矿产地时，不存在矿业权价款，而是矿业权人的出资权益。

矿产资源开发价值中，矿业权价款是国家作为矿产资源勘查出资人身份享有的权益，即"勘查投资及其收益"。矿业权价款评估值内涵是国家作为矿产资源勘查出资人身份时的资本金及其报酬。其余部分是矿业权人拥有矿业权这一法人资产的权益价值；如果是企业出资勘查形成的矿产地，扣除体现矿产资源国家所有权益的矿产资源补偿费、资源税等后，即为矿业权人拥有矿业权这一法人资产的权益价值。

2. 矿业权价值的影响因素

一般来说，影响矿业权价值的因素主要有：

（1）矿产资源本身的稀缺程度和可替代程度。在我国，不同的矿种，资源的稀缺程度差别很大。在市场需求一定的情况下，矿产资源的稀缺程度越高，可替代程度越低，其矿业权价值也越高。同时，由于国家对稀缺资源一般会实行保护性开采政策，稀缺的矿产资源矿业权通常具有更高的价值。

（2）矿产品的供求状况。矿产品的供求状况决定矿产品价值的实现程度，决定何种等级的矿产资源将被投入到开采过程，从而影响矿业权的价值高低。

（3）矿床自然丰度和地理位置。矿床的自然丰度是通过矿体规模、形态、产状、厚薄、品味和埋深等一系列指标综合反映的。在一定的技术经济条件下，矿床的自然丰度越高，开采所需投入的成本越低，企业的超额利润会越大，矿业权价值也会相应增加。金属矿石的选冶性能、矿产含有的有益伴生组分以及地质构造的复杂程度等都会直接影响矿产品的产出率，从而影响企业的利润率，进而影响矿业权价值。矿床的地理位置对矿业权价值的影响有时甚至超过矿床本身的丰度。矿床距离加工和消费地的远近、运输条件和矿山建设条件的优劣会影响企业的生产成本。

（4）科技进步。科技进步对矿业权价值的影响主要有下列几个方面：①会使一些原来没有被利用的或者被认为无法利用的伴生元素或矿物得到开发和利用，从而使矿产资源总规模扩大，市场供给增加。②可以发现已被使用的矿产资源新的或更有效的利用价值，从而改变和增加矿业权的价值。③可以发现和创造对矿产资源开发、利用更有效的方法，使采掘企业的技术经济指标发生显著变化，从而影响矿业权的价值发生变化。④可以发现和创造更加有效或现代化的找矿方法，使矿产资源勘察的成本和风险降低，勘查工作和环境治理的费用水平下降，从而改变矿业权价值。

（5）资本化率。资本化率的高低反映潜在投资者向矿业权投资所要求的回报率以及矿业权投资风险的大小。

（四）矿产资源资产评估程序中的重要环节

同其他项目评估一样，矿产资源资产评估除了履行评估的基本程序以外，特别要注意两个环节。

1. 组织矿产资源资产核查

矿产资源资产评估调查一般包括以下内容：

（1）评估对象权属状况；

（2）地形地貌等自然地理条件；

（3）交通、供电、供水等基础设施条件及区域经济发展状况；

（4）勘查、开发历史及现状；

（5）野外主要地质勘查实物工作量状况；

（6）矿山建设和生产经营状况；

（7）周边的勘查、开发活动；

（8）当地矿产品、矿业权市场情况；

（9）评估对象既往评估和交易情况；

（10）需要调查的其他事项。

调查的具体内容需要根据评估业务性质、评估对象的勘查开发阶段、拟选用的评估方法等情况确定。调查可以通过核查、现场勘查、函证、询问、座谈等方式进行。

2. 收集矿产资源资产评估资料

矿产资源资产评估需要收集的资料一般包括：
（1）评估对象权属资料；
（2）评估对象目前和历史状况及相应的证明材料；
（3）地质勘查类资料；
（4）矿山开发（预）可行性研究、初步设计等资料；
（5）财务会计及生产经营资料；
（6）相关法律、法规及规范性文件；
（7）行业信息、市场询价、数据分析等资料；
（8）其他专业报告等。
在评估过程中，应当根据情况变化及时补充收集评估资料。

二、矿产资源资产评估的收益法

矿产资源资产评估的收益法是指基于预期收益和效用原则，通过计算待估矿业权所对应的矿产资源储量开发获得预期收益现值的路径来估算待估矿业权价值的各种具体评估技术方法的总称。常用的具体方法有折现现金流量法、折现剩余现金流量法、剩余利润法、收入权益法和折现现金流量风险系数调整法等。

（一）收益法适用范围

收益法适用于采矿权评估和勘查程度较高的探矿权评估。其中，折现现金流量法和折现剩余现金流量法适用于详查及以上勘查阶段的探矿权评估和赋存稳定的沉积型大中型矿床的普查探矿权评估，也适用于拟建、在建、改扩建矿山的采矿权评估以及具备折现现金流量法适用条件的生产矿山的采矿权评估。剩余利润法适用于正常生产矿山的采矿权评估，勘查程度较高的探矿权评估也可以选用。收入收益法适用于矿产资源储量规模和矿山生产规模均为小型的、且不具备采用其他收益途径评估方法的条件的采矿权评估；服务年限较短生产矿山的采矿权评估；资源接近枯竭的大中型矿山，其剩余服务年限小于 5 年的采矿权评估。折现现金流量风险调整系数法适用于赋存稳定的沉积型矿种的大中型矿床中勘查程度较低的预查与普查区的探矿权评估。

（二）收益法评估主要参数的确定

1. 可采储量

矿产资源储量是指经过矿产资源勘查和可行性评价工作所获得的矿产资源蕴藏量的总称。评估领域中的可采储量是扣除设计损失和开采损失后可采出的储量。评估实践中，通常利用矿产资源储量报告、采矿、选矿设计资料综合分析确定。矿产资源储量报告是指具有地质勘查资质单位编制的矿产勘查报告、资源储量核实报告、资源储量检测报告、资源评价报告、矿山生产勘探报告等。

2. 生产能力

生产能力是指矿山企业正常生产时期，单位时间内能够采出的矿石量。一般用年采出的矿石量表示。采选联合企业，可以用年生产精矿量表示；采选（冶）联合企业，可以用年生产金属量表示。评估中，通常以矿山企业正常生产年份采出矿石量表示。当矿产资源储量一定时，矿山生产能力与矿山服务年限成反比。矿山生产能力大，则矿山服务年限短；反之，则矿山服务年限长。

确定生产能力应坚持匹配原则、合法原则、市场原则、技术先进可行原则和经济原则。评估实践中，除参考矿山设计单位估算生产能力的方法估算生产能力外，主要综合考虑评估目的、评估对象的具体情况、所获取资料等情况确定生产能力。

3. 相关年限

矿业权评估中涉及评估基准日后续勘查年限、矿山建设年限和矿山服务年限三个不同的年限。

评估基准日后续勘查年限是指评估基准日后，仍需进行矿产地质勘查工作从而达到矿山建设条件的时间。评估实践中，一般依据勘查合同或类比同地区、同类勘查项目完成时间确定。矿山建设年限是指评估基准日仍需进行矿山建设工作从而达到矿山生产的时间。评估实践中，一般依据设计文件或类比同地区、同类矿山建设项目完成时间确定。矿山服务年限是指一个矿山从投产开始到开采完毕的全部时间或者矿山生产经营的年限或者矿山正常生产的年限。评估实践中，一般根据确定的生产能力估算矿山服务年限。不同矿种的矿山服务年限计算方法不同。

评估基准日后续勘查年限、矿山建设年限和矿山服务年限构成收益法中的收益年限。但不是所有矿业权评估项目都由这三个年限构成。

4. 产品方案与采选（冶）技术指标

产品方案包括产品类别和品种构成、产品质量、销售方式以及主要流向等。评估实践中，产品方案可以设定为原矿，也可以设定为精矿或金属。确定产品方案后，其固定资产投资、成本费用以及相关税费等口径应与此一致。产品方案决定销售收入的计算方式，不同的产品方案应选择不同的价格计价形式。

评估中涉及的采选（冶）技术指标主要包括采矿损失率或采矿回采率、矿石贫化率、选矿回收率、冶炼回收率等。评估实践中，采选（冶）技术指标，通常利用相关专业报告或设计文件分析确定。

5. 销售收入

根据生产能力、采选（冶）技术指标等计算各种产品产量（即销售量）及其销售价格，计算销售收入。由于矿产品种类多、规格繁杂，计价标准也不一致，因此，在进行销售收入计算时，应注意品位、品级、规格与计价标准相一致。

6. 投资

投资主要包括评估基准日后地质勘查投资、固定资产投资、流动资金、土地使用权投资、其他长期投资等。

（1）评估基准日后地质勘查投资。评估基准日后地质勘查投资是指评估基准日后仍需要进行矿产地质勘查工作从而达到矿山建设条件所需要的投资。评估实践中，一般依据勘查合同确定；也可以依据勘查方案或勘查施工设计中确定的勘查类型和勘查工程手段，按照现行预算定额或有关价格费用标准估算；也可以根据相应勘查阶段单位矿产资源储量勘查投资的统计数据，结合评估对象具体情况估算；也可以类比同地区、同类勘查项目的实际投资额确定。

（2）固定资产投资。固定资产投资是指矿山建设中建造和购置固定资产的经济活动。固定资产投资额是指矿山建设中建造和购置固定资产发生的全部费用支出。评估实践中，固资产投资额的确定方法有直接法和间接法两种。

直接法也称"分项估算法",是直接参考评估对象所对应的企业财务会计报告、可行性研究报告或初步设计等资料分固定资产项目分别确定。利用可行性研究报告或初步设计等资料确定固定资产投资额时,需要考虑:①可行性研究报告或初步设计的时效性;②可行性研究报告或初步设计中,固定资产投资项目的构成及各项目的内涵,各项目的取值依据。

间接法也称为"间接估算法",是借助类似矿山(参照矿山)固定资产,估算评估对象固定资产投资额的方法。参照矿山与评估对象矿山在工艺流程、设备选型、生产能力、外部建设条件等方面应有相似性,固定资产投资口径也应一致,也应注意时效性和地域性。常用的方法有单位生产能力投资估算法、生产规模指数法、比例估算法等三种。

(3)土地使用权。对土地的评估处理分为土地使用权(资产)、土地租赁(费用)、土地补偿(费用、资产)三种方式。租赁使用土地,不论国家所有、农村集体所有,还是其他使用者使用的土地,分年支付租赁费时,将土地租赁费计入当期成本费用。一次性支付租赁费用时,可将其视为无形资产投资额以摊销方式(以租赁期为摊销年限)逐年回收。通过以出让、转让或其他方式取得的一定年期的土地使用权,将土地使用权价格计为无形资产投资额,以摊销方式逐年回收。

土地使用权摊销年限应以土地使用权剩余使用年限确定。当土地使用权剩余使用年限大于矿山服务年限时,以矿山服务年限作为土地使用权摊销年限。

不同的矿业企业,在相同生产规模下,用地规模可能存在差异,通常以矿业企业实际占用土地情况确定土地面积。

7. 成本费用

矿业权评估中,成本是矿山企业存货——矿产品的生产成本(对应的收入是矿产品的销售收入),而本属于企业当期损益类的期间费用分摊在矿产品的部分,与矿产品成本合计构成了矿产品的"总成本费用"。即:

总成本费用 = 产品成本 + 管理费用 + 财务费用 + 营业费用
      = (制造成本 + 制造费用) + 管理费用 + 财务费用 + 营业费用

财务和投资分析领域的现金流量,使用的是"付现成本费用"的概念,与矿业权评估中使用的"经营成本"口径相同,即扣除"非付现支出"(折旧、摊销、折旧性质维简费、利息等系统内部的现金转移部分)后的成本费用。即:

经营成本 = 总成本费用 − 折旧费 − 摊销费 − 折旧性质维简费 − 利息支出

评估实践中,成本费用的确定可依据或参考:矿山企业会计报表、矿产资源开发利用方案或(预)可行性研究报告或矿山初步设计、有关部门公布的价格、定额标准或计费标准信息等。参考矿山企业会计报表确定成本费用,应注意不同口径会计报表及管理费用的分摊等;成本费用应用与产品、价格相对应,即产品、价格、成本费用处于同一环节(如精矿产品,采用精矿价格,同时成本费用估算到精矿成本费用)。

(三)收益法评估模型及其应用

1. 折现现金流量法

折现现金流量法(Discounted Cash Flow, DCF)是将矿业权所对应的矿产资源勘查、开发作为现金流量系统,将评估计算年限内各年的净现金流量,以与净现金流量口径相匹配的折现率,折现到评估基准日的现值之和,作为矿业权评估价值。其计算公式为:

$$P = \sum_{i=1}^{n}(CI-CO)_t \cdot \frac{1}{(1+i)^t}$$

式中：P——矿业权评估价值；CI——年现金流入量；CO——年现金流出量；$(CI-CO)$——年净现金流量；I——折现率（包含矿产开发投资的合理报酬）；t——年序号（$t=1,2,\cdots,n$）；n——评估计算年限。

折现现金流量法矿业权价值估算如表 11-1 所示。

表 11-1　　　　　　　　折现现金流量法矿业权价值估算表

序号	项目名称	合计	评估基准日	勘查期	建设期	生产期
一	现金流入					
1	销售收入					
2	回收固定资产残（余）值					
3	回收流动资金					
4	回收抵扣设备进项税额					
	小计					
二	现金流出					
1	后续地质勘查投资					
2	固定资产投资					
3	无形资产投资（含土地使用权）					
4	其他资产投资					
5	更新改造资金					
6	流动资金					
7	经营成本					
8	销售税金及附加					
9	企业所得税					
	小计					
三	净现金流量					
四	折现系数					
五	净现金流量现值					
六	矿业权评估价值					

【例 11-6】　某煤矿（在建）采矿权评估，评估基准日为 2013 年 12 月 31 日。采矿权的基本情况如下：建设规模为 90 万吨/每年，预计 2015 年投产，投产当年达产；矿山服务年限为 25 年。固定资产投资共计 45 360.00 万元，评估基准日已投入 24 260.00 万元，后续于 2014 年投入完毕。经计算，2025 年和 2035 年需要进行设备更新，设备原值为 20 002.85（含进项税，可抵扣），2024 年和 2034 年回收设备残值各 870.68 万元，矿山服务年限末回收固定资产余值 11 309.97 万元。流动资金按固定资产投资的 18% 估算。征地费用为 2 750.00 万元，评估基准日时已投入。无后续地质勘查投资和其他资产投资。煤矿产品为原煤（动力煤），相同品质动力煤近年当地市场平均价格为 350 元/吨（不含税）。正常生产年

总成本费用为 21 746.20 万元，经营成本为 18 724.50 万元，销售税金及附加为 562.22 万元，设备投入（更新）年销售税金及附加为 406.87 万元。企业所得税税率为 25%，折现率确定为 9%。试用折现现金流量法评估该采矿权的价值。

评估计算过程如下：

（1）确定计算年限。2014 年为建设期，2015 年开始生产，矿山服务年限 25 年，则生产期为 2015～2039 年。

（2）计算每年现金流入。各年现金流入项目有：销售收入、回收固定资产残（余）值、回收流动资金、回收抵扣设备进项税额。

销售收入为：

年销售收入 = 原煤产量 × 原煤价格
= 90.00 × 350.00
= 31 500.00（万元）

回收固定资产残（余）值：2024 年和 2034 年回收设备残值各 870.68 万元，评估计算末期（2039 年）回收固定资产余值 11 309.97 万元。

回收流动资金：流动资金在评估计算期末（2039 年）回收。

流动资金 = 固定资产投资 × 固定资产资金率
= 45 360.00 × 18%
= 8 164.80（万元）

回收抵扣设备进项税额：设备进项税在生产首年（2015 年）和设备更新年（2025 年、2035 年）进行回收。

设备进项税额 = 设备原值 ÷ 设备进项税额
= 20 002.85 ÷ （1 + 17%）× 17%
= 2 589.23（万元）

各年现金流入如表 11-2 所示。

（3）计算各年现金流出。各年现金流出项目包括：后续地质勘查投资、固定资产投资、无形资产投资（土地使用权）、其他资产投资、更新改造资金、流动资金、经营成本、销售税金及附加和企业所得税。

后续地质勘查投资：本项目无后续地质勘查投资。

固定资产投资：固定资产投资共计 45 360.00 万元，评估基准日已投入 24 260.00 万元，建设期 2014 年投入剩余 21 100.00 万元。

无形资产投资（土地使用权）：土地使用权费用为 2 750.00 万元，于评估基准日流出。

其他资产投资：本项目无后续地质勘查投资。

更新改造资金：2025 年、2035 年流出设备更新改造资金各 20 002.85 万元。

流动资金：流动资金 8 164.80 万元，于生产期第一年（2015 年）流出。

经营成本：年经营成本 18 724.50 万元。

销售税金及附加：正常生产年销售税金及附加为 562.22 万元，设备投入（更新）年（2015 年、2025 年、2035 年）销售税金及附加为 406.87 万元。

企业所得税 = 年利润总额 × 企业所得税税率
= （销售收入 - 总成本费用 - 销售税金及附加）× 企业所得税税率

正常生产年企业所得税 = （31 500.00 - 21 746.20 - 562.22）×25%
                    = 2 297.90（万元）

(4) 计算采矿权评估价值：

$$P = \sum_{i=1}^{n}(CI-CO)_t \cdot \frac{1}{(1+i)^t}$$

采矿权评估价值为 32 195.31 万元。具体计算过程如表 11-2 所示。

表 11-2　　　　　　　　　折现现金流量法评估计算表

序号	项目名称	合计	评估基准日	建设期 2014年	生产期 2015年	2016年	……	2024年	2025年	……	2038年	2039年
				1	2	3	……	11	12	……	25	26
一	现金流入	816 483.82	—	—	34 089.23	31 500.00	……	32 370.68	34 089.23	……	31 500.00	50 974.77
1	销售收入	787 500.00			31 500.00	31 500.00	……	31 500.00	31 500.00	……	31 500.00	31 500.00
2	回收固定资产残（余）值	13 051.33					……	870.68		……		11 309.97
3	回收流动资金	8 164.80			—	—	……	—	—	……	—	8 164.80
4	回收抵扣设备进项税额	7 767.69			2 589.23	—	……	—	2 589.23	……	—	—
二	现金流出	635 546.44	27 010.00	21 100.00	29 632.90	21 584.62	……	21 584.62	41 470.95	……	21 584.62	21 584.62
1	后续地质勘查投资		—				……			……		
2	固定资产投资	45 360.00	24 260.00	21 100.00								
3	无形资产投资（含土地使用权）	2 750.00	2 750.00									
4	其他资产投资	—					……			……		
5	更新改造资金	40 005.70			—		……	—	20 002.85	……	—	—
6	流动资金	8 164.80			8 164.80							
7	经营成本	468 112.50			18 724.50	18 724.50	……	18 724.50	18 724.50	……	18 724.50	18 724.50
8	销售税金及附加	13 589.45			406.87	562.22		562.22	406.87	……	562.22	562.22
9	企业所得税	57 563.99			2 336.73	2 297.90		2 297.90	2 336.73		2 297.90	2 297.90
三	净现金流量	180 937.38	-27 010.00	-21 100.00	4 456.33	9 915.38	……	10 786.06	-7 381.72	……	9 915.38	29 390.15
四	折现系数（i =9%）		1.0000	0.9174	0.8417	0.7722		0.3875	0.3555		0.1160	0.1064
五	净现金流量现值	32 195.31	-27 010.00	-19 357.14	3 750.89	7 656.66		4 179.60	-2 624.20		1 150.18	3 127.11
六	矿业权评估价值	32 195.31										

2. 折现剩余现金流量法

折现剩余现金流量法,即 DRCF 法 (Discounted Remained Cash Flow),是将矿业权所对应矿产资源勘查、开发作为现金流量系统,将评估计算年限内各年的净现金流量,逐年扣减与矿产资源开发收益有关的开发投资合理报酬后的剩余净现金流量,以与剩余净现金流量口径相匹配的折现率,折现到评估基准日的现值之和,作为矿业权评估价值。其计算公式为:

$$P = \sum_{i=1}^{n}(CI - CO - I_P)_t \cdot \frac{1}{(1+i)^t}$$

式中:P——矿业权评估价值;CI——年现金流入量;CO——年现金流出量;I_p——与矿产资源开发收益有关的开发投资合理报酬;I——折现率(不包括矿产开发投资的合理报酬);T——年序号($t=1,2,\cdots,n$);N——评估计算年限。

折现剩余现金流量法矿业权价值评估如表 11-3 所示。

表 11-3 折现剩余现金流量法矿业权价值评估表

序号	项目名称	合计	评估基准日	勘查期	建设期	生产期
一	现金流入					
1	销售收入					
2	回收固定资产残(余)值					
3	回收流动资金					
4	回收抵扣设备进项税额					
二	现金流出					
1	后续地质勘查投资					
2	固定资产投资					
3	无形资产投资(含土地使用权)					
4	其他资产投资					
5	更新改造投资					
6	流动资金					
7	经营成本					
8	销售税金及附加					
9	企业所得税					
三	投资合理报酬					
1	投资净值					
2	投资报酬率					
四	剩余现金流量					
五	折现系数					
六	剩余现金流量现值					
七	矿业权评估价值					

3. 剩余利润法

剩余利润法是通过估算待估矿业权所对应矿产资源开发各年预期利润，扣除开发投资应得利润之后的剩余净利润，按照与其相匹配的折现率，折现到评估基准日的现值之和，作为矿业权评估价值。其计算公式为：

$$P = \sum_{t=1}^{n} (E - E_i)_t \times \frac{1}{(1+i)^t}$$

式中：P——矿业权评估价值；E——年净利润（年净利润 = 销售收入 - 总成本费用 - 销售税金及附加 - 企业所得税）；E_i——开发投资利润（E_i = 当年资产净值 × 投资利润率）；$(E - E_i)_t$——第 t 年的剩余利润额；i——折现率；t——年序号（$t = 1, 2, \cdots, n$）；n——评估计算年限。

4. 收入权益法

收入权益法是基于替代原则的一种间接估算采矿权价值的方法，是通过采矿权权益系数对销售收入现值进行调整，作为采矿权价值。采矿权权益系数反映采矿权评估价值与销售收入现值的比例关系。其计算公式为：

$$P = \sum_{t=1}^{t} \left[SI_t \cdot \frac{1}{(1+i)^t} \right] \cdot K$$

式中：P——矿业权评估价值；SI_t——年销售收入；K——采矿权权益系数；I——折现率；t——年序号（$t = 1, 2, \cdots, n$）；n——评估计算年限。

5. 折现现金流量风险系数调整法

折现现金流量风险系数调整法是针对地质勘查程度较低的稳定分布的大中型沉积矿产的探矿权价值评估的一种评估方法。该方法的基本思想是：假设资源储量是可靠的，并可以采用折现现金流量法或折现剩余现金流量法估算其价值；矿产开发地质风险系数可以反映资源储量的可靠程度。

该方法应用的一般步骤为：首先根据毗邻区矿产勘查开发的情况，采用折现现金流量法或折现剩余现金流量法估算出基础价值，然后采用矿产开发地质风险系数进行调整得到探矿权评估价值。矿产开发地质风险系数是反映因地质勘查工作程度不足所存在的地质可靠性低、开发风险高等的调整系数。其计算公式为：

$$P = P_n \cdot (1 - R)$$

式中：P——探矿权评估价值；P_n——采用折现现金流量法或折现剩余现金流量法估算的探矿权基础价值；R——矿产开发地质风险系数。

三、矿产资源资产评估的成本法

矿产资源资产评估的成本法是基于探矿权所对应的矿产地质勘查工作投入及其效果与探矿权价值存在内在联系或依存关系作为前提的，是通过估算矿业权重新获得需要花费的全部现时费用的路径来判断矿业权价值的各种评估技术方法的总称。常用的具体方法包括勘查成本效用法和地质要素评序法。

（一）成本法适用范围

成本法适用于矿产资源预查和普查阶段的探矿权评估，但不适用于赋存稳定的沉积型大中型矿床中勘查程度较低的普查阶段的探矿权评估。其中，勘查成本效用法主要用于投入少量地表或浅部地质工作的预查阶段的探矿权评估,或者经一定勘查工作后找矿前景仍不明朗的普查探矿权评估。地质要素评序法主要用于普查阶段的探矿权估,也用于能够满足要求的预查阶段的探矿权评估。

(二) 成本法评估主要参数的确定

1. 有关、有效实物工作量

实物工作量,通过利用专业报告——地质勘查报告和原始资料记载的实际完成工作量确定。实物工作量的确定必须是有关、有效的勘查工作量,不包含公益性地质工作。"有关"是指在评估范围内与目标矿种有关。目标矿种是指被批准或许可的勘查矿种。与目标矿种有关是指能为目标矿种及其共、伴生组分勘查利用的所有实物工作。"有效"是指主要勘查技术手段符合当时的勘查规范要求。

需要进行重置计算价值的实物工作量有:钻探、坑探、浅井、槽探,各种比例尺的地形测量、地质测量(填图)及物化探测量、各种剖面测量、各种采样等。各类化验、测试、鉴定费用计入间接费用。

2. 现行价格

有关、有效的地形测绘、地质测量、遥感地质、物化探、钻探、山地工程等野外工程的单位价格,可以参考国家(行业)预算标准分析确定,也可以以企业实际的地质勘查合同中约定的价格(费用)为基础分析确定。有关、有效的岩矿分析、化探分析、土壤分析、水质分析、光谱半定量分析、非金属矿物性测试、煤质分析、岩矿鉴定与试验、选冶试验等工作,地质编录、采样、岩矿心保管、设计论证编写、综合研究及编写报告、报告印刷等其他相关工作的单位价格(费用),可参考国家(行业)预算标准分析确定,也可以企业实际的、合同中约定的各单项或组合工作价格(费用)为基础分析确定,也可以按野外工程费用的一定比例估算。

3. 重置成本

重置成本是按照当时的勘查规范要求,对所确定的有关、有效实物工作量,以现时价格和费用标准估算的现时成本。

4. 效用系数

效用系数(F)是为了反映成本对价值的贡献程度而设定的对重置成本进行溢价或折价的修正系数,其计算公式为:

$$效用系数(F)=勘查工作加权平均质量系数(f_1) \times 勘查工作布置合理性系数(f_2)$$

勘查工作加权平均质量系数(f_1)是各类勘查工作质量系数与各类勘查工作的重置成本的加权平均值。勘查工作质量系数是为反映有关、有效各类勘查工作的质量而设定的系数。勘查工作的质量根据现行的地质勘查规范要求评判,比如,对于施工质量好,达到地质目的,获得的地质矿产信息多,资料数据可靠,对后续勘查工作指导意义大的,勘查工作质量系数(f_1)可确定的高一些,反之,则低一些。

勘查工作布置合理性系数(f_2)是为反映有关、有效勘查工作布置的合理性、必要性和使用效果而设定的系数。勘查工作布置的合理性、必要性和使用效果,根据现行勘查规范的要求评判。比如,符合现行有关勘查规范要求,勘查技术方法对目标矿种必要性强,使用效果好,工程布置合理,勘查工作布置合理性系数(f_2)可确定的高一些,反之,则低一些。

5. 价值指数和调整系数

价值指数是指利用专家对地质的各要素：包括区域成矿地质显示、找矿标志显示、矿化强度及蕴藏规模显示、矿石质量及选矿或加工性能显示、开采技术条件显示、矿产品及矿业权市场条件显示和基础设施条件显示等分别进行评判，在一定范围内给出一个显示评估对象找矿潜力和资源开发前景的指数。调整系数能显示出评估对象的找矿潜力和资源的开发前景，反映了成本对价值的贡献，定义为各价值指数的乘积。

地质要素价值指数评判的专家，一般应当是实践经验丰富的、具有高级工程师及以上技术职务的地质专业人员，人数应为 5~7 人。其中至少有 2/3 以上的专家从事过待评估探矿权目标矿种的矿产勘查工作，熟悉该矿种的成矿规模、勘查技术规范、勘查方案设计和施工。

评估人员对专家给出的价值指数进行审核、分析。评判依据充分、结果合理时，将专家给出的价值指数的平均值作为调整系数；评判结果明显不合理时，可以根据地质要素的具体特征，对价值指数平均值进行调整。

（三）成本法评估模型及其应用

1. 勘查成本效用法

勘查成本效用法是指采用效用系数对地质勘查重置成本进行修正，估算探矿权价值的具体评估方法。

其计算公式为：

$$P = C_r \times F = \left[\sum_{i=1}^{n} U_i \times P_i \times (1+\varepsilon)\right] \times F$$

或：

$$P = C_r \times F = \left[\sum_{i=1}^{n} U_i \times P_i + C\right] \times F$$

式中：P——探矿权评估价值；C_r——重置成本；U_i——各类地质勘查技术方法完成的实物工作量；P_i——各类地质勘查实物工作对应的现行价格和费用标准；F——效用系数；$F = f_1 \times f_2$；f_1——勘查工作布置合理性系数；f_2——勘查工作加权平均质量系数；i——各实物工作量序号（$i = 1, \alpha, \cdots, n$）；n——勘察实务工作量项数；ε——岩矿测试、其他地质工作（含综合研究及编写报告）工地建筑等间接费用的分摊系数；C——岩矿测试、其他地质工作（含综合研究及编写报告）工地建筑等间接费用。

【例 11-7】 对四川阿坝地区某金多金属矿探矿权进行评估，评估基准日为 2019 年 12 月 31 日。探矿权为 2018 年 12 月申请取得，勘查项目名称为××××金矿普查，矿区面积为 9.7 平方公里，有效期限为 2018 年 12 月 ~ 2022 年 12 月。矿业权人在 2018 年进行了地质勘查工作。2019 年度地质报告提供的数据和原始资料表明，勘查区内的实物工作量如表 11-4 所示。经核实，均为有关、有效工作量，评估人员分析了各项工作质量，如表 11-5 所示。根据地质报告的内容，2019 年勘查工作圈定了进一步勘查的潜力较大地区，但未圈定矿体，也尚未大致查明矿区内地质、构造概况，尚未大致掌握矿体的形态、产状、质量特征。试评估该探矿权的价值。

表 11-4　　　　　　　　　某金多金属矿探矿权实物工作量统计表

勘察工作类别	勘查工作内容	比例尺	AB距 米	网度 米×米	点距 米	点密度	地形等级	地质复杂程度分类	计算单位	工作量
地形地质测量	专项地质测量	1:25 000						II	平方公里	9.70
物探	磁法测量	1:10 000		100×40				IV	平方公里	9.70
	磁法测网布设	1:10 000		100×40				IV	平方公里	9.70
	激电中梯剖面测量（短导线）	1:10 000	1 600		40			IV	公里	16.00
	激电剖面布设	1:10 000	1 600		40			IV	公里	16.00
化探	水系沉积物测量	1:50 000				4~5点/平方公里		IV	平方公里	5.70
	土壤剖面测量	1:5 000			20			IV	公里	6.40
	土壤剖面布设	1:5 000			20			IV	公里	6.40

表 11-5　　　　　　　　　各类工作质量和工程部署合理性情况

工作项目	工作质量评述
地形地质测量	勘查区内开展了1:25 000地质测量，对矿区地层、构造、岩浆岩、矿化蚀变类型及特征有了一定认识，基本达到本阶段工作的目的。
物探	勘查区内主要开展了1:10 000高精度磁法测量，激电中梯剖面测量，通过磁力化极不同方向的一阶水平方向导数、总梯度模等数据处理后获得的综合信息，推断了10条断层。激电中梯测量剖面显示两条中低电阻率、高激化率异常带。各工程符合相关规范，对后续勘查有一定指导意义。
化探	勘查区内主要开展了1:50 000水系沉积物测量，1:5 000土壤剖面测量等化探工作。1:50 000地球化学测量圈定出AsAgAuMo异常范围，具有较好找矿远景。在异常区内及周围有岩石露头的区域，进行了土壤剖面测量，显示较好的矿化蚀变信息。各工程符合相关规范，对后续勘查有一定指导意义。
间接费用	在地质测量、物化探等地质工程基础上进行了编录、采样以及岩矿测试的地质工作，各项工作基本符合相关规范要求，基本能够满足该项目要求，地质报告编写质量一般。综上，本类工作施工质量一般，能够获得一定的地质信息。
工程部署合理性	在地质测量的基础上，进行了槽探、物探、化探等工作，工程布置合理，总体工作方法选用得当，基本符合有关勘查规范要求。

评估计算过程如下：

（1）确定评估方法。该探矿权项目名称虽然为"金矿普查"，但是参照《岩金矿地质勘查规范（DZ/T0205-2002）》，勘查区地质工作程度为预查阶段。已完成地质勘查工作较少，总体勘查程度较低,收益和风险不可预测,地质资料也不满足地质要素评序法的需要,故采用勘查成本效用法进行评估。

(2) 分析整理地质资料,核对有关、有效工作量。经核对分析,表 11-4 所示的实物工作量均为有关、有效工作量。

(3) 计算重置成本。

单项勘查工作的重置成本 = 有效工作量 × 预算单价 × 地区调整系数

参考中国地质调查局《地质调查项目预算标准》,确定各项勘查工作的预算单价和地区调整系数,计算上述各勘查工作的重置成本,计算过程和结果如表 11-6 所示。

表 11-6 各项勘查工作重置成本计算表

勘查工作类别	勘查工作内容	比例尺	AB距 米	网度 米×米	点距 米	点密度	地形等级	地质复杂程度分类	计算单位	工作量	有效工作量	预算单价	地区调整系数	重置成本（元）
地形地质测量	专项地质测量（简测）	1:25 000						II	公里	9.70	9.70	1 569	1.50	22 828.95
物探	磁法测量	1:10 000		100×40				IV	平方公里	9.70	9.70	5 303	1.50	77 158.65
	磁法测网布设	1:10 000		100×40				IV	平方公里	9.70	9.70	4 987	1.50	72 560.85
	激电中梯剖面测量（短导线）	1:10 000	1 600		40			IV	平方公里	16.00	16.00	3 114	1.50	74 136.00
	激电剖面布设	1:10 000	1 600		40			IV	公里	16.00	16.00	599	1.50	14 376.00
化探	水系沉积物测量	1:50 000				4~5点/平方公里		IV	平方公里	5.70	5.70	308	1.50	2 633.40
	土壤剖面测量	1:5 000			20			IV	公里	6.40	6.40	721	1.50	6 921.60
	土壤剖面布设	1:5 000			20			IV	公里	6.40	6.40	825	1.50	7 920.00
合计														279 135.45

(4) 计算间接费用和重置成本。间接费用按重置成本的 30% 估算,即:

间接费用 = 279 135.45 × 30% = 83 740.64（元）

重置成本 = 直接成本 + 间接费用

= 279 135.45 + 83 740.64 = 362 876.08（元）

(5) 确定效用系数。各类勘察工作的质量系数和工程部署合理性系数赋值情况如表11-7所示。

表 11-7　　勘查工作的质量系数和工程部署合理性系数赋值情况表

工作项目	重置直接成本（万元）	工作质量评述	效用系数
地形地质测量	2.28	勘查区内开展了1∶25 000万地质测量，对矿区地层、构造、岩浆岩、矿化蚀变类型及特征有了一定认识，基本达到本阶段工作的目的。	1.00
物探	23.88	勘查区内主要开展了1∶10 000高精度磁法测量，激电中梯剖面测量，通过磁力化极不同方向的一阶水平方向导数、总梯度模等数据处理后获得的综合信息，推断了10条断层。激电中梯测量剖面显示两条中低电阻率、高激化率异常带。各工程符合相关规范，对后续勘查有一定指导意义。	1.15
化探	1.75	勘查区内主要开展了1∶50 000水系沉积物测量，1∶5 000土壤剖面测量等化探工作。1∶50 000地球化学测量圈定出AsAgAuMo异常范围，具有较好找矿远景。在异常区内及周围有岩石露头的区域，进行了土壤剖面测量，显示较好的矿化蚀变信息。各工程符合相关规范，对后续勘查有一定指导意义。	1.25
间接费用	8.37	在地质测量、物化探等地质工程基础上进行了编录、采样以及岩矿测试的地质工作，各项工作基本符合相关规范要求，基本能够满足该项目要求，地质报告编写质量一般。综上，本类工作施工质量一般，能够获得一定的地质信息。	1.00
加权平均质量系数（f_2）			1.11
工程部署合理性系数（f_1）		在地质测量的基础上，进行了槽探、物探、化探等工作，工程布置合理，总体工作方法选用得当，基本符合有关勘查规范要求。	1.00
效用系数（F）	$F = f_1 \times f_2$		1.11

$$\text{加权平均质量系数}(f_2) = \frac{\sum(\text{该类工作项目重置成本} \times \text{该类工作项目效用系数})}{\sum \text{工作项目重置成本}}$$

效用系数（F）= 工程部署合理性系数（f_1）× 加权平均质量系数（f_2）

(6) 计算探矿权评估价值。

探矿权评估价值 = 重置成本 × 效用系数
　　　　　　　= 362 876.08 × 1.11 = 402 792.45（元）

2. 地质要素评序法

地质要素评序法是基于贡献原则的一种间接估算探矿权价值的具体方法。它是将勘查成本效用法估算所得的价值作为基础成本，对其进行调整，得出探矿权价值。调整的根据是评估对象的找矿潜力和矿产资源的开发前景。

其计算公式为：

$$P = P_c \times \alpha = \left[\sum_{i=1}^{n} U_i \times P_i \times (1+\varepsilon)\right] \times F \times \prod_{j=1}^{m} \alpha_j$$

或：

$$P = P_c \times \alpha = [\sum_{i=1}^{n} U_i \times P_i + C] \times F \times \prod_{i=1}^{m} \alpha_j$$

式中：P——地质要素评序法探矿权评估价值；P_c——基础成本（勘查成本效用法探矿权评估价值）；α——调整系数（价值指数的乘积，$\alpha = \alpha_1 \times \alpha_2 \times \alpha_3 \times \cdots \times \alpha_m$）；$\alpha_j$——第 j 个地质要素的价值指数（$j = 1, 2, \cdots, m$）；m——地质要素的个数。

四、矿产资源资产评估的市场法

矿产资源资产评估的成本法是通过分析、比较评估对象与市场上已有矿业权交易实例的异同，调整估算评估对象价值的技术路径的各类评估方法的总称。常用的具体评估方法有：可比销售法、单位面积探矿权价值评判法、资源品级探矿权价值估算法。

（一）市场法适用范围

市场法适用于所有矿业权评估。其中，可比销售法适用于各勘查阶段的探矿权及采矿权价值评估。单位面积探矿权价值评判法通常适用于勘查程度较低、地质信息较少的探矿权价值评估。资源品级探矿权价值估算法通常适用于勘查程度较低、地质信息较少的金属矿产探矿权价值评估。评估对象与参照物的相似程度越高，评估的准确性越好。如果差异较大，则不宜使用市场法。

（二）市场法相关评估参数确定

市场法的评估参数包括调整系数、单位面积探矿权价值、单位资源品级价值等，一般根据行业统计数据和被比较方的情况综合分析确定。

（三）市场法评估模型及其应用

1. 可比销售法

可比销售法是基于替代原则，将评估对象与在近期相似交易环境中成交，满足各项可比条件的矿业权的地、采、选等各项技术、经济参数进行对照比较，分析其差异，对相似参照物的成交价格进行调整估算评估对象的价值。

不同的地质勘查工作阶段选取不同的可比因素，其评估模型的计算公式不同。

详查以上探矿权及采矿权评估（含简单勘查或调查即可达到矿山建设和开采要求的无风险的地表矿产的采矿权评估）的评估模型计算公式为：

$$P = \frac{\sum_{i=1}^{n}[P_i \cdot (\mu \cdot \omega \cdot t \cdot \theta \cdot \lambda \cdot \delta)]_i}{n}$$

式中：P——评估对象的评估价值；P_i——相似参照物的成交价格；μ——可采储量调整系数；ω——矿石品位（质级）调整系数；t——生产规模调整系数；θ——产品价格调整系数；λ——矿体赋存开采条件的调整系数；δ——区位与基础设施条件的调整系数；n——相似参照物个数。

勘查程度较低阶段的探矿权评估模型计算公式为：

$$P = \frac{\sum_{i=1}^{n}[P_1 \cdot (p_a \cdot \zeta \cdot \omega \cdot \upsilon \cdot \varphi \cdot \delta)]_i}{n}$$

式中：P——评估对象的评估价值；P_i——相似参照物的成交价格；P_a——勘查投入调整系数；ξ——资源储量调整系数；ω——矿石品位（质级）调整系数；υ——物化探异常调整系数；φ——地质环境与矿化类型调整系数；δ——区位与基础设施条件的调整系数；n——相似参照物个数。

可比因素调整系数的确定：

$$调整系数 = 1 - \left(1 - \frac{评估对象的可比因素评判值}{相似参照物的可比因素评判值}\right) \times 该可比因素的权重$$

2. 单位面积探矿权价值评判法

单位面积探矿权价值评判法是在收集国内地质勘查相关统计资料、矿产资源储量动态信息、上市公司公开披露的地质信息报告、招拍挂公开披露的地质资料、公开市场类似矿业权交易情况信息、有关部门和组织发布或评估机构掌握的有关信息的基础上，综合分析评估对象实际情况，分析确定单位面积探矿权价值，从而估算评估对象价值的一种方法。其计算公式为：

$$P = S \times P_a^1$$

式中：P——评估对象评估价值；S——评估对象勘查区面积；P_a^1——单位面积探矿权价值。

【例 11-8】 对某一探矿权进行评估，评估基准日为 2019 年 12 月 31 日，勘查区面积为 20.30 平方公里。该探矿权勘查程度较低，未提交有关地质报告，地质信息较少。但是该探矿权处于某大型区域成矿带上，周边存在多个探矿权，交易市场比较活跃。评估人员收集了 2019 年周边几个探矿权的交易情况，并分析对比了各交易实例和目标评估探矿权在地质各方面的差异，确定合理的修正系数，统计如表 11-8 所示。请用单位面积探矿权价值评判法评估该探矿权的价值。

表 11-8 周边探矿权交易实例和差异修正统计表

序号	探矿权	勘查区面积（平方公里）	交易价格（万元）	交易时间	交易类型	地质差异修正系数
1	甲探矿区	30.83	35.00	2013 年 9 月	转让	1.10
2	乙探矿区	50.55	62.00	2013 年 4 月	转让	1.30
3	丙探矿区	14.67	10.00	2013 年 11 月	转让	1.40
4	丁探矿区	25.12	65.00	2013 年 7 月	转让	0.70

评估计算过程如下：

（1）计算单位面积平均价值。根据收集的交易实例和确定地质差异修正系数，计算单位面积平均价值如表 11-9 所示。

表 11-9 单位面积平均价值计算表

序号	探矿权	勘查区面积（平方公里）	交易价格（万元）	单位面积探矿权价值（万元/平方公里）	地质差异修正系数	单位面积探矿权价值（修正后）（万元/平方公里）
1	甲探矿权	30.83	35.00	1.14	1.10	1.25

续表

序号	探矿权	勘查区面积（平方公里）	交易价格（万元）	单位面积探矿权价值（万元/平方公里）	地质差异修正系数	单位面积探矿权价值（修正后）（万元/平方公里）
2	乙探矿权	50.55	62.00	1.23	1.30	1.59
3	丙探矿权	14.67	10.00	0.68	1.40	0.95
4	丁探矿权	25.12	65.00	2.59	0.70	1.81
平均						1.40

（2）计算探矿权价值。

探矿权评估价值 = 探矿权面积 × 单位面积探矿权价值
$$= 20.30 \times 1.40$$
$$= 28.42（万元）$$

3. 资源品级探矿权价值估算法

资源品级探矿权价值估算法是在了解勘查区内金属矿产资源的品位和质级数据或有关信息的基础上，与已知矿产地的品位质级价值进行比较，分析确定单位资源品级价值，然后分析并合理确定矿业权价值占资源毛价值的比例，从而估算矿业权价值的一种评估方法。其计算公式为：

$$P = Q_d \times \varepsilon \times \omega \times c$$

式中：P——评估价值；Q_d——资源储量；ε——单位资源品级价值；ω——资源品级；c——矿业权价值占资源毛价值的比例。

【例 11-9】 对某一金矿探矿权进行评估，该探矿权勘查程度较低、地质信息较少，预测勘查区内矿石量 500 万吨，Au 平均品位约 3.5 克/吨。经调查分析，预测未来几年 Au 平均价格为 270 元/克；经分析统计确定当地类似勘查程度和品位的金矿探矿权价值占资源毛价值的比例为 1.5%。请用资源品级探矿权价值估算法评估该探矿权的价值。

评估计算过程如下：

(1) 计算资源毛价值。

资源毛价值 = 矿石量 × 矿石品位 × 单位金属价格
$$= (500 \times 10\,000)\text{吨} \times 3.5\text{克/吨} \times 270\text{元/克} \div 10\,000$$
$$= 472\,500.00（万元）$$

(2) 计算探矿权价值。

探矿权价值 = 资源毛价值 × 矿产权价值占资源毛价值的比例
$$= 472\,500.00 \times 1.5\%$$
$$= 7\,087.50（万元）$$

本章小结

资源是人类赖以生存和发展的基础，是可供人类利用的宝贵财富。资源资产评估是对资源资产价值的估算。目前在资源资产评估的理论研究中，对土地资源资产、矿产资源资产、森林资源资产和水资源资产评估的研究较为深入。

资源资产由于具有独特的自然、经济和法律属性，因而与其他资产相比，资源资产的评估具有如下特点：①资源资产价格是自然资产的使用权价格；②资源资产价格一般受到资源的区位影响；③资源资产评估须遵循自然资源形成和变化的客观规律。

市场法、收益法和成本法作为资产评估的基本方法，同样适用于资源资产评估工作，但在具体操作中，需要依据资源资产评估的目的和被评估资源资产的特点，作出适当的变化，以适用不同资源资产评估的需要。

自然资源　资源资产　森林资源资产　矿产资源资产　林地费用价法　林地期望价法　折现现金流量法　勘查成本效用法

1. 简述资源资产及其分类。
2. 简述资源资产及其特征。
3. 资源资产的理论价值构成如何？
4. 森林资源资产评估的方法及其适用范围？
5. 矿产资源资产评估的方法及其适用范围？

第十二章 以财务报告为目的的评估

引 言

2005年1月1日,欧盟及世界各地90多个国家和地区开始采用《国际财务报告准则》。《国际财务报告准则》的发展和实质性应用,推动了以财务报告为目的的评估在欧洲和北美地区的推广和发展。资产评估如何更好地服务于以财务报告为目的的评估,成为各国评估界和会计界重点研究的课题。2006年我国颁布的《企业会计准则》中引入了"公允价值"的概念,如何让会计人员接受注册资产评估师利用专业知识确定的公允价值的数额,实现评估与会计的对接,是以财务报告为目的的评估面临的一个重要问题。本章从以财务报告为目的的评估定义、范围和对象入手,重点说明了以财务报告为目的的评估在实务中的应用,介绍了评估报告区别于传统评估报告的特点、使用限制及重点披露内容等。

第一节 以财务报告为目的的评估概述

一、以财务报告为目的的评估范围

(一) 以财务报告为目的的评估定义

随着《国际财务报告准则(IFRS)》在世界范围内的广泛应用,公允价值计量及其他非历史成本的会计计量模式被越来越多地使用。世界各国关于以财务报告为目的的评估表述虽然有所不同,但其内涵大同小异。

为贯彻落实《资产评估法》,规范资产评估执业行为,保证资产评估执业质量,保护资产评估当事人合法权益和公共利益,在财政部指导下,中国资产评估协会根据《资产评估基本准则》,对《以财务报告为目的的评估指南(试行)》进行了修订,制定了《以财务报告为目的的评估指南》,自2017年10月1日起施行。该指南所称以财务报告为目的的评估,是指资产评估机构及其资产评估专业人员遵守法律、行政法规、资产评估准则和企业会计准则及会计核算、披露的有关要求,根据委托对评估基准日以财务报告为目的所涉及的各类资产和负债公允价值或者特定价值进行评定和估算,并出具资产评估报告的专业服务行为。

因此可以说,基于财务报告为目的的评估是由于公允价值计量方式而产生的特殊目的的评估活动,其目的主要是为了提高企业财务信息的相关性和可靠性,为财务报表中各种资产和负债的公允价值的披露服务。首先,要求承揽业务的资产评估人员要对企业财务会计准则、会计要素的计量和披露的相关规定以及财务报告披露要求等有很深入的理解。其次，评估人员要对会计中包括公允价值在内的各种计量属性和资产评估中包括市场价值在内的各种价值类型的含义有充分全面的掌握。最后，评估人员要用专业的、科学的评估技术选择一种或多种评估方法对资产和负债的公允价值进行估计并发表专业意见。

（二）以财务报告为目的的评估范围及评估对象

1. 以财务报告为目的的评估范围

以财务报告为目的的评估范围实际上是指以财务报告为目的的评估涉及的基本业务。换一个角度说，以财务报告为目的的评估范围是指引起以财务报告为目的的评估的会计事项，即由那些会计事项可能会引起以财务报告为目的的评估。比如，与资产后续计量有关的会计事项涉及的资产、负债、或有事项等。具体来说，包括资产减值测试涉及的资产及负债，企业合并对价分摊涉及的资产及负债，金融资产、持有至到期投资、贷款和应收账款、可供出售金融资产和股权等涉及的资产及负债，投资性房地产所涉及的资产及负债等。

2. 以财务报告为目的的评估对象

与传统资产评估业务相比，以财务报告为目的的评估对象不是因产权变动涉及的各类单项资产、负债、资产组或资产组组合。而是因会计准则中特定会计事项所对应的对象涉及初始计量、后续计量、减值测试和对价分摊等引起的估值需求。所以，评估人员需要通过关注会计准则中的特定会计事项所对应的对象，关注相关资产、负债在企业营运中的作用等来确定所评估对象是单项资产、负债还是资产组或资产组组合。

（1）以财务报告为目的的评估中的单项资产评估对象。按照我国会计准则的规定，只有当企业中的要素资产存在活跃交易市场并且成为会计准则中特定会计事项所对应的对象的前提下，这些要素资产才可能成为以财务报告为目的的评估中的评估对象。当然，当企业中的单项可辨认资产能够可靠地取得重置成本、可变现净值和现值的情况下，这些单项可辨认资产成为会计准则中特定会计事项所对应的对象时，也可以成为以财务报告为目的的评估中的单项资产的评估对象。

（2）以财务报告为目的的评估中的负债评估对象。当企业中的负债成为会计准则中特定会计事项所对应的对象，同时要求取得这些负债的公允价值的时候，这些负债就可能成为以财务报告为目的的评估中的评估对象。在执行会计准则规定的合并对价分摊事项涉及的评估业务时，对应的评估对象就涉及企业中的负债（包括未在被收购企业资产负债表上反映的负债）。企业资产负债表上反映的债务的界定相对简单，未在被收购企业资产负债表上反映的负债的界定存在一定的难度。以财务报告为目的的评估中的负债评估对象可以是企业的某项实际债务，也可能是企业的某项或有负债，还可以是企业的全部负债。

（3）以财务报告为目的的评估中资产组或资产组组合评估对象。当企业中的要素资产不存在活跃的交易市场并且成为会计准则中特定会计事项所对应的对象，而且这些单项要素资产难以单独形成或难以单独计量现金流量的情况下，需要借助于资产组或资产组组合判断其公允价值。此时的资产组及资产组组合就可能成为以财务报告为目的的评估中的评估对象。

资产组是企业可以认定的最小资产组合，其产生的现金流入应当基本上独立于其他资产或资产组。资产组应当由创造现金流入相关的资产组成。资产组组合是指由若干个资产组组成的最小资产组组合。以财务报告为目的的评估中的资产组或资产组组合的具体确认应当按照会计准则的要求进行。会计准则要求，对资产组的认定应当考虑以下因素：

第一，资产组的认定，应当以资产组产生的主要现金流入是否独立于其他资产或者资产组的现金流入为依据。这是资产组认定的关键因素。

第二，资产组的认定，应当考虑企业管理层对生产经营活动的管理或者监控方式（如按照生产线、业务种类还是按照地区或区域等）和对资产的持续使用或者处置的决策方式等。

在执行会计准则规定的资产减值事项涉及的评估业务时，对应的评估对象就有可能会涉及企业中的资产组或资产组组合等。表 12-1 所示为一般常见的以财务报告为目的的评估所涉及的评估对象。

表 12-1

评估事项	评估对象	会计准则
合并对价分摊	构成合并对价的非现金资产、发行或承担的债务、发行的权益性证券等 合并中取得的被购买方可辨认资产、负债及或有负债	《企业会计准则第 20 号——企业合并》
资产减值	单项资产、资产组或资产组组合	《企业会计准则第 8 号——资产减值》
投资性房地产的公允价值确定	已出租的土地使用权、持有并准备增值后转让的土地使用权、已出租的建筑物	《企业会计准则第 3 号——投资性房地产》
金融工具确认和计量	以公允价值计量且其变动计入当期损益的金融资产或金融负债，或可供出售金融资产	《企业会计准则第 22 号——金融工具确认和计量》

二、以财务报告为目的的评估特点

以财务报告为目的的评估服务于企业财务报告的编制和披露，是资产评估在企业财务报告方面的具体应用，实际上，以财务报告为目的的评估涉及了资产评估、财务会计和审计等专业知识和专业要求。因此，以财务报告为目的的评估相对于其他评估业务，具有以下特点：

（1）以财务报告为目的的评估是为会计计量提供服务。会计计量模式、会计核算方法、会计披露要求影响了评估对象、价值类型的确定及评估方法的选择。注册资产评估师应当理解会计计量模式的概念，知晓企业合并、资产减值、投资性房地产、金融工具等会计核算方法，根据会计准则的要求合理确定评估对象，选择与会计计量模式相符的价值类型和评估方法，更有效地服务于会计计量的特定要求。

（2）以财务报告为目的的评估业务具有多样性、复杂性。以财务报告为目的的评估涉及企业合并、资产减值、投资性房地产、金融工具等多项会计核算业务，每项会计核算业务不同，其所对应的评估对象价值类型、评估方法均不同。例如，固定资产，为资产减值事项提供评估服务时，所涉及的会计计量模式是可回收金额，对应的价值类型为公允价值减去处置费用的净额和资产预计未来现金流量的现值；为企业合并事项提供评估服务时，所涉及的会计计量模式是公允价值，对应的价值类型是市场价值。

（3）以财务报告为目的的评估所采用的传统的三大评估方法的基础上，具体使用的评估方法具有多样性的特点。根据评估对象的特点和应用条件,可以采用现金流量折现法、增量收益折现法、节省许可费折现法、多期超额收益法等对无形资产进行评估,也可以采用期权定价模型等对金融工具进行评估,这些评估方法结合了以财务报告为目的的评估需要,借鉴了国际上目前常用的评估方法。

三、以财务报告为目的的评估与会计和审计的互动关系

近年来,随着国际财务报告准则积极运用公允价值计量,越来越多的国家认识到公允价值在增强会计信息相关性方面的重要作用,并将公允价值计量引入本国的会计准则中。资产评估凭借其在价值判断方面的专业优势成为会计人员确定公允价值的重要方式之一,以财务报告为目的的评估成为会计领域的重要辅助工具。评估人员对企业资产进行评估,会计人员根据评估结果进行账务处理,审计人员根据评估报告和企业会计师的处理发表审计意见。三者共同构成了对公允价值进行计量的过程。

(一)会计信息计量对评估的需求

《企业会计准则——基本准则》第41条规定:"企业在将符合确认条件的会计要素登记入账并列报于会计报表及其附注时,应当按照规定的会计计量属性进行计量,确定其金额。"第43条规定:"企业在对会计要素进行计量时,一般应当采用历史成本,采用重置成本、可变现净值、现值、公允价值计量的,应当保证所确定的会计要素金额能够取得并可靠计量。"而会计计量中许多会计要素(如土地、投资性房地产、无形资产等)公允价值的确定需要具备很强的专业知识,这一要求远远超出了会计人员的知识和能力范围,所以在确定这些资产的公允价值时,需要借助外部评估人员的服务,由评估人员提供专业的评估结果。

同时由于企业会计信息已不仅仅局限于为内部管理层提供服务,在许多情况下,更多、更重要地是为投资者、债权人、潜在投资者、监管方等提供服务,对于专业性强、复杂程度高的公允价值确定,财务报告外部使用者更希望和愿意看到的是由独立专业人员提供的评估结果。

(二)审计对评估的需求

《中国注册会计师审计准则第1322号——公允价值计量和披露的审计》第4条规定:"按照适用的会计准则和相关会计制度的规定,做出公允价值计量和披露是被审计单位管理层的责任。注册会计师应当获取充分、适当的审计证据,以确定公允价值计量和披露是否符合适用的会计准则和相关会计制度的规定"。基于独立性的要求,审计单位或人员不能对同一客户提供公允价值评估服务,审计人员是公允价值计量的最终审核人。在一些需要专业性评估的领域,聘请外部独立评估人员更能发挥专业服务的优势,在提高会计信息质量的同时,也能降低审计人员的风险。

另外,美国公众公司会计监督委员会(PCAOB)于2007年12月发布了审计实务提示公告第2号《金融工具公允价值计量的审计和利用专家工作的相关问题》。国际会计师联合会(IFAC)下属的国际审计与鉴证准则理事会(IAASB)发布了国际审计准则第540号《包括公允价值计量的会计估计及相关披露的审计》、国际审计准则第500号《审计证据》和第620号《利用专家的工作》。从这些审计准则的制定,我们可以肯定地看到审计工作对评估业务的迫切需求。

（三）评估在会计计量、审计中的应用

2017年，中国资产评估协会发布的《以财务报告为目的的评估指南》，规范了注册资产评估师执行以财务报告为目的的评估业务行为，维护了社会公共利益和资产评估各方当事人的合法权益。该指南明确了以财务报告为目的的评估的相关业务（包括合并对价分摊、资产减值、投资性房地产、金融工具确认和计量）的价值类型、评估方法，以及各项业务的评估假设和参数选取注意事项等，为会计计量提供客观、公正的专业支持。

在公允价值计量体系中，外部专业人员的评估结果是计量工具，会计人员将根据评估结果直接对账目进行调整，评估结果通过会计计量成为资产、负债公允价值的会计信息。因此，在以财务报告为目的的资产评估中，评估人员对公司资产进行评估并发表的公允价值意见，是会计人员记账的重要参考，会计人员根据评估结果进行账务处理，评估人员对提交给会计师的公允价值意见承担评估结论合规、合理性的评估责任。审计人员根据评估报告和企业会计师的处理发表审计意见，对公允价值承担程序性复核的审计责任。由此可见，以财务报告为目的的资产评估不仅能够为会计的计量、核算及披露提供专业意见，也可以成为帮助审计人员了解被审计的公允价值计量的依据，彼此之间形成相互合作、相互依赖、相互制约的专业合作关系，并且发展出会计责任、评估责任和审计责任三元责任体系。

第二节 以财务报告为目的的评估实务

一、资产评估在企业合并对价分摊中的应用

（一）企业合并对价分摊及其计量

1. 企业合并

根据财政部颁布的《企业会计准则第20号——企业合并》（以下简称企业合并准则）相关条款的规定，企业合并是指将两个或者两个以上单独的企业合并形成一个报告主体的交易或事项。企业合并分为同一控制下的企业合并和非同一控制下的企业合并。参与合并的企业在合并前后均受同一方或相同的多方最终控制且该控制并非暂时性的，为同一控制下的企业合并。参与合并的各方在合并前后不受同一方或相同的多方最终控制的，为非同一控制下的企业合并。

另外，对于涉及业务的合并可比照企业合并准则的相关规定处理。业务是指企业内部某些生产经营活动或资产、负债的组合，该组合具有投入、加工、处理过程和产出能力，能独立计算其成本费用或生产的收入，但不构成一个企业，不具有独立的法人资格。需要注意的是，以下类型的交易或事项因不符合企业合并的定义，不属于企业合并准则的范畴；或虽然符合企业合并的定义，但因交易条件方面的限制，无法涵盖在企业合并准则的规范范围内，具体包括组建合营企业、购买子公司少数股权以及购买资产或资产组。

2. 企业合并对价分摊

企业合并对价分摊是指符合企业合并准则的非同一控制下的企业合并成本在取得的可辨

认资产、负债及或有负债之间的分配。根据企业合并准则相关规定，对于同一控制下的企业合并，合并方在企业合并中取得的资产和负债，应当按照合并日在被合并方的账面价值计量。因此，同一控制下的企业合并，不涉及企业合并对价分摊的问题。

《企业会计准则第20号——企业合并》第13条规定："购买方在购买日应当对合并成本进行分配，按照该准则第14条的规定确认所取得的被购买方各项可辨认资产、负债及或有负债。"购买方对合并成本大于合并中取得的被购买方可辨认净资产公允价值份额的差额，应当确认为商誉。购买方对合并成本小于合并中取得的被购买方可辨认净资产公允价值份额的差额，应当按照下列规定处理：对取得的被购买方各项可辨认资产、负债及或有负债的公允价值以及合并成本的计量进行复核；经复核后合并成本仍小于合并中取得的被购买方可辨认净资产公允价值份额的，其差额应当计入当期损益。

3. 合并对价分摊对合并报表的影响

（1）对购买方合并日财务报表的影响。根据企业合并准则的相关规定，企业合并形成母子公司关系的，母公司应当编制购买日的合并资产负债表，因企业合并取得的被购买方各项可辨认资产、负债及或有负债应当以公允价值列示。在合并资产表上，可能产生下述新会计科目，包括但不限于无形资产、递延所得税资产或负债、商誉等。同时，企业合并发生当期期末，购买方应当在附注中披露被购买方各项可辨认资产、负债在上一会计期间资产负债表日的账面价值和公允价值。

（2）对购买方合并日后财务报表的影响。合并对价分摊会影响购买方合并日后各会计期间的会计利润，如经济寿命有限的无形资产在剩余使用寿命内摊销，将会导致合并利润表的息税前利润减少；如对商誉、经济寿命不确定的无形资产进行的年度减值测试，可能加剧未来会计期间合并利润表的净利润波动。

（二）企业合并对价分摊评估中的评估对象

根据《以财务报告为目的的评估指南》的相关规定，合并对价分摊事项涉及的评估业务所对应的评估对象应当是合并中取得的被购买方各项可辨认资产、负债及或有负债，这与企业并购中的企业价值评估所对应的评估对象有所不同。在企业并购中的企业价值评估所对应的评估对象一般为企业整体价值、股东的全部权益价值或部分权益价值。就一般情况而言，对于有形资产以及存在借贷合同的资产或负债而言，比较容易辨认，而对于无形资产以及或有负债比较难以辨认，我们在此重点加以说明。

在实务中，评估人员识别无形资产的关键在于判断该项资产是否可辨认。对此，评估人员应当进行分析，满足以下两个方面任何一个条件，即可确认为可辨认的无形资产：一是向管理层了解被收购公司是否存在源自合同权利或基于法律的法定权利的无形资产。二是考虑该无形资产是否能够从被收购公司中分离出来，并能单独或者与其他相关合同、资产或负债一起，用于出售、转移、授予许可、租赁或者交换。需要注意的是，满足可分离条件的无形资产的出售、转移、授予许可、租赁或者交换不能受到任何限制，否则，该无形资产不满足可分离的确认条件。例如，客户信息受到保密协议的限制，不可以被出售，因此其无法满足可分离的条件。需要注意的是，消费者基础、客户服务能力、地域优势、经过特别训练的员工等一般不作为可辨认无形资产。

在对于或有负债的识别中，评估人员应当根据《企业会计准则第13号——或有事项》的相关规定，识别并确认被收购公司在收购日是否存在需确认的或有负债。在或有负债确认的过程中，与或有事项相关的义务同时满足下列条件时，应当确认为预计负债：该义务是企业承担的现时义务，履行该义务很可能导致经济利益流出企业；该义务的金额能够可靠地计量。评估人员在识别或有负债的过程中需要关注以下几方面：在收购日是否存在未决诉讼；在收购日是否存在待执行的亏损合同；被收购公司是否有为其他公司或个人进行债务担保的行为；在收购日是否存在已对外公布的详细重组计划；被收购公司对售出产品所作的质量保证；了解对被收购公司进行的相关尽职调查的结果。可能确认的或有负债的项目一般包括产品质量保证、不可撤销的亏损合同、未决诉讼、重组义务等。

（三）企业合并对价分摊的评估方法

1. 资产、负债及或有负债的评估

企业合并中取得的资产、负债在满足确认条件后，应以其公允价值计量。确定企业合并中取得的有关可辨认资产、负债的公允价值时，应当遵循企业合并准则应用指南的规定。企业合并准则应用指南规定的确定有形资产和负债公允价值的方法同前面章节中流动资产评估、机器设备评估、房地产评估和长期投资评估等方法基本相同（如表12-2、表12-3、表12-4和表12-5所示）。

表12-2　　　　　　　　　　　有形资产的评估

评估对象		评估方法
货币资金		按照购买日被购买方的账面余额确定
金融工具	有活跃市场的股票、债券、基金等	按照购买日活跃市场中的市场价值确定
	不存在活跃市场，如权益性投资等	参照《企业会计准则第22号——金融工具确认和计量》等，采用适当的估值技术确定其公允价值
应收款项	短期应收款项	一般应按应收取的金额作为公允价值，同时考虑发生坏账的可能性及相关收款费用
	长期应收款项	以适当的现行利率折现后的现值确定其公允价值，同时考虑发生坏账的可能性及相关收款费用
存货	原材料	按现行重置成本确定
	在产品	按完工产品的估计售价减去至完工仍将发生的成本、预计销售费用、相关税费以及基于同类或类似产成品的基础上估计可能实现的利润确定
	产成品和商品	估计售价减去估计的销售费用、相关税费以及购买方通过自身努力在销售过程中对于类似的产成品或商品可能实现的利润确定

表12-3　　　　　　　　　　　无形资产的评估

评估对象		评估方法
无形资产	存在活跃市场	以购买日的市场价格确定其公允价值
	不存在活跃市场，无法取得市场信息	按照一定的估值技术确定其公允价值。市场法，主要通过采用市场上相同或相类似的资产、负债或业务的交易价格及其他相关信息。收益法，在和合并对价分摊评估中，是无形资产常用的评估方法。收益法下常用的具体方法包括增量收益折现法、节省许可费折现法、多期超额收益折现法。成本法，往往无法反映该项无形资产给企业带来的未来经济利益

表 12-4　　　　　　　　　　　　房屋建筑物及机器设备的评估

评估对象		评估方法
房屋建筑物	存在活跃市场	以购买日的市场价格确定其公允价值
	不存在活跃市场但同类或类似房屋建筑物存在活跃市场	参照同类或类似房屋建筑物的市场价格确定公允价值（市场法）
	同类或类似房屋建筑物也不存在活跃市场、无法取得有关市场信息	按照一定的估值技术（如重置成本法等）确定其公允价值
机器设备	存在活跃市场	按购买日的市场价格确定其公允价值
	不存在活跃市场但同类或类似机器设备存在活跃市场	参照同类或类似机器设备的市场价格确定其公允价值（市场法）
	同类或类似机器设备也不存在活跃市场，或因有关的机器设备具有专用性，在市场上很少出售、无法取得确定其公允价值的市场证据的	用收益法或考虑该机器设备各类贬值（包括实体性贬值、功能性贬值和经济性贬值）后的重置成本合理估计其公允价值

表 12-5　　　　　　　　　　　　负债及或有负债的评估

评估对象	评估方法
短期债务	一般应按应支付的金额作为其公允价值
长期债务	按适当的折现率折现后的现值作为其公允价值
或有负债	公允价值在购买日能够可靠计量的，应单独确认为预计负债。此项负债应当按照假定第三方愿意代购买方承担该项义务，就其所承担义务需要购买方支付的金额计量

2. 递延所得税的计算

对于企业合并中取得的被购买方各项可辨认资产、负债及或有负债的公允价值与其原计税基础之间存在差额的，应当按照《企业会计准则第18号——所得税》的规定确认递延所得税资产或递延所得税负债，所确认递延所得税资产（如资产账面价值小于计税基础引起可抵扣暂时性差异）或递延所得税负债（如资产账面价值大于计税基础引起应纳税暂时性差异）的金额不应折现。应当特别指出的是，对于被购买方在企业合并之前已经确认的商誉和递延所得税项目，购买方在分配企业合并成本，汇总可辨认资产和负债时不应予以考虑。

3. 商誉的计算

（1）商誉的计算过程。首先，确定被购买方可辨认净资产的公允价值。其次，确定合并成本。通常情况下，企业合并成本按照购买方为进行企业合并支付的现金、非现金资产、发行或承担的债务和发行的权益性证券等在购买日的公允价值以及企业合并中发生的各项直接相关费用之和确定。对于通过多次交换交易分步实现的企业合并，其企业合并成本为每一单项交换交易的成本之和。购买方对合并成本大于合并中取得的被购买方可辨认净资产公允价值份额的差额，应确认为商誉。需要注意的是，以上是假设取得100%股权时，商誉的计算过程；如果不是100%股权，则合并成本与可辨认净资产公允价值份额的差额为商誉。

（2）对于企业合并商誉应确认的商誉值，评估人员应当对其合理性进行分析，解释商誉所代表的含义及其组成成分。一般来说，商誉由以下几类因素构成：企业现有的管理团队和员工团队；并购后的协同效应，如销售额的增加、成本开支的压缩等；收购方对收购对价的判断失误导致收购对价过高；企业持续经营的能力，包括各类不符合无形资产确认条件的其他资产，如市场占有率、通过资本市场直接融资的能力、良好的政府关系等。

(3) 在商誉的评估结果较高的情况下，评估人员应当提请公司管理层关注其减值风险，并考虑及时执行商誉的减值测试程序。

4. 整体合理性测试

评估人员应采取适当的方法，对合并对价分摊的评估结果的整体合理性进行验证分析。通常来说，在合并对价分摊的评估中，以被购买方各项资产公允价值为权重计算的加权平均资本回报率，应该与其加权平均资本成本基本相等或接近。否则需要进一步复核无形资产的识别过程以及各项可辨认资产、负债和或有负债的评估过程是否合理。

各项资产的加权平均资产回报率的计算公式为：

$$R = \frac{\sum_{i=1}^{n} A_i R_i}{\sum_{i=1}^{n} A_i}$$

式中：R——加权平均资产回报率；A_i——各项可辨认资产的公允价值；R_i——各项可辨认资产的要求回报率。

【例 12-1】 某公司以现金收购的方式收购了另一家处于非同一控制下的公司 100% 的权益，收购对价为 7 亿元。假设该被收购公司适用的所得税税率为 25%，在收购日的资产负债表状况如图 12-1 左表所示（单位：百万元）。评估人员在完成四个阶段评估工作以后，将得到被收购公司进行合并对价分摊以后以公允价值计量的资产负债表，如图 12-1 右表所示。要求：评估该公司合并中取得各项资产、负债的公允价值。

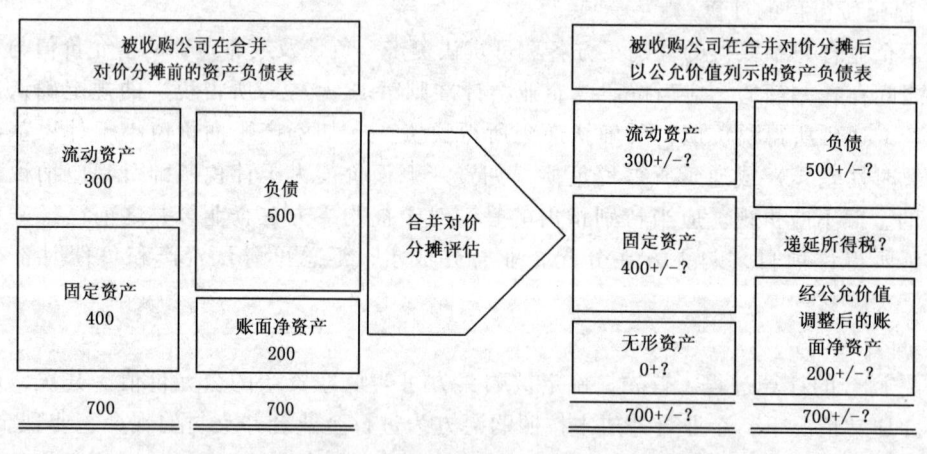

图 12-1

评估计算过程如下：

第一阶段，分析阶段。

评估人员在本阶段的主要工作为分析和理解本次并购交易；主要包括以下内容：

(1) 与管理层进行深入沟通，充分了解收购方对此次交易拟达到的目标，即交易目的；

(2) 收集各类相关资料，主要包括股权转让协议、董事会决议、公司对该交易的信息披露、被收购企业历史财务数据以及与收购相关的尽职调查报告等；

(3) 对收集的资料进行分析，了解被收购公司在收购日经营状况及其资产负债状况；

(4) 确定合并成本。合并成本为7亿元，假设没有其他交易费用。

第二阶段，无形资产和或有负债的识别阶段。

根据《企业会计准则第20号——企业合并》的相关规定，合并中取得的无形资产，其公允价值能够可靠地计量的，应当单独确认为无形资产并按照公允价值计量，合并中取得的被购买方或有负债，其公允价值能够可靠地计量的，应当单独确认为负债并按照公允价值计量。

被收购公司在收购日的资产负债表中并无任何无形资产的会计记录。因此，在本阶段工作中，评估人员应通过执行相关的识别程序，识别出所有在收购日存在的重大可辨认的无形资产。

评估人员在对无形资产执行了相关的识别程序以后，认为被收购公司良好的经营业绩主要取决于客户对公司驰名商标的认可度，以及公司在全国各地建立的比较稳定的客户关系。因此，评估人员识别了以下两项重要的无形资产，即商标和客户关系。此外，评估人员通过执行相关识别程序以后，并未发现被收购公司在收购日存在任何可辨认的或有负债。

第三阶段，评估阶段。

在本阶段中，评估人员的主要工作是对企业合并中取得的各项可辨认资产（包括识别出来的无形资产）和负债、或有负债进行公允价值评估。在确定各项可辨认资产、负债的公允价值时，应当遵循企业合并准则应用指南的规定进行。

其中流动资产中的存货采用上述方法进行评估，评估增值5 000万元。

对于固定资产，由于该类工业厂房和设备不存在活跃市场，评估人员采用了重置成本法对其进行评估。最终评估结果，固定资产评估增值人民币5 000万元。

对于识别出的商标和客户关系两项无形资产，评估人员分别采用了节省许可费折现法和多期超额收益折现法对其进行了评估，确定商标的公允价值为人民币25 000万元，客户关系的公允价值为人民币5 000万元。

在得出各项资产可辨认资产、负债的公允价值后，对其计税基础与账面价值不同所形成的暂时性差异，应根据《企业会计准则第18号——所得税》的相关规定确认相应的递延所得税资产和递延所得税负债。

第四阶段，商誉计算及整体合理性测试阶段。

在完成以上三个阶段的工作以后，评估人员在本阶段的工作主要包括以下两个方面的内容：

(1) 计算商誉。商誉的计算过程如下：

合并成本：+700（A）

公允价值调整：

流动资产增值额：+50

固定资产增值额：+50

无形资产增值额：+300

公允价值调整项合计：+400（D）

递延所得税（负债）：-100（E）=（D）×25%

税后公允价值调整项合计：+300（F）=（D）-（E）

合并前账面净资产：+200（B）

经公允价值调整后的账面净资产：+500（C）=（B）+（F）

商誉价值：+200（G）=（A）-（C）

在计算出商誉价值以后，评估人员应当对最终得出的商誉的合理性进行分析，解释商誉所代表的含义及其组成成分。此外，在计算得出的商誉结果较高的情况下，评估人员应提请公司管理层关注其减值风险，并考虑及时进行商誉的减值测试程序。

（2）整体合理性测试。评估人员计算了以各项资产公允价值为权重计算的加权平均资本回报率（WARA），其结果为12%（其中流动资产回报率为6%，固定资产回报率为9%，无形资产回报率为16%，商誉回报率为25%），该数据与企业的加权平均资本成本（WACC）13%基本接近，因此，评估人员认为其各项资产、负债的公允价值评估具备合理性（如图12-2所示）。

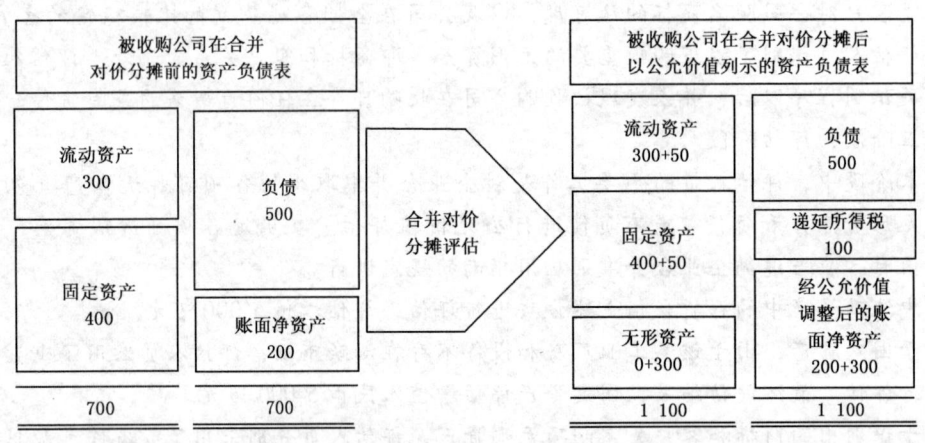

图 12-2

注：由于商誉是在合并报表过程中出现的会计处理，因此在被收购公司层面的资产负债表中未作反映。

二、资产评估在企业资产减值测试中的应用

（一）资产减值测试及其计量

根据《企业会计准则第8号——资产减值》（以下简称资产减值准则）的相关规定，当企业资产的可收回金额低于其账面价值时，即表明资产发生了减值。资产减值测试是指企业财务会计人员根据企业外部信息与内部信息，判断企业资产是否存在减值迹象，有确切证据表明资产确实存在减值迹象时，则需要合理估计该项资产的可收回金额。

（二）资产减值测试评估中的评估对象

1. 资产减值测试对象

测试对象为单项资产、资产组（难以对单项资产的可回收金额进行估计的情况下）和资产组组合。判断是否独立于其他资产或资产组产生现金流，至少应当从以下两个方面来考虑：

(1) 经营层面的独立性。例如，铁矿公司的私有铁路，无法独立产生现金流，应并入铁矿公司资产组组合一并进行减值测试。

(2) 是否存在合同的约束性限制。例如，一个公交运营公司同时运营五条线路，其中一条出现亏损，但根据合同，必须同时经营五条线路，无法单独关闭亏损线路，该线路应该与其他四条线路作为一个资产组合进行减值测试。

对于总部资产和商誉的减值测试，难以单独进行减值测试，应当结合与其相关的资产组或资产组组合进行减值测试。

2. 资产减值测试评估对象的界定

资产减值测试评估对象应当与资产、资产组或资产组组合账面价值的成分保持一致。对于资产组或资产组组合而言，其账面价值应当包括可直接归属于该资产组或资产组组合，以及可以合理和一致地分摊至该资产组或资产组组合的商誉与总部资产的账面价值。除了如果不考虑该负债的金额就无法确定资产组的可收回金额的情况下，资产组的账面价值一般不应包括已确认的计息负债的账面价值。

（三）资产减值测试评估中的价值类型

根据《企业会计准则第 8 号——减值测试》的相关规定，在资产存在减值迹象时，应当估计其可回收金额。可回收金额应当根据资产的公允价值减去处置费用后的净额和资产预计未来现金流量的现值二者之间较高者确定。会计准则下的公允价值减去处置费用后的净额和资产预计未来现金流量的现值这两种计量属性，可以理解为相对应的评估价值类型（如表 12-6 所示）。

表 12-6

价值类型	含　义
公允价值减去处置费用后的净额	自愿买方和自愿卖方在各理性行事且未受任何强迫压制的情况下，评估对象在基准日进行正常公平交易的价值并扣减相应的处置费用后得到的净额
资产预计未来现金流量的现值	将评估对象作为企业组成部分或者要素资产按其正在使用方式和程度及其对所属企业的贡献的价值估计数额

（四）资产减值测试的评估方法

在进行以减值测试为目的的评估时，应结合评估对象的特点、价值类型、资料收集情况和数据来源等各个方面，选择适当的评估方法。根据《以财务报告为目的的评估指南》的相关规定，会计准则规定的资产减值测试不适用成本法。该规定主要从以下三个因素考虑：首先，成本法的出发点是重置价值，其实质是在现时条件下，重新购置、建造或形成与评估对象完全相同或基本类似的全新状态下的资产所需花费的全部费用。而按照会计准则的要求，无论是考虑单项资产、资产组或资产组组合预计未来现金流量的现值，或者公允价值减去处置费用的净额，其实质都是从评估对象未来可能为企业带来的经济利益角度来衡量其公允价值。其次，成本法的成立前提受限于资产、资产组的评估值可以通过资产的未来运营得以全额回收这一条件。最后，资产减值测试准则定义的用于减值测试的资产、资产组或资产组组合是一个最小的现金产生单位，不可以继续分割为更小的单元。资产、资产组或资产组组合的个体性决定了无法以成本法来将其作为一个整体加以评估。

1. 资产的公允价值减去处置费用的净额

根据《以财务报告为目的的评估指南》的相关规定，公允价值的可靠性受制于数据获取来源，公允价值的估计首先考虑采用市场法，根据公平交易中销售协议价格，或与评估对象相同或相类似资产在其活跃市场上反映的价格为计算依据。

当不存在相关活跃市场或缺乏相关市场信息时，资产或资产组的公允价值可以根据企业以市场参与者的身份，对单项资产或资产组的运营做出合理性决策，并适当地考虑相关资产或资产组内资产的有效配置、改良或重置的前提下提交的预测资料，参照企业价值评估的基本思路和方法（收益法）进行分析和计算。

处置费用的估计包括与资产处置有关的法律费用、相关税费、搬运费以及为使资产达到可销售状态所发生的直接费用等。

2. 资产预计未来现金流量的现值

估计资产预计未来现金流量的现值时通常采用收益法，即按照资产在持续使用过程中和最终处置时所产生的预计未来现金流量，选择恰当的折现率对其进行折现后的金额加以确定。

未来现金流量的预测是基于特定实体现有管理模式下可能实现的收益。预测一般只考虑单项资产或资产组（资产组组合）内主要资产项目在简单维护下的剩余经济年限，即不考虑单项资产或资产组（资产组组合）内主要资产项目的改良或重置；资产组内其他资产项目于预测期末的变现净值应当纳入资产预计未来现金流量的现值的计算。

三、资产评估在投资性房地产评估中的应用

（一）投资性房地产及其计量

投资性房地产是指为赚取租金或资本增值，或二者兼有而持有的房产。投资性房地产应当能够单独计量和出售。其主要包括已出租的土地使用权、持有并准备增值后转让的土地使用权和已出租的建筑物。

根据《企业会计准则第3号——投资性房地产》的相关规定，企业应当在资产负债表日采用成本模式对投资性房地产进行后续计量；但是，在有确凿证据表明投资性房地产的公允价值能够持续可靠取得的情况下，可以对投资性房地产采用公允价值模式进行后续计量。采用公允价值模式计量的，应当同时满足下列条件：投资性房地产所在地有活跃的房地产交易市场；企业能够从房地产交易市场上取得同类或类似房地产的市场价格及其他相关信息，从而对投资性房地产的公允价值做出合理的估计。

（二）投资性房地产评估中的评估对象

1. 投资性房地产的具体范围

（1）已出租的土地使用权和已出租的建筑物。其是指以经营租赁方式出租的土地使用权和建筑物，其中，用于出租的土地使用权是指企业通过出让或转让方式取得的土地使用权；用于出租的建筑物是指企业拥有产权的建筑物。

（2）持有并准备增值后转让的土地使用权。其是指企业取得的、准备增值后转让的土地使用权。按照国家有关规定认定的闲置土地，不属于持有并准备增值后转让的土地使

用权。

（3）企业将建筑物出租，按租赁协议向承租人提供的相关辅助服务在整个协议中不重大的，如企业将办公楼出租并向承租人提供保安、维修等辅助服务，应当将该建筑物确认为投资性房地产。

2. 不属于投资性房地产的房地产项目

（1）某项房地产部分用于赚取租金或资本增值、部分用于生产商品、提供劳务或经营管理，能够单独计量和出售的、用于赚取租金或资本增值的部分，应当确认为投资性房地产；不能够单独计量和出售的、用于赚取租金或资本增值的部分，不确认为投资性房地产。

（2）自用房地产。自用房地产是指为生产商品、提供劳务或者经营管理而持有的房地产。自用房地产的特征在于服务于企业自身的生产经营活动，其价值将随着房地产的使用而逐渐转移到企业的产品或服务中去，通过销售商品或者提供服务为企业带来经济利益，在产生现金流量的过程中与企业持有的其他资产密切相关。例如，企业出租给本企业职工居住的宿舍，虽然也收取租金，但间接为企业自身的生产经营服务，因此具有自用房地产的性质。又如，企业拥有并自行经营的旅馆饭店，经营者在提供住宿服务的同时，还提供餐饮娱乐等服务，其经营目的主要是通过向客户提供服务取得服务收入，因此，企业自行经营的旅馆饭店是企业的经营场所，应当属于自用房地产。

（3）作为存货的房地产。作为存货的房地产通常是指房地产开发企业在正常经营过程中销售的或为销售而正在开发的商品房和土地。从事房地产经营开发的企业依法取得的、用于开发后出售的土地使用权属于房地产开发企业的存货，即使房地产开发企业决定待增值后再转让其开发的土地，也不得将其确认为投资性房地产。

在评估实务中，存在某项房地产部分自用或者作为存货出售、部分用于赚取租金或资本增值的情形。如果某项投资性房地产不同用途的部分能够单独计量和出售的，应当分别确认为固定资产、无形资产（土地使用权）、存货和投资性房地产。例如，甲房地产开发商建造了一栋商住两用楼盘，一层出租给一家大型超市，其余楼层均为普通住宅，在这种情况下，如果一层商铺能够单独计量和出售，应当确认为甲企业的投资性房地产，其余楼层为甲企业的存货，即开发产品。需要注意的是，投资性房地产通常附带有租约，业主在拥有房地产的同时也拥有该租约的未来收益，因而在进行评估的时候，评估对象应为附带有租约的房地产。

（三）投资性房地产的评估方法

在实务中，投资性房地产可采用市场比较法、直接资本化法、收益乘数法、现金流折现法和租期及回收金额折现法。其中，市场比较法和收益乘数法均体现了市场法的思路，直接资本化法、现金流折现法和租期及回收金额折现法则体现了收益法的评估思路。

1. 市场比较法

在求取一宗待估投资性房地产价值时，依据替代原理，将被估房地产与类似房地产的近期交易价格进行对照比较，通过对交易情况、交易日期、房地产状况等因素进行修正，得出被估房地产在评估基准日的价值。在应用市场法时，对于投资性房地产尤其要注意所附租约所带来的影响，在选择可比交易案例时也需要考虑相关租约的因素。

2. 直接资本化法

将待估房地产未来一年的某种预期收益除以适当的资本化率来求取估价对象价值的方

法。收益的种类有毛租金、净租金、潜在毛收入、有效毛收入、净收益等，然后利用相应的资本化率将年收益转换为价值。

其计算公式为：

$$P = \frac{A}{R}$$

式中：P——待估房地产价值；A——房地产的未来收益；R——资本化率。

3. 收益乘数法

收益乘数是房地产的价格除以某种年收益所得的倍数，即：

收益乘数 = 价格 ÷ 年收益

利用收益乘数将年收益转换为价值的直接资本化法计算公式为：

房地产价值 = 年收益 × 收益乘数

比较常见的收益乘数有毛租金乘数、潜在毛收入乘数、有效毛收入乘数和净收益乘数。相应地，收益乘数法有毛租金乘数法、潜在毛收入乘数法、有效毛收入乘数法和净收益乘数法。

（1）毛租金。通过价格除以月租金求得毛租金乘数；当采用年租金来求取估价对象的价值时，应通过价格除以年租金求得毛租金乘数。

（2）潜在毛收入。假定房地产在充分利用、无空置（即100%出租）情况下的收入，包括了除租金以外的收入。与毛租金乘数法相比，潜在毛收入乘数法相对全面一些，它考虑了房地产租金以外的收入，但同样没有考虑房地产空置率和运营费用的差异。

（3）有效毛收入。由潜在毛收入扣除空置率和收租损失等以后的收入。

（4）净收益又称净营运收益（NOI）。由有效毛收入扣除相关税费、运营费用后得到的净营运收益归属于房地产的收入。运营费用是指维持房地产正常使用或营业所必须的费用。由于净收益乘数与前文所述的资本化率互为倒数，通常很少直接采用净收益乘数法的形式，而采用资本化率将净收益转换为价值的形式。

4. 现金流折现法

现金流折现法可用于任何有规律或无规律的收益模式，在评估实务中，评估人员根据整个假设持有期内逐期（通常为年或者季度）的每项收益、费用和现金流量，然后用要求的折现率折现。

5. 租期及回收金额折现法

投资性房地产通常附带有租约，由于在评估时，租约合同已经签订，所以可能会使房地产的租金水平偏离市场实际情况，从而影响到房地产的公允价值。因此，在评估时，需要对被估房地产租期内的收益情况加以单独考虑，在评估中体现为对租约期内外的收益分别进行资本化来得到最终价值。

四、资产评估在金融工具计量中的应用

（一）金融工具及其计量

《国际会计准则第32号——金融工具：揭示和呈报》对金融工具的定义如下："一项金融工具是使一个企业形成金融资产，同时使另一个企业形成金融负债或权益工具（equity instrument）的任何合约。"这一定义将基本金融工具也包括在内，但更侧重于表达衍生工具

的特征。金融工具包括金融资产、金融负债和权益工具。其中，金融资产通常是指企业的现金、银行存款、应收账款、应收票据、贷款、股权投资、债权投资等；金融负债通常是指企业的应付账款、应付票据、应付债券等；从发行方看，权益工具通常指企业发行的普通股、认股权证等。

根据《企业会计准则第22号——金融工具确认和计量》（以下简称金融工具确认和计量准则）的相关规定，企业初始确认金融资产或金融负债，应当按照公允价值计量；对于除持有至到期投资以及贷款和应收款项、在活跃市场中没有报价且其公允价值不能可靠计量的权益工具投资以及与该权益挂钩并需通过交付该权益工具结算的衍生金融资产外，企业应当按照公允价值对金融资产进行后续计量，且不扣除将来处置该金融资产时可能发生的交易费用。

（二）金融工具评估中的评估对象

金融工具可以分为基础金融工具和衍生金融工具。

1. 基础金融工具

基础金融工具包括企业持有的现金、存放于金融机构的款项、普通股以及代表在未来期间收取或支付金融资产的合同权利或义务等，如应收账款、应付账款、其他应收款、其他应付款、存出保证金、存入保证金、客户贷款、客户存款、债券投资和应付债券等。

2. 衍生金融工具

衍生金融工具是指金融工具确认和计量准则涉及的、具有下列特征的金融工具或其他合同：

（1）其价值随着特定利率、金融价格、商品价格、汇率、价格指数、费率指数、信用等级、信用指数或其他类似变量的变动而变动，变量为非金融变量的，该变量与合同的任一方不存在特定关系。

（2）不要求初始净投资，或与对市场情况变动有类似反应的其他类型合同相比，要求很少的初始净投资。企业从事衍生工具交易不要求初始净投资，通常指签订某项衍生工具合同时不需要支付现金或现金等价物。

（3）在未来某一日期结算。衍生工具在未来某一日期结算，表明衍生工具结算需要经历一段特定期间。但是，"在某一日期结算"不能理解为只在未来某一日期进行一次结算。另外，有些期权可能由于是价外期权而到期不行权，也是在未来日期结算的一种方式。

衍生金融工具包括远期合同、期货合同、互换和期权，以及具有远期合同、期货合同、互换和期权中一种或一种以上特征的工具。衍生金融工具通常是独立存在的，但也可能嵌入到非衍生金融工具或其他合同中。

（三）金融工具的评估方法

金融工具种类繁多，并且根据其所涉及的合同条款的复杂程度，金融工具的评估方法也具有较大的差异性和复杂性。存在活跃交易市场的金融工具，活跃市场中的报价应当用于确定其公允价值；金融工具不存在活跃市场的，应当采用合适的评估方法确定其公允价值。鉴于金融工具的多样性和复杂性，在此仅对其评估方法做简要的介绍。

1. 权益工具的评估方法

从发行方看，权益工具通常指企业发行的普通股、在资本公积下核算的认股权证等。评估师可以根据实际情况分别采用收益法、市场法和成本法对权益工具的公允价值进行评估。

2. 不含衍生工具的金融负债的评估方法

债务工具的公允价值应当根据取得日的市场情况和当前市场情况，或其他类似债务工具的当前市场利率确定。

（1）固定利率金融负债的评估方法。固定利率金融负债的公允价值通常采用未来现金流折现法确定，即通过一个合适的折现率计算该金融负债预期的未来现金流的现值。在确定未来现金流时，可参考待估金融工具的合同条款。一般来说，固定利率金融负债的合同内都会明确规定包括利息率、计息时间以及本金偿还计划等条款。通过这些条款，可以明确金融工具未来的现金流量。在确定折现率时，可根据待估金融工具的合同条款和实质特征，采用市场上其他金融工具的市场收益率作为折现率。该折现率通过分析市场上可类比的其他金融工具（如公司债券）的特征来确定。这些特征包括该金融工具自身的信用等级、剩余期间以及金融工具的计价货币等。

（2）浮动利率金融负债的评估方法。浮动利率金融负债的公允价值的评估原理与固定利率金融负债相同，也是采用未来现金流折现法，但是在未来现金流的确认上有所差异。在确定未来现金流时，由于浮动利率金融负债的合同条款往往只规定合同期内的利息率随着某些基础金融变量（如伦敦银行同业拆借利率）的变化而变化，未来现金流无法准确估计。此时，评估人员在评估时应首先对那些基础金融变量的变化做出适当的、合理的估计。

3. 金融衍生工具的评估方法

金融衍生工具，其价值依附于其他更基本的标的变量，例如，特定利率、基本金融工具的价格、商品价格、汇率和价格指数等，其主要类型包括远期和期货合约、期权合同、互换合同和混合衍生工具。由于金融衍生工具本身的复杂性和多变性的特点，评估方法一般采用布莱克—斯科尔斯模型和 Lattice 模型等进行分析估算。

4. 员工持股计划的评估方法

员工持股计划，也称职工期权激励计划，其确认和计量适用于《企业会计准则第11号——股份支付》（以下简称股份支付准则），在授予日及之后的每个财务报表日以员工持股计划的公允价值为计量基础，将取得的服务计入相关资产成本或当期费用，同时计入资本公积中的股本溢价。

与普通的期权相比，员工持股计划具有以下特点：一是企业与员工之间发生的交易；二是以获取员工服务为目的的交易；三是交易对价或其定价与企业自身未来价值密切相关。这些特点决定了员工持股计划公允价值评估的特殊性。员工持股计划的特点决定了并不存在一个活跃市场，无法取得市场报价，需要采用期权定价模型估算其公允价值。实践中，员工持股计划的评估主要还是参考期权的评估方法，一般可以采用布莱克—斯科尔斯模型或 Lattice 模型计算员工持股计划的公允价值。

第三节 以财务报告为目的的评估报告

一、以财务报告为目的的评估报告及其特点

注册资产评估师执行以财务报告为目的的评估业务，所出具的评估报告也应当符合《资产评估执业准则——评估报告》的相关规定。但是以财务报告为目的的评估报告还具有自身的特点，主要体现在评估目的和价值类型上。

（一）评估目的

以财务报告为目的的评估报告是为财务报告服务的。评估人员应根据《企业会计准则》、《国际财务报告准则》等准则或相关会计核算、披露的要求，对财务报告中的各类资产和负债的公允价值或特定价值进行分析和估算，并形成以财务报告为目的的评估报告。

（二）价值类型

《资产评估价值类型指导意见》中将价值类型划分为市场价值和市场价值以外的其他价值类型。市场价值以外的其他价值类型包括在用价值、投资价值、清算价值、残余价值和特定用途价值等。

以财务报告为目的的评估的价值类型是公允价值（这个概念和资产评估中的概念内涵不同）或特定价值。这些价值类型在理解为相对应的评估价值类型时，应该符合相应的会计准则计量属性规定的条件。

二、以财务报告为目的的评估报告的特别要求

以财务报告为目的的评估报告，除了要满足《资产评估执业准则——评估报告》的基本要求外，《以财务报告为目的的评估指南》还提出一些特别要求。

（一）与企业会计准则和审计规范的协调与要求

注册资产评估师与企业和执行审计业务的注册会计师的必要沟通，明确评估业务基本事项并充分理解会计准则或相关会计核算、披露的具体要求。

（二）会计准则和相关法规修改时的要求

《以财务报告为目的的评估指南》第7条规定："由于会计准则和相关法规的修改，导致在执行以财务报告为目的的评估业务时无法完全遵守本指南的要求，注册资产评估师应当在评估报告中进行说明。"

（三）评估程序或条件受到限制时的要求

根据《资产评估执业准则——评估报告》的规定，注册资产评估师执行资产评估业务，评估程序受到限制且无法排除，经与委托方协商后仍需出具评估报告的，应当在评估报告中说明评估程序受限情况及其对评估结论的影响，并明确评估报告的使用限制。根据《以财务报告为目的的评估指南》的规定，在评估程序或条件受到限制，注册资产评估师无法确信评估结论的合理性时，不得出具评估报告，还应当提醒委托方关注公允价值或会计准则涉

及的特定价值计量的可靠性。

（四）评估方法与前期不一致时的说明与要求

当选择的评估方法与前期采用的评估方法不一致时，应当在报告中描述相应的变动并说明变动的原因。评估人员选择评估方法时应当与前期采用的评估方法保持一致，以使前后期资产公允价值的计量具有一致性。如果前期采用的评估方法所依据的市场数据已发生重大变化而不再适用，或通过采用与前期不同的评估方法可使得评估结果更具代表性、更能反映评估对象的公允价值或特定价值时，评估人员可以变更评估方法，但应当在评估报告中描述相应的变动并说明变动的原因。

三、以财务报告为目的的评估报告的重点披露内容

除《资产评估执业准则——评估报告》规定的各项披露基本内容之外，以财务报告为目的的评估报告还应当重点披露以下内容，以满足报告使用者合理理解评估结论的需要：

（1）评估对象的具体描述。以财务报告为目的的评估业务涉及的评估对象不仅有各类单项资产、负债，也有资产组或资产组组合（对资产组或资产组组合的分析应当符合企业会计准则的要求）。注册资产评估师应当在充分考虑评估对象的具体特征、项目具体情况、会计准则和委托方的要求，理解和区分评估对象的基础上，对评估对象进行具体的描述，从而使委托方和相关当事方对评估对象有正确的理解和认识。

在执行企业会计准则规定的合并对价分摊事项涉及的评估业务时，评估对象应当是合并中取得的被购买方可辨认资产、负债及或有负债。注册资产评估师应当知道与被购买方企业价值评估对象可能存在的差异，并特别关注可辨识无形资产的识别和计量。

在执行以资产减值为目的的评估业务时，评估对象可能是单项资产，也有可能是资产组或资产组组合。但是就大多数单项固定资产而言，其产生的现金流入一般不能独立于其他资产或者资产组，因此，资产减值测试的评估对象更多地以资产组的形式出现。

在执行以投资性房地产为目的的评估业务时，评估对象包括已出租的土地使用权、持有并准备增值后转让的土地使用权、已出租的建筑物。

在执行以金融工具确认和计量为目的的评估业务时，评估对象通常分为两类：一类是以公允价值计量且变动值计入当期损益的金融资产或负债，如交易性金融资产或负债、嵌入式衍生工具和包括一项或多项嵌入式衍生工具的混合工具，另一类是可供出售的金融资产。注册资产评估师在执行金融资产和金融负债公允价值的评估时，对评估对象是否以单项资产或资产组为计量单位，混合金融工具是否分拆等进行判断，以明确具体的评估对象。

（2）对企业提供的财务等申报资料的重大或实质性调整。在执行以财务报告为目的的评估业务的程序时，如果对企业提供的财务等申报资料做了重大或实质性调整，应当在评估报告中进行披露。

（3）关键性假设及前提。以财务报告为目的的评估报告，必须充分披露资产评估中所依据和使用的相关假设和限制条件，披露评估结论成立的前提条件、必要条件和限制条件：评估假设必须有合理的、真实的、科学的依据支持，不得随意设定没有依据、不合情理的评估假设，不得在已知委托方或其他信息来源方提供的某些信息资料不真实的情况下，用假设形式设定这些资料是真实的，并在此基础上出具评估意见。

（4）价值类型的定义及其与会计准则或相关会计核算、披露要求的对应关系。注册资

产评估师应当基于以财务报告为目的的评估业务的具体要求，根据会计准则或相关会计核算与披露的具体要求、评估对象等相关条件，对价值类型进行定义。在符合会计准则计量属性规定的条件时，会计准则下的公允价值一般等同于评估准则下的市场价值；会计准则涉及的重置成本或净重置成本、可变现净值或公允价值减去处置费用的净额、现值或资产预计未来现金流量的现值等计量属性可以理解为相对应的评估价值类型。评估报告应当披露价值类型与会计准则或相关会计核算、披露要求的对应关系，便于报告使用者的理解。

（5）评估方法的选择过程和依据。注册资产评估师执行以财务报告为目的的评估业务，应当根据评估对象、价值类型、资料收集情况和数据来源等相关条件，参照会计准则有关计量方法的规定，分析市场法、收益法和成本法三种资产评估基本方法及其他评估方法的适用性，恰当选择一种或多种资产评估方法，并且在报告中披露对采用方法的分析过程和相关依据。

（6）评估方法的具体运用，结合相关计算过程、评估参数等加以说明。

（7）关键性评估参数的测算、逻辑推理、形成过程和相关评估数据的获取来源。在进行以财务报告为目的的评估时选取的各种关键性的评估参数，如折现率、现金流量、收益期限、市场比较因素的调整系数、各种贬值因素水平等，注册资产评估师要在报告中披露其测算、逻辑推理、形成过程和相关评估数据的获取来源等信息。

以财务报告为目的的评估是指注册资产评估师基于企业会计准则或相关会计核算、披露要求，运用评估技术方法，对财务报告中各类资产和负债的公允价值或特定价值进行分析、估算，并发表专业意见的行为和过程。与传统的资产评估业务相比，以财务报告为目的的评估不再是基于特定的交易目的和其他与资产交易相关的经济行为，而是服务于新企业会计准则、以财务报告为目的、基于非产权流转的资产评估。

和传统的资产评估业务类型较单一相比，以财务报告为目的的评估业务类型多样化，主要包括以下几项具体的评估业务：合并对价分摊事项、资产减值测试、投资性房地产和金融工具等涉及的评估业务。以财务报告为目的的评估业务，其评估方法主要包括市场法、收益法和成本法三种资产评估基本方法。另外，和传统的评估业务相比，以财务报告为目的的评估业务还增加了其他评估方法的应用，如在金融工具的公允价值确定中较常用的期权定价模型等，以满足服务于会计准则的评估方法多样性的要求。以财务报告为目的的评估业务，必须建立在相关会计准则的基础上。相对于传统的评估报告，在评估目的、价值类型、特别要求和重点披露内容等方面都存在着差异。

以财务报告为目的的评估　合并对价分摊　资产减值　投资性房地产　金融工具

思考题

1. 简述会计计量属性与资产评估中的价值类型之间的关系。
2. 以财务报告为目的的评估的作用是什么?
3. 如何把握资产减值中的可收回金额?
4. 简述以财务报告为目的的评估与企业价值评估的之间的关系。
5. 评估人员对合并对价分摊的评估结果的整体合理性如何进行验证?
6. 除《资产评估执业准则——评估报告》规定的各项披露基本内容之外,以财务报告为目的的评估报告还应当重点披露的内容有哪些?

第十三章 企业价值评估

引 言

　　企业财务管理的目标是企业价值最大化,企业的各项经营决策是否可行,必须看这一决策是否有利于增加企业价值。然而,市场信息的不完全及信息获取途径的差异使得众多企业利益相关者对企业的未来收益产生不同的心理预期、风险判断,进而衍生出了各种各样的企业价值评估方法,运用这些方法评估出的结果往往会有明显差异。

　　因此,为贯彻落实《资产评估法》,规范资产评估执业行为,保证资产评估执业质量,保护资产评估当事人合法权益和公共利益,在财政部指导下,中国资产评估协会根据《资产评估基本准则》,对《资产评估执业准则——企业价值》进行了修订,自2019年1月1日起施行。本章从企业、企业价值及企业价值评估的概念、特点入手,主要介绍了企业价值评估的程序、影响企业价值的因素以及企业价值评估范围界定,并在此基础上对企业价值评估中的收益法、成本法、市场法展开了详细的讨论和研究。

第一节 企业价值评估概述

一、企业价值评估及其特点

(一) 企业的概念

　　企业不仅是一个经济组织,它的存在还必须接受一定法律、法规的约束。世界上各个国家均对企业从法律角度进行界定,如我国《公司法》、《企业法》对企业的界定中,均强调企业是依法成立的社会经济组织,明确指出了企业的法律属性。在进行企业价值评估中,评估人员不仅要熟悉企业的经济性质,还必须了解企业的法律属性,如产权状况等。由此,从评估的角度来讲,可以将企业定义为:企业是以盈利为目的的,按照法律程序建立的经济实体,形式上体现为由各种要素资产组成并具有持续经营能力的自负盈亏的法人实体。进一步来讲,企业是由各个要素资产围绕一个系统目标,发挥各自特定功能,共同构成一个有机的生产经营能力和获利能力的载体及其相关权益的集合或总称。

　　企业作为一类特殊资产,具有盈利性、持续经营性、整体性、权益可分性等特点。

1. 盈利性

　　企业的经营目的就是盈利。为了达到盈利的目的,企业需要在既定的生产经营范围内,以其生产工艺为主线，将若干要素资产有机组合形成相应的生产经营结果和功能。

2. 持续经营性

企业要获取盈利，必须进行经营，而且要在经营过程中努力降低成本和费用。为此，企业要对各种生产经营要素进行有效组合并保持最佳利用状态。影响生产经营要素最佳利用的因素很多，持续经营是保证正常盈利的一个重要方面。

3. 整体性

构成企业的各个要素资产虽然各具不同性能，但它们在服从特定系统目标的前提下，构成企业整体。企业的各个要素资产功能不一定都很健全，但它们可以被整合为具有良好整体功能的资产综合体。当然，即使构成企业和各个要素资产的个体功能良好，如果它们之间的功能不匹配，由此组合而成的企业整体功能也未必很好。因此，整体性是企业区别于其他资产的重要特征。

4. 权益可分性

作为生产经营能力载体和获利能力载体的企业具有整体性的特点，而与载体相对应的企业权益却具有可分性的特点。企业的权益可分为股东全部权益和股东部分权益。

对企业概念的理解，可以使我们认识到目前企业财务管理的新的更合理的目标是企业价值最大化。从这个意义上讲，企业各个领域的人员都应该深入了解影响企业价值的因素，并将影响企业价值的因素作为决策的依据，同时企业价值也是企业市场中的交易定价基础，投资者根据他们对企业价值做出的估计进行投资决策。

（二）企业价值的概念

企业本身就是一个由多种要素资产组成的资产综合体，企业自身就是一个复合的概念。有法律层面上的，经济层面上的，工艺技术层面上的，资产层面上的和市场层面上的等。当然，企业价值本身也是一个复合的概念。由于企业和企业价值的复合型，以及企业价值决定因素的综合性，使得人们可以从不同的角度认识企业价值，因而形成了许多不同理论流派的企业价值定义。

从政治经济学的角度看，在市场条件下，企业的价值是由凝结在企业中的社会必要劳动时间决定的，将企业视为一种商品，可以买卖和交易。

从会计核算的角度看，企业价值是由建造企业的全部支出构成，并通过资产负债表上的各项目的历史价值反映出来。

从市场交换的角度看，企业价值是指企业生产能力的价值，是企业参与市场交换所能获利的价值之和，它表现为企业的预期获利能力。

从理财学的角度看，企业价值是该企业以适当的折现率所折现的预期现金流量的现值，即企业价值是企业在其未来经营期间内所获利现金流量的函数。

从企业价值评估角度看，企业价值的具体表现形式包含了企业整体价值、企业投资资本价值、企业股东全部权益价值和企业股东部分权益价值等。其中，企业整体价值是指用企业总资产价值减去企业负债中的非付息债务价值后的余值，或企业所有者权益价值加上企业的全部付息债务价值。企业的投资资本价值是指由企业所有者权益价值与长期负债中的付息债务价值之和。企业股东全部权益价值是指企业的所有者权益价值或企业净资产价值。企业股东部分权益价值是指企业所有者权益价值中的某一部分。

(三) 企业价值评估的概念

《资产评估执业准则——企业价值》所称企业价值评估，是指资产评估机构及其资产评估专业人员遵守法律、行政法规和资产评估准则，根据委托对评估基准日特定目的下的企业整体价值、股东全部权益价值或者股东部分权益价值等进行评定和估算，并出具资产评估报告的专业服务行为。

企业整体价值和股东全部权益价值的内涵已经在企业价值的具体表现形式中做了介绍，而股东部分权益价值其实就是企业一部分股权的价值，或股东全部权益价值的一部分。股东部分权益价值概念并不难理解，但由于存在着控股权溢价和少数股权折价因素，资产评估人员应当知晓股东部分权益价值并不必然等于股东全部权益价值与股权比例的乘积。在资产评估实务中，股东部分权益价值的评估通常是在得到股东全部权益价值后再来评定，评估人员应当在适当及切实可行的情况下考虑由于控股权和少数股权等因素产生的溢价或折价，应当在评估报告中披露是否考虑了控股权和少数控股权等因素产生的溢价或折价。

由于企业价值评估的对象是多层次的，资产评估人员在评估企业价值时，应当根据评估目的及委托方的要求等谨慎区分本次评估的是企业整体价值、股东全部权益价值，还是股东部分权益价值，并在评估报告中明确说明。不论企业价值评估的是哪一种价值，它们都是企业在特定时期、地点和条件约束下所具有的持续获利能力的市场表现。

企业价值评估具有以下特点：

（1）评估对象和评估范围并不是简单的统一。在正常情况下，企业价值评估的评估对象是企业的权益价值，并不是承载企业价值的那些要素资产，以及那些要素资产组成的资产综合体。

（2）决定企业价值高低的因素是企业的整体获利能力。

（3）在正常情况下，尽管企业价值的载体是由多个或多种单项资产组成的，而企业价值评估却是一种整体性评估。

二、企业价值评估的范围界定

(一) 企业价值评估的一般范围

就一般意义上来讲，企业价值评估的一般范围是为进行企业价值评估所应进行的具体工作范围，通常是指企业产权涉及的具体资产范围。不论是进行企业整体价值评估、股东全部权益价值评估，还是进行股东部分权益价值评估，其实都要对企业进行整体性评估，企业价值评估的工作范围必然要涉及企业产权内的所有资产。从产权的角度界定，企业价值评估的一般范围应该是企业产权涉及的全部资产。企业价值评估的范围包括企业产权主体自身拥有并投入经营的部分，企业产权主体自身拥有未投入经营部分，企业实际拥有但尚未办理产权的资产等，虽不为企业产权主体自身占用及经营、但可以由企业产权主体控制的部分，如全资子公司、控股子公司以及非控股公司中的投资部分和企业拥有的非法人资格的派出机构、分部及第三产业。

另外，在具体界定企业价值评估的一般范围时，应根据以下有关数据资料进行：

（1）企业价值评估申请报告及上级主管部门批复文件所规定的评估范围；

（2）企业有关产权转让或产权变动的协议、合同、章程中规定的企业资产变动的范围；

（3）企业有关资产产权证明、账簿、投资协议、财务报表；

（4）其他相关资料等。

（二）企业价值评估中的有效资产和溢余资产

企业价值的形成基于企业整体盈利能力，评估人员判断估计企业价值就是要正确分析和判断企业的盈利能力。企业是由各类单项资产组合而成的资产综合体，这些单项资产对企业盈利能力的形成具有不同的作用和贡献。在对企业价值评估的一般范围进行界定之后，并不一定要将所界定的企业价值评估一般范围内的所有具体资产都按一种评估思路进行评估，通常需要将企业价值评估中一般资产范围内的具体资产按照其在企业中发挥的功能，划分为有效资产和溢余资产。二者的合理区分是进行企业价值评估的重要前提。

有效资产是指企业中正在运营或虽未正在运营但企业需要的且有潜在运营经营能力，并能对企业盈利能力做出贡献、发挥作用的资产。

溢余资产是指企业中不能参与生产经营，不能对企业盈利能力做出贡献的相对过剩及无效的资产，如多余的非经营性资产、闲置资产，以及虽然是经营性的资产，但在被评估企业已失去经营能力和获利能力的资产。

划分有效资产和溢余资产的意义是：

（1）有效资产是企业价值评估的基础，溢余资产虽然也可能有交换价值，但溢余资产的交换价值与有效资产价值的决定因素、形成路径是有差别的。

（2）正确界定与区分有效资产和溢余资产，将企业的有效资产作为运用各种评估途径与方法评估企业价值的基本范围或具体操作范围，对溢余资产单独进行评估或进行其他技术处理。

在界定企业价值评估一般范围及有效资产与溢余资产时，应注意的事项有：

（1）对于在评估时点产权不清的资产，应划为"待定产权资产"，可以列入企业价值评估的一般范围，但在具体操作时，应做特殊处理和说明，并需要在评估报告中披露。

（2）在产权清晰的基础上，对企业的有效资产和溢余资产进行区分。在进行区分时应注意把握以下几点：①对企业有效资产的判断，应以该资产对企业盈利能力形成的贡献为基础，不能背离这一原则；②在有效资产的贡献下形成的企业的盈利能力，应是企业的正常盈利能力，由于偶然因素而形成的短期盈利及相关资产，不能作为判断企业盈利能力和划分有效资产的依据；③评估人员应对企业价值进行客观揭示，如企业的出售方拟进行企业资产重组，则应以不影响企业盈利能力为前提。

（3）在企业价值评估中，对溢余资产有两种处理方式：一是进行"资产剥离"，在运用多种评估途径及其方法进行有效资产及其企业价值评估前，将企业的溢余资产单独剥离出去，溢余资产的价值不作为企业价值的组成部分，作为独立的部分进行单独处理，并在评估报告中予以披露；二是在运用多种评估途径及其方法进行有效资产及其企业价值评估前，将企业的溢余资产单独剥离出去，用适合溢余资产的评估方法将其进行单独评估，并将评估值加总到企业价值评估的最终结果之中，并在评估报告中予以披露。

三、影响企业价值的因素

（一）企业所处的经济和社会环境

企业所处的经济环境和社会环境是指企业外部的客观条件，例如，企业及其商品在国民经济中的地位与作用、企业所处产业的产业结构、产业布局的调整以及由此造成的资金流向等方面的变动等。这些因素涉及整个国民经济的发展战略和国家的方针政策，是外部的、客观的因素，因此，在对企业整体资产进行评估时，并不直接计算这部分因素对资产价值的影响。但是，这些因素将最终影响企业产权的交易价格，因为企业整体资产评估是以整个企业的产权变更为目的的，而通过评估所确定的企业整体价值，将被作为交易时的资产底价。资产的实际交易价格作为企业整体价值的货币表现，有时同底价是一致的，但更多的时候则存在偏差，这主要是由于产权交易市场调节的结果，而企业所处的经济环境和社会环境，就是影响市场条件的主要因素。因此，在最终确定企业整体的评估价值时，仍然需要考虑企业所处的经济环境和社会环境。

（二）企业整体的技术情况

在两个企业各单项资产总价值量相同的情况下，技术较为先进或者机器设备的成新率较高的企业，整体评估值较高。这是因为技术进步有利于企业提高产品质量，提高生产效率，从而获得较多的竞争优势和利润。企业整体的技术情况主要体现在企业中的可移动长期资产方面，因为社会技术水平进步对不动产的影响相对较小。

（三）企业全部资产价值量的大小

一般而言，随着竞争的加剧，社会资产平均利润率逐渐平均化。在这种情况下，企业资产价值量与企业的获利能力呈正相关变化，即企业资产价值量越大，企业的获利能力越强。企业全部资产价值量的大小既可以通过单项资产评估价值的加总得到，也可以通过把账面净值利用物价指数调整的方法得到。

（四）企业资产的匹配状况

企业资产的匹配状况也就是企业的资源配置效率。它指的是企业各类资产通过一定的匹配方法能否最大限度地发挥出生产能力。只有企业各项资源实现了有效配置，才会最大限度地降低生产成本，提高生产效率，使得生产、财务、销售、管理等各部门运转流畅，避免不必要的浪费，从而使企业具有较强的获利能力。资源配置效率是企业经营管理中一个非常重要的问题。企业资产匹配主要包括两个方面的含义：一是企业中各类资产的匹配状况，如流动资产、固定资产、无形资产等的匹配状况；二是各类资产内部的匹配状况，如固定资产中机器设备和房屋建筑物资产的匹配状况，流动资产中库存和流动现金的匹配状况等。这两方面匹配状况直接影响着企业资源配置效率的高低。

（五）企业经营者及员工的素质

它主要包括企业经营管理者的经营管理思想策略、领导方式以及员工的思想觉悟、文化修养和技术水平等。由于人是企业中最活跃的因素，也是最为重要的生产要素，所以他们的素质直接关系到企业的竞争能力和获利能力。因此，企业经营者及其员工的素质直接影响企业的竞争能力、应变能力、技术开发能力和扩大再生产能力。

（六）企业文化及企业信誉

企业文化指的是企业长期形成的一系列价值观念和行为规范。良好的企业文化能显著加强企业的凝聚力，极大调动员工的工作积极性，为企业创造出更大的价值。企业信誉是企业生产经营或提供商品、劳务在客户心目中的形象，它是企业商誉的重要来源之一。企业信誉主要包括商品信誉和经营信誉两个方面。企业以优异的商品质量对客户提供周到的服务并恪守与供应商的合同、按时交货等，都会为企业带来更高的商业利润。

（七）其他因素

其他因素主要包括国家政策、企业所处地理环境、企业所处宏观经济形势等。企业所处的地理位置和交通条件直接影响着企业的运输成本和其他额外的成本，而产业政策则直接影响着企业未来的发展潜力和获利能力。

四、企业价值评估的程序

企业价值评估不仅要遵循一定的企业价值评估程序，还要按照企业价值评估程序来执行。企业价值评估程序就是一种执行程序，企业价值评估程序为企业价值的评估提供了流程指导。

（一）明确评估基本事项

注册资产评估师执行企业价值评估业务，应当明确下列基本事项：委托方的基本情况、委托方以外的其他评估报告使用者、被评估企业的基本情况、评估目的、评估对象和评估范围、价值类型、评估基准日、评估假设、注册资产评估师认为需要明确的其他事项。

（二）签订评估合同

在明确评估基本事项的基础上，双方签订评估合同，维护各自的权益，以明确评估目的和对象、评估基准日及客户各项要求等。

（三）编制评估工作计划

编制工作计划是对评估工作量、工作进度、专业人员调配等做出安排。资产评估计划会由于企业的规模和复杂程度不同，其详尽程度也有所不同。

（四）现场勘查与资料收集

在执行企业价值评估业务时，应当对评估对象进行必要的现场勘查，界定企业评估的范围，了解企业历史，了解企业现状，了解管理层收入情况，了解企业经营情况，了解企业市场及开拓情况，帮助评估人员鉴定企业财务状况。

注册资产评估师执行企业价值评估业务，应当根据评估业务的具体情况，收集并分析被评估企业的资料和其他相关资料，通常包括：

（1）评估对象相关权益状况及有关法律文件、评估对象涉及的主要权属证明资料；
（2）企业的历史沿革、主要股东及持股比例、主要的产权和经营管理结构资料；
（3）企业的资产、财务、经营管理状况资料；
（4）企业的经营计划、发展规划和未来收益预测资料；
（5）评估对象、被评估企业以往的评估及交易资料；
（6）影响企业经营的宏观、区域经济因素的资料；
（7）企业所在行业现状与发展前景的资料；
（8）证券市场、产权交易市场等市场的有关资料；
（9）可比企业的财务信息、股票价格或者股权交易价格等资料。

（五）选择合适的评估方法并估算企业价值

注册资产评估师执行企业价值评估业务，应当根据评估目的、评估对象、价值类型、资料收集情况等相关条件,分析收益法、市场法和成本法(资产基础法)三种资产评估基本方法的适用性,恰当选择一种或者多种资产评估基本方法。注册资产评估师对同一评估对象采用多种评估方法时,应当对各种初步评估结论进行分析,结合评估目的、不同评估方法使用数据的质量和数量,采用定性或者定量分析方式形成最终评估结论。

(六)确定评估结果并出具评估报告书

评估报告是评估过程和评估成果的综合反映,也是评估主体承担法律责任的依据。在确定了评估结果之后,起草报告,实行内部三级审核制度,企业价值评估报告应符合《企业价值评估指导意见(试行)》和《资产评估执业准则——评估报告》的基本要求。

上面六个步骤共同组成企业价值评估程序,把握这些企业价值评估程序能够帮助企业价值评估走向规范性,也能取得更好的效果。

第二节 企业价值评估的收益法

一、收益法的含义

企业价值评估的收益法是指通过估算被评估企业的未来预期收益并折成现值,借以确定被评估企业价值的一种方法。收益法应用的基本原理是现值原理。即任何企业(资产)的价值等于预期未来全部收益流(现金流)的现值总和。

应用收益法评估企业价值的前提条件是企业的持续经营。只有当企业具有持续的盈利能力时,运用收益法对企业进行价值评估才有意义。

二、收益法评估企业价值的具体公式

(一)企业持续经营假设前提下的收益法

1. 年金法

年金法的计算公式为:

$P = A/r$

式中:P——企业评估价值;A——企业每年的年金收益;r——本金化率。

用于企业价值评估的年金法,是将已处于均衡状态,其未来收益具有充分的稳定性和可预测性的企业收益进行年金化处理,然后再把已年金化的企业预期收益进行收益还原,估测企业的价值。因此,其计算公式又可以写成:

$$P = \sum_{t=1}^{n}[R_t \times (1+r)^{-t}] \div \sum_{t=1}^{n}[(1+r)^{-t}] \div r$$

2. 分段法

分段法是将持续经营的企业的收益预测分为前后两段。将企业的收益预测分为前后两段的理由在于:在企业发展的前一个期间,企业处于不稳定状态,因此企业的收益是不稳定的;而在该期间之后,企业处于均衡状态,其收益是稳定的或按某种规律进行变化。对于前段的企业预期收益采取逐年预测,并折现累加的方法;而对于后段的企业收益,则针对企业

具体情况并按企业的收益变化规律,对企业后段的预期收益进行折现和还原处理。将企业前后两段收益现值加在一起便构成企业的收益现值。

假设以前段最后一年的收益作为后段各年的年金收益,则分段法的计算公式可写成:

$$P = \sum_{t=1}^{n} \frac{R_t}{(1+r)^t} + \frac{A}{r} \cdot \frac{1}{(1+r)^n}$$

$$= \sum_{t=1}^{n} [R_t(P/F,r,t)] + \frac{A}{r}(P/F,r,n)$$

假设从 $(n+1)$ 年起的后段,企业预期年收益将按固定比率 (g) 增长,则分段法的计算公式为:

$$P = \sum_{t=1}^{n} \frac{R_t}{(1+r)^t} + \frac{R_n(1+g)}{r-g} \cdot \frac{1}{(1+r)^n}$$

$$= \sum_{t=1}^{n} [R_t(P/F,r,t)] + \frac{R_n(1+g)}{r-g}(P/F,r,n)$$

(二)企业有限持续经营假设前提下的收益法

企业有限持续经营假设前提下的收益法的计算公式为:

$$P = \sum_{t=1}^{n} [R_t \times (1+r)^{-t}] + P_n \times (1+r)^{-n}$$

【例 13 - 1】 待估企业预计未来 5 年的预期收益额为 100 万元、120 万元、110 万元、130 万元、120 万元,假定本金化率为 10%。

要求:

(1) 试用年金法估测待估企业价值。

(2) 假定企业持续经营,从第 6 年开始,每年收益额保持在 120 万元,试评估待估企业价值。

(3) 假定企业持续经营,从第 6 年开始,每年收益额将在上一年的基础上增长 2%,试评估待估企业的价值。

(4) 假定企业经营年限是 5 年,第 5 年预计变现价值为 100 万元,试评估待估企业的价值。

评估计算过程如下:

(1) 年金法待估企业价值。

$$P = \sum_{t=1}^{n} [R_t \times (1+r)^{-t}] \div \sum_{t=1}^{n} [(1+r)^{-t}] \div r$$

$$= \sum_{t=1}^{n} [R_t \times (1+r)^{-t}] \div (P/A,r,n) \div r$$

$$= [100 \times (1+10\%)^{-1} + 120 \times (1+10\%)^{-2} + 110 \times (1+10\%)^{-3} + 130 \times (1+10\%)^{-4} + 120 \times (1+10\%)^{-5}] \div (P/A,10\%,5) \div 10\%$$

$$= (100 \times 0.9091 + 120 \times 0.8264 + 110 \times 0.7513 + 130 \times 0.6830 + 120 \times 0.6208) \div 3.7907 \div 10\%$$

$$= (90.91 + 99.168 + 82.643 + 88.79 + 74.496) \div 3.7907 \div 10\%$$

$$= 1\,150.20\ (万元)$$

(2) 假定企业持续经营,从第 6 年开始,每年收益额保持在 120 万元,则企业的价值为:

$$P = \sum_{t=1}^{n} \frac{R_t}{(1+r)^t} + \frac{A}{r} \cdot \frac{1}{(1+r)^n}$$

$$= \sum_{t=1}^{n} [R_t(P/F,r,t)] + \frac{A}{r}(P/F,r,n)$$

$$= [100 \times (1+10\%)^{-1} + 120 \times (1+10\%)^{-2} + 110 \times (1+10\%)^{-3} + 130 \times (1+10\%)^{-4} + 120 \times (1+10\%)^{-5}] + 120 \div 10\% \times (P/F, 10\%, 5)$$

$$= 436 + 1\,200 \times 0.6208$$

$$= 1\,180.96 \text{(万元)}$$

(3) 假定企业持续经营,从第 6 年开始,每年收益额将在上一年的基础上增长 2%,则企业的价值为:

$$P = \sum_{t=1}^{n} \frac{R_t}{(1+r)^t} + \frac{R_n(1+g)}{r-g} \cdot \frac{1}{(1+r)^n}$$

$$= \sum_{t=1}^{n} [R_t(P/F,r,t)] + \frac{R_n(1+g)}{r-g}(P/F,r,n)$$

$$= [100 \times (1+10\%)^{-1} + 120 \times (1+10\%)^{-2} + 110 \times (1+10\%)^{-3} + 130 \times (1+10\%)^{-4} + 120 \times (1+10\%)^{-5}] + 120 \times (1+2\%) \div (10\% - 2\%) \times (P/F, 10\%, 5)$$

$$= 436 + 1\,530 \times 0.6208$$

$$= 1\,385.824 \text{(万元)}$$

(4) 假定企业经营年限是 5 年,第 5 年预计变现价值为 100 万元,则企业的价值为:

$$P = \sum_{t=1}^{n} [R_t \times (1+r)^{-t}] + P_n \times (1+r)^{-n}$$

$$= [100 \times (1+10\%)^{-1} + 120 \times (1+10\%)^{-2} + 110 \times (1+10\%)^{-3} + 130 \times (1+10\%)^{-4} + 120 \times (1+10\%)^{-5}] + 100 \times (P/F, 10\%, 5)$$

$$= 436 + 100 \times 0.6208$$

$$= 498.08 \text{(万元)}$$

三、收益额的确定

(一) 企业收益的含义

企业的收益额具体是指企业在正常条件下,获得的归企业所得额。企业收益界定是从企业发生产权变动以确定企业交易价值这一特定目的作为出发点。在进行界定时,应注意以下两个方面:一是企业创造的不归企业权益主体所有的收入不能作为企业价值评估中的企业收益。例如,税收,不论是流转税还是所得税都不能视为企业收益。二是凡是归企业权益主体所有的企业收支净额都可视为企业的收益。因此,企业的收益有两种基本表现形式:企业净利润和企业净现金流量。企业收益的其他表现形式有:息前净现金流量(企业自由现金流量)、息税前利润、息税前净现金流量等。

不同口径的收益额,其折现值的价值内涵和数量是有差别的,在假设折现率口径与收益额口径保持一致的前提下,不同口径收益额现值的内涵如下:

(1) 净利润或净现金流量（股权自由现金流量）折现或资本化为企业股东全部权益价值（净资产价值或所有者权益价值）；

(2) 净利润或净现金流量加上扣税后的长期负债利息折现或资本化为企业投资资本价值（所有者权益 + 长期负债）；

(3) 净利润或净现金流量加上扣税后的全部利息（企业自由现金流量）折现或资本化为企业整体价值（所有者权益价值和付息债务之和）。

（二）企业收益的预测

1. 预期收益预测基础

企业价值评估的预期收益的基础应该是在正常的经营条件下，排除影响企业盈利能力的偶然因素和不可比因素之后的企业正常收益。即以企业在评估时点的实际收益为出发点，扣除一次性的或偶然性的因素，作为企业未来预期收入的基础。

2. 预期收益预测的步骤

企业预期收益的预测大致可分为以下几个步骤：

(1) 评估基准日审计后企业收益的调整。评估基准日审计后企业收益的调整包括两部分工作。一是对审计后的财务报表进行非正常因素调整，主要是损益表和现金流量表的调整。将一次性、偶发性或以后不再发生的收入或费用进行剔除，把企业评估基准日的利润和现金流量调整到正常状态下的数量，为企业预期收益的趋势分析打好基础。二是研究审计后报表的附注和相关揭示，对在相关报表中揭示的影响企业预期收益的非财务因素进行分析，并在该分析的基础上对企业的收益进行调整，使之能反映企业的正常盈利能力。

(2) 企业预期收益趋势的总体分析和判断。企业预期收益趋势的总体分析和判断是在对企业评估基准日审计后实际收益调整的基础上，结合企业提供的预期收益预测和评估机构调查搜集到的有关信息的资料进行的。这里需要强调指出：第一，对企业评估基准日审计后的财务报表调整，尤其是客观收益的调整仅作为评估人员进行企业预期收益预测的参考依据，不能用于其他目的。第二，评估人员还必须深入到企业现场进行实地考察和现场调研，与企业的核心管理层进行充分的交流，了解企业的生产工艺过程、设备状况、生产能力和经营管理水平，再辅之以其他数据资料对企业未来收益趋势做出合乎逻辑的总体判断。

(3) 企业预期收益预测。企业预期收益的预测是在前两个步骤完成的前提下，运用具体的技术方法和手段进行测算。在一般情况下，企业的收益预测分两个时间段。对于已步入稳定期的企业而言，收益预测的分段较为简单：一是对企业未来3～5年的收益预测；二是对企业未来3～5年后的各年收益预测。

目前较为常用的方法有综合调整法、产品周期法、实践趋势法等。不论采用何种预测方法，科学合理地设定预测企业预期收益的前提条件是必需的，这些前提条件包括：国家的政治、经济等政策变化对企业预期收益的影响，除已经出台尚未实施的以外，只能假定其将不会对企业预期收益构成重大影响；不可抗拒的自然灾害或其他无法预期的突发事件，不作为预期企业收益的相关因素考虑；企业经营管理者的某些个人行为也未在预测企业收益时考虑已提供的关于预期收益的预测是评估人员预测企业未来预期收益的重要参考资料。

在明确了企业收益预测前提条件的基础上，就可以着手对企业未来3～5年的预期收益进行预测。预测的主要内容有：对影响被评估企业及所属行业的特定经济及竞争因素的估计；未来3～5年市场的产品或服务的需求量或被评估企业市场占有份额的估计；未来3～5年销售收入的估计；未来 3~5 年成本费用及税金的估计；完成上述生产经营目标需追加投资以及对技术设备更新改造因素的估计；未来 3~5 年预期收益的估计等。关于企业的收益预测，评估人员不得不加分析地直接引用企业或其他机构提供的方法和数据，而应把企业或其他机构提供的有关资料作为参考，根据可搜集到的数据资料，在经过充分分析论证的基础上作出独立的预测判断。

四、折现率和资本化率及其估测

（一）企业价值评估中选用折现率的基本原则

第一，折现率等于无风险报酬率加上风险报酬率，所以折现率肯定不低于无风险报酬率。

第二，企业评估的折现率与行业平均回报率有一定的关联。

第三，企业折现率必须与企业的经济收益定义相匹配，如企业的经济收益是股权现金，则要用反映企业股权收益的回报率作为折现率。

第四，企业评估的折现率确定没有固有的原则和程序，完全要根据被评估企业的实际情况。考虑分析的因素越多、越全面，则推导出来的结果就越理想。

（二）在测算风险报酬率时，应注意的因素

第一，国民经济增长率及被评估企业所在行业在国民经济中的地位。

第二，被评估企业所在行业的发展状况及被评估企业在行业的地位。

第三，被评估企业所在行业的投资风险。

第四，企业在未来的经营中可能承担的风险等。

（三）风险报酬率的估测方法

在充分考虑和分析以上因素后，风险报酬率可以通过风险累加法和 β 系数法估测。

1. 风险累加法

企业在其持续经营过程中可能要面临很多风险，如行业风险、经营风险、财务风险、其他风险等。将企业可能面临的风险对回报率的要求予以量化加总，便可得到企业评估折现中的风险报酬率。其计算公式为：

$$\text{风险报酬率} = \text{行业风险报酬率} + \text{经营风险报酬率} + \text{财务风险报酬率} + \text{其他风险报酬率}$$

行业风险主要指企业所在行业的市场特点、投资开发以及国家产业政策调整等因素造成的行业发展不确定性给企业预期收益带来的影响。

经营风险是指企业在经营过程中，由于市场需求变化、要素供给条件变化以及同类企业间的竞争给企业的未来预期带来的不确定性影响数据资料的基础上，对于风险报酬率的判断才能较为客观合理。当然，在条件允许的情况下，评估人员应尽量采取统计和数理分析方法对风险回报率进行量化。

财务风险是指企业在经营过程中的资金融通、资金调度、资金周转可能出现的不确定性因素影响企业的预期收益。

其他风险包括了国民经济景气状况、通货膨胀等因素，这些因素都可能对企业预期收益产生影响。

量化上述各种风险所要求的回报率主要是采取经验。它要求评估人员充分了解国民经济的运行态势、行业发展、市场状况、同类企业竞争情况等。只有在充分了解和掌握上述资料的基础上，对于风险报酬率的判断才能较为客观合理。当然，在条件允许的情况下，评估人员应尽量采取统计和数理分析方法对风险回报率进行量化。

2. β 系数法

β 系数法的计算公式为：

$$R_r = (R_m - R_f) \times \beta$$

式中：R_r——被评估企业所在行业的风险报酬率；R_m——社会平均收益率；R_f——无风险报酬率；β——被评估企业所在行业的 β 系数。

在评估某一个具体的企业价值时，应考虑企业的规模、经营状况及财务状况，确定企业在其所在的行业中的地位系数（a），然后与企业所在行业的风险报酬率相乘，得到该企业的风险报酬率。即：

$$R_r = (R_m - R_f) \times \beta \times a$$

（四）折现率和资本化率的估测方法

1. 累加法

累加法是指采用无风险报酬率加风险报酬率的方式确定折现率或资本化率。如果风险报酬率是通过 β 系数法或资本资产定价模型估测出来的，此时，累加法测算的折现率或资本化率适用于股权收益的折现或资本化。累加法测算折现率的计算公式为：

$$R = R_f + R_r$$

式中：R——企业价值评估中的折现率；R_f——无风险报酬率；R_r——风险报酬率。

2. 资本资产定价模型

资本资产定价模型通常是用来测算权益资本折现率的一种工具。其计算公式为：

$$R = R_{f1} + (R_m - R_{f2}) \times \alpha \times \beta$$

式中：R——企业价值评估中的折现率；R_{f1}——现行无风险报酬率；R_m——市场期望报酬率历史平均值；R_{f2}——历史平均无风险报酬率；β——被评估企业所在行业权益系统风险系数；α——企业特定风险调整系数。

注意：这里的 R_{f1} 和 R_{f2} 一般情况下是相等的。

3. 加权平均资本成本模型

加权平均资本成本模型是以企业的所有者权益和企业负债所构成的全部资本，以及全部资本所需求的回报率，经加权平均计算来获得企业评估所需的折现率。其计算公式为：

$$R = \frac{E}{D+E} \times K_e + \frac{D}{D+E} \times (1-T) \times K_d$$

式中：E——权益的市场价值；D——债务的市场价值；K_e——权益资本要求的投资回报率；K_d——债务资本要求的回报率；T——被评估企业适用的所得税税率。

如果债务只包含长期负债，则：

企业投资资本要求的折现率 = 长期负债占投资资本的比重 × 长期负债成本 + 权益资本占投资资本的比重 × 权益资本成本

权益资本要求的回报率 = 无风险报酬率 + 风险报酬率

（长期）负债成本 =（长期）负债税前成本（即 Kd）×（1 - 所得税税率）

确定各种资本权数的方法一般有三种：一是以企业资产负债表中（账面价值）各种资本的比重为权数；二是以占企业外发证券市场价值（市场价值）的现有比重为权数，三是以在企业的目标资本构成中应该保持的比重为权数。

【例13-2】 A公司是一家有名的乳制品生产企业，是一家完全由自然人发起成立的民营企业，经过短短五年的发展，于2004年正式在香港联交所主板上市，成为第一家在海外上市的中国乳制品企业，此时，A公司已经在全国15个省级行政区建立了约20个生产基地，包揽了国内液态奶、冰淇淋、酸奶三项产销冠军，其产品以优良的品质荣获"中国品牌"、"中国驰名商标"等称号。

要求：用收益法评估A公司的价值（评估基准日为2014年12月31日）。

评估过程及结果如下：

(1) 选取企业历史财务信息。根据A公司2010~2014年对外公布的财务报告包括资产负债表、利润表、现金流量表、所有者权益变动表以及附注五个部分，现选取利润表和资产负债表的一部分数据进行评估的基期资料分析，如表13-1所示。

表13-1　　　　　　　　2010~2014年A公司利润表（部分）

年份 项目	2010年	2011年	2012年	2013年	2014年
收入	721 382.7	1 082 495.0	1 624 636.8	2 131 806.2	2 386 497.5
销售成本	560 736.3	841 174.5	1 252 459.7	1 651 455.7	1 919 557.6
毛利	160 646.4	241 320.5	372 177.1	480 350.5	466 939.9
销售及经销费用	103 928.2	149 497.0	238 032.4	330 202.0	442 802.7
行政费用	13 666.2	26 781.7	42 000.4	46 190.2	62 216.2
其他经营费用	404.0	2 389.7	1 671.2	2 182.9	87 603.3

(2) 预测A企业未来5年的销售收入及销售成本如表13-2所示。

表13-2　　　　　　2015~2019年A公司预计销售收入及销售成本　　　　　　单位：万元

年份 项目	2015年	2016年	2017年	2018年	2019年
销售收入	2 983 121.9	3 728 902.4	4 661 128.0	5 826 410.0	7 283 012.5
销售成本	2 088 185.3	2 610 231.7	3 262 789.6	4 078 487.0	5 098 108.8

(3) 销售及经销费用、行政费用和其他经营费用的预测如表13-3所示。

表13-3　　　　　　　2015~2019年A公司预计各项费用　　　　　　单位：万元

年份 项目	2015年	2016年	2017年	2018年	2019年
销售及经销费用	298 312.2	372 890.2	466 112.8	582 641.0	728 301.3
行政费用	29 831.2	37 289.0	46 611.3	58 264.1	72 830.1
其他经营费用	1 491.6	1 864.5	2 330.6	2 913.2	3 641.5

(4) 综合以上数据计算得出 2015~2019 年的自由现金流量（如表 13-4 所示）。

自由现金流量 = 销售收入 - 销售成本 - 销售及经销费用 - 行政费用 - 其他经营费用

表 13-4　　　　　　　　A 公司 2015~2019 年自由现金流量　　　　　　　单位：万元

年份 项目	2015 年	2016 年	2017 年	2018 年	2019 年
自由现金流量	396 755.1	495 944.0	619 929.9	774 912.6	968 640.7

(5) 估算平均资本成本。

① 股权资本成本的估算。

股权资本成本 = 3.09% + 1.0 × (9.35% - 3.09%) = 9.35%

② 债务成本的估算。根据中国银行公布的 3 至 5 年期基准贷款利率及 A 公司的所得税税率（25%）计算得到其税后债务成本为 4.32%。

③ 计算加权平均资本成本。根据 2014 年 12 月底 A 公司公布的财务报告中资产负债率为 60.54%，所有者权益占资产的比重为 39.46%，计算得到企业的加权平均成本为 6.31%（4.32% × 60.54% + 9.35% × 39.46% = 6.31%）。

(6) 运用两阶段 FCFE 模型评估企业价值。根据两阶段 FCFE 模型公式计算 A 公司的企业价值为：

$$企业价值 = \sum_{i=1}^{n} \frac{实体现金流量}{(1 + 加权平均资本成本)^i}$$
$$= 2\ 647\ 996.66\ (万元)$$

五、对收益法应用的评价

随着企业经营目标、管理理念、决策标准和管理方式的根本性革命，使得企业管理进入到以价值为基础、以价值最大化为目标的价值管理时代。人们关注的是企业存续期间现金流量贴现值的最大化（即价值最大化）。因此，企业价值评估应用收益法，也成为一种必然。

收益法评估企业价值的主要优点在于：

(1) 收益法最符合价值理论和新经济发展对评估业的要求，揭示了企业的内在价值。收益法是建立在价值分析和价值管理基础上的评估方法，反映的是资产整体的获利能力，而且与投资决策紧密结合，因此，应用收益法评估企业价值易被买卖双方所接受。

(2) 收益法从资产经营的根本目的出发，紧扣企业的收益进行评估，更加符合资产评估的根本要求。

(3) 在对企业价值评估中，应用现金流量折现能通过各种假设反映企业管理层的管理水平和经验。

(4) 运用收益法评估一个持续经营的企业价值，评估人员应充分占有各种行业资料，通过对行业资料加以分析来评价企业整体资产的价值，给投资决策者的资本运营提供了极其有用的参考资料。

(5) 评估人员还可以通过对行业内各企业的管理状况的分析与评价提供管理咨询业务服务等，不仅扩展了评估业的服务范围，而且使评估行业的地位和作用得到提升。

但收益法也不是完美无缺的，运用收益法对企业所在行业、企业竞争战略、企业经营战略等进行分析的基础上，对企业的未来经营做出合理的预测，评估结果的科学性在很大程度上取决于评估人员的职业判断，评估主观性较大，易产生随意评估和串通评估。

多年来，我国资产评估人员在企业价值评估中主要采用成本法，而仅用收益法进行检验，其主要原因在于我国市场经济尚不成熟，难于合理确定资产的未来收益和折现系数。但伴随着我国市场经济的平稳发展，国有企业和金融制度改革的全面展开，以及评估人员素质的提高，运用收益法对企业价值评估会越来越广泛。

第三节　企业价值评估的成本法

一、成本法的含义

企业价值评估中的成本法也称资产基础途径中的资产加和法，是指在合理评估企业各项资产价值和负债的基础上确定企业价值的评估方法。这种方法是目前我国资产评估人员最熟悉的企业价值评估方法。由于历史的原因，我国大量的国有企业改制以及合资都采用这种方法对企业整体进行评估。因此其也被称之为整体企业价值评估的重置成本法。

成本法的理论基础也是"替代原理"，即任何一个精明的潜在投资者，在购置一项资产时所愿意支付的价格不会超过建造一项与所购资产具有相同用途的替代品所需的成本，因此，如果投资者的待购资产是全新的，其价格不会超过其替代资产的现行建造成本扣除各种损耗的余额。这种方法起源于对传统的实物资产的评估，如土地、建筑物、机器设备等的评估。这种方法强调被评估企业资产的重置成本，使用这种方法主要考虑资产的成本，很少考虑企业的收益和支出。在使用成本法时，主要通过调整企业财务报表的所有资产和负债来反映它们的现时市场价值。

二、成本法的假设前提

成本法评估企业价值一般有两种假设条件，即持续经营假设和非持续经营假设。在持续经营假设条件下，一般不宜运用加和法对企业价值进行评估。因为运用加和法评估企业价值，是通过分别评估企业的所有可确指资产后加和而成。此种方法无法把握持续经营企业价值的整体性，亦难以把握各个单项资产对企业的贡献。对企业各单项资产间的工艺匹配和有机组合因素产生的整合效应，即不可确指的无形资产，无法进行有效衡量。因此，在一般情况下，不宜单独运用加和法评估一个在持续经营假设前提下的企业价值。在特殊情况下，评估人员采用加和法对持续经营企业进行评估，应予以充分的说明。

在正常情况下，运用加和法评估持续经营的企业应同时采用收益法进行验证。特别是在我国目前的条件下，企业的社会和非正常费用较多，企业的财务数据难以真实反映企业的盈利，影响了基于企业财务数据进行的企业预期收益预测的可靠性。因此，将加和法与收益法配合使用，可以起到互补的作用。这样既便于评估人员对企业盈利能力的把握，又可使企业的收益预测建立在较为坚实的基础上。

三、成本法的具体应用

成本法，即资产加和法是实现企业重建的具体技术手段，具体是指将构成企业的各种要素资产的评估值加总求得企业价值的方法。企业重建并不是对被评估企业的简单复制，而主要是对企业生产能力和盈利能力的重建。因此，企业价值评估的加和法是紧紧围绕企业的盈利能力进行的，所得出的企业价值就是有形资产和无形资产的总和减去负债。

用加和法评估企业的价值的具体分为六个步骤。

（一）对单项资产进行认定

在进行加和法评估之前，应对企业的盈利能力以及相匹配的单项资产进行认定，以便在委托方委托的评估范围基础上，进一步界定纳入企业盈利能力范围内的资产和闲置资产的界限。

（二）明确企业价值评估的假设前提

资产评估人员在对构成企业的各个单项资产进行评估时，应明确评估对象的假设前提，即持续经营假设前提和非持续经营假设前提。在不同的假设前提下，运用加和法评估出的企业价值是有区别的。持续经营假设前提下的各个单项资产的评估，应按贡献原则评估其价值。而对于非持续经营假设前提下的单项资产的评估，则按变现原则进行。在持续经营假设前提下，一般不宜运用加和法对企业价值进行评估。

（三）对企业单项资产进行评估

1. 现金

除对现金进行点钞核数外，还要通过对现金及企业运营的分析，判断企业的资金流动能力和短期偿债能力。

2. 应收账款及预付账款

从企业财务的角度看，应收账款及预付账款都构成企业的资产。而从企业资金周转的角度看，企业的应收账款必须保持一个合理的比例。企业应收账款占销售收入的比例，以及账龄的长短大致可以反映一个企业的销售情况、企业产品的市场需求及企业的经营能力等，并为预期收益的预测提供参考。

3. 存货

存货本身的评估并不复杂，但通过对存货进行评估，可以了解企业的经营状况，至少可以了解企业产品在市场中的竞争地位。畅销产品、正常销售产品、滞销产品和积压产品的比重将直接反映企业在市场上的竞争地位，并为企业预期收益预测提供基础。

4. 机器设备与建筑物

机器设备和建筑物是企业进行生产经营和保持盈利能力的基本物质基础。设备的新旧程度、技术含量、维修保养状况、利用率等不仅决定机器设备本身的价值，同时还对企业未来的盈利能力产生重大影响。按照机器设备及建筑物对企业盈利能力的贡献评估其现时价值，是持续经营假设前提下运用加和法评估企业单项资产的主要特点。

5. 无形资产

企业拥有无形资产的多寡，以及研制开发无形资产的能力，是决定企业市场竞争能力及盈利能力的决定性因素。在评估过程中，要弄清每一种无形资产的盈利潜力，以便为企业收益预测打下坚实的基础。

（四）对负债进行评估和审核

所谓负债的评估，实质就是对企业负债的审计核实。对于企业负债的审核包括两个方面的内容：一是负债的确认，二是对负债的计量。

1. 负债的确认

对于负债的确认，主要应放在对企业账面负债的可免除部分和应免除部分，以及企业将面临的或有负债和潜在负债方面。其具体内容包括：

（1）短期负债。短期负债包括应交税金、应付利息、应付工资等。

（2）长期负债。长期负债包括保证金、票据、抵押、应付债券等。

（3）或有负债。或有负债包括未解决的税赋争议、未判决的诉讼、未解决的环境污染问题等。

（4）特殊债务。特殊债务包括暂时介入的费用、缺少收益空间和某些许可、重新购入雇员持股产生的债务等。

2. 负债的计量

负债的计量主要是考虑货币的时间价值问题。短期负债偿付期较短，通常不考虑货币的时间价值问题。对于长期负债，则要视具体偿付的时间、偿付的条件等考虑是否就给予折现处理。

对企业负债的审核基本上要以审计准则规定的程序和方法来进行，以正确揭示企业负债的情况。

（五）加和法确定企业价值

加和法确定企业价值的计算公式为：

企业整体价值 = 有形资产 + 无形资产

股东全部权益价值 = 企业整体价值 − 企业负债

（六）综合分析确定企业价值

在对以上单项资产实施评估并将评估值加和后，再运用收益法评估企业价值，而后将两种评估思路下的评估结果进行分析比较，以判断企业是否存在商誉或贬值，并确定企业的最终评估值。

四、对成本法应用的评价

如果单独应用成本法对企业价值进行评估会存在三个方面的缺陷。

（一）重视单项资产的评估，忽视资产组合能力的评估

单项资产相同的企业，由于资产组合能力的差别，其效益也会不同。企业的价值不仅体现在单项资产上，还体现在资产组合能力上。资产组合能力就应当是经营能力、管理水平，其资产形态就是商誉。而我们目前无论是企业兼并还是上市公司，都很少评估商誉、量化商誉。这样评估出的企业价值是不完整的，也是不公允的。

（二）重视一般的资产评估，忽视特种行业特种资产的评估

一些特种行业的企业，单从账面或有形资产看价值量很小，甚至资不抵债，但是，有人却愿意以高出账面价值几倍的价钱购买，这是因为其中存在着特种资产。特种资产由于形成过程比较复杂，时间较长，投资零星且一般作为费用进入当期损益，因而具有账面价值低甚至无账面价值而实际价值很高的特点。如报刊发行业的报刊号、医药生产企业的药批号、旅游企业的特种资源经营权等。在实际工作中，我们比较重视土地、机器设备、房屋建筑和存货的评估，对特种行业的特种资产如何评估研究较少，因而存在着评估结果偏高或偏低的现象。

（三）单项资产的价值构成不完整

评估企业中的单项资产，一定要有"整体"的观念，要从企业整体运行、持续经营的角度去重置单项资产的价值。企业中单项资产的价值应由达到该项资产目前工作状态与能力的所有支出构成。而一些评估人员在对单项资产进行评估时，只注意了与取得单项资产相关的直接支出，却忽视了该项资产达到目前工作状态与能力的一些间接支出。比如，评估一台正在运行的机器设备，其重置价中只包括了机器设备的购置价、运杂费、安装费、资金成本，而没有考虑勘察设计费、建设单位管理费、联合试运车费、技术培训费、固定资产投资方向调节税等前期间接费用；评估小型设备时重置价仅包括其购置价、运杂费、安装费，其他支出一概不考虑等。

第四节 企业价值评估的市场法

一、市场法的含义

企业价值评估的市场法就是在市场上找出一个或几个与被评估企业相同或相似的参照企业，分析、比较被评估企业和参照企业的重要指标，在此基础上，修正、调整参照企业的市场价值，最后确定被评估企业的价值。目前，国际上在对企业进行整体价值评估时大量采用了市场法。在我国采用市场法评估企业价值还有相当难度。但是随着我国证券市场的健康发展，这种方法肯定是今后发展的方向和重要手段之一。

市场法的理论依据就是"替代原则"。企业价值评估的市场法是基于类似资产应该具有类似交易价格的理论推断。因此，企业价值评估市场法的技术路线是首先在市场上寻找与被评估企业相类似的企业的交易案例，通过对所寻找到的交易案例中相类似企业交易价格的分析，从而确定被评估企业的交易价格，即被评估企业的公允市场价值。

二、市场法的具体方法

市场法常用的两种具体方法是参考企业比较法和并购案例比较法。

参考企业比较法是指通过对资本市场上与被评估企业处于同一类或类似行业的上市公司的经营和财务数据进行分析，计算适当的价值比率或经济指标，在与被评估企业比较分析的基础上，得出评估对象价值的方法。

并购案例比较法是指通过分析与被评估企业处于同一或类似行业的公司的买卖、收购及合并案例并获取分析这些交易案例的数据资料，计算适当的价值比率或经济指标，在与被评估企业比较分析的基础上，得出评估对象价值的方法。

不论是参考企业比较法还是并购案例比较法，运用上述方法的核心问题是确定适当的价值比率，价值比率的计算公式为：

$$\frac{V_1}{X_1} = \frac{V_2}{X_2}$$

即：$V_1 = X_1 \frac{V_2}{X_2}$

式中：V_1——被评估企业价值；V_2——可比企业价值；X_1——被评估企业与企业价值相关的可比指标；X_2——可比企业与企业价值相关的可比指标。

$\frac{V}{X}$ 通常称为可比价值系数。X 称为标准化尺度。式中 X 参数通常选用以下财务变量：利息、折旧和税收前利润（EBIT）、无负债净现金流量（企业自由现金流量）、净现金流量（股权自由现金流量）、净利润、销售收入和净资产等。

确定可比价值系数（价值比率）的关键在于两点：

1. 对可比企业的选择

判断企业的可比性存在两个标准：行业标准和财务标准。

2. 对可比指标的选择

（1）市盈率乘数指标。其计算公式为：

市盈率 = 每股市价/每股收益

公司的市值 = 市盈率 × 每股收益 × 公司的股数

市盈率乘数法的基本步骤是：首先，从证券交易所中搜集与被评估企业相同或相似的可比公司，包括所在行业、生产产品、生产经营规模等方面的条件要大体接近，把上市公司的股票价格按公司不同口径的收益额计算出不同的口径的市盈率，作为评估被评估企业整体价值的乘数；其次，分别按可比企业市盈率相对应口径计算被评估企业的各种收益额；再次，用相同口径市盈率乘以被评估企业的收益额得到一组被评估企业的初步整体价值；最后，对于一组整体企业初步价值分别给予权重，加权平均算出整体企业的评估值。

（2）避免单一参数的误差。在寻找参照企业的过程中，为了降低单一样本、单一参数所带来的误差，国际上通用的办法是采用多样本、多参数的综合方法。

【例13-3】 评估 W 公司的价值，我们从市场上找到了三个（一般为三个以上的样本）相似的公司 A、B、C，然后分别计算各公司的市场价值与销售额的比率、与账面价值的比率以及与净现金流量的比率，这些比率即称为可比价值倍数（V/X），结果如表13-5所示。

表 13-5 相似公司价值比率汇总表

	A 公司	B 公司	C 公司	平均
市价/销售额	1.2	1.0	0.8	1.0
市价/账面价值	1.3	1.2	2.0	1.5
市价/净现金流量	20	15	25	20

假设 W 公司的年销售额为 1 亿元，账面价值为 6 000 万元，净现金流量为 500 万，然后我们使用从上表得到的三个倍数计算出 W 公司的指示价值，再将三个指示价值进行算术平均，如表13-6所示。

表 13-6
单位：万元

项　目	W公司实际数据	可比公司平均比率	W公司指示价值
销售额	10 000	1.0	10 000
账面价值	6 000	1.5	9 000
净现金流量	500	20	10 000
W公司的平均价值			9 700

三、对市场法应用的评价

运用市场法评估企业价值存在两个障碍。

（一）企业的个体差异

每一个企业都存在不同的特性，除了所处行业、规模大小等可确认的因素均与待估企业不相同外，影响企业盈利能力的无形因素更是纷繁复杂。因此，几乎难以找到能与被评估企业直接进行比较的类似企业。

（二）企业交易案例的差异

即使存在能与被评估企业进行直接比较的类似企业，要找到能与被评估企业的产权交易相比较的交易案例也相当困难。首先，目前我国市场上不存在一个可以共享的企业交易案例资料库，因此，评估人员无法以较低的成本获得可以应用的交易案例；其次，即使有渠道获得一定的案例，但这些交易的发生时间、市场条件和宏观环境又各不相同，评估人员对这些影响因素的分析也会存在主观和客观条件上比较的简单思路，而要通过间接比较分析影响企业价值的相关因素，对企业价值进行评估。

应用市场法对企业价值进行评估需要有一个成熟、有效的证券市场为基础，而我国目前的证券市场仍然处于发展阶段，运用此种方法对企业价值进行评估尚有困难。

本章小结

企业是以盈利为目的的，按照法律程序建立的经济实体，形式体现为有各种要素资产组成并具有持续经营能力的自负盈亏的法人实体。企业具有盈利性、持续经营性、整体性等特点。企业价值是基于企业盈利能力的企业公允价值，有别于账面价值、公司价值。影响企业价值的因素有企业所处的经济和社会环境、企业整体的技术情况、企业全部资产价值量的大小、企业资产的匹配状况、企业经营者及员工的素质、企业文化及企业信誉等，同时在此基础上对企业价值评估进行了范围界定，有效地区分开有效资产和溢余资产。

我国企业价值评估中收益法应用的前提条件是企业的持续经营。企业的收益有两种表现形式：企业净利润和企业净现金流量。折现率和资本化率的估测方法有：累加法、资本资产定价模型和加权平均资本成本等。

我国企业价值评估中成本法应用的理论基础也是"替代原理"，即用有形资产和无形资产的总和减去负债就是企业价值。

我国企业价值评估中市场法的应用，这种方法的实质就是把企业内部的财务指标或比率与市场上可比企业的比率进行比较，从而得出企业市场价值。

企业价值　企业价值评估　权益价值　现金流量　收益法

1. 如何理解企业及企业价值？
2. 企业价值评估中，如何界定企业价值评估的范围？
3. 如何预测企业的收益额？
4. 如何确定企业价值评估的折现率？
5. 如何选择企业价值评估方法？

第三部分

经典案例分析

> 资产评估是一门实践性很强的课程,也是一门技术,不能脱离实例来讲解资产评估课程。本部分"经典案例分析"收集了多个具有我国资产评估特点的典型案例,并对每个案例评估对象的基本情况、评估目的、评估依据、评估方法、评估过程和评估结论等都作了详细描述。这些案例有助于读者全面熟悉和掌握资产评估理论和方法在基本业务操作中的实际应用,在一定程度上实现了理论与实践的相结合。
>
> 本部分要点:成本法评估案例
> 　　　　　　市场法评估案例
> 　　　　　　收益法评估案例

第十四章 成本法评估案例

案例一 进口机器设备研磨机评估

一、评估对象基本情况

设备名称：研磨机
规格型号：G27-55AGC
制造单位：台湾磐石油压工业有限公司
购置日期：2007年5月
启用日期：2007年5月
调整后账面原值：273 345.62元
调整后账面净值：258 208.92元

该研磨机在ABC公司主要用作加工盖、板、壳、盘等零件，具有精度高，速度快等优点。由安徽宁国中鼎股份有限公司代理进口购置。

二、评估基准日

2008年6月30日。

三、评估目的

资产转让。

四、评估依据

（一）行为依据

资产评估业务约定书。

（二）主要法律法规

1. 国务院1991年第91号令颁发的《国有资产评估管理办法》
2. 原国家国有资产管理局国资发〔1992〕第36号公布的《国有资产评估管理办法施行细则》
3. 国务院2003年第378号令《企业国有资产监督管理暂行条例》
4. 国务院国有资产监督管理委员会令（第12号）《企业国有资产评估管理暂行办法》

5. 原国家国有资产管理局［1996］第 23 号转发的《资产评估操作规范意见（试行）》

五、评估方法

重置成本法，其计算公式为：
设备评估值＝设备重置全价×设备综合成新率

六、评估过程与步骤

（一）接受委托阶段

ABC 公司委托正大资产评估有限责任公司对其固定资产进行评估，该公司了解基本情况后，决定接受委托，双方签订了资产评估业务约定书。

（二）评估准备阶段

签订业务约定书之后，评估机构制定了评估计划，并责成相关评估人员广泛收集相关市场价格资料、税费资料等，做好前期准备工作。

（三）现场工作阶段

在现场调查中，了解机器设备的具体工作状态、设备负荷与利用率、维修保养状况、工作流程、外观形态，具体存放地点等。明确设备权属，并对机器设备进行了鉴定。

（四）评定估算阶段

1. 重置价值的确定

（1）设备购置费。经向安徽宁国中鼎股份有限公司限公司代理商询价，基准日上述设备的到岸价（CIF）为 34 000 美元。评估基准日美元外汇价为 1 美元兑换人民币 7.3046 元。该机到岸价折合人民币 248 356.40 元。

（2）关税。按国家相关关税政策，为合资企业投资额度内项目，免税，该设备进口关税税率为 0。

（3）增值税。按国家相关关税政策，该设备增值税为 0。

（4）银行财务费。该设备银行财务费综合按设备购置价的 0.4% 计取。则：

银行财务费＝到岸价×银行财务费率
　　　　　＝248 356.40×0.4%
　　　　　＝993.43（元）

（5）外贸手续费。该设备外贸手续费综合按设备购置价的 1.5% 计取。则：

外贸手续费＝到岸价×外贸手续费率
　　　　　＝248 356.40×1.5%
　　　　　＝3 725.35（元）

该设备购置成本为：

购置成本＝到岸价＋关税＋增值税＋银行财务费＋外贸手续费
　　　　＝248 356.40＋0＋0＋993.43＋3 725.35
　　　　＝253 075.17（元）

（6）国内运杂费。暂不考虑国内运杂费。

（7）安装调试及基础费。按照类似国产设备安装调试费率及基础费率计取 3%。则：

安装调试及基础费 = 到岸价 × 安装调试及基础费率
$$= 253\,075.17 \times 3\%$$
$$= 7\,592.26\,(元)$$

(8) 前期工程费如表 14-1 所示。

表 14-1　　　　　　　　前期工程费用项目

序号	项　目	取费依据	计算基数	收费标准
1	勘察设计费	国家计委建设部计价格［2002］10 号	工程费	2.62%
2	建设工程监理费	原国家物价局、建设部价费字［1992］479 号	工程费	2.0%
3	建设单位管理费	财政部财建［2002］393 号	工程费	1.2%
	小　计		工程费	5.82%

前期工程费用 = 工程费 × 5.82% = 253 075.17 × (1 + 3%) × 5.82%
$$= 15\,170.84\,(元)$$

(9) 资金成本。该设备安装较简单，故不再计取资金成本。则：

重置价值 = 购置成本 + 国内运杂费 + 安装调试及基础费 + 前期工程费用 + 资金成本
$$= 253\,075.17 + 2\,483.56 + 12\,417.82 + 15\,170.84 + 0$$
$$= 280\,768.95\,(元)$$

取整为 280 770.00 元。

2. 成新率的确定

(1) 理论成新率 (N_1)。该设备经济使用年限为 14 年，至评估基准日该设备已运行 0.6 年，则：

(N_1) = (1 - 实际已使用年限 ÷ 经济使用年限) × 100%
$$= (1 - 0.6 \div 14) \times 100\%$$
$$\approx 96\%$$

(2) 勘察成新率 (N_2)。由于该设备刚刚投产使用，运行正常，床身工作台、操纵及进给系统、液压系统、床头箱等维护保养较好，各项技术经济指标符合出厂规定的要求，并满足生产工艺的要求，经现场勘察并向设备管理人员了解情况，确定该研磨机的勘测成新率为 95%。

(3) 综合成新率 (N)。根据理论成新率 (N_1) 和勘察成新率 (N_2) 确定综合成新率为：

$N = N_1 \times 40\% + N_2 \times 60\%$
$$= 96\% \times 40\% + 95\% \times 60\%$$
$$\approx 95\%$$

3. 评估值的确定

评估值 = 重置价值 × 成新率
$$= 280\,770.00 \times 95\%$$
$$= 266\,731.50\,(元)$$

七、评估结论

经实施上述评估过程和方法后,在评估基准日 2008 年 6 月 30 日,本次评估的机器设备的评估结果如下:

调整后账面原值为 273 345.62 元,调整后账面净值为 258 208.92 元。评估值为 266 731.50 元。

评估增值 8 522.58 元,增值率 3.3%。

增值原因分析:此次发生的评估增值的原因可能是:第一,由于机器设备使用时间短,维修保养较好,导致成新率高。第二,该机器设备采用加速折旧法计提折旧,导致账面价值较低,发生增值。

案例二　重庆某工业园区房屋建筑物评估

一、评估对象基本情况

评估对象位于重庆市江津区德感工业园区工业房地产,建筑面积共计为 7 288.18 平方米。

(一) 实体状况

登记状况如下:

房地产权证证号:略

权利人:重庆某有限责任公司

坐落:重庆市江津区德感工业园区

土地使用权类型:出让

土地用途:工业用地

房屋结构:其他用房——混合结构

　　　　　工业厂房——钢混结构

　　　　　仓储用房——钢混结构

房屋用途:其他用房、工业厂房、仓储用房

楼层:其他用房——4 层

　　　工业厂房——1 层

　　　仓储用房——1 层

房屋建筑面积:7 288.18 平方米

(二) 土地权利状况

评估对象所有权为国家所有,重庆某有限责任公司以出让方式取得该宗地土地使用权。

(三) 土地利用状况

目前评估对象开发程度为红线外"五通一平",宗地红线内"五通一平"。

(四) 地上建筑物状况

评估对象1：2007年建成并投入使用的混合结构其他用房。其他用房具体情况：混合结构，共计4层，每层层高约3.5米，外墙面贴砖，内墙面刷白色墙面漆，顶棚为硅钙板吊顶，室内楼地面贴地砖，安装铝合金窗及套装门面，主要用途为办公及产品实验。

评估对象2：2007年建成并投入使用的钢混结构工业用房。工业用房具体情况：钢混结构，共计1层，每层层高约12米，外墙面贴砖，内墙面刷白色墙面漆；室内楼地面贴地砖，安装卷闸门、架钢窗，主要用途为产品生产。

评估对象3：2010年建成并投入使用的钢混结构仓储用房。仓储用房具体情况：钢混结构，共计1层，每层层高约12米，外墙面贴砖，内墙面刷白色墙面漆；室内楼地面贴地砖，安装卷闸门、架钢窗，主要用途为产品储存。

二、评估基准日

2014年12月31日。

三、评估方法选取及理由

该案例是重庆市江津区一工业园区的多处房地产评估案例。该地位于工业园区内，房地产用途为工业用地（其他用房除外），且周围无相近或相似的市场交易案例，符合用成本法进行评估的特征，具有一定的典型性。由于当地各项土地成本、开发费用数据容易取得，故选取成本法进行评估。

四、评估依据（略）

五、评估过程及结果

经现场勘察和对评估对象的特点、评估目的及评估对象所处区域的影响因素等资料进行收集、分析和整理，结合评估对象的实际情况，本次评估确定采用成本法评定房地产价格。其计算公式为：

建筑物价值 =（建筑安装工程费用 + 管理费用 + 利息 + 销售费用 + 销售税金 + 利润）× 成新率

（一）确定重置成本

其他用房重置成本测算如表14-2所示。

表14-2　　其他用房重置成本测算表

序号	项目	取费依据	评估单价（元/平方米）	备注
一	前期费用			
1	地质勘察费用	国家计委、建设部关于发布《工程勘察设计收费管理规定》的通知	20	
2	咨询、可行性费用		20	

续表

序号	项目	取费依据	评估单价（元/平方米）	备注
3	规划设计费用（全过程）	国家计委、建设部关于发布《工程勘察设计收费管理规定》的通知	30	
4	城市建设配套费	土地测算中已考虑，不再重复计算	0	
5	人防工程易地建设费	渝价〔2007〕654号	0	工业用房
	小计		70	
二	建筑工程费用			
1	三通费用（水、电、讯）		15	
2	平基及基础费用		140	
3	建筑主体费用		560	
4	内外装修费用		50	
5	其他附属设施		100	
	小计		865	
三	不可预见费	按前期、建筑工程费用的5%计算	46.75	5%
四	工程监理费	按建筑工程费用的1%计算	8.65	1%
五	建安造价合计	（一）+（二）+（三）+（四）	990.4	
六	管理费用	按前期与建筑工程费用的3%计算	29.71	3%
七	利息	融资费用（6.06%，均匀投入）	30.16	6.00%
八	税费	税金及附加、销售税费，合计取7%	73.52	7.00%
九	利润	按五、六、七三项合计的5%计算	52.51	5%
	建筑物重置成本		1 176.3	

工业用房及仓储用房重置成本测算如表14-3所示。

表14-3 工业用房及仓储用房重置成本测算表

序号	项目	取费依据	评估单价（元/平方米）	备注
一	前期费用			
1	地质勘察费用	国家计委、建设部关于发布《工程勘察设计收费管理规定》的通知	20	
2	咨询、可行性费用		20	
3	规划设计费用（全过程）	国家计委、建设部关于发布《工程勘察设计收费管理规定》的通知	30	
4	城市建设配套费	土地测算中已考虑，不再重复计算	0	
5	人防工程易地建设费	渝价〔2007〕654号	0	工业用房

续表

序号	项目	取费依据	评估单价（元/平方米）	备注
	小计		70	
二	建筑工程费用			
1	三通费用（水、电、讯）		15	
2	平基及基础费用		180	
3	建筑主体费用		720	
4	内外装修费用		50	
5	其他附属设施		100	
	小计		1 065	
三	不可预见费	按前期、建筑工程费用的5%计算	56.75	5%
四	工程监理费	按建筑工程费用的1%计算	10.65	1%
五	建安造价合计	（一）+（二）+（三）+（四）	1 202.40	
六	管理费用	按前期与建筑工程费用的3%计算	36.07	3%
七	利息	融资费用（6.06%，均匀投入）	36.61	6.00%
八	税费	税金及附加、销售税费，合计取7%	89.26	7.00%
九	利润	按五、六、七三项合计的5%计算	63.75	5%
	建筑物重置成本		1 428.09	

通过测算，其重置成本分别为：

其他用房单价 = 1 176.3（元/平方米）

工业用房单价 = 1 428.09（元/平方米）

仓储用房单价 = 1 428.09（元/平方米）

（二）确定成新率

1. 用年限法确定成新率

估价对象其他用房于约2007年修建，混合其他用房建筑物耐用年限为40年，已使用7年，残值率为2%，其成新率为 $1 - (1 - 2\%)/40 \times (2014 - 2007) = 82.85\%$

估价对象工业用房于约2007年修建，钢混用房建筑物耐用年限为50年，已使用7年，残值率为0%，其成新率为 $1 - (1 - 0\%)/50 \times (2014 - 2006) = 86\%$

估价对象仓储用房于约2010年修建，钢混用房建筑物耐用年限为50年，已使用4年，残值率为0%，其成新率为 $1 - (1 - 0\%)/50 \times (2014 - 2010) = 92\%$

2. 用观察法确定成新率

现场勘查打分情况详如表14-4、表14-5、表14-6所示。

表 14-4　　　　　　　　　　　现场勘察表（其他用房）

		标准状态	标准分	实际状态	标准分
一		结构部分	70	结构部分	49
	1	基础结构完整，支撑强度充足，无任何下沉、部件老化现象	20	基础结构较为完整。支撑强度较充足，有少量的下沉、部件老化现象	14
	2	承重结构、承重墙、房屋构架、柱子具足够承载力	20	承重结构、承重墙、房屋构架、柱子基本良好，具一定承载力	14
	3	非承重墙墙体完好无损	10	非承重墙墙体出现少量裂痕，墙面有破损脱落	7
	4	室内不漏水，屋面层完好无损，上下水畅通	10	室内基本不漏水，屋面层基本完好，上下水基本畅通	7
	5	楼地面整体面层完好平整	10	楼地面整体面层基本完好	7
二		装修部分	15	装修部分	9
	1	门窗完好无损，开关、玻璃五金、油漆完好	5	门窗基本完好无损，开关、玻璃五金、油漆基本完好	3
	2	内外抹灰完整无损	5	内外抹灰基本完好无损	3
	3	顶棚完好无损，无渗漏现象	5	顶棚少量破损、变形，部分渗漏	3
三		设备	15	设备	9
	1	上下水管道通畅无阻，各种水利卫生设施良好	5	上下水管道通畅无阻，各种水利卫生设施基本良好	3
	2	电照线路完整无损，绝缘良好	5	电照线路基本完整，绝缘良好	3
	3	消防、通信等设备现状良好，使用正常	5	消防、通信等现状基本良	3
四		合计	100	合计	67

表 14-5　　　　　　　　　　　现场勘察表（工业用房）

		标准状态	标准分	实际状态	标准分
一		结构部分	70	结构部分	67
	1	基础结构完整，支撑强度充足，无任何下沉、部件老化现象	20	基础结构完整，支撑强度充足，无任何下沉、部件老化现象	20
	2	承重结构、承重墙、房屋构架、柱子具足够承载力	20	承重结构、承重墙、房屋构架、柱子具足够承载力	20
	3	非承重墙墙体完好无损	10	非承重墙墙体出现少量裂痕，墙面有破损脱落	7
	4	室内不漏水，屋面层完好无损，上下水畅通	10	室内不漏水，屋面层完好无损，上下水畅通	10
	5	楼地面整体面层完好平整	10	楼地面整体面层完好平整	10

续表

		标准状态	标准分	实际状态	标准分
二		装修部分	15	装修部分	11
	1	门窗完好无损，开关、玻璃五金、油漆完好	5	门窗基本完好无损，开关、玻璃五金、油漆基本完好	3
	2	内外抹灰完整无损	5	内外抹灰基本完好无损	3
	3	顶棚完好无损，无渗漏现象	5	顶棚完好无损，无渗漏现象	5
三		设备	15	设备	13
	1	上下水管道通畅无阻，各种水利卫生设施良好	5	上下水管道通畅无阻，各种水利卫生设施良好	5
	2	电照线路完整无损，绝缘良好	5	电照线路基本完整，绝缘良好	3
	3	消防、通信等设备现状良好，使用正常	5	消防、通信等设备现状良好，使用正常	5
四		合计	100	合计	91

表 14-6　　　　　　　　　　现场勘察表（仓储用房）

		标准状态	标准分	实际状态	标准分
一		结构部分	70	结构部分	67
	1	基础结构完整，支撑强度充足，无任何下沉、部件老化现象	20	基础结构完整，支撑强度充足，无任何下沉、部件老化现象	20
	2	承重结构、承重墙、房屋构架、柱子具足够承载力	20	承重结构、承重墙、房屋构架、柱子具足够承载力	20
	3	非承重墙体完好无损	10	非承重墙墙体出现少量裂痕，墙面有破损脱落	7
	4	室内不漏水，屋面层完好无损，上下水畅通	10	室内不漏水，屋面层完好无损，上下水畅通	10
	5	楼地面整体面层完好平整	10	楼地面整体面层完好平整	10
二		装修部分	15	装修部分	9
	1	门窗完好无损，开关、玻璃五金、油漆完好	5	门窗基本完好无损，开关、玻璃五金、油漆基本完好	3
	2	内外抹灰完整无损	5	内外抹灰基本完好无损	3
	3	顶棚完好无损，无渗漏现象	5	顶棚少量破损、变形，部分渗漏	3
三		设备	15	设备	13
	1	上下水管道通畅无阻，各种水利卫生设施良好	5	上下水管道通畅无阻，各种水利卫生设施良好	5
	2	电照线路完整无损，绝缘良好	5	电照线路基本完整，绝缘良好	3
	3	消防、通信等设备现状良好，使用正常	5	消防、通信等设备现状良好，使用正常	5
四		合计	100	合计	89

3. 确定综合成新率

采用年限法和现场观察法两种方法的简单算术平均确定其综合成新率。

其他用房综合成新率 = (82.85% + 67%)/2 = 74.93%

工业用房综合成新率 = (86% + 91%)/2 = 88.5%

仓储用房综合成新率 = (92% + 89%)/2 = 90.5%

(三) 确定建筑物价格

其他用房单价 = 1 176.3 × 74.93% = 881.4（元/平方米）

工业用房单价 = 1 428.09 × 88.5% = 1 263.86（元/平方米）

仓储用房单价 = 1 428.09 × 90.5% = 1 292.42（元/平方米）

六、案例评述

在测算评估对象三处建筑物评估价值的过程中，首先依据重庆市江津区房地产计价的相关资料计算出其重置价值（单价），然后通过采用直线折旧法和现场观察法相结合的方式（各自权重占 50%）计算出成新率，重置价格与成新率的乘积便是最终的评估单价。直线折旧法中对于房产使用年限的依据来自于房产证，相对客观准确。但是我们注意到，在对建筑物成新率打分的过程中，一方面其标准分的确定来自评估事务所长期使用的固定模板，其赋予的分值以及权重不能客观地反映出成新率判断的准确性；另一方面，现场勘察的实际打分完全依赖评估人员个人的经验和主观的判断，相对缺乏依据。

第十五章 市场法评估案例

案例一 土地转让宗地地价评估

一、案例简介

××股份有限公司拟转让位于××经济技术开发区西区上杨3宗土地,特委托北京××房地产评估有限公司对涉及的土地进行土地使用权价格评估,为其提供转让价格参考。评估基准日为2005年5月31日。

二、评估范围的确定

此次待估宗地共包括3宗地,土地总面积为70 000平方米。各宗地的土地登记用途和估价设定用途详如表15-1所示。

表15-1 待估宗地实际与设定用途、开发程度一览表

宗地编号	宗地名称	估价期日实际登记用途	估价设定用途	估价期日实际开发程度	估价设定开发程度	估价设定土地使用年期
1	宗地A	综合用地	商业、住宅	宗地红线外三通,线内场地平整	宗地红线外两通,红线内场地平整	商业40年,住宅45.5年
2	宗地B	综合用地	商业、住宅	宗地红线外三通,线内地平整	宗地红线三通,红线内场地平整	商业40年,住宅45.5年
3	宗地C	综合用地	商业、住宅	宗地红线外三通,红线内场地平整	宗地红线外三通,红线内场地平整	商业40年,住宅45.5年

估价对象实际开发程度为宗地外三通(通路、通信、通电),宗地内场地平整;根据估价目的,此次评估设定开发程度为:宗地外三通(通路、通信、通电)及宗地内场地平整。

各待估宗地的评估地价是指在估价基准日为2005年5月31日,现状利用条件下,设定土地开发程度与用途,出让土地按估价设定土地使用年期的正常交易情况下的土地使用权价格。

三、估价依据

(一)有关法律法规

1.《中华人民共和国土地管理法》
2.《中华人民共和国城市房地产管理法》

3. 《城镇土地估价规程》
4. 《城市房地产抵押管理办法》
5. 地方政府及有关部门颁布的法规、条例、文件、通知
(1)《××市统计年鉴》。
(2)《××省××市××经济技术开发区国有土地定级估价技术报告》。

（二）有关技术标准

1. 中华人民共和国国家标准《城镇土地估价规程》
2. 中华人民共和国国家标准《城镇土地分等定级规程》

（三）其他资料

1. 委托方提供的有关资料
(1) 待估宗地《国有土地使用证》。
(2) 待估宗地《建设用地规范许可证》。
2. 估价人员现场勘察、调查、收集的相关资料

四、估价原则

（一）替代原则

根据市场运行规律，在同一商品市场中，商品或提供服务的效用相同或大致相似时，价格低者吸引需求，即有两个以上互有替代性的商品或服务同时存在的，商品或服务的价格是经过相互影响与比较之后来决定的。土地价格也同样遵循替代规律，某块土地的价格，受其他具有相同使用价值的地块，即同类型具有替代可能的地块价格所牵制。换言之，具有相同使用价值、替代可能的地块之间，会相互影响和竞争，使价格相互牵制而趋于一致。

（二）需求与供给原则

在完全的市场竞争中，一般商品价格都取决于供求的均衡点。供小于求，价格就会提高，否则，价格就会降低。由于土地与一般商品相比，具有独特的人文和自然特性，因此在进行土地估价时既要考虑到所假设的公平市场，又要考虑土地供应的垄断性特征。

（三）变动原则

一般商品的价格是伴随着构成价格的因素的变化而发生变动的。土地价格也有同样情形，它是各种地价形成因素相互作用的结果，而这些价格形成因素经常处于变动之中，所以土地价格是在这些因素相互作用及其组合的变动过程中形成的。因此，在土地估价时，必须分析该土地的效用、稀缺性、个别性及有效需求以及使用这些因素发生变动的一般因素、区域因素及个别因素。由于这些因素都在变动之中，因此应把握各因素之间的因果关系及其变动规律，以便根据目前的地价水平预测未来的土地价格。

（四）协调原则

土地总是处于一定的自然与社会环境之中，必须与周围环境相协调。因为土地能适应周围环境，则该土地的收益或效用能最大限度地发挥，所以要分析土地是否与所处环境协调。因此，在土地估价时，一定要认真分析土地与周围环境的关系，判断其是否协调，这直接关系到该地块的收益量和价格。

(五) 多种方法相结合的原则

随着我国土地估价业的发展,目前比较实用的宗地估价方法有收益还原法、市场比较法、成本逼近法、假设开发法和基准地价系数修正法等。由于不适宜的估价方法可能使评估结果产生较大的偏差,因此进行地价评估时,就要根据待估宗地的实际情况,充分考虑用地类型及所掌握的资料,选择最适宜的方法进行评估,同时为了使评估结果更为客观,更接近于准确,评估中选择两种较为适宜的方法进行评估,以便互相验证,减小误差,确定出合理的价格。

五、选择评估方法

根据估价人员现场勘察情况,考虑到待估宗地主要为商业、住宅用途,按照《城镇土地估价规程》的要求,结合待估宗地的区位、用地性质、利用条件及当地土地市场状况,本次评估主要选用以下方法:

(1) 考虑到待估宗地位于当地基准地价覆盖范围内,因此适宜选用基准地价系数修正法(市场法的一种特殊形式)进行评估。

(2) 考虑到待估宗地是具有收益性或潜在收益的房地产,所在区域类似待估宗地的交易案例较多,能够比较容易估算待估宗地物业的市场售价,因此适宜选取用假设开发法进行评估。

六、具体评估过程说明

综上分析,此次评估主要选用基准地价系数修正法、假设开发法两种方法进行评估。

由于待估 3 宗地位于同一位置,且各种条件均相同,因此在评估时视为同一估价对象,总面积 70 000 平方米。

(一) 基准地价系数修正法

基准地价系数修正法是利用城镇基准地价和基准地价修正系数表等评估成果,按照替代原则,对待估宗地的区域条件和个别条件等与其所处区域的平均条件相比较,并对照修正系数灵敏表选取相应的修正系数对基准地价进行修正,进而求取待估宗地在估价基准日价格的方法。

1. 基准地价成果介绍及内涵

根据××经济技术开发区《国有土地定级估价技术报告》,××经济技术开发区将奥头、西区和霞涌分为三个组团,并各自设为三个土地级别,各区域基准地价分商业、住宅、工业等几种用途。

其基准地价内涵为基准日于 2002 年 1 月 1 日,土地开发程度为红线外"五通"(即通路、供电、供水、排水、通信),红线内场地平整条件下不同级别、不同用地类型法定最高出让年期的平均地价。基准地价的表现形式均以地面地价表示。不同用途基准地价如表 15-2 所示。

根据《城镇土地估价规程》与当地基准地价报告,其基准地价系数修正法评估宗地地价的计算公式为:

表 15-2　　　　　　　　　　　西区基准地价表　　　　　　　　　　单位：元/平方米

等级	未建成区		
	商业用地	住宅用地	工业用地
一级	566	436	226
二级	419	337	149
三级	301	219	108

基准地价系数修正法评估的宗地地价（基准地价设定开发程度下的宗地地价）= 基准地价 $\times K_1 \times (1 + \sum K) \times K_2$

式中：K_1——期日修正系数；$\sum K$——影响地价区域因素修正系数之和；K_2——土使用年期修正系数。

如果本次所使用的基准地价设定的开发程度与本次评估设定待估宗地的开发程度存在差异，则需进行开发程度的修正，才能得到评估设定待估宗地开发程度条件下的宗地地价。

2. 确定待估宗地的土地级别及基准地价

待估宗地均位于××经济技术开发区境内，根据××经济技术开发区《国有土地定级估价技术报告》，确定各待估宗地所在土地级别的基准地价。待估宗所在土地级别和基准地价详如表 15-3 所示。

表 15-3　　　　　　　　　　待估宗地基准地价表

宗地名称	设定用途	土地级别	基准地价（元/平方米）	备注
估价对象	商业、住宅	未建区一级	商业 566、住宅 436	

3. 确定期日修正数（K_1）

本次评估基准地价基准日为 2005 年 5 月 31 日，而基准地价基准日为 2002 年 1 月 1 日，从基准地价基准日至估价基准日，该地区商业及住宅用地地价水平有较快的增长。根据评估人员现场调查及××市统计部门公布的数据，确定商业的估价期日修正系数为 1.25，即 $K_{1商业} = 1.25$；住宅的估价期日修正系数为 1.3，即 $K_{1住宅} = 1.3$。

4. 编制估价对象地价影响因素（区域因素）说明、优劣程度及修正系数（$\sum K$）表

根据基准地价修正体系（略），按照待估宗地的区域因素及个别因素，可建立待估宗地价影响因素说明、优劣程度及修正系数（$\sum K$）表（略）。

5. 确定土使用年期修正系数（K_2）

待估宗地住宅部分设定年期与基准地价所对应的年期不一致，需进行年期修正，修正公式为：

$$K_2 = \frac{1 - 1/(1+r)^m}{1 - 1/(1+r)^n}$$

式中：K_2——待估宗地的土地使用年期修正系数；m——待估宗地设定使用年限；n——基准地价设定土地使用年期；r——土地还原率 6%〔土地还原率按评估基准日中国人民银行公布的一年期（含一年）存款利率 2.25%，再加上一定的风险因素调整值，按 6% 计〕。

则：

住宅部分年期修正系数 $(K_{2住宅})=0.9454$

商业部分设定年期与基准地价所对应的年期一致,不需要进行年期修正,则 $K_{2商业}=1$。

6. 计算基准地价设定开发程度条件下的宗地地价

经以上分析过程,可得到待估宗地,在基准地价设定开发程度条件下的土地价格。

宗地地价 = 基准地价 $\times K_1 \times K_2 \times (1+\sum K)$

商业部分 = $566 \times 1.25 \times 1 \times (1+8.1\%)$

　　　　 = 764.8(元/平方米)

住宅部分 = $436 \times 1.3 \times 0.9454 \times (1+1.4\%)$

　　　　 = 543.3(元/平方米)

7. 计算估价设定开发程度条件下的宗地地价

待估宗地设定开发程度与基准地价设定开发程度一致,比基准地价少通上水及排水,需要进行开发程度的修正,修正公式为:

设定开发程度条件下的住宅部分宗地地价 = 基准地价设定开发程度条件下的宗地地价 ± 开发程度修正幅度

设定开发程度条件下的商业部分宗地地价 = 基准地价设定开发程度条件下的宗地地价 ± 开发程度修正幅度

设定开发程度条件下的商业部分宗地地价 = 764.8 − 20

　　　　　　　　　　　　　　　　　 = 744.8(元/平方米)

设定开发程度条件下的住宅部分宗地地价 = 543.3 − 20

　　　　　　　　　　　　　　　　　 = 523.3(元/平方米)

按商业、住宅分别占40%,60%的比例计算地价为:

地价 = $744.8 \times 40\% + 523.3 \times 60\%$

　　 = 611.9(元/平方米)

(二)假设开发法

假设开发法是在估算开发完成后不动产正常交易价格的基础上,扣除建筑物建造费用和与建筑物建造、买卖有关的专业费、利息、利润、税费等费用后,以价格余额来确定估价对象土地价格的一种方法。假设开发法的计算公式为:

地价 = 预测开发价值 − 建筑总费用(建造成本、不可预见费、专业费)− 投资利息 −
　　　开发商利润 − 销售税费

1. 预测开发价值

根据评估人员对待估宗地周边物业的调查,评估时假设待估宗地商业、住宅用地分别占40%和60%,建筑容积率为1.1,即建筑总面积77 000平方米。调查目前该市同类地区、同类物业、用途相近;预计建设完成后,结构相似、装修档次相近的物业的售价水平,确定商业部分的售价为3 000元/平方米;住宅部分售价为1 800元/平方米,则待估宗地开发总价值为17 556万元,单价2 280元/平方米。

2. 建筑总费用

建筑总费用包含建造成本、专业费用、不可预见费。

(1)建造成本。依据该市现行建筑工程概预算标准测算,同时参照该市统计局公布的同类物业建安成本统计值及委托方提供的有关资料,建造成本所含的各项费用如下:

建安费用（含结构和装修）：取 900 元/平方米。
红线内市政费：取建安费的 10%，即 90 元/平方米。
建造成本共为：990 元/平方米。

（2）专业费用。专业费用包括立项、可行性研究、勘察、规范、设计、评估等费用，按建造成本的 6% 计算，即 59.4 元/平方米。

（3）不可预见费。不可预见费按建造成本和专业费用之和的 6% 计算，即 62.96 元/平方米。

建筑总费用为：

建筑总费用 = 建造成本 + 专业费用 + 不可预见费

$\quad\quad\quad\quad$ = 990 + 59.4 + 62.96

$\quad\quad\quad\quad$ = 1 112.36（元/平方米）

3. 投资利息

投资利息以上述三项及地价的合计数为基数，按评估基准日中国人民银行 1 至 3 年（含 3 年）中长期贷款利息 5.76% 计算，假设开发项目建设周期为 2 年，建筑总费用均匀投入，计息期一年；地价是一次性投入，计息期为 2 年，按复利计息，则投资利息为：

投资利息 = 建筑物开发成本 × $[(1+利息率)^{\frac{开发周期}{2}}-1]$

$\quad\quad\quad$ + 地价 × $[(1+利息率)^{开发周期}-1]$

$\quad\quad$ = 1 112.36 × $[(1+5.76\%)^1-1]$ + 地价 × $[(1+5.76\%)^2-1]$

$\quad\quad$ = 64.7 + 0.1185 × 地价

4. 开发商利润

开发商利润包括建造成本利润和土地成本利润，设投资利润为 15%，则：

利润 =（建筑总费用 + 地价）× 15%

$\quad\quad$ =（1 112.36 + 地价）× 15%

$\quad\quad$ = 166.85 + 0.15 × 地价

5. 销售费用

在销售商品房过程中支出的费用主要有：

（1）工商统一税：按开发价值的 5.5% 缴纳；

（2）广告宣传及代理费：按开发价值的 1.5% 计算。

销售费用合计为：

销售费用 = 2 280 ÷（1 + 5.5% + 1.5%）×（5.5% + 1.5%）

$\quad\quad\quad$ = 149（元/平方米）

6. 计算地价

将上述各项代入下面公式：

地价 = 预测开发价值 − 建筑总费用（建造成本、不可预见费、专业费）− 投资利息 − 开发商利润 − 销售税费

$\quad\quad$ = 2 280 − 1 112.36 − 64.07 − 0.1185 地价 − 166.85 − 0.15 地价 − 149

则：待估宗地单位楼面地价为 621 元/平方米。

地价 = 单位楼面地价 × 容积率

$\quad\quad$ = 621 × 1.1

$\quad\quad$ = 683.1（元/平方米）

七、估价结果

(一) 地价确定的方法

采用基准地价系数修正法、假设开发法得到的待估宗地地价的评估结果如表 15-4 所示。两种方法评估结果相关不大,故选取两种方法的算术平均值作为最终评估结果。

表 15-4　　　　　　待估宗地最终土地使用权价格结果确定表

基准地价系数修正法		假设开发法		终估价结果取值 (元/平方米)	备注
评估结果 (元/平方米)	权重	评估结果 (元/平方米)	权重		
611.9	0.5	683.1	0.5	648	

(二) 估价结果

评估出让土地总面积:70 000 平方米

评估出让土地单位地价:648 元/平方米

评估出让土地总地价:4 536 万元

大写金额:人民币肆仟伍佰叁拾陆万元整

八、需要特别说明的事项

(一) 假设条件

(1) 土地使用权拥有者有偿取得土地使用权,并支付有关税费。

(2) 估价对象在设定用途条件下得到或将得到最有效利用,并会产生相应的土地收益。

(3) 待估宗地与其他生产要素相结合,能满足设定使用年限内经营管理的正常进行,保证公司的持续发展。

(4) 在估价日期地产市场为公正交易、程序符合国家、地方的有关法律、法规。

(5) 任何有关待估宗地的运作方式、程序符合国家、地方的有关法律、法规。

(6) 委托方提供资料属实。

(7) 评估设定的土地开发程度为宗地红线的基础设施开发程度及红线内场地平整状况。

(二) 本报告使用限制条件

(1) 本报告及估价结果均为本报告设定的评估目的服务,如果用于其他目的,本报告评估结果无效。

(2) 本报告估价结果是在满足地价定义所设定条件下的土地使用价格,若待估宗地的土地利用方式、估价期日、土地开发状况、土地使用年限、土地面积等影响地价的因素发生变化,该评估价格应作相应调整。

(3) 本报告必须完整使用,对仅使用报告中的部分内容所导致的有关损失,受托估价机构不承担责任。

(4) 有关各待估宗地的土地权属状况、土地面积等以当地国土资源管理部门核发的《国有土地使用证》证载的情况为准。

（5）根据评估人员对待估宗地周边物业的调查，本报告假设待估宗地建筑容积率为1.1，如规范条件发生变化，则评估价格应作相应调整。

（6）本报告的估价结果自估价期日起半年内有效。

（三）资料来源说明

（1）土地利用状况等资料由委托方提供。

（2）土地区位条件、地产市场交易资料等评估相关资料由估价人员实地调查而得。

（3）估价人员根据国家有关法律、法规、估价规程及地方有关地价评估技术标准，结合各待估宗地具体状况，确定估价原则、方法及参数的选取。

（四）估价中的特殊处理

（1）关于估价用途的说明：此次待估宗地登记用途为综合用地，考虑到此次评估的目的，评估时设定用途分别为商业、住宅。

（2）商业、住宅用地的面积考虑：考虑到目前待估宗地为未使用的空地，根据评估人员对待估宗地周边物业的调查，评估时假设待估宗地商业、住宅用地分别占40%和60%，如规划条件发生变化，不符合上述假设，则评估价格应作相应调整。

（3）待估宗地土地证的发证单位为××市××经济技术开发区国土局，不符合《关于进一步规范土地登记工作的通知》（国土资发[2003]383号）中有关发证机关的规定，评估时未考虑将来由于发证机关可能引起的风险。

（五）其他说明

（1）委托方对所提供资料的真实性负责，估价机构对所收集资料的真实性、准确性负责。

（2）任何单位和个人未经估价机构书面同意，不得以任何形式发表、肢解本报告。

（3）本报告由估价机构负责解释。

九、土地估价师签字

姓名	土地估价师资格证书号	签名
×××	×××××	
×××	×××××	

十、土地估价机构（公章）

估价机构负责人签字：

2008年6月10日

附件

附件1　待估宗地区域位置示意图

附件2　待估宗地国有土地使用证复印件

附件3　待估宗地现状利用照片复印件

附件4　委托方营业执照复印件

附件5　估价机构营业执照复印件

附件6　估价机构资质证书复印件

附件7　土地估价师资质证书复印件

案例二 土地使用权抵押价格评估

一、评估对象基本情况

××公司抵押贷款涉及位于乐山市中心城区、龙游路西段的一宗出让综合用地土地使用权抵押价格评估。评估基准日为2008年3月31日。

二、估价目的

委托估价方拟用估价对象设置土地抵押权,特委托某评估所对估价对象的使用权价格进行评估,为抵押双方提供客观、公正、合理的土地使用权价格。

三、影响地价的因素说明

(一) 一般因素

1. 地理位置

乐山市地处四川盆地南部、成都平原至西南山地的过渡带,北连眉山地区,东临自贡市,南临宜宾地区和凉山州,西与雅安地区接壤,介于东经102°55′~104°0′,北纬28°25′~29°55′之间,南北长165公里,东西宽90~120公里,幅员12 826平方公里,占四川幅员面积的2.68%。

乐山城坐落在岷江、青衣江、大渡河三江交汇处,是国家历史文化名城和重点风景旅游城市。全市森林面积53.8万公顷,森林覆盖率达50.5%,被联合国教科文组织誉为人居环境典范城市。目前乐山投巨资打造精品园林城市,中心城区绿地率达到36.36%,绿化拟盖率达到41.46%,人均公共绿地达到10.96平方米,三大绿化指标数值分别超过国家园林城市标准4.36%、4.46%、2.76平方米。

2. 自然环境

(1) 地势、地貌。乐山市地势呈倾斜状,西南高、东北低,地貌以山地为主,丘陵次之、平原较少。山地主要分布在市境西南,丘陵主要分布于市境东部,平原多沿江分布。境内地势高差悬殊,最高处在峨边彝族自治县境内的马鞍山主峰,海拔4288米,最低处在犍为县岷江出市境内段,海拔320米,相差3 968米。

(2) 气候、水文。乐山市气候属中亚热带季风湿润气候,年平均气温在17.3摄氏度,最高38.1摄氏度,最低-4.3摄氏度,全年无霜期为333天,年降水量1 397毫米,年蒸发量900毫米,年平均相对湿度为81%,年日照数1 174小时,主导风向为北风,平均风速每秒1.2米。乐山市域河流众多,流域面积在100平方公里以上的大中小河流有48条,水能资源丰富可开发量394.2万千瓦,平均每平方公里水能密度达220千瓦,分别比全国和全省高5.5倍和1.36倍。

3. 社会经济状况

根据2007年乐山市人口普查数据显示,乐山市目前总人口347万人,中心城区现状总人口30.7万人。其中:非农业人口20.9万人,农业人口6.7万人,暂住人口3.1万人。根据人口专题报告预测的结果：2010年中心城区人口为40万人，2020年中心城区人口为52万人。

从2005年到2007年的GDP实现情况分析，2005年，乐山市GDP实现306.72亿元，同比增长12.8%。2006年1~9月，乐山市GDP实现275.80亿元，完成全年奋斗目标任务的76.19%，同比增长14.2%，总量居全省第7位。第一产业占57.5%，第二产业占14.2%，第三产业占28.3%，人均收入7 486元/人年。2007年，乐山市GDP同比增幅在15%左右，人均收入约8 200元/人年。

2007年乐山经济运行态势良好全年地区生产总值实现440亿元，增长15%。主要有五大亮点：

（1）工业经济快速增长。全市规模以上工业企业实现增加值210亿元，同比增长26%，增速比去年同期提高0.6个百分点。

（2）农村经济稳步发展。粮食生产实现恢复性增长，粮食产量达109万吨，增长7%。全市农民人均现金收入达3 780元，增加285元，同比增长8.1%。

（3）投资适度增长。全社会固定资产投资完成200亿元，同比增长24.5%，投资对经济增长的贡献率达49%。

（4）市场消费持续趋旺。全市社会消费品零售总额实现160亿元，增长16%，增速比去年同期提高0.5个百分点。旅游综合收入预计实现100亿元，同比增长24.8%。

（5）全市地方财政一般预算收入完成21亿元，完成目标的115%，同比增长35%。

4. 交通条件

成乐高速公路的建成使成都至乐山一线经济得到迅猛发展，现已形成了以成昆铁路、成乐高速公路为主通道，国道213线、305线等公路为主骨架，岷江、大渡河水运为辅助的交通网络。

5. 公用设施完善程度

随着近几年乐山市经济的高速发展，各大型金融机构、邮政、医院、大中小学、大中型超市、农贸市场等公共配套设施已较为完善。城市供水、供电、供气管网以及市内公共交通较为发达。

6. 财政、金融政策

2007年中央经济工作会议明确提出，2008年我国要实施"稳健的财政政策和从紧的货币政策"，这也是2004年我国实施双稳健的财政货币政策以来作出的首次调整。我国继续实行稳健的财政政策，坚持扩大内需方针，重点扩大消费需求，调整投资与消费的关系，保持固定资产投资适度增长，着力优化投资结构，提高投资效益。继续严把土地、信贷闸门，根据不同行业情况，适当提高并严格执行建设项目用地、环保、节能、技术、安全等市场准入标准。严格控制新上项目，特别要控制城市建设规模。

近年来，由于我国投资过热、通货膨胀等问题的频繁出现，导致央行多次利用金融工具对宏观经济进行调整，从2005年3月起实施的取消房贷优惠利率，实行下限管理政策，到2006年8月存贷款基准利率均上调0.27%。在不长时间里，央行多次加息、多次上调存款准备金率，直至2007年11月26日，央行宣布由即日起再次上调存款准备金率0.5个百分点，此次上调后，我国存款准备金已达到13.5%，创历史新高。

随着我国宏观调控政策的实施，将导致固定资产投资压缩，土地需求将在一定程度上得到抑制。

7. 土地管理政策

（1）国务院2004年《国务院关于深化改革严格土地管理的决定》（国发［2004］28号）文件出台，进一步加强了土地市场的监管力度，通过优化土地市场利用结构、规范土地市场行为等措施，加大对农用地转为非农业建设项目用地的监管力度。

（2）为了进一步保护耕地，促进节约集约用地，加强土地调控管理，控制固定资产投资过快增长，财政部、国土资源部、中国人民银行联合出台了《关于调整新增建设用地土地有偿使用费政策等问题的通知》（财综［2006］48号），进一步明确新增建设用地土地有偿使用费征收范围，调整新增建设用地土地有偿使用费征收等别和征收标准，加强新增建设用地土地有偿使用费征收管理。

（3）2002年乐山市人民政府根据国家相关法律法规出台了《乐山市土地交易市场管理办法》（乐山市人民政府令第12号），规范了乐山市土地使用权交易秩序，建立起了公开、公平、公正的土地交易市场，引导乐山市土地市场的健康、持续发展。

8. 房地产市场状况

按照《四川省城镇体系规划》，乐山将被建设成为成都平原城市群的南部中心城市。在"十一五"期间，四川将形成9个大城市，乐山是其中之一。也就是说，到"十一五"末，乐山中心城区建成区面积应达到50平方公里，人口将达到50万人。目前乐山城区包括绿心在内才32平方公里，人口不足30万人。根据市规划建设局的要求，五年内，城建房地产要完成投资260亿，其中，基础设施投资70亿元，市政、园林、环卫、公交配套设施建设10亿元，房地产投资180亿元。

从政府的远景规划上分析可以看出，乐山目前的房地产有很大发展的空间，巨大的住宅需求缺口，也是强有力的市场面。

（二）区域因素

1. 区域位置

估价对象位于乐山市中心城区北区，系乐山市新城区中高档住宅小区聚集区，高档住宅小区如莱佛士帝景、水晶城、文星府、凌江峰阁等。

该区域是乐山新发展城区之一，区位升值潜力优势明显，交通通讯日趋便利，伴随乐山市的经济发展以及城市规划落实，市政府的规划、商务配套的完善、新城区的建设，该区域已成为乐山市最具发展潜力、最具活力的城区。

2. 商服繁华度

估价对象所在区域只分布有小型商业形态，商服繁华度较差。

3. 交通条件。

委估宗地所在区域内有市级客运站"乐山联营车站"，主要有发往乐山市各区县及成都、重庆等大中城市班车，对外交通极为方便。

该区域有市级公路龙游路、天星路、通悦路贯穿，有市内公交车1路、2路、6路通过，公交便捷度较好。

4. 区域基础设施

估价对象所在区域为"六通"（给水、排水、通电、通信、通气、通路）。其具体指标如下：

(1) 通给水。接城市供水管网，给水保证率100%。
(2) 通排水。接城市排水管网。
(3) 通电。接城市供电网。
(4) 通信。接城市固定电话通信网，移动电话网络覆盖整个区域。
(5) 通气。接城市天然气管网，供气保障率100%。
(6) 通路。龙游路、天星路、通悦路贯穿整个区域，路况良好。

5. 公共配套设施

该区域是乐山新发展城区之一，无大型学校、医院等公用设施，只有银行储蓄网点和小型超市等配套服务设施。公共配套设施尚不完善。

6. 区域环境条件

区域内无大的污染源，因该区域临近岷江河，随着岷江河水质的逐渐改善，使区域空气质量较好，环境较佳。

7. 区域规划限制

该区域为乐山新发展城区之一，规划主要以综合（商业、住宅）用地为主。

8. 区域地质状况

该区域无洪水淹没的可能性；地势平坦，地质状况稳定。

(三) 个别因素

1. 宗地位置

估价对象紧临乐山市区主干道龙游路，距离"乐山联营车站"约200米，位置较好。

2. 宗地面积

估价对象土地使用权面积为2 514.6平方米，适宜开发小型住宅区。

3. 宗地形状

根据现场调查来看，委估宗地形状总体形状呈狭长性，较不规整，对土地利用有一定影响。

4. 宗地地形

据估价人员现场勘察，宗地内地势平坦，对住宅小区布局无影响。

5. 宗地临街状况

估价对象南临龙游路西段，临街宽度约30米，临街深度约85米，临街深度较大。

6. 宗地地质条件

宗地内以岩石地基为主，工程地质条件较优，无需投入大量资金对地基进行处理。

7. 宗地个别开发条件

在估价基准日，估价对象开发程度为宗地内外"六通"，宗地内"场地平整"。

8. 宗地容积率

估价对象规划设计主要指标：建筑层数：多层、高层；建筑控制程度：以批准方案为准；容积率2.0；建筑密度<35%；建筑控制规模约5 300平方米。该规划达到区域内平均土地利用强度。

9. 宗地剩余使用年期

估价对象终止日期为2052年3月21日。截止估价基准日，土地剩余使用年期为43.99年。

10. 土地权利状况

截止估价基准日,估价对象为出让综合用地,尚未设置抵押等他项。

四、估价方法及过程

(一) 市场比较法

将在同一市场供需圈内近期发生的、具有可比性的交易案例与估价对象的交易情况、交易期日、区域以及个别因素进行比较修正,得出估价对象在估价基准日的价格。其计算公式为:

$$PD = PB \times A \times B \times D \times E$$

式中:PD——待估宗地价格;PB——比较案例价格;A——待估宗地情况指数/比较案例宗地情况指数(或正常情况指数/比较案例宗地情况指数);B——待估宗地估价期日地价指数/比较案例宗地交易日期指数;D——待估宗地区域因素条件指数/比较案例宗地区域因素条件指数;E——待估宗地个别因素条件指数/比较案例宗地个别因素条件指数。

1. 比较案例选择

选择的案例应与估价对象同处于同一土地供需圈,土地级别相同、用途相同、区域及个别条件相似、交易时间接近。估价人员对收集到的多宗交易案例进行分析比较后,选取了三个拍卖交易案例作为本评估对象市场比较法实例,详细情况如表15-5所示。

表 15-5　　　　　　　　　　比较实例基本情况一览表

拍卖成交案例	地块位置	净用地面积(平方米)	土地用途	规划条件			成交价(元/平方米)	成交时间	竞拍成交者
				容积率	建筑密度	绿地率			
1	通江镇岷河村11号地块	3 025.04	商业、住宅	<2.5	<30%	>30%	2 951	2007年12月14日	乐山市盈升房地产开发有限公司
2	通江片区通悦路西侧地块	2 291	商业、住宅	多层<2.0	<30%	>30%	2 428	2007年10月25日	乐山新天房地产开发有限公司
3	青果山5号地块	2 614.2	商业、住宅	<2.0	<40%	>30%	2 389	2007年1月26日	乐山新东亚房地产开发有限责任公司

2. 选择比较因素

估价对象与比较实例处于同一供需圈。根据估价对象和比较实例的具体情况,影响估价对象价格的主要因素是区域因素和个别因素及其他相关因素。

根据估价人员调查收集的基本情况分析,基于以下原则来选择本次评估的比较因素:各比较因素条件存在差异、对估价对象在估价时点实际用途的价格影响较大的因素为选取对象。比较因素条件相同或差异不大、或虽有差异但对估价对象价格影响较小的比较因素可不选。

因估价对象与比较实例处于同一供需圈，所以仅对区域因素和个别因素进行修正，本次评估选择的比较因素有：

区域因素有：基础设施、交通便捷程度、商服繁华度、环境质量等。

个别因素有：临街位置、宗地面积、形状、地形、地质条件。

其他因素有：交易时间、交易情况、容积率、土地使用年限。

没有选择的因素有：政策、城镇发展等影响地价的一般因素。理由是：估价对象和比较实例的一般因素相同。

3. 比较因素条件说明

待估对象与比较实例基本情况如表 15 – 6、表 15 – 7 所示。

表 15 – 6　　　　　　　估价对象与比较实例基本情况说明表

因素		估价对象	实例 A	实例 B	实例 C
位置		乐山市中心城区龙游路西段	通江镇岷河村 11 号地块	通江片区通悦路西侧地块	青果山 5 号地块
土地用途		商业、住宅	商业、住宅	商业、住宅	商业、住宅
买受人			乐山市盈升房地产开发有限公司	乐山新天房地产开发有限公司	乐山新东亚房地产开发有限责任公司
交易价格（人民币．元/平方米）		待估	2 951	2 428	2 389
交易情况		正常	拍卖	拍卖	拍卖
交易时间			2007 年 12 月 14 日	2007 年 10 月 25 日	2007 年 1 月 26 日
区域因素	基础设施	电力、供水、排水、天然气、通信	电力、供水、排水、通信系统保证供给	电力、供水、排水、通信系统保证供给	电力、供水、排水、通信系统保证供给	电力、供水、排水、通信系统保证供给
	交通便捷程度	交通配套及限制状况	交通配套较齐备、无限制	交通配套齐备、无限制	交通配套较齐备、无限制	交通配套较齐备、无限制
		道路通达程度	与主干道通达程度高	与次干道通达程度高	与主街道通达程度高	与两条主干道通达程度高
		公交便捷度	有 1、2、6 路公交车通过	无公交车通过	无公交车通过	有 4、6、9、10 路公交车通过
	商服繁华度	区域商业区级别	区级商务中心区外缘	区级商务中心区边缘	区级商务中心区边缘	区级商务中心区边缘
		商业聚集规模	商服设施较差	商服设施较差	商服设施较差	商服设施较差
		离市中心距离	10 公里	15 公里	20 公里	2.5 公里
	环境质量优劣度		临江；空气质量好	临江；空气质量好	临江；空气质量好	临江；空气质量稍差

续表

因素			估价对象	实例A	实例B	实例C
个别因素	宗地条件	街面位置	一面临主街	一面临次街	不临街	一面临主街
		宗地面积	2 514.6	3 025.04	2 291	2 614.2
		宗地形状	不规则,土地利用有一定影响	不规则,对土地利用略有影响	不规则,对土地利用略有影响	不规则,对土地利用略有影响
		地质条件	无不良地质现象	无不良地质现象	无不良地质现象	无不良地质现象
		地形	平坦	平坦	平坦	平坦
	开发程度		场地平整	场地平整	场地平整	场地平整
	使用年期		43.99	50年	50年	50年
	容积率		2.0	2.5	2.0	2.0

表15-7 估价对象与比较实例因素条件说明表

因素			估价对象	实例A	实例B	实例C
位置			乐山市中心城区龙游路西段	通江镇岷河村11号地块	通江片区通悦路西侧地块	青果山5号地块
交易情况			正常	正常	正常	正常
交易时间				2007年12月14日	2007年10月25日	2007年1月26日
区域因素	基础设施	电力、供水、排水、天然气、通信、供暖系统	较优	较优	较优	较优
	交通便捷程度	交通配套及限制状况	较优	较优	较优	较优
		道路通达程度	较优	一般	较劣	优
		公交便捷度	较优	劣	劣	优
	商贸繁华度	区域商业区级别	一般	一般	一般	一般
		商业聚集规模	较劣	较劣	较劣	较劣
		离区域中心距离	一般	较劣	较劣	优
	环境质量优劣度		较优	较优	较优	一般
个别因素	宗地条件	街面位置	较优	较劣	劣	较优
		宗地面积	一般	一般	一般	一般
		宗地形状	一般	较优	较优	较优
		地质条件	优	优	优	优
		地形	优	优	优	优

（二）编制比较因素条件指数表

1. 交易情况修正系数

由于本次评估选取的比较案例成交方式均为拍卖，属正常交易的市场价格，能真实反映区域内的地价水平，故不需进行交易情况修正。

2. 交易期日修正系数

由于比较案例的交易时间与估价基准日不一致，需进行交易期日修正。

根据对乐山市近年来土地市场发展趋势的数据统计来看，从2004年12月开始，乐山市综合用地地价上升趋势较为迅速，特别是2006年、2007年，每年上涨幅度达10%以上，平均每月上涨幅度约为1%。我们据此以2007年1月为基础编制综合用地地价指数，如表15－8所示。

表15－8　　　　　乐山市综合用地地价指数表

时间	2007年1月	2007年2月	2007年3月	2007年4月	2007年5月	2007年6月	2007年7月	2007年8月	2007年9月	2007年10月	2007年11月	2007年12月	2008年1月	2008年2月	2008年3月
指数	100	101	102	103	104	105	106	107	108	109	110	111	112	113	114

3. 区域因素、个别因素修正系数

（1）道路通达程度修正系数。根据进出区域道路类型及数量分为5等：两条主干道、主干道、次干道、主街道、次街道，分别对应优、较优、一般、较劣、劣。

（2）公交便捷程度修正系数。根据通过区域的公交车线路数分为5等：3路以上、3路、2路、1路、无，分别对应优、较优、一般、较劣、劣。

（3）离市中心距离。以区域离市中心距离分为5等：0～3公里，3～7公里，7～12公里，12～18公里，18公里以上，分别对应优、较优、一般、较劣、劣。

（4）环境质量优劣。按区域实际环境情况，按优、较优、一般、较劣、劣划分。

（5）街面位置修正系数。按估价对象及可比实例实际临街状况分为5等：两面临主街、一面临主街、两面临次街、一面临次街、不临街，分别对应优、较优、一般、较劣、劣。

（6）宗地形状。按估价对象及可比实例实际宗地形状分为5等：对土地利用无影响、对土地利用略有影响、对土地利用有一定影响、对土地利用影响较重、对土地利用影响严重，分别对应优、较优、一般、较劣、劣。

以估价对象所在宗地为标准，与各交易案例相比较，等级相差1，则因素修正值分别增加或减少1，分别给出对应的因素修正值，将各因素分值相加，即得出区域因素、个别因素的调整值，如表15－9所示。

4. 使用年期修正系数

由于估价对象剩余使用年期为43.99年，与可比实例使用年期50年不一致，需进行使用年期修正。

根据《城镇土地估价规程》，使用年期修正系数的计算公式为：

$$Y = [1 - 1/(1+r)^n]/[1 - 1/(1+r)^m]$$

表 15 – 9　　　　　　　　估价对象与比较实例区域、个别因素指数表

	因素		估价对象	实例 A	实例 B	实例 C
区域因素	基础设施	电力、供水、排水、天然气、通信系统及保证率	0	0	0	0
	交通便捷程度	交通配套及限制状况	0	0	0	0
		道路通达程度	0	−1	−2	1
		公交便捷度	0	−2	−2	1
	商贸繁华度	区域商业区级别	0	0	0	0
		商业聚集规模	0	0	0	0
		离区域中心距离	0	−1	−2	2
	环境质量优劣度		0	0	0	−1
	区域因素合计		0	−4	−6	3
个别因素	宗地条件	街面位置	0	−2	−3	0
		宗地面积	0	0	0	0
		宗地形状	0	1	1	1
		地质条件	0	0	0	0
		地形	0	0	0	0
	个别因素合计		0	−1	−2	1

式中：Y——为年期修正系数；r——为土地还原利率；n——估价对象设定年限；m——为基准地价所界定的年限（即同类用地法定最高出让年期）。

根据《城镇土地估价规程》，土地还原率的选取可采用安全利率加风险调整值法，安全利率可选用同一时期的一年期国债年利率或银行一年期定期存款年利率；风险调整值应根据估价对象所处地区的社会经济发展和不动产市场等状况对其影响程度而确定。其计算公式为：

土地还原率 = 安全利率 + 风险调整值

风险调整值 = 投资风险补偿 + 管理负担补偿 + 缺乏流动性补偿 − 投资带来的优惠

根据中国人民银行最新公告，自 2007 年 12 月 21 日起，一年期存款基准利率由现行的 3.87% 提高到 4.14%。我们选取安全利率为 4.14%。

风险调整值的确定：

投资风险补偿：类似土地投资风险较大，此处取 2%；

管理负担补偿：类似土地管理负担较小，此处取 0.5%；

缺乏流动性补偿：类似土地流动性较差，此处取 1.5%；

投资此类土地无优惠，故投资带来的优惠为 0。

则：

风险调整值 = 投资风险补偿 + 管理负担补偿 + 缺乏流动性补偿 - 投资带来的优惠
$$= 2\% + 0.5\% + 1.5\% + 0\%$$
$$= 4.0\%$$
土地还原率 = 安全利率 + 风险调整值
$$= 4.14\% + 4.0\%$$
$$= 8.14\%$$

根据估价对象的实际情况,本次评估确定估价对象的土地还原率取8%。

估价对象使用年期修正系数 $= [1 - 1/(1 + 8\%)^{43.99}]/[1 - 1/(1 + 8\%)^{50}]$
$$= 0.9872$$

5. 容积率修正系数

由于估价对象与可比实例容积率不一致,需进行容积率修正。

我们通过选择不同容积率下具有可比性的样点地价,依据回归原理,测算出回归地价和容积率,然后以容积率≤1.5为标准,再根据测算出的容积率与地价的关系值,编制容积率修正系数表,如表15-10所示。

表15-10　　　　　　　乐山市综合用地容积率修正系数表

容积率	≤1.5	2.0	2.5	3.0	3.5	4.0	4.5	5.0	5.5	6.0	6.5	7.0	≥7.5
修正系数	1.00	1.24	1.37	1.52	1.86	2.00	2.24	2.58	2.93	3.27	3.61	3.95	4.29

6. 因素修正及地价测算

经过以上计算得到交易日期、区域因素、个别因素、使用年期、容积率等修正系数,代入市场比较法公式测算出各比较实例比准价格,如表15-11所示。

表15-11　　　　　　　比较因素修正系数及比准价格计算表

因素	估价对象	实例A	实例B	实例C
交易价格	/	2 951	2 428	2 346
交易情况	100	100	100	100
交易日期	114	111	109	100
区域因素	100	96	94	103
个别因素	100	99	98	101
使用年期	0.9872	1	1	1
容积率	1.24	1.37	1.24	1.24
比准价格		2 849	2 721	2 538
权重		1/3	1/3	1/3
评估单价（元/平方米）	2 703			

比准价格计算过程:

实例A 比准价格 = 2 951 × 100/100 × 114/111 × 100/96 × 100/99 × 0.9872/1 × 1.24/1.37

$$= 2\ 849\ （元/平方米）$$

实例 B 比准价格 $= 2\ 428 \times 100/100 \times 114/109 \times 100/94 \times 100/98 \times 0.987\ 2/1 \times 1.24/1.24$

$$= 2\ 721\ （元/平方米）$$

实例 C 比准价格 $= 2\ 346 \times 100/100 \times 114/100 \times 100/103 \times 100/101 \times 0.987\ 1/1 \times 1.24/1.24$

$$= 2\ 538\ （元/平方米）$$

上述三个比较实例的比准价格差异不大，因此我们取三个比较实例的算术平均值作为估价对象采用市场比较法测算结果，即：

待估对象地价 $= (2\ 849 + 2\ 721 + 2\ 538)/3 = 2\ 703$（元/平方米）

案例三　沃森生物制药企业价值评估

一、评估对象

沃森生物公司市场价值。

二、评估基准日

2014年12月31日。

三、评估方法

上市公司比较法。

四、生物制药上市公司行业分析

（一）生物制药上市公司特征

1. 生物制药上市公司财务数据较真实

生物制药行业是正处于快速发展中的行业，其行业中上市公司的业绩要高于其他行业上市公司的业绩，企业财务数据相对比较真实，有利于评估者基于其财务数据进行评估。

2. 企业价值有较大的不确定性

与其他行业公司的企业价值相比，生物制药公司的企业价值有较大的不确定性。首先，生物制药是基于各种技术而产生和发展的，其技术发展水平和更新换代速度很容易影响到企业价值的高低；其次，该行业国家政策及经济环境等因素总是处在无法完全被预料的变化之中，所以企业价值有较大的不确定性。

3. 竞争环境较稳定，风险系数易测定

生物制药上市公司一般具有高技术、高投入、高壁垒等特点。这就使得大型的生物制药上市公司较少，所以生物制药上市公司的产品便具有市场独占性，这种产品的独占性便为公司创造了一个稳定的经营环境，可降低企业受市场剧烈波动影响的程度。

4. 企业价值与无形资产有较高的相关性

与其他企业相比，生物制药企业中的无形资产的比例较高。企业所拥有的无形资产的多少、品质的高低会直接影响产品的生产，进而影响企业的盈利，最终直接决定企业的价值。所以生物制药企业的价值与无形资产有较高的相关性。

（二）市场法分析的可行性分析

我国股市现如今已经呈现出弱有效性，市场法在我国已经处在发展的阶段。到目前为止，我国在 A 股市场成功上市的医药公司已有 147 家，其中生物制药公司就占据了四分之三，这为市场法的应用奠定了基础。

五、参照物及评估指标的选取

（一）参照公司的选择

要想在众多上市公司中选择出与沃森生物公司具有可比性的企业，首先要界定一个大的范围，可比企业必须是最近 2 年盈利、至少有 2 年的上市历史、所从事的行业或其主营业务相似，即生产、销售自产的生物制品、血液制品等，以此为依据，本案例共选取了 9 家上市公司，然后在这 9 家上市公司中，最后确定 3 个可比企业，确定的依据如下：

第一，企业规模相当。衡量企业规模的标准有很多种，包括注册资本（股本）、营业收入、总资产、净资产、员工总数、营业成本、子公司数目、股票和债券的市场价值等，考虑到公司的注册资本具有稳定性，因此选取注册资本相同或相近作为衡量沃森生物公司与参照企业之间企业规模可比性的标准。

第二，经营业绩相当。企业的经营业绩是衡量一个企业是否具有良好的发展前景的关键方面。企业的管理团队根据行业发展现状制定的未来发展计划、发展战略等都会影响其经营业绩，另外，经营业绩也能反映一个企业在同行业中是否具有一定的竞争力，是否能提高市场占有率等。在评价企业的经营状况时，净利率、净资产收益率是通常被使用的评价指标，因为这两个指标不仅可以评价企业的经营业绩，还可以侧面反映企业财务状况以及竞争力水平。本案例选取衡量沃森生物公司与参照企业经营业绩的可比性指标是净资产收益率。

第三，成长能力相当。一个企业的成长能力水平通常反映在企业的生产规模、利润以及所有者权益的积累程度等方面。良好的成长能力是企业持续发展的动力和前提，是投资者们关注企业未来发展前景的重要方面。本案例选取主营业务收入增长率作为企业成长能力可比性的指标。

第四，财务风险相近。财务风险是指公司财务结构不合理、融资不当使公司可能丧失偿债能力而导致投资者预期收益下降的风险。财务风险是企业在财务管理过程中必须面对的一个现实问题，本文选用资产负债率来作为企业财务风险衡量的指标。

有关上市公司财务资料及打分如表 15-12 所示。

表 15-12 　　　　　有关上市公司财务资料及打分

证券代码	证券简称	营业净利率	打分	净资产收益率	打分	主营业务增长率	打分	资产负债率	打分	总分
300142	沃森生物	13.45	10	5.11	10	23.31	10	46.18	10	10
002007	华兰生物	43.32	3.5	16.66	4.5	11.26	9	3.55	1	4.5
600161	天坛生物	12.83	9.5	6.84	9.5	-0.54	0	66.13	6	6.25

续表

证券代码	证券简称	营业净利率	打分	净资产收益率	打分	主营业务增长率	打分	资产负债率	打分	总分
600530	交大昂立	24.56	8.5	4.98	9.5	-5.43	0	19.95	4.5	5.625
600351	亚宝药业	8.74	9	9.75	7.5	16.30	9.5	42.86	9	8.75
600557	康缘药业	12.61	9.5	15.87	6	14.91	9	38.48	8.5	8
002038	双鹭药业	56.04	1	24.38	1	6.99	8.5	4.16	1	2.875
002252	上海莱士	38.68	5	15.76	5	165.88	1	8.05	2	3.25
300006	莱美药业	1.24	7	0.87	8	20.11	9.5	54.68	8.125	8.125
300294	博雅生物	26.31	7	12.77	6.5	78.49	6.5	9.32	2	5.5

财务数据均来自 2014 年各企业年报数据（数据选自东方财富网）。

综合考虑了衡量可比性的四个指标即营业净利率、净资产收益率、主营业务增长率和资产负债率对于沃森生物公司而言重要程度相当，所以不对每个指标设置一定的权重，然后采取打分的方法来量化每个企业，将四项指标的打分进行简单的平均，最后计算出平均得分，根据得分情况，最后选定参照公司为亚宝药业、莱美药业、康缘药业。

（二）评估指标的选择

1. 市盈率

市盈率是股票每股市场价格与每股收益之比，即：

市盈率 = 每股价格/每股收益

市盈率也可表示为 P/E，由上式可得知股票的价格就等于市盈率乘以每股收益。市场上使用的市盈率一般指静态的，即股价是当前市场的价格，每股收益也是最新公开的数据。P/E 是比较市场法中应用最多的指标，其应用广泛有以下原因：

（1）市盈率的计算比较简单，从而使得不同股票之间的比较也简便；

（2）市盈率可以反映公司目前的盈利水平；

（3）市盈率也可以反映企业的风险性、成长性等情况；

（4）投资者可通过市盈率来进行投资，如果企业当前收益低于预期收益，则市盈率会很高，这表明了投资者对该企业持乐观态度；反之，则当前市盈率很低，表明投资者对该企业较消极的态度。

（5）当整个股票市场的定价出现系统误差时，市盈率就不能反映企业真实的盈利水平，所以使用市盈率指标可能会导致错误的估值。这既是市盈率的优点也是缺点。

市盈率可以通过两种途径获得：

第一种是通过对目标企业自身的参数估计得出，当企业处于稳定增长状态时，依照固定的每股收益增长率，从而计算出企业价值。

第二种是通过对参照企业的参数估计得出，通常是选取一组参照企业，计算参照企业市盈率的平均值，取此平均值作为目标公司的市盈率。

2. 市净率

市净率也称为净资产倍率，是股票的每股市场价格与每股净资产之比，即：

市净率 = 每股价格/每股净资产

市净率也可表示为 P/B，市净率注重企业的内在价值，通常考察企业的长期发展情况，而市盈率则更加注重市场的供求情况。采用 P/B 指标通常有以下两点原因：

第一，市盈率中的每股净资产指的是资产的账面价值，对于某些不使用现金流折现法计算价值的投资者来说，账面价值就是一个十分简单的比较标准。

第二，对于一些盈利为负，不能运用市盈率进行估值的企业而言，其可采用市净率指标进行估值。市净率获得途径与市盈率获取方法类似。

P/B 指标也有一些缺点，例如，当不同的企业采用不同折旧方法或其他会计政策时，企业资产的账面价值就会受到影响，这时市盈率就没有可比性。另外，对于连续多年亏损的企业，市净率可能会变为负值，在这种情况下，P/B 指标便没有适用性。此外，对于一些资产较少的服务行业而言，使用市净率估价的意义不大。

3. 市售率

市售率是股票的每股市场价格与每股销售收入之比，即：

市售率 = 每股价格/平均每股销售收入

市售率也可表示为 P/S，市售率因以下几个方面优点而受到重视：

第一，市售率较稳定，它不像市盈率那样容易改变。

第二，即使连续多年亏损的企业与也可以用 P/S 指标，它不会像市净率那样会变成负值。

第三，销售收入不受会计政策的影响，所以其数据很难被人为操纵。因此，用市售率指标进行评估更可靠。

市售率备受重视的原因之一是其稳定性，但是当企业的成本控制出现问题时，这时市售率可能会导致评估结果的不准确性。即当企业的收益和账面价值有明显的下降时，但是销售收入可能不变，因此评估人员要注意此种情况。

六、沃森生物制药市场价值估算及结果评定

本案例分别采用了市盈率、市净率、市售率三种不同的价值比率，对沃森生物市场价值进行评估。为排除证券市场个别原因对股价的影响，本案例选取了 3 家参照企业 2014 年股价的平均值计算各指标。如表 15-13 所示。

表 15-13　　　　　　　3 家参照企业 2014 年各指标　　　　　　　（单位：元）

参照公司	每股收益	每股净资产	每股销售收入	股价（年均价）	市盈率	市净率	市售率
亚宝药业	0.25	2.62	2.86	8.86	35.44	3.38	3.10
莱美药业	0.32	4.93	4.05	31.30	97.81	6.34	7.73
康缘药业	0.64	4.86	5.07	29.12	45.5	5.99	5.74
沃森生物	0.61	12.32	4.54	—	—	—	—

由表 15-13 可知，在 2014 年 12 月 31 日，3 家参照企业的平均市盈率为 59.58，平均市净率为 5.24，平均市售率为 5.52；沃森生物的每股收益为 0.61 元，每股净资产为 12.32 元，每股销售收入为 4.54 元。

1. 市盈率价值比率的评估

在 2014 年 12 月 31 日，根据市盈率价值比率估值，则每股价格为：

每股价格 = 平均市盈率 × 每股收益

＝ 59.58 × 0.61

＝ 36.34（元）

所以市盈率价值比率下的沃森生物评估市场价值为每股 36.34 元

2. 市净率价值比率的评估

在 2014 年 12 月 31 日，根据市净率价值比率估值，则每股价格为：

每股价格 = 平均市净率 × 每股净资产

＝ 5.24 × 12.32

＝ 64.55（元）

所以市净率价值比率下的沃森生物评估市场价值为每股 64.55 元

3. 市售率价值比率的评估

在 2014 年 12 月 31 日，根据市售率价值比率估值，则每股价格为：

每股价格 = 平均市售率 × 平均每股销售收入

＝ 5.52 × 4.54

＝ 25.06（元）

因此市售率价值比率下的沃森生物评估市场价值为每股 25.06 元。

4. 三种方法估值的结果分析

2014 年 12 月 31 日是 2014 年的最后一个交易日，沃森生物该日的收盘价为 40.37 元。从以上三种不同价值比率的估值结果中我们可以得知，市盈率价值比率的评估结果与收盘价比较接近，而市净率和市售率价值比率的估值较低，与股价相差较大。

5. 评估结果

根据以上评估过程及结果及分析，认为市盈率价值比率的评估结果相对可靠，基本符合股市交易情况。因此，对于沃森生物在 2014 年 12 月 31 日市场价值评估采用市盈率价值比率的评估结果，即每股 36.34 元。沃森生物 2014 年发行的股票数为 23 400 万股，经计算可得企业价值为：

企业价值 = 23 400 × 36.34

＝ 850 356（万元）

第十六章 收益法评估案例

案例一 "相关商标"所有权价值评估

一、案例简介

本案的委托方为一家在国内外享有盛名的控股集团公司（以下简称"集团公司"）。该集团公司的核心产业为中西医药生产和销售，同时还投资于房地产、医疗器械和其他领域。经过几十年的产业经营和资本运作，该集团公司投资、控股或参股的企业为数众多，其中包括几家在深圳及上海证券交易所上市的子公司。在经营过程中，该集团公司与其控股的上市公司之间，累计发生了数额较大的往来款项。2002年，该集团公司计划进行资产重组，包括将集团公司拥有的一些无形资产转让给某下属上市公司（以下简称"上市公司"），以抵销部分关联款项。

本次评估的对象为相关商标的所有权价值。评估目的是估算相关商标在评估基准日的所有权价值，为该集团公司向下属上市公司转让相关商标所有权确定公允市场价值提供参考意见。资产评估基准日是2002年12月31日。

二、评估范围的确定

上述无形资产主要指该集团公司创建的"××"系列注册商标（中国境内注册第×类商标，共10个）。出于保护性目的，迄今为止，该集团公司在医药类别内注册了一系列外形相类似的商标，统称为"相关商标"。这些相关商标中部分为常用的主要商标，另一部分商标从未使用。通过国家商标局的确认，以及根据相关商标法规的规定，所有注册在医药类别的相关商标将一并转让。因此，在确定评估范围的时候，我们将这些相关商标作为一个整体来考虑。评估范围为该集团公司拥有的在中国境内注册的医药类商标，既不包括任何海外注册的商标，也不包括注册在其他行业类别的商标。

评估范围的确定是出于三个方面的因素考虑。

（一）中国境内注册第×类商标

除第×类商标以外，集团公司在其他类别上也进行了系列商标在中国的注册。另外，集团公司亦根据相关规定申请了商标的国际注册。

由于本次转让和评估的商标范围将仅限于注册在中国境内的第×类"××"系列商标（"相关商标"）。其余类别的商标包括在中国境内注册在除第×类以外的其他类别的"××"系列商标将不在本次转让范围之内。因此，评估将不涉及除相关商标以外的其他商标。

（二）10个商标应视作一个整体进行转让和评估

我们认为相关商标是一个不可分割的整体，无法单独评估某个或某几个注册商标的价值，而是将这10个商标作为一个整体来评估其价值较为合理。因此，我们将所有10个相关商标作为一个整体进行评估。

（三）商标与品牌以及标识等其他易混淆概念的区别

我们理解相关商标（Trademark）与"××"品牌（Brand）或者标识（Logo）是有区别的，所包括的内涵和外延是不同的。《中华人民共和国商标法》对商标的定义为："商标是企业、事业和个体工商业者，在其生产、制造、加工、炼造或者经销的商品或提供的服务项目上使用的，由文字、图形或者其组合的具有显著特征，便于识别的标记。"

本次评估将仅限于相关商标，而不涉及除相关商标以外的"××"品牌的其他外延以及标识。

三、商标简介

经过集团公司十几年来的广告投入以及品牌培育，使用相关商标的多种OTC药品在国内市场的具有较高的市场占有率，该商标被国家商标局认为"驰名商标"。

（一）可使用范围

集团公司为控股公司，其本身并不使用相关商标，而其所控股或参股（包括直接和间接）的医药生产企业在不同的药品上使用相关商标。目前相关商标的使用方主要包括上市公司、上市公司下属从事医药生产的子公司（"上市公司子公司"）以及除上市公司以外的，集团公司其他的下属从事医药生产的子公司（"集团公司子公司"），上述三者统称为"相关企业"。

（二）许可管理以及收费安排

集团公司与部分相关企业签订了商标许可使用协议，并通过一些内部管理规定来规定相关企业的许可使用费率。而实际上，上述相关企业从未向集团公司缴纳许可使用费。但是，集团公司和相关企业这一做法并不是市场化的做法。我们理解，如果按照国际上商标许可使用的惯例，在正常的情况下，集团公司应向相关企业收取商标许可使用费。

（三）公司的商标无偿使用安排

根据1999年7月1日集团公司与上市公司签订的《商标使用许可合同》（以下简称"商标免费使用合同"），集团公司将其所持有的中国境内注册在医药类别上的商标许可上市公司无偿使用，使用期自签订日起为10年（即1999年7月1日至2009年6月30日，以下简称"免费使用期间"）。集团公司的这一安排，实际上是作为大股东向上市公司提供了免费的可利用资源，免除上市公司因使用相关商标可能会产生的支付使用费的负担。通常，商标所有权人会在许可使用合同中规定许可使用的范围、期限以及收费标准。由于存在这一免费使用合同，作为商标所有者的集团公司在免费使用期间并没有，也不能享有其许可上市公司使用相关商标所产生的任何利益。换句话说，就商标所有者而言，从1999年7月1日至2009年6月30日期间的这一无偿使用商标的许可安排并没有产生任何价值。

四、确定评估方案

我们遵循国际上商标评估的通用程序（明确评估目的——确认待估无形资产——相关行业以及市场分析——使用相关商标的企业以及产品销售分析——商标对企业带来的价值分析——无形资产的估价模型的建立——评估报告撰写），及我国《资产评估执业准则——无形资产》的要求，通过审阅相关财务以及销售的历史和预测资料以及与相关销售以及财务人员进行访谈，评估人员对相关商标的权属、评估范围、中国医药行业的情况、产品销售情况，以及商标对企业价值的贡献度等情况进行了大量的研究工作，最后选用恰当的评估方法和计算方法对其价值进行评定估算。

五、选择评估方法

本次评估我们采用收益途径对相关商标所有权进行评估。在使用收益途径对商标权进行评估时，可以采用的方法主要有优越利润法、差额收益法和商标许可使用费节省法等。这三种方法的选用应视评估的主要目的和前提假设条件、商标的功能和资料的可取得情况而定。

优越利润法（Premium Profit Method）是首先计算出被评估的拥有著名商标的企业的利润高于同行业中没有拥有著名商标的企业的利润的差额，即优越利润额，然后将其本金化，以求出商标权的价值。这一方法是将企业所产生的优越利润作为评估对象。

经过对医药行业主要生产厂商的产品市场状况的分析。由于在它们的产品价格中包含各自商标及专有技术等的价值，受市场上可得信息的限制，这部分价值无法进行分解量化。因此，无法确定由相关商标所能带来的优越利润，优越利润法对于本次评估并不适合。

差额收益法（Excess Earnings Method）是首先计算出企业正常的总收益与其货币性资产、有形资产和其他可确指的无形资产的期望的正常收益的差额，即差额收益额，然后将其本金化，以求出商标权的价值。

由于集团公司预测使用相关商标的产品产生的收益来自于不同的渠道，包括上市公司及其子公司以及集团公司下属部分医药生产企业，在实际操作中，集团公司和上市公司无法提供仅与医药生产的相关的模拟资产负债表，我们无法辨别单项资产及其期望收益率。因此，差额收益法在本次评估中也不适用。

在使用收益途径对相关商标所有权进行评估中，我们采用了商标许可使用费节省法（Relief from Royalty Method）进行本次评估工作。

商标许可使用费节省法的假设前提是被评估商标为已获公众认可的商标，能为企业赢得超额利润。一般情况下，不拥有商标权的任何一方必须为使用该商标支付一笔许可使用费。因此，商标的价值可以用假设购买该商标权后，使用方所节省下来的原来需向商标权所有者支付的许可使用费的现值来计算。实质上，本方法的关键在于能够找到一个商标许可使用费率，从而可以对商标所有权直接产生的净收益进行量化。

商标许可使用费节省法主要有七个工作步骤：

(1) 市场及行业分析；
(2) 公司的产品及业务分析；
(3) 商标许可费率估算；
(4) 相关商标的净收入（包括许可费节省额和新许可费收入）；

(5) 确定一个合理的折现率;

(6) 用此折现率将相关商标的净收入进行折现,求出商标所有权全价;

(7) 扣除由于无偿使用许可协议安排使得相关商标未能实现的价值部分,从而得到折扣后的相关商标所有权净值。

六、具体评估过程说明

(一) 行业分析

1. 中国医药市场

(1) 近20年来,中国医药市场保持高速增长态势。中华人民共和国成立以来,特别是改革开放以来,我国已经形成了比较完备的医药工业体系和医药流通网络,发展成为世界制药大国。据统计,我国现有医药工业企业3 613家,可以生产化学原料药近1 500种,总产量43万吨,位居世界第二。

通过对历史数据的分析,我们发现中国医药市场在近年来得到迅速的发展,医药产品销售收入的年增长率均保持在14%以上(如表16-1所示)。

表16-1　　　　　　　　　中国医药产品销售收入　　　　　　　　　单位:亿元

年　　份	1999年	2000年	2001年	2002年
销售总额	1 216	1 509	1 743	2 205.8 (1~11月)
年增长率	n.a	24.1%	15.5%	14.82% (1~11月同比)

资料来源:《2001年医药医药行业研究报告》,http://www.sovey.com/;大通证券研发中心研究报告《医药行业将维持上半年增速》,2002.10.8;《中国医药报》"回眸2002医药行业骄人业绩",2003.1.3。

以下因素对中国医药市场的发展起着极为重要的作用:

①居民生活水平提高;

②我国人口老龄化严重;

③人们的医疗保健意识不断提高,人均医疗保健支出大幅度增加;

④医疗保险制度改革全面推进;

⑤城镇化水平提高;

⑥药品分类管理制度的实施。

随着我国处方药和非处方药制度的实施及进一步完善,零售药品市场将进一步扩大。

(2) 中药行业发展速度领先于医药行业平均水平(略)。

(3) OTC市场发展迅速(略)。

(4) 医药产品的总体价格下降,但名优产品的价格受影响程度相对较小(略)。

2. 中国医药行业

(1) 企业多、小、散、乱,缺乏大型的龙头企业,市场整合是趋势(略)。

(2) MP的实施对医药产业发展格局的影响(略)。

(二) 企业的业务和产品状况

我们对上市公司和集团公司提供的相关企业自2003年至2009年的销售预测和其他相关文件进行了审阅,同时我们有机会就这些预测及编制基础与上市公司和集团公司的管理层进行了沟通，我们根据市场调查对有关产品的销售收入增长提出修改建议，检查模型的勾稽关系、逻辑性和方法的合理性。

1. 相关商标有关的企业和产品现状

根据目前相关商标的使用情况，我们理解，目前使用相关商标生产和销售药品的企业主要包括以下三个方面：

（1）公司本部；

（2）公司的附属生产企业共 10 家；

（3）公司下属生产企业共 10 家。

目前，上市公司负责生产和销售占全部收入约××%的 OTC 药品。

2. 相关企业的产品战略规划（略）

（三）许可使用费率估算

为了考察合理的商标使用许可费率，我们通过分析一个假设的商标许可使用者使用商标所产生的额外利润（和节省下的成本）来估算。从理论上讲，一项业务的利润率越高，一个商标许可使用者愿意支付的商标许可使用费也越高。然而，总体而言，我们认为一个商标许可使用者仍然希望通过经营被许可的业务来获得合理的利润。

我们知道，一个企业的利润可以被视作其所有的资产进行运作所产生的报酬。这些资产可以是有形的，也可以是无形的。我们可以通过考察无形资产对利润产生的贡献，从而协助确定合理的商标许可费率。

商标使用费率 = 息税前利润率 ×（1 - 有形资产支持率）× 商标占整体无形资产的比例（以下略）

即：这一方法通过以下步骤来实现：

（1）调查参考上市公司的有形资产支持率（Tangible Asset Backing Ratio），即上市公司调整后的有形资产公允市值与其所有者权益公允市值加债务公允市值之间的比率，从而得出无形资产对公司价值贡献率，并假设其贡献率与对利润的贡献率一致。

（2）通过访谈和调查分析并确定商标占整体无形资产的比例，从而确定商标作为其中一项无形资产对整体利润的贡献程度。

（3）将商标对利润的贡献程序乘以有关业务历史和预期平均的利润率，从而获得商标许可使用费率。我们考虑使用历史和预期的平均息税前利润作为整体利润水平。使用息税前利润作为企业利润的代表是因为该利润包含支付给权益资本所有人和债权人（包括长期和短期的）的利润，即整个业务所产生的利润（价值）。通常我们将息税前利润进行调整后获得的净现金流量贴现折现来计算整个业务的价值。

1. 有形资产支持率

我们考察了国内具有代表性的一些医药行业上市公司，这些公司多数拥有一定知名度的商标的所有权。根据有关资料，这些公司的平均有形资产支持率为××%。换言之，该类上市公司的利润其中约××%来自于有形资产的贡献，其余××%归功于无形资产的贡献。无形资产包括但不限于商标、专利、销售网络和管理能力等。

2. 商标贡献程序（略）

3. 历史/预期利润率和商标使用费率（略）

(四) 商标的许可使用费节省额/使用费收入额的预测

我们的计算方法是将预测的相关预测的销售收入总额乘以上述确定的适用的商标许可使用费率,就得到了在有关税项调整前相关商标所产生的总许可使用费节省率(收入)。(具体计算略)

(五) 相关商标产品的预测税后净利润的计算

1. 商标维护费用

我们知道,作为一个商标拥有者,每年必须支出一定的费用来维护商标的正常使用及其利益不受侵害,以保证能够合理收取商标许可使用费,其中主要包括商标异议、续展、评估、协会和年会费用以及打假费用等,这些为维护商标声誉,打击商标侵权的费用称作打假费用维护费用。(具体计算略)

2. 税金及附加 (具体计算略)

3. 所得税 (具体计算略)

(六) 折现率的确定

对于预测的相关商标所产生收益进行折现所采用的折现率是一个潜在的资本投资者(以贷款或股权的形式)投资该项无形资产/商标权的资本总和所预期会给其带来的年收益率。

我们在确定对节省的商标许可使用费的折现率时的一个基本出发点是由一个企业购买的无形资产/商标权所能够为该企业带来的边际收益,应至少相当于为购买该项无形资产/商标权所筹集资金的边际成本。

为了确定合适的折现率,通常会考虑市场现有的同行业报酬率,然后用相关商标的企业和产品的风险与经营状况同市场及该行业互相比较,从而得出目标企业的加权平均资本成本。

在确定折现率时,我们采用国际上通用的加权平均资本成本 [Weighted Average Cost of Capital ("WACC")] 模型来估算。它是以了解和掌握目标企业的投资资本构成,以及债权投资和自有资本投资所要求的投资报酬率或资本成本为前提的。企业的投资资本是由企业的付息债务和所有者权益构成的。其计算公式为:

$$WACC = K_e \times E/V + K_d \times (1-T) \times D/V$$

式中:E——权益的市场价值;V——被评估企业的市价总值;K_e——市场确定的权益资本的收益率;D——付息债务的市值;K_d——付息债务资本的市场预期收益率;T——企业的所得税税率。

因此,在确定折现率时,我们采取以下的计算步骤:

(1) 确定目标企业的资本结构;

(2) 预测债务资本的预期收益率;

(3) 预测权益资本的收益率。

1. 确定目标企业的资本结构

估算加权平均资本成本的第一步是确定被评估对象公司的资本结构。在此,我们主要是从目标资本结构出发来考虑。这主要是由于被评估对象公司的资本结构在任一时刻都可能没有反映预期贯穿业务始终的资本结构。我们对目标企业的资本结构的估算主要是从医药类上市公司中选取具有可比性的参照公司，然后对其市场价值中权益和债务的比率进行加权平均计算来确定其目标资本结构。

选取的具有可比性的参照公司应从事相同或类似的经营业务。同时，以下一些其他的原则或因素也应考虑：公司资本结构、公司的产品、主要的市场及公司在市场中的定位、信用情况、管理程度、管理层情况、员工素质、竞争的性质、公司业务的成熟性、收益、股利支付能力、公司账面价值。

我们计算出的可比参考上市公司平均的资本结构为：

资本结构 =［权益的市值/（权益的市值 + 付息债务的市值）］×100% = ××%。

2. 预测债务资本的预期收益率

债务资本的预期收益率与企业的经营风险和财务风险有关。在企业的经营风险一定的情况下，企业的财务杠杆越高，财务风险越高，其债务资本的预期收益率也越高。

我们在计算中选用×年期贷款利率××%作为债务资本的预期收益率。

3. 预测权益资本的收益率

在确定可比企业权益资本的报酬率时我们采取的是资本资产定价模型［Capital Asset Pricing Model（CAPM）］。资本资产定价模型中权益的收益率等于无风险收益率加上市场的风险收益率乘以企业的系统风险系数（β）。其计算公式为：

$K_e = r_f + E_{(rm)} \times \beta + r_s$

式中：r_f——无风险收益率（评估基准日）；$E_{(rm)}$——证券市场风险收益率；β——系统风险系数；r_s——公司特有风险收益率。

运用资本资产定价模型，我们主要是确定无风险收益率、市场风险收益率和系统风险系数。

（1）无风险收益率。无风险收益率是指无通货膨胀和无风险情况下的平均收益率，其高低受平均利润率、资金供求关系和国家调节的影响。

现在国际通行的做法是用有关的中长期政府公债的到期收益率作为无风险收益率，在这基础上再计算衡量一个投资项目是否可行的收益率。在我国，从期限上看，短期和长期的国债发行相对较少，国债期限主要集中于3年和5年，因此出于国债的流通性考虑，我们选择了5年期的国债到期收益率作为无风险收益率。

（2）证券市场风险收益率。我们采用全球专业的信息咨询公司——彭博咨询为我们提供的证券市场风险收益率。我国的证券市场是从20世纪90年代初发展起来的，上海证券交易所始于1990年12月19日，深圳证券交易所始于1990年12月1日。最初几年由于市场不成熟，市场波动较大，其数据的参考价值较小。因此，我们选取1995年12月1日至评估基准日的证券市场数据进行计算。

我们选取彭博咨询提供的上海证券市场和深圳证券市场各自的风险收益率，换算成年收益率，扣除相应的历史无风险收益率后，用上海证券市场和深圳证券市场评估基准日的市值对其进行加权平均，进而求得评估基准日中国证券市场的年收益率××%。

（3）系统风险系数。我们采用彭博咨询为我们提供的沪、深两地各参考上市公司股票相对于整个市场收益的系统风险系数 β，并进行了显著性检验（t检验），以确定其统计结果的显著性。考虑到个股的收益总是趋向于市场总体收益，我们选取的是调整后的系统风险系数 β，其计算公式为：

调整后的系统风险系数 = 个股风险系数×（×/×）+ 市场风险系数×（×/×）
我们将各参考公司的系统风险系数加以平均，求出目标系统风险系数为××。
（4）公司特有风险收益率（略）。
（5）权益资本的收益率。
在确定了上述参数后，我们可以得到目标公司的权益资本收益率。如表 16-2 所示。

表 16-2　　　　　　　　CAPM 模型权益资本收益率的计算

无风险利率	市场风险回报率	β	公司特有风险收益率	权益资本收益率
××%	××%	××	××%	××%

4. 加权平均资本成本的确定

在以上参数确定后，计算加权平均资本成本为：

$$WACC = K_e \times E/V + K_d \times (1-T) \times D/V$$

鉴于此，我们取××%作为对商标许可使用费节省额进行折现的折现率。

（七）增长阶段和永续价值的计算

我们的预测期间是从 2003 年至 2009 年。在这 7 年之间相关商标预计产生的税后净利润增长率为××%，我们预测在此之后，市场整合将趋于平稳，增长会相对放慢，但仍然有高于其他行业平均的一个增长率，因此我们假设在 2010 年至 2020 年的这 11 年相关商标预计产生的净现金流的增长率为××%。我们假设与相关商标有关的业务和产品在 2020 年以后仍能保持直至永续，因此预测期后的永续价值对整个商标价值的贡献也是相当重要的。

在考虑永续价值的时候，我们假设相关商标产生的净现金流的增长率为××%。该增长率是基于市场对中国经济发展以及医药行业平均长期增长率的预测而做出的，是一个维持性的长期增长率。

（八）商标所有权完整价值

基于以上的分析和计算，我们估算出的相关商标所有权的完整价值为人民币××万元整。

（九）商标所有权净价值

由于集团公司与上市公司之间存在商标免费使用协议，无论集团公司是否将相关商标转让给上市公司，上市公司仍可继续无偿使用直至 2009 年 6 月 30 日。我们在价值评估中考虑这一因素对相关商标价值产生的折扣影响因素。

因此，我们假定有其他的自愿投资者在上述商标无偿使用许可安排（即给予上市公司自 1999 年 7 月 1 日至 2009 年 6 月 30 日无偿使用相关商标）不变的情况下，愿意支付的一定数目的金额，购买相关商标权的所有者成为新的所有者。按照这种思路，就目前商标权所有者而言，有关商标权的价值来自于预计将来由于相关商标的产品的收益产生的价值，并扣除上述无偿使用因素对价值产生的折扣影响。

考虑扣除上述折扣以后的商标所有权净价值为人民币××万元整。

（注：本案例是普华永道会计师事务所评估案例，具体数字隐去）

案例二　固定资产组减值测试

一、案例背景

由某上市公司控制的一家生产企业 A 公司，最近三年由于市场需求变化较大，A 公司出现了间歇性亏损。由于 A 企业拥有的生产线工艺技术水平与目前同类主流生产线存在一定的差距。企业及注册会计师都认为 A 企业的生产线存在着减值的可能。因此，根据《企业会计准则第 8 号——资产减值》的要求，聘请评估机构对该生产线进行减值测试。

本次减值测试的目的为年报披露用途，初步确定的评估基准日为 2010 年 12 月 31 日。

二、评估对象的确定

就 A 企业而言，被评估生产线既没有单独核算也不能独立产生现金流，现金流入的产生包括了产品在生产过程所依赖的厂房、土地和其他辅助设施等。因此，本次评估的评估对象最终确定为包括该生产线及其生产性附属设施，生产厂房和厂房所占土地在内的固定资产组（以下简称"待估资产组"）。

根据管理层提供的资料，待估资产组于评估基准日的账面净值为人民币 8 123 万元。

三、评估技术思路和方法的选取

根据《企业会计准则第 8 号——资产减值》的要求，需要对待估资产组的可收回金额进行评估，以对比账面价值确定减值数额。根据相关会计准则的规定，可收回金额应当根据资产的公允价值减去处置费用后的净额与使用价值二者之间较高者确定。

公允价值减去处置费用后的净值应当根据：

（1）公平交易中销售协议价格减去可直接归属于该资产处置费用的金额确定；

（2）不存在销售协议但存在资产活跃市场的，应当按照该资产的市场价格减去处置费用后的金额确定。资产的市场价格通常应当根据资产的买方出价确定；

（3）在不存在销售协议和资产活跃市场的情况下，应当以可获取的最佳信息为基础，估计资产的公允价值减去处置费用后的净额，该净额可以参考同行业类似资产的最近交易价格或者结果进行估计；

（4）企业按照上述规定仍然无法可靠估计资产的公允价值减去处置费用后的净额的，应当以该资产预计未来现金流量的现值作为其可收回金额。

使用价值应当按照资产在持续使用过程中和最终处置时所产生的预计未来现金流量，选择恰当的折现率对其进行折现后的金额加以确定。预计资产未来现金流量的现值，应当综合考虑资产的预计未来现金流量、使用寿命和折现率等因素。

（一）公允价值评估思路

评估人员通过市场调查发现，待估资产组缺乏相关参照物的交易案例，无法实施市场法评估，只能采用现金流折现法进行评估。具体评估思路为：假设在持续经营的前提下，考虑资产组内资产的有效配置、改良或重置的因素对资产组的未来收益进行预测，对净现金流以适当的折现率折现后的现值总和。

（二）使用价值的评估思路

根据相关会计准则的要求，使用价值的评估思路为：在生产线主要设备的剩余经济寿命年限内，不考虑改良或重置的因素，对待估资产组的未来净现金流量，以适当的折现率折现后的现值总和。

四、评估假设和技术要点

在本案例中，虽然评估对象相同，对公允价值和使用价值评估采用的评估方法也相同（收益法），但由于两种价值类型的评估思路并不相同，公允价值和使用价值的评估需要确定的三大参数也不完全相同，而需要分别估测不同评估思路下各自的收益额、收益期和折现率。

以公允价值现金流量折现思路为例说明如下：

（1）公允价值估值思路中的主要假设和技术要点。

（2）假设待估资产组（A公司）将会持续经营。

（3）综合考虑待估资产组（A公司）的营运周期，生产及销售水平，技术及经济更替等因素，预测资产组（A公司）2010年至2015年的营运水平，并假设通过A公司管理人员的努力，该营运水平的预测可合理地实现。

（4）为了实现业务的预期增长且保持适当的竞争能力，待估资产组（A公司）可能需使用额外的资本投入。假设所有与资产组（A公司）相关的设施和技术人员均可配套运作，并且有能力实现预期的业务增长。

（5）假设现行法律法规、市场环境、宏观政策等不会发生重大变化，不会对待估资产组（A公司）及其行业的业务造成重大影响。

五、公允价值估值模型的主要参数

1. 收入预测

根据待估资产组（A公司）提供的预测，并结合评估人员对资产组（A公司）及其行业的研究，待估资产组（A公司）在2011～2015年各年度的主营业务收入预测如表16-3所示。

表16-3　　　　　2011～2015年各年度的主营业务收入预测表　　　　　单位：万元

年份 项目	2011年	2012年	2013年	2014年	2015年
主营业务收入	4 437	4 525	4 616	4 708	4 802
主营业务税金及附加	465.89	475.2	484.63	494.37	504.23

2. 成本及费用预测

销售成本包括生产成本和生产设备折旧支出；销售费用为市场推广及营销费用；管理费用为生产经营管理相关的费用及支出；财务费用为利息支出。根据评估人员对待估资产组（A公司）的历史成本费用占主营业务收入的比例的分析结果，A公司2011～2015年各年度的成本费用预测如表16-4所示。

表16-4　　　　　2011~2015年各年度的成本费用预测表　　　　　单位：万元

项目＼年份	2011年	2012年	2013年	2014年	2015年
主营业务成本	2 684.39	2 737.63	2 792.68	2 848.34	2 905.21
销售费用	310.59	316.75	323.12	329.56	336.14
管理费用	221.85	226.25	230.8	235.4	240
财务费用	221.85	226.25	230.8	235.4	240

3. 折旧和摊销预测

根据我们对待估资产组（A公司）的历史折旧和摊销分析的结果，A公司2011~2015年各年度的折旧和摊销预测如表16-5所示。

表16-5　　　　　2011~2015年各年度的折旧和摊销预测表　　　　　单位：万元

项目＼年份	2011年	2012年	2013年	2014年	2015年
折旧和摊销	443.7	460	470	480	490

4. 资本性支出

根据对待估资产组（A公司）的分析，评估人员采用了管理层提供的未来固定资产投资预测。营运资金支出主要根据A公司主营业务收入的变化分析确定，A公司2011~2015年各年度的资本性支出预测如表16-6所示。

表16-6　　　　　2011~2015年各年度的资本性支出预测表　　　　　单位：万元

项目＼年份	2011年	2012年	2013年	2014年	2015年
资本性支出	313.7	330	340	350	360
营运资金支出	30	30	30	30	30

5. 终值

采取GORDON模型来计算待估资产组于2015年的终值，其中假设未来现金流的永续增长率为1%，折现率为A公司的折现率。

6. 折现率的确定

在使用现金流量折现法时，必须根据所评估资产的性质计算一个适当的折现率。待估资产组的预期回报率与相应的项目风险有关。评估人员已考虑以下各项风险因素：

（1）利率风险，即衡量总体利率水平的变化对投资回报的影响。

（2）购买力风险，即衡量随时间变化因通货膨胀所丧失的购买力所造成的损失。

（3）变现风险，即衡量在目前市场情况下出售该投资项目的变现能力。

(4) 市场风险，即衡量诸如经济和政治等综合市场因素对资产价格的影响。

(5) 业务风险，即衡量预期营运收入的不确定性。

待估资产组所采用的折现率是根据资本资产定价模型（CAPM）的方法计算的。即：

基础投资回报 = 无风险回报率 + 行业 β 系数 × 市场风险回报率

除上述计算所得出的基础投资回报以外，有关项目的预期回报要求亦受其他非市场因素的影响。此等额外回报要求可视为个别项目风险，以希腊字母代表。综合得出的待估资产组回报率计算公式为：

待估资产组回报率（折现率）= 无风险回报率 + 行业 β 系数 × 市场风险回报率 + ε

确定待估资产组折现率时所用的参数为：

无风险回报率以评估基准日的的 5 年期国债利率为准。

市场回报率以 2001 年末至评估基准日的 10 年上证指数年报酬率的平均值为准。

行业 β 系数以与 A 公司同类上市的所在行业的平均 β 系数为准。

ε 的构成主要包含流动性风险，业务风险及其他个别风险。

综合上述各种因素（计算过程略），待估资产组适用的股权资本回报率为 12%。待估资产组加权平均资本成本（Weighted Average Cost of Capital，WACC）为经考虑行业平均资本结构后，按行业平均债务水平，计算的待估资产组的 WACC。所用的参数包括：行业平均债务/股东权益比为 0.67，平均债务资本成本为 7%。因此，待估资产组的 WACC 为 10%。

六、公允价值和使用价值估值模型的主要差异

在上述收入和成本的预计方面，这两个模型基本相同，二者的主要差异体现在：

(1) 收益期的不同，即分别为有限年期和无限年期；

(2) 资本性支出的考虑不同；

(3) 营运资金最终处理的方式不同；

(4) 资产组收益期末是否有处置收益的考虑不同。

七、估值过程和结论

（一）公允价值评定估算相关数据

(1) 依据企业以前年度生产增减变化及企业财务收支分析以及对未来市场的预测，评估人员认为被评估资产组（企业）通过未来 5 年的不断更新改造，未来 5 年的主营业务收入，将在 2010 年的基础上每年有 2% 的增长。

(2) 由于从 2011 年到 2015 年每年追加的投资进行设备改造，根据企业的生产能力状况，从未来第 6 年起，净现金流量的增长速度将维持在 1% 的水平上。

(3) 根据前面的分析，待估资产组（A 企业）适用的折现率为 10%。

(4) 所得税税率为 25%。

（二）公允价值评估过程与结果列示如表 16 - 7 所示

(1) 计算未来 5 年企业净现金流量的折现值之和。

未来 5 年企业净现金流量的折现值之和 = 605.2 + 560 + 517.33 + 478.27 + 442.23

= 2 603.03（万元）

(2) 计算从未来第 6 年开始的永续性现金流量折现值之和。

第 6 年后的永续现金流量折现值之和 $= 712.24(1+1\%) \div (10\% - 1\%) \times 0.6209$

$$= 7\,992.92 \times 0.6209$$

$$= 4\,962.8（万元）$$

(3) 待估资产组的公允价值。

待估资产组的公允价值 $= 2\,603.03 + 4\,962.8$

$$= 7\,565.83（万元）$$

表 16 – 7　　　　　　　　　　公允价值评估表　　　　　　　　　　单位：万元

项目＼年份	2011 年	2012 年	2013 年	2014 年	2015 年
主营业务收入	4 437	4 525	4 616	4 708	4 802
主营业务税金及附加	465.89	475.2	484.63	494.37	504.23
主营业务成本	2 684.39	2 737.63	2 792.68	2 848.34	2 905.21
其中：折旧与摊销	443.7	460	470	480	490
主营业务利润	1 286.72	1 312.17	1 338.69	1 365.29	1 392.56
销售费用	310.59	316.75	323.12	329.56	336.14
管理费用	221.85	226.25	230.8	235.4	240
财务费用	221.85	226.25	230.8	235.4	240
营业利润	532.43	543.92	553.97	564.93	576.32
营业外收支	0	0	0	0	0
利润总额	532.43	543.92	553.97	564.93	576.32
税款（按实际税额）	133.11	135.98	138.49	141.23	144.08
净利润	399.32	407.94	415.48	423.7	432.24
（＋）折旧与摊销	443.7	460	470	480	490
利息（1－25%）	166.39	169.69	173.1	176.55	180
（－）资本性支出	313.7	330	340	350	360
营运资金支出	30	30	30	30	30
企业净现金流量	665.71	677.63	688.58	700.25	712.24
折现系数（按 10%）	0.9091	0.8264	0.7513	0.6830	0.6209
净现值	605.2	560	517.33	478.27	442.23

(三) 使用价值评定估算过程与结论（如表 16 – 8 所示）

(1) 评估资产组使用价值预期收益的预测是建立在资产组按评估基准日现有的状况和状态继续使用下去，不进行技术改造或重组的基础之上。

(2) 未来 5 年企业经营状况和市场环境不发生重大改变。

(3) 未来 5 年的收益现值。

未来 5 年的收益现值 = 890.38 + 834.18 + 758.37 + 689.43 + 626.74
= 3 799.1（万元）

(4) 未来第 5 年末资产组变现价值预计为 3 655.89（万元）

(5) 未来第 5 年末资产组变现价值的现值。

未来第 5 年末资产变现价值的现值 = 3 655.89 × 0.6209
= 2 269.94（万元）

(6) 资产组的使用价值。

资产组的使用价值 = 3 799.1 + 2 269.94
= 6 069.04（万元）

表 16-8　　　　　　　　　　　　　使用价值评估表　　　　　　　　　　　　单位：万元

项目＼年份	2011 年	2012 年	2013 年	2014 年	2015 年
主营业务收入	4 437	4 437	4 437	4 437	4 437
主营业务税金及附加	465.89	465.89	465.89	465.89	465.89
主营业务成本	2 684.39	2 684.39	2 684.39	2 684.39	2 684.39
其中：折旧与摊销	443.7	443.7	443.7	443.7	443.7
主营业务利润	1 286.72	1 286.72	1 286.72	1 286.72	1 286.72
销售费用	310.59	310.59	310.59	310.59	310.59
管理费用	221.85	221.85	221.85	221.85	221.85
财务费用	221.85	221.85	221.85	221.85	221.85
营业利润	532.43	532.43	532.43	532.43	532.43
营业外收支	0	0	0	0	0
利润总额	532.43	532.43	532.43	532.43	532.43
税款（按实际税额）	133.11	133.11	133.11	133.11	133.11
净利润	399.32	399.32	399.32	399.32	399.32
（+）折旧与摊销	443.7	443.7	443.7	443.7	443.7
利息（1－25%）	166.39	166.39	166.39	166.39	166.39
（－）资本性支出	0	0	0	0	0
营运资金支出	30	0	0	0	0
企业净现金流量	979.41	1 009.41	1 009.41	1 009.41	1 009.41
折现系数（按 10%）	0.9091	0.8264	0.7513	0.6830	0.6209
净现值	890.38	834.18	758.37	689.43	626.74

（四）资产组减值测试结论

通过比较，待估资产组的公允价值大于其使用价值。但是，待估资产组的公允价值低于其账面净值。根据孰高原则,待估资产组的可回收金额应以其公允价值的评估值为准,即 7 565.83万元。因此,该资产组存在减值,减值额为待估资产组的账面净值与其可收回金额的差额,即557.17万元(8 123 - 7 565.83 = 557.17)。

案例三 房地产抵押贷款评估

一、案例简介

上海××大酒店有限公司向银行申请抵押贷款,特委托上海×××房地产咨询股份有限公司对涉及的上海市××路789号上海××大酒店,建筑面积合计为22 778.89平方米,土地面积为4 083.00平方米,进行评估,为其抵押贷款提供价值参考依据。评估基准日是2005年10月9日。

二、评估范围的确定

(一)权属状况

依据委托方提供的沪房地×字(2005)第005809号《房地产权证》可知本次评估房地产相关信息如表16-9所示。

表16-9　　　　　　　　房屋状况信息

编号	部位	建筑面积	总层数	房屋类型	房屋结构	产权来源	竣工日期
1幢	全幢	22 157.89	23	旅馆	钢混	新建	2003年
2幢	全幢	621.00	2	旅馆	钢混	新建	2003年

(二)地理位置状况

××区已经成为上海市的商业中心和重要的公共活动中心,成为体现上海市繁荣的标志性区域之一,进入××区,林立的楼宇,旺盛的人气,便捷的交通,深厚的文化底蕴,丰富的景观资源,良好的投资环境,正成为广大的投资者首选的宝地。

××区拥有以外贸为特征兼具外事功能的涉外经济贸易区虹桥开发区、最大的高级花园住宅区古北新区、上海现有两大空港之一虹桥国际机场,以及上海耀中国际学校、刘海杰艺术馆、宋庆龄陵园、中国古钱币陈列馆、上海历史博物馆、上海影城、上海西郊动物园、中山公园等各具特色的高雅文化和旅游资源,为涉外展览、贸易、旅游、服务提供了十分便利、齐全的配套条件和良好的人文环境。随着国际国内知名企业纷纷进驻该区,商品流、贸易流、信息流、资金流等,使该区的区位功能日渐凸显,一个集国际经济、金融、贸易三个中心城市,正朝健康的方向发展和形成。

委估标的物为××路789号上海××大酒店,位于××路与××路交汇处附近;周边有中山公寓、武夷花苑、碧云公寓、圣约翰名邸等多个高档社区,附近绿洲大厦、上海国际体操中心、乐购超市、天山茶城、长宁区妇幼保健院、东华大学长宁校区等形成了良好的生活商服配套体系;周边商业氛围较浓厚,人流量较大,各项公共配套设施齐全,有829、69、73等多路公交车自周边站点经过,内环高架近在咫尺,并临近轨道交通2号线(在建)和轨道交通3号线,交通极为便捷。

(三) 建筑物情况

××路789号××大酒店于2003年竣工,房屋类型为旅馆,由其××大酒店主楼及裙楼和机房三部分组成。

三、估价依据

1. 中华人民共和国国家标准 GB/T50291-1999《房地产估价规范》
2. 国家及上海市相关法律、法规和政策
3. 现场勘察记录、摄影及评估人员市场调查资料
4. 委托方提供的资料
5. 现时房地产市场相关价格信息
6. 建设工程价格信息

四、估价原则

本估价报告遵循以下房地产估价原则:
(1) 合法原则;
(2) 最高最佳使用原则;
(3) 替代原则;
(4) 预期原则;
(5) 估价时点原则;
(6) 公平原则。

五、估价方法

本次估价的目的是对已建成的房地产(酒店物业)进行现有价值估价。通过实地勘察和对周边区域的调查并分析有关资料之后,根据估价对象酒店物业的特点和实际情况,进行评估方法的具体选择。酒店物业作为一种能直接获取长期收益的经营性不动产,区别于其他各类物业,特别是大中型星级酒店物业,其物业价值已并非各项要素资产的简单估价加总。或由于酒店的经营管理水平的高低,或由于星级设施配套程度,或由于若干年酒店经营的信誉等诸多因素形成的无形价值,都将固附于酒店这一特定的物业上,隐含在酒店物业的价值之中。因此酒店物业的价值高低主要取决于酒店的收益和已经固附在酒店物业中各种无形资产的价值因素。为使估价结果具有科学性、准确性、客观性,我们采用收益还原法对该房地产进行评估。

收益还原法是指预计估价对象未来各期的正常净收益,选用适当的资本化率将其折算到估价时点上的现值后累加,以估算估价对象的客观合理价格或价值的方法。收益法适用于评估有收益或潜在收益的房地产。

六、估价测算过程

根据××大酒店的客房定价标准、餐饮、康安、会议服务等服务收费标准，综合上海星级酒店行业的各项收益、费用的社会平均水平，可测算出××大酒店的客观净收益。

(一) 年经营收益测算

××大酒店经营主要分为三大部分：客房部、餐饮部和辅助设施部。酒店地下一层为桑拿房（出租）和韩国餐厅（出租）；二层为中餐厅；三层设有KTV包房和酒吧（出租）；四层有健身房和会议室；五层一侧为宴会厅，另一侧为客房；六层至二十三层均为客房。详细功能布局在估价对象中已详述。

(1) 各部分收益统计如表16-10所示。

表 16-10

客房部：

类　型	间　数	单价（元/天）	总价（元/天）
经济房	12	1 080	12 960
标准房	49	1 280	12 720
高级房	58	1 380	80 040
豪华房	50	1 480	74 000
行政楼商务房	9	1 880	16 920
高级套房	3	2 480	7 440
行政楼套房	13	2 980	38 740
行政楼豪华套房	13	4 880	63 440
商务房	11	1 580	17 380
皇家套房	1	6 680	6 680
合计	219	—	380 320

餐饮部：

类　型	容　量	每次每人平均消费额	每天服务次数	平均上座率	经营收益（元/天）
中餐厅	250	80	2	65%	26 000
宴会厅	350	50	1	60%	10 500
大堂吧	50	40	5	90%	9 000
主要餐饮合计	650	—	—	—	45 500

辅助设施部：

项目名称	数　量	消费额	每天服务次数	平均使用率	经营收益（元/天）
会议室	4 间	3 500 元/天	1	60%	8 400
合　计	—	—	—	—	8 400

其他收益:

类 型	容量	每次每人平均消费额	每天服务次数	平均上座率	经营收益（元/年）
西班牙餐厅	110				584 550
韩国餐厅	80				360 000
桑拿					800 000
KTV 和酒吧会议室					2 600 000
合计		—			4 344 550

注：其他收益为出租经营所得，以委托方提供的租赁合同为准。

(2) 各部分收益测算。

①客房部收益。根据统计资料显示，目前上海四星级以上行业的客房平均入住率为 75%～90%，取 85%；目前客房由于团队接待及长期客户关系等实际入住价一般为定价的 70%～90%，取 82%。

每年按 365 天计，则客房部收益为：

客房部收益 = 380 320 × 0.85 × 0.82 × 365 = 96 755 310（元）

②餐饮部收益。每年按 365 天计，则餐饮部收益为：

餐饮部收益 = 45 500 × 365 = 16 607 500（元）

③辅助设施部收益。每年按 365 天计，则辅助设施部收益为：

辅助设施部收益 = 8 400 × 365 = 3 066 000（元）

(3) 委估对象年经营收益。

年经营收益 = 客房部收益 + 餐饮部收益 + 辅助设施部收益
　　　　　 = 96 755 310 + 16 607 500 + 3 066 000
　　　　　 = 11 642.8（万元）

(二) 年经营总费用

(1) 物料消耗。物料消耗是指在经营过程中所消耗物品价值的货币支出，取出总收益水平的 25%，则：

物料消耗 = 11 642.88 × 25% = 2 910.72（万元）

(2) 管理费。管理费是指工作人员的工资、福利、财务费用等相关所需的费用，取年总收益水平的 12%，则：

管理费 = 1 164.2 × 12% = 1 397.15（万元）

(3) 房产税。房产税指房产所有人按有关国家规定向税务机关缴纳房产税费，依据税法及本地税务部门资料，房产税按年总收益的 12% 缴纳，则：

房产税 = 11 642.88 × 12% = 1 397.15（万元）

(4) 两税一费，此项包括营业税、城市维护建设税及教育附加费，共取年收益水平 6%，则：

两税一费 = 11 642.88 × 6% = 698.57（万元）

(5) 广告费。广告费是指广告宣传、公关费等，取年总收益水平的 3%。则：

广告费 = 11 642.88 × 3% = 349.29（万元）

(6) 维护保养费。维护保养费是指为保障房屋正常使用每年需支付的修缮费。参考房屋正常维护费用及房产的实际维修保养状况,按建筑物重置价格的 8% 计算。根据上海市建筑工程及装修水平,结合该房屋结构及装修情况,重置价取 6 200 元/平方米,则:

维修保养费 = 6 200 × 22 778.89 × 6% = 1 129.83 (万元)

(7) 保险费。保险费是指房产所有人为使自己的房产避免意外损失而向保险公司支付的费用。按建筑物重置价格乘以保险费率 1.5‰ 计算,根据上海市建筑工程及装修水平,结合该房屋结构及装修情况,重置价取 6 200 元/平方米,则:

保险费 = 6 200 × 22 778.89 × 1.5‰ = 21.18 (万元)

(8) 不可预见费。不可预见费指在经营的过程中因有许多不可预知的因素所导致支出的费用,取年总收益水平的 2%,则:

不可预见费 = 11 642.88 × 2%
　　　　　 = 232.86 (万元)

年经营总费用 = (1) + (2) + (3) + (4) + (5) + (6) + (7) + (8)
　　　　　　 = 8 136.75 (万元)

(三) 年经营纯收益

年经营纯收益 = 年经营总收益 - 年经营总费用 + 其他收益
　　　　　　 = 11 642.88 - 8 136.75 + 434.46
　　　　　　 = 3 940.59 (万元)

(四) 商业利润

根据市场上一般水平和同类宾馆的实际情况,商业利润取年经营纯收益的 15%,则:

商业利润 = 3 940.59 × 15% = 591.09 (万元)

(五) 房地产年纯收益

房地产年纯收益 = 年经营纯收益 - 商业利润
　　　　　　　 = 3 940.59 - 591.09
　　　　　　　 = 3 349.50 (万元)

(六) 选用适当的资本化率

采用安全利率加风险调整值法确定资本化率。

安全利率:就是无风险的资本投资收益率,取 2004 年 10 月 29 日中国人民银行公布的一年期定期存款利率 2.25%。

风险调整值:风险分低、中、高、投机四个档次,相应的调整值分为 0~2%、2%~5%、5%~8%、8% 以上。根据本次估价对象物业(四星级酒店)的特点,本次估价风险调整值取 5.75%。

还原利率 = 安全利率 + 风险调整值
　　　　 = 2.25% + 5.75%
　　　　 = 8%

(七) 收益法评估价格的确定

根据收益法的基本公式:

$$V = \sum_{i=1}^{n} \frac{A_i}{(1+R)^i}$$

式中：V——收益价格；A_i——未来第 i 年的净收益；R——还原利率；n——未来可获收益的年限。

土地出让剩余年限为 38 年，评估时可获收益的年限确定为 38 年，则房地产总价为：

房地产总价 $= 3\,349.50 \div 8\% \times [1 - 1 \div (1 + 8\%)^{38}]$

$\qquad\qquad\quad = 39\,620.80$（万元）

七、估价结果

委估房地产在估价时点的评估价值为：人民币叁亿玖仟陆佰贰拾万零捌仟元整（¥396 208 000 元）

八、需要特别说明的事项

（一）估价假设条件

1. 在此期间，房地产本身价值将保持稳定
2. 不考虑特殊买家的额外出价
3. 这里不考虑可能影响房地产价值的债权限制和负有法律义务性质的开支所约束
4. 对于房地产的评估值，我们是基于以下假设条件：
（1）自愿销售的卖主；
（2）有一段合理的洽谈交易时间，能够通盘考虑房地产市场行情进行议价；
（3）委估房地产能在公共市场上自由转让。

（二）其他需要说明的事项

（1）此次估价结论是根据委托方提供的资料和要求，对标的物进行现有的评估，该结论仅限于委托方向银行申请抵押贷款提供价值参考依据，不对其他用途负责。

（2）此次评估标的物为上海市××路 789 号上海××大酒店，建筑面积、用地面积以《房地产权证》所载为准，我们并未进行实地丈量。

（3）我们没有接受进行结构性测试和检验设施的要求，因此对房地产内部有无缺损我们不能完全确定。

（4）房地产评估值已含预计转让税费，且包含了装修费用。

（5）本次估价基于委托方所提供的全部资料具备真实性和合法性，且该估价对象具有完整的产权的前提进行估价。在此前提下，本估价报告的估价结果才能有效地体现估价对象在估价时点的实有的公开市场价值。委托方保证所提供的全部资料具备真实性与合法性，并对此承担全部责任。

（6）本次估价基于目前及未来的社会政治经济环境和房地产市场正常稳定的前提进行估价，即本次估价中所涉及的房地产之价格、成本、税额等都是根据当前市场状况确定的，均不考虑未来的变动。本次估价对象为酒店物业，特别是星级酒店物业的价值易受酒店自身管理水平及国家、地区宏观经济调控政策稳定的影响。故本次估价是基于估价对象是管理及国家、地区宏观经济政策稳定的前提进行的。敬请相关方面在运用本估价报告时注意此点，特此提示。

参考文献

1. 中国资产评估协会. 2016～2019年历年资产评估师职业资格全国统一辅导教材[M]. 北京：中国财政经济出版社2019年版。
2. 中国资产评估协会.《资产评估基础》[M]. 北京：中国财政经济出版社2019年版。
3. 中国资产评估协会.《中国资产评估准则》[M]. 北京：经济科学出版社2017年版。
4. 中国资产评估协会官网（http://www.cas.org.cn）。
5. 姜楠，王景升.《资产评估》（第四版）[M]. 北京：东北财经大学出版社2016年版。
6. 郭化林.《中外资产评估准则》[M]. 北京：高等教育出版社2015年版。
7. 陈文军.《资产评估学：理论、实务与案例》[M]. 北京：北京大学出版社2015年版。
8. 刘玉平.《资产评估学》[M]. 北京：中国人民大学出版社2015年版。
9. 乔志敏，宋斌.《资产评估学教程》（第五版）[M]. 北京：中国人民大学出版社2015年版。
10. 杨志明.《资产评估实务与案例分析》[M]. 北京：中国财政经济出版社2015年版。
11. 朱柯.《资产评估》（第四版）[M]. 大连：东北财经大学出版社2016年版。
12. 俞明轩.《企业价值评估》[M]. 北京：中国财政经济出版社2015年版。
13. 罗伯特·A.G.蒙克斯.《企业价值评估》[M]. 北京：中国人民大学出版社2015年版。
14. 张先治，池国华.《企业价值评估》（第三版）[M]. 大连：东北财经大学出版社2017年版。
15. 姜楠.《无形资产评估》[M]. 北京：中国财政经济出版社2015年版。
16. 郑德祥.《森林资源资产评估》[M]. 北京：中国林业出版社出版2016年版。
17. 刘玉平.《资产评估教程》（第三版）[M]. 北京：中国财政经济出版社2010年版。
18. 沈琦，吕发钦.《不动产机器设备珠宝首饰资源资产评估案例》[M]. 北京：中国财政经济出版社2004年版。
19. 王少豪，刘登清.《企业价值评估案例》[M]. 北京：中国财政经济出版社2004年版。
20. 刘伍堂，崔劲.《无形资产评估案例》[M]. 北京：中国财政经济出版社2004年版。
21. 朱进强，纪益成.《资产评估综合操作实务》[M]. 北京：中国财政经济出版社2002年版。
22. 汪海粟，王毅.《无形资产评估实务》[M]. 北京：中国财政经济出版社2002年版。
23. 赵立新，刘萍.《上市公司并购重组企业价值评估与定价研究》[M]. 北京：中国金融出版社2011年版。

24. 王诚军编译.《美国评估准则》[M]. 北京：中国人民大学出版社 2009 年版。
25. 周叔敏，汤究达.《美国评估行业统一操作规范》[M]. 北京：经济科学出版社 2000 年版。
26. 中国资产评估协会.《国际评估准则》[M]. 北京：中国财政经济出版社 1999 年版。
27. 王四光，赖文生，刘忠珍.《矿产资源资产与矿业权评估》[M]. 北京：经济科学出版社 1998 年版。
28. （美）理查德·A. 布雷利.《资本投资与估值》[M]. 北京：中国人民大学出版社 2010 年版。
29. （美）Alfred M. King.《以财务报告为目的的公允价值评估》[M]. 北京：企业管理出版社 2008 年版。
30. （美）弗兰克·C. 埃文斯.《并购价值评估》[M]. 北京：机械工业出版社 2003 年版。
31. （美）肯尼思·R. 费里斯.《资产评估》[M]. 北京：机械工业出版社 2003 年版。
32. （美）理查德·M. 贝兹.《不动产评估基础》[M]. 北京：经济科学出版社 2002 年版。
33. （美）汤姆·科普兰.《价值评估》[M]. 北京：电子工业出版社 2002 年版。
34. （美）威廉·D. 米勒.《金融资产评估》[M]. 北京：经济科学出版社 2001 年版。
35. （美）杰弗里·费舍，罗伯特·马丁.《收益性不动产评估技术》[M]. 北京：经济科学出版社 2001 年版。
36. （美）罗伯特·F. 赖利.《无形资产评估》[M]. 北京：中国大百科全书出版社 2001 年版。
37. （美）布瑞德福特·康纳尔.《公司价值评估》[M]. 北京：华夏出版社 2001 年版。
38. 约翰·阿利柯.《机器设备价值评估》[M]. 北京：中国劳动出版社 1991 年版。
39. 上海证券交易所官网（国内版）（http://www.sse.com.cn/）。

24. 王诚军编译.《美国评估准则》[M]. 北京：中国人民大学出版社 2009 年版。
25. 周叔敏，汤究达.《美国评估行业统一操作规范》[M]. 北京：经济科学出版社 2000 年版。
26. 中国资产评估协会.《国际评估准则》[M]. 北京：中国财政经济出版社 1999 年版。
27. 王四光，赖文生，刘忠珍.《矿产资源资产与矿业权评估》[M]. 北京：经济科学出版社 1998 年版。
28. （美）理查德·A. 布雷利.《资本投资与估值》[M]. 北京：中国人民大学出版社 2010 年版。
29. （美）Alfred M. King.《以财务报告为目的的公允价值评估》[M]. 北京：企业管理出版社 2008 年版。
30. （美）弗兰克·C. 埃文斯.《并购价值评估》[M]. 北京：机械工业出版社 2003 年版。
31. （美）肯尼思·R. 费里斯.《资产评估》[M]. 北京：机械工业出版社 2003 年版。
32. （美）理查德·M. 贝兹.《不动产评估基础》[M]. 北京：经济科学出版社 2002 年版。
33. （美）汤姆·科普兰.《价值评估》[M]. 北京：电子工业出版社 2002 年版。
34. （美）威廉·D. 米勒.《金融资产评估》[M]. 北京：经济科学出版社 2001 年版。
35. （美）杰弗里·费舍，罗伯特·马丁.《收益性不动产评估技术》[M]. 北京：经济科学出版社 2001 年版。
36. （美）罗伯特·F. 赖利.《无形资产评估》[M]. 北京：中国大百科全书出版社 2001 年版。
37. （美）布瑞德福特·康纳尔.《公司价值评估》[M]. 北京：华夏出版社 2001 年版。
38. 约翰·阿利柯.《机器设备价值评估》[M]. 北京：中国劳动出版社 1991 年版。
39. 上海证券交易所官网（国内版）(http://www.sse.com.cn/)。